Lobbyismus und Interessenvertretung

Raumordnung: Rückbau bewältigen, Wachstum strukturieren

Blick zurück auf das Jahr 2012

Die Zukunft der Generationen: Politische Kommunikation als „mission impossible"?

Zukunft gestalten – Visionen denken

Eine zivilisierte Arbeitswelt – Herausforderungen für die Zukunft

Männer und Frauen, Arbeit und Zeit

Zukunftsperspektiven nach dem Ende des Modells Neuzeit. Thesen

Die Chance liegt in der Vielfalt!

Wirtschaftsdemokratie. Zur Aktualität eines Leitbilds zwischen Realismus und Utopie

Demokratie ohne Zukunft? Zukunft ohne Demokratie?

Offene Grenzen! Sonst schafft Europa sich ab

Dopo lavoro, buen retiro? Die Zukunft der Arbeit, die Zukunft der Faulheit

Die europäische Einigung zwischen Vision und Realität

Mit mehr und besserer Bildung zu mehr und besserer Arbeit? Fortschritt kommt nicht von allein!

Megatrends als politische Herausforderung. Bildung – Globalisierung – Feminisierung

Die Minimalgesellschaft. Und was gegen ihre Entstehung unternommen werden muss

Widersprüchlichkeiten der Vermarktlichung

Demokratie und autoritäre Trends in Zentraleuropa

Klassenkampf? Lobby? Zur politischen Ökonomie der AK

Feministische Gleichstellungspolitik. Ein Zukunftsprojekt für Österreich

Nach der Krise ist in der Krise

Paradoxien einer EigentümerInnengesellschaft

Ein klares Jein für neue Spielregeln

Gesellschaft in Veränderung: Folgen – Herausforderungen – Antworten

Vergangene Zukunft – zukünftige Vergangenheit?

Ökologie – eine ewige Herausforderung für die ArbeitnehmerInnenvertretung

Die Psyche als Arbeitsmittel und Arbeitsgegenstand und ihre Bedeutung in der Arbeitswelt

Unternehmenskontrolle: Mitbestimmung als Motor für Good Governance?

Arbeitsrecht, wohin gehst du?

Der Industriestandort und das Problem des Leistungsbilanzüberschusses

Was ist uns die Arbeit wert?

Arbeiterkammer für eine faire Gesellschaft

Betriebliche Verteilungspolitik: eine Frage der Gerechtigkeit

Migration und Integration: Die Reise geht weiter – aber wohin?

Bildung und Demokratie als soziale Beziehungsformen

Strafen bei Lohn- und Sozialdumping – neue Wege des Gesetzgebers

ArbeitnehmerInneninteressenvertretung in der Netzwerkgesellschaft – ein Beispiel

Europäisierung der gewerkschaftlichen Bildung

Amerikanisierung von Arbeitsrecht und Privatrecht?

Bildungsökonomie als Grundlage gesellschaftlicher Werte

Europa? Wir sind da!

Der demografische Wandel und seine InterpretInnen: Arbeitsmarkt oft ausgeblendet

Macht und Gegenmacht in der KonsumentInnenpolitik

Wer, was, wann zur Umverteilung – Fragen für die nächsten 90 Jahre

Außensicht

Herbert Tumpel „90 Jahre Konstituierung der Arbeiterkammern" geben nicht nur Gelegenheit zu einer bei Jubiläen üblichen analysierenden Rückschau: Was wurde richtig gemacht, was hätte besser sein können? Sie bieten vielmehr auch die Möglichkeit, einen Blick auf das vor uns Liegende zu werfen. Viele Projekte für die Zukunft erweisen sich jedoch angesichts einer sich rascher wandelnden Wirtschaft und Gesellschaft allzu schnell als Makulatur. Dennoch ist es eine der zentralen politischen Aufgaben der mit ÖGB und Gewerkschaften aufs Engste verbundenen Arbeiterkammern, den Blick vorwärts zu richten. Wir wollen und müssen mögliche Herausforderungen frühzeitig erkennen, um im Interesse der ArbeitnehmerInnen rechtzeitig gestaltend eingreifen zu können.

Die Verbesserung der wirtschaftlichen und sozialen Lage der ArbeitnehmerInnen ist ein Auftrag, den sich die Arbeiterkammern seit ihrer Gründung durch das Arbeiterkammergesetz vom 26. Februar 1920 und den nachfolgenden Konstituierungen im Laufe des Jahres 1921 verpflichtet fühlen. Die Erhöhung von Realeinkommen, soziale Sicherheit sowie gleichmäßige Teilhabe aller an Wohlstand, Beschäftigung und Bildung sind auch zu Grundgedanken des Systems der Sozialpartnerschaft geworden.

Die Leistungsfähigkeit des österreichischen politischen Systems mit seiner starken Einbindung der Interessenvertretungen hat sich in jüngster Zeit in der Wirtschaftskrise des Jahres 2009 neuerlich gezeigt. Die Krise hat aber auch verdeutlicht, dass wir uns nicht mehr nur mit nationalen Anliegen auseinandersetzen müssen. Das europäische und globale Zusammenspiel stellt uns vor neue, große Aufgaben. Wir nehmen diese Herausforderungen an.

Bei der Gesetzesbegutachtung und dem Verfassen von Studien haben die Arbeiterkammern den Blick auf zukünftige Notwendigkeiten nie außer Acht gelassen. Das lässt sich nicht nur aus den großen Stellungnahmen und Programmatiken des Kammertages in den 1920er Jahren oder beispielsweise aus den damaligen grundlegenden Arbeiten zur Verbesserung der Situation von arbeitenden Frauen ersehen. In der Zweiten Republik zeigen Studien der Bundesarbeitskammer sowie des sozialpartnerschaftlichen Beirates für Wirtschafts- und Sozialfragen, dass Zukunftsaspekte stets mit einbezogen wurden.

Für die Arbeiterkammern war und ist Interessenpolitik für die ArbeitnehmerInnen immer auf das Engste mit dem Kampf um soziale Gerechtigkeit verbunden. Gerade in der Gegenwart, die von zunehmender Einkommens- und Vermögensdiskrepanzen geprägt ist, muss das Eintreten für soziale Gerechtigkeit ein zentrales Anliegen sein. Gleiche Rechte, gleiche Chancen und Gerechtigkeit bei Einkommen und Vermögen müssen immer aufs Neue erkämpft werden. Das ist unsere Aufgabe für die Zukunft.

Redaktionelle Vorbemerkung

Im Zuge der Vorbereitung der Veranstaltungen anlässlich des 90. Jahrestages der Konstituierung der Arbeiterkammern hat die Kammerleitung die Herausgabe einer Publikation in Auftrag gegeben, die jedoch keine „Festschrift“ im landläufigen Sinn sein sollte. Vielmehr war daran gedacht, den auf die Arbeiterkammern zukommenden Herausforderungen Raum zu geben. Die inhaltlichen Schwerpunkte sollten Fragen an die Zukunft unserer Gesellschaft, unseres Staates sowie der Europäischen Gemeinschaft darstellen, wobei auch Visionen zur künftigen Arbeitswelt, Wirtschafts- und Bildungspolitik Platz finden sollten. Mit diesen bewusst allgemein gehaltenen Zielen traten wir an eine Reihe österreichischer WisserschaftlerInnen und PublizistInnen kurz vor der Sommerpause mit der Frage und Bitte heran, uns aus ihrem Fachbereich einen kurzen Essay zu verfassen. Der Zeitraum war sehr knapp bemessen und wir sind daher sehr dankbar, dass so viele der Einladung der Bundesarbeitskammer gefolgt sind. Dieser „Außensicht“ der Analyse von Gegenwart und Zukunft sollte die Ansicht der ExpertInnen des Büros der Bundesarbeitskammer gegenübergestellt werden. Damit sollte einmal mehr auch ein Teil jener KollegInnen zu Wort kommen, die überwiegend im Hintergrund bei ExpertInnenverhandlungen, Studien oder Stellungnahmen die Grundlagen für die Entscheidungen der Bundesarbeitskammer erarbeiten.

Der vorliegende Band stellt somit bewusst eine Konfrontation von Überlegungen und Ansichten von „externen“ WissenschaftlerInnen und PublizistInnen und „internen“ KammermitarbeiterInnen dar. Betont werden muss, dass weder den „externen“ noch den „internen“ AutorInnen die Texte der anderen bekannt waren. Wenn die – durch die Gegenüberstellung der beiden AutorInnengruppen sich ergebende – Spannung von unterschiedlichen für relevant befundenen Thematiken, ungleicher Schwerpunktsetzung oder vielleicht durchaus ähnlichen Gedanken und Visionen unsere LeserInnen zum Über- und Weiterdenken anregt, sich somit vielleicht neue Gestaltungsmöglichkeiten für unsere Zukunft eröffnen, so wäre den Intentionen der Publikation Rechnung getragen.

Abschließend wollen wir uns im Namen der Bundesarbeitskammer bei allen unseren AutorInnen sehr herzlich für die in äußerst kurzer Zeit zu verfassenden Beiträge bedanken. Dank gebührt auch unserer Lektorin Else Rieger sowie Ingeborg Kumpfmüller für die grafische Gestaltung des Bandes. Mit dem ÖGB-Verlag hatten wir einen Partner, der uns nicht nur mit Rat und Tat zur Seite stand, sondern die Erstellung der Publikation in kurzer Zeit ermöglichte.

Günther Chaloupek   Karin Fendrich   Klaus-Dieter Mulley

Außensicht

Bernhard Achitz Aufgrund eines traurigen Anlassfalles und anschließender Anlassgesetzgebung wird es im Jubiläumsjahr der Arbeiterkammern notwendig, die Unterschiede zwischen Lobbyismus und gesetzlicher Interessenvertretung deutlich herauszuarbeiten und zu betonen.

Zur Erinnerung die Vorgeschichte: Englische Medien veröffentlichen ein Video, in dem ein österreichischer EU-Abgeordneter JournalistInnen, die sich als LobbyistInnen ausgeben, zusagt, sich bei einer Abstimmung im EU-Parlament in ihrem Sinne zu verhalten. Der Abgeordnete lässt auch durchblicken, dass er für ein angemessenes Honorar nicht nur dazu bereit ist, sondern auch KollegInnen im Sinne der vermeintlichen LobbyistInnen beeinflussen wird und betont gleichzeitig, dass er das schon öfter getan hat. Die Szene spielt in einem öffentlichen Lokal und zeigt genau das, was man sich unter Lobbying im negativsten Sinn des Wortes vorstellt – und was eigentlich kein Lobbying mehr ist, sondern von juristischen LaiInnen wohl auch als Korruption oder Bestechung bezeichnet wird: Ein Politiker lässt sich bei einer Entscheidung nicht von Fakten und Argumenten, ja nicht einmal von seiner Ideologie leiten, sondern er lässt sich von Menschen, die ein persönliches und kommerzielles Interesse verfolgen, für ein von ihnen gewünschtes Verhalten bezahlen.

In der anschließenden öffentlichen Diskussion, die mit dem Rücktritt des Abgeordneten endet, wird eher undifferenziert jegliche Art der politischen Einflussnahme als suspekt und dubios dargestellt. Vor allem als sich herausstellt, dass die Firma des Nachfolgers des zurückgetretenen Politikers ihrerseits Lobbyingdienste anbietet, werden lautstark eine gesetzliche Beschränkung und genaue Regelungen der Beeinflussung politischer Entscheidungsprozesse verlangt. In der anschließenden Debatte um ein so genanntes Lobbygesetz taucht dann die Frage auf, ob und wie gesetzliche und freiwillige Interessenvertretungen einzubeziehen sind. In dieser Phase der Diskussion werden die Arbeiterkammern und der ÖGB zeitweise mit LobbyistInnen gleichgesetzt, die für Geld und von der Öffentlichkeit unbemerkt alle mehr oder weniger legalen Mittel einsetzen, um die Politik in ihrem Sinne zu beeinflussen. Diese unseriöse, von manchen bewusst herbeigeführte Vermengung von Lobbying und gesetzlicher Interessenvertretung macht eine genauere Abgrenzung nötig.

In vielen Kurzdefinitionen werden die Begriffe Lobbying und Interessenvertretung als Synonym verwendet. Im Gabler Wirtschaftslexikon findet man unter dem Stichwort Lobbying beispielsweise folgende Erklärung: „Interessenvertretung, Beeinflussung eines (i. d. R. politischen) Systems durch die Einwirkung auf Entscheidungsträger und Entscheidungsprozesse. Einzelne Mitglieder eines Verbandes sind häufig machtlos, der Verband hingegen wird als Verhandlungspartner eher anerkannt und kann daher Einfluss nehmen auf beispielsweise die Exekutive und die Legislative. Diese Form der Interessenvertretung ist eine wichtige Aufgabe für Non-Profit-Organisationen (NPO).“ Nach einer derartigen Definition scheint klar zu sein, dass auch InteressenvertreterInnen LobbyistInnen sind. Das eher europäische System der Einflussnahme durch Verbände wird mit einem englischen Begriff beschrieben und damit dem aus dem anglo-amerikanischen Raum bekannten Lobbying gleichgesetzt.

Sucht man jedoch nach englischsprachigen Definitionen, so wird schnell klar, warum InteressenvertreterInnen diese Vorgangsweise zurückweisen oder zumindest relativieren müssen. So heißt es im Legal Dictionary: „The role lobbyists play in the legislative arena can be compared to that of lawyers in the judicial arena. Just as lawyers provide the trier of fact (judge or jury) with points of view on the legal issues pertaining to a case, so do lobbyists provide local, state, and federal policymakers with points of view on public policy issues." Die Definition des Woodstock Center der Georgetown University in „Principles for the Ethical Conduct of Lobbying“ (2002) lautet: „Lobbying means the deliberate attempt to influence political decisions through various forms of advocacy directed at policymakers on behalf of another person, organization or group.“

Damit wird klar, dass es im englischen Sprachraum eher üblich ist, sich selbst als Gruppe oder Organisation zur Durchsetzung seiner Interessen Dritter zu bedienen und diese dafür zu bezahlen. Der Vergleich mit AnwältInnen macht deutlich, welches Unbehagen hier bei österreichischen InteressenvertreterInnen mitschwingt. AnwältInnen folgen zwar strengen, anerkannten Regeln, treten aber heute für eine Sache ein und morgen für das Gegenteil, wenn sie entsprechende Aufträge erhalten. Darüber hinaus setzten sie sich in Strafrechtssachen auch für Menschen ein, die nachweislich Verbrechen begangen haben und dies manchmal auch zugeben. Daran ist nichts Verwerfliches; doch für LobbyistInnen gelten in der Regel nicht so strenge Vorschriften wie für AnwältInnen und sie haben nicht mit Gerichten zu tun haben, in denen ebenfalls sehr elaborierte Regeln einzuhalten sind, sondern mit PolitikerInnen.

Durch den Vergleich zwischen LobbyistInnen und AnwältInnen wird klar, warum es generell notwendig ist, über Vorschriften für Lobbying nachzudenken. Es ist legitim, sich für bestimmte Interessen einzusetzen. Wenn man dabei jedoch versucht, politische EntscheidungsträgerInnen zu beeinflussen, dann haben sowohl diese als auch die Öffentlichkeit ein berechtigtes Interesse daran, zu wissen, in wessen Auftrag jemand ein bestimmtes Ziel verfolgt.

Auch das Ziel selbst und die eingesetzten Mittel sollten transparent sein. Denn es ist nicht dasselbe, ob eine als PR-Unternehmen auftretende Firma die Zulassung eines bestimmten Medikaments aus gesundheitspolitischen Überlegungen oder im Auftrag der Erzeugerfirma durchsetzen will. In beiden Fällen wird sie medizinische Argumente und wissenschaftliche Studien nutzen. Deshalb macht es für die Meinungsbildung einen großen Unterschied, ob Politik und Öffentlichkeit den oder die AuftraggeberIn kennen oder nicht.

Obwohl aus diesen Gesichtspunkten eine gesetzliche Regelung derartiger Aktivitäten wünschenswert scheint, ist dies international keineswegs unumstritten oder üblich. Nur ein Viertel der OECD-Staaten hat einschlägige Gesetze, in einigen Ländern wird über die Notwendigkeit intensiv diskutiert (vgl. OECD 2010). Die GegnerInnen einer Regulierung setzen einerseits auf die Selbstregulierung der Branche, andererseits argumentieren sie mit der Eigenverantwortung politischer EntscheidungsträgerInnen. Man kann von PolitikerInnen verlangen, sich keiner Beeinflussung durch dubiose LobbyistInnen auszusetzen und bei anderen auf Transparenz zu bestehen. Werden in den Medien Studien oder Meinungsumfragen veröffentlicht, gehört es schon lange zum Handwerkszeug der Politik, nach den AuftraggeberInnen zu fragen. Sehr oft relativiert die Antwort die Aussage der Studie; erfolgt auch auf Nachfrage keine Offenlegung weiß man, was man von der Studie zu halten hat.

Es ist schade, dass die interessante Diskussion, ob man verstärkt die LobbyistInnen oder die Politik in die Verantwortung nehmen soll, in Österreich nicht weiter vertieft wurde. Aufgrund des geschilderten Anlassfalls hatten wohl bestimmte politische Gruppen ein großes, nicht transparent gemachtes Interesse daran, möglichst wenig über Ethik- und Moralvorstellungen bestimmter PolitikerInnen zu diskutieren. Die meisten, die nach Aufdeckung des Anlassfalls in den Verdacht kamen, ebenfalls für derartige Einflussnahme anfällig zu sein oder selbst als LobbyistInnen aufzutreten, entstammen einer bestimmten Seilschaft, weshalb jene, denen diese Clique zugerechnet wird, natürlich lieber über die Verantwortung der LobbyistInnen sprechen als über die der PolitikerInnen.

Im Ergebnis kommt es auf dasselbe hinaus. Gegen gesetzliche Verhaltensregeln für LobbyistInnen ist aus den oben genannten Gründen nichts einzuwenden. Zwei Punkte sind jedoch wesentlich: Zum einen kann auch das beste Lobbygesetz nicht verhindern, dass sich PolitikerInnen für bestimmte Verhaltensweisen bezahlen lassen. Hier müssen strafrechtliche Sanktionen nicht nur LobbyistInnen, sondern auch PolitikerInnen treffen. Derartige Praktiken haben mit Interessendurchsetzung, in welcher Form auch immer, nichts zu tun. Der Eindruck, Lobbying, Interessenvertretung und Bestechung gehörten zusammen, muss im Sinne seriöser Politik bekämpft und vermieden werden. Zum anderen ist in der europäischen – vor allem aber in der österreichischen – Tradition der Politikberatung unbedingt zu unterscheiden zwischen bezahltem Lobbying im Auftrag Dritter und Interessenvertretung und innerhalb der Interessenvertretung ist die Sonderstellung der Sozialpartnerorganisationen zu berücksichtigen.

Bei Lobbying-Unternehmen sind die konkreten Aufträge und Ziele ebenso unklar wie die Finanzierung. Sie vertreten auch Partikularinteressen kleinster Gruppen, wenn diese die nötigen finanziellen Mittel aufbringen. Mit welchen Maßnahmen die Einflussnahme erfolgt, unterliegt derzeit keinen Regeln und es gibt keine Aufsicht, keine Kontrolle und keine Prüfung. Informationen über die interne Struktur des Lobbying-Unternehmens sind im günstigsten Fall dem Firmenbuch zu entnehmen. Non-Profit-Organisationen und Verbände bieten hinsichtlich ihrer internen Organisation, Finanzierung und der Wahl ihrer Mittel häufig auch nicht mehr Transparenz, zumindest ihre Zielsetzung ist jedoch klar. Ein Verband oder eine NPO bündelt bestimmte Interessen von Mitgliedern in einem definierten Bereich; sie werden sich nicht heute für ein Pharmaprodukt und morgen für Tierschutz einsetzen. Ob derartige Gruppen trotzdem den Bestimmungen eines Lobbygesetzes unterliegen sollen, kann daher durchaus kontrovers diskutiert werden, ist aber hier nicht Gegenstand der Untersuchung.

Nochmal anders stellt sich die Situation bei großen Interessenvertretungen dar. Ein wichtiger Teil der Interessenvertretung, nämlich die berufliche, ist in Österreich seit langer Zeit gesetzlich geregelt. Die so genannten Kammern sind als Körperschaften öffentlichen Rechts konstruiert und haben sich seit jeher an öffentlich bekannte und akzeptierte Regelungen zu halten. Aufgaben und Ziele sind ebenso wie der Mitgliederkreis und die Finanzierung gesetzlich geregelt. Die Willensbildung innerhalb der Organisationen erfolgt demokratisch und transparent. Die Organe werden gewählt. Eine staatliche Aufsichtsbehörde prüft die Rechtmäßigkeit der Tätigkeit, der Rechnungshof die Sparsamkeit, Wirtschaftlichkeit, Zweckmäßigkeit und ziffernmäßige Richtigkeit der Gebarung.

Die gesetzlichen Interessenvertretungen haben nicht nur das Recht, die Politik zu beraten und im Sinne ihrer Mitglieder zu beeinflussen, sondern sind sogar in vielen Bereichen zur Mitwirkung am staatlichen Handeln verpflichtet. Neben dem gesetzlichen Begutachtungsrecht sei in diesem Zusammenhang z.B. auf die Entsendung von Mitgliedern in die Selbstverwaltung der

Sozialversicherungen oder in die Entscheidungsgremien des Arbeitsmarktservices hingewiesen. Dabei sind sie auch an die Grundrechte wie Gleichheitsgrundsatz, Objektivitätsgebot und Diskriminierungsverbot gebunden.

Die AkteurInnen des solcherart bereits umfassend geregelten Kammersystems in ein Lobbygesetz mit einzubeziehen, ist nicht nur widersinnig und unnötig, sondern auch kontraproduktiv. Einerseits ist es legistisch schwierig sicherzustellen, dass Bestimmungen des Lobbygesetzes nicht solchen der Kammergesetze widersprechen. Andererseits bedeuten neue Regeln für die gesetzlichen Interessenvertretungen einen nicht unbedeutenden zusätzlichen Aufwand und auch eine Einschränkung. Am schwersten wiegt aber die Tatsache, dass mit einer derartigen Vorgangsweise das Vertrauen der Öffentlichkeit in staatstragende Organisationen erschüttert wird. Berufliche Interessenvertretungen haben in allen Umfragen höchste Beliebtheits- und Vertrauenswerte – nebenbei gesagt wesentlich höhere als politische Parteien. Deren Imagewerte sind jedoch immer noch besser als jene von LobbyistInnen anglo-amerikanischer Prägung, mit denen die Kammern bei der Diskussion um ein Lobbygesetz in einem Atemzug genannt werden. Da hilft es auch nichts, wenn im Gesetz dann geregelt wird, dass auf gesetzliche Interessenvertretungen lediglich zwei der zahlreichen Paragrafen anzuwenden sind und diese außer höherem Verwaltungsaufwand nichts bewirken.

Neben dem Kammersystem gibt es in Österreich noch eine Besonderheit, die zu erhalten sich lohnt und die bei der Erarbeitung eines Lobbygesetzes zu berücksichtigen ist: die institutionalisierte Sozialpartnerschaft. Auch hier gilt, dass die AkteurInnen in der Öffentlichkeit bislang in der Regel nicht mit dem negativen Beigeschmack von LobbyistInnen in Verbindung gebracht wurden, wie es die Diskussion über die Einbeziehung in das Lobbygesetz – teils unbeabsichtigt, teils bewusst gesteuert – bewirkt hat. Die klassische Sozialpartnerschaft besteht aus vier Organisationen, von denen drei auch gesetzliche Interessenvertretungen sind, die aus den oben genannten Gründen nicht durch ein Lobbygesetz eingeschränkt werden dürfen. Für den Österreichischen Gewerkschaftsbund (ÖGB) gelten diese Argumente nicht. Die Begründung, warum man sich gegen eine Unterwerfung des ÖGB unter ein Lobbygesetz wehren muss, ergibt sich jedoch aus seiner Rolle als Teil der Sozialpartnerschaft.

Der ÖGB ist zwar ein Verein, er übernimmt im Rahmen seiner Aufgaben aber einerseits als kollektivvertragsfähige Interessenvertretung und andererseits als Sozialpartner gesellschaftspolitische Verantwortung. Deshalb kann seine Tätigkeit nicht als Lobbyismus bezeichnet werden. Als Gewerkschaft ist der ÖGB zum Abschluss von Kollektivverträgen und damit zur Rechtsgestaltung mit genereller Verbindlichkeit berufen. Gewerkschaftsfreiheit und das Recht auf kollektive Verhandlungen sind ebenso durch internationale Bestimmungen abgesichert wie das Recht auf kollektive Kampfmaßnahmen und andere Gewerkschaftsrechte (z.B. Art. 11 der Europäischen Menschenrechtskonvention, Art. 12 und 28 der Grundrechtecharta, Art. 5 und 6 der European Social Charter, Art. 11 ff. der Gemeinschaftscharta der sozialen Grundrechte der Arbeitnehmer und ILO-Konventionen Nr. 87 und 98). Die Einschränkung gewerkschaftlicher Tätigkeit durch mit der Einbeziehung in ein Lobbygesetz verbundene Verpflichtungen und Sanktionen widerspricht diesen Bestimmungen. Vor allem Vorschriften wie das Verbot unangemessener Druckausübung auf FunktionsträgerInnen – für LobbyistInnen verständlich – bedeuten im Kontext gewerkschaftlicher Kampfmaßnahmen, z.B. zur Durchsetzung einer Bezugserhöhung im Öffentlichen Dienst, grundrechtswidrige Einschränkungen der Gewerkschaften. Gleiches gilt, wenn die angedrohte Sanktion in der Streichung aus einem Lobbying-Register und dem damit verbundenen Verbot der Tätigkeit besteht.

Im Rahmen der Sozialpartnerschaft erfüllt der ÖGB ähnliche Funktionen wie die Kammern. Die Sozialpartner sind in vielfältiger Weise im politischen System Österreichs verankert: Die Verbände haben unter anderem das Recht auf Begutachtung von Gesetzesvorlagen, zur Einbringung von Vorschlägen in gesetzgebenden Körperschaften und zur Formulierung von Gesetzesentwürfen im zentralen Interessenbereich der Sozialpartner. Die Sozialpartner wirken in zahlreichen Kommissionen, Beiräten und Ausschüssen mit, etwa in den Bereichen Lehrlingswesen, Kontrolle von Arbeitsbedingungen, Wettbewerbspolitik und Kartellwesen, Arbeitsmarktpolitik, KonsumentInnenpolitik und in Förderungseinrichtungen. Die Sozialpartner erbringen Vorschläge für die Ernennung von LaienrichterInnen bei Arbeits- und Sozialgerichten und sie stellen BeisitzerInnen im Kartellgericht. In der Sozialpolitik besteht ein wichtiger Tätigkeitsbereich der Verbände in der Entsendung von VertreterInnen in die Pensions-, Kranken- und Unfallversicherungen, die als öffentlich-rechtliche Selbstverwaltungskörperschaften organisiert sind. Das setzt natürlich auch im ÖGB demokratische Organbestellung und Willensbildung voraus und schließt gleichzeitig die Einordnung der Tätigkeit als puren Lobbyismus aus.

Das österreichische Modell der Interessenvertretung im Rahmen der Sozialpartnerschaft gilt als Erfolgsmodell und nicht nur österreichische PolitikerInnen wollen ein derartiges System auch auf EU-Ebene und in anderen europäischen Staaten aufbauen. Dazu ist es wichtig, den Unterschied zwischen Lobbyismus und Interessenvertretung mit gesamtpolitischer Verantwortung zu verstehen und zu erhalten. Das ist vor allem für die Gewerkschaftsbewegung wichtig, denn in einem System, in dem LobbyistInnen Einfluss kaufen, bleiben die Interessen der ArbeitnehmerInnen auf der Strecke. Sozialer Fortschritt wird nur durch konsequente Interessenvertretung erreicht.

Literatur

Gabler Wirtschaftslexikon, Stichwort Lobbyismus. Internet: http://wirtschaftslexikon.gabler.de/Archiv/11056/lobbyismus-v8.html (Zugriff: 29.8.2011).

Legal Dictionary, Stichwort Lobbying. Internet: http://legal-dictionary.thefreedictionary.com/Lobbying (Zugriff: 29.8.2011).

OECD (2010). Recommendations on Principles for Transparency and Integrity in Lobbying. Internet: http://www.oecd.org/document/48/0,3343,en_2649_34135_44644592_1_1_1_37447,00.html (Zugriff: 29.8.2011).

Woodstock Theological Center at Georgetown University (2002). Internet: http://woodstock.georgetown.edu/resources/papers/papers-Principles-for-Ethical-Lobbying.html (Zugriff: 29.8.2011).

Heinz Faßmann

Österreich wächst: Vorbei sind die Prognosen einer stagnierenden oder sogar rückläufigen Bevölkerungsentwicklung. 1961 hatte dieses Land 7,07 Mio. EinwohnerInnen, 50 Jahre später waren es bereits 8,36 Mio. Der Zuwachs von 1,29 Mio. entspricht der EinwohnerInnenzahl eines großen Bundeslandes. Statistik Austria rechnet mit einer Fortsetzung dieses Wachstums. In 20 Jahren wird Österreich 9 Mio. EinwohnerInnen zählen, in den 2050er Jahren 9,5 Mio. Geht man jedoch von einer höheren Fertilität, einem Mehr an Zuwanderung und einer nochmals steigenden Lebenserwartung aus, dann könnte Österreich Mitte der 2030er Jahre vielleicht sogar die 10-Mio.-Grenze überschreiten. Hervorgerufen wird dieses Wachstum im Wesentlichen durch einen positiven internationalen Wanderungssaldo, denn die Bilanz aus Geburten- und Sterbefällen ist nahezu ausgeglichen.

Besonders stark zunehmen werden die höheren Altersgruppen. Die Zahl der über 60-Jährigen – so zeigen die Bevölkerungsprognosen von Statistik Austria – steigt von derzeit 1,8 Mio. auf 3,3 Mio. im Jahr 2050. Ist derzeit noch jede fünfte Person in Österreich über 60 Jahre alt, so wird es bis 2020 bereits jede vierte sein und langfristig jede dritte. Werden aktuell rund 10.000 Hochbetagte (95 Jahre und mehr) gezählt, so sollen es 2030 rund 25.000 sein und 2060 bereits über 100.000. Dann wird aber auch der Höhepunkt der Alterung überschritten sein, denn die geburtenstarken Jahrgänge der zwischen 1955 und 1965 Geborenen werden weitgehend verstorben sein, und die nachfolgenden Geburtsjahrgänge sind weniger stark besetzt.

Die demografische Alterung erfordert erhebliche Anpassungsleistungen von Politik und Gesellschaft, denn alle Institutionen und sozialen Sicherungssysteme, auf die die Altersstruktur der Bevölkerung nachhaltigen Einfluss ausübt, stehen auf dem Prüfstand. Das betrifft das Bildungssystem und die Landesverteidigung, vor allem aber die Systeme von Pensions- und Krankenversicherung sowie die Organisation von Pflege und Betreuung bei Hilfsbedürftigkeit im Alter. Die Zuwanderung kann die demografische Alterung bremsen, aber nicht stoppen, denn dafür wären Zuwanderungen notwendig, die das allgemein als verträglich erachtete Niveau bei weitem überschreiten würden. Dennoch zählt eine kompensatorische Zuwanderungspolitik, die sich an den Bedürfnissen des nationalen Arbeitsmarktes ausrichtet, zu den Elementen einer auf Zukunftsgestaltung ausgerichteten Migrationssteuerung.

Regionale Unterschiede

Das demografische Wachstum in Österreich verläuft regional unterschiedlich. Es sind die drei östlichen Bundesländer Wien, Niederösterreich und das Burgenland, welche vom Wachstum besonders profitierten oder betroffen sind – je nach Sichtweise. Bevölkerungszuwächse haben auch die Bundesländer Tirol, Vorarlberg und Salzburg, während die Bevölkerungszahlen in der Steiermark und in Kärnten zurückgehen oder bestenfalls gleich bleiben. Es fehlen im Süden der Republik die großen urbanen Dienstleistungszentren und die prosperierenden industriellen Standorte, die zuwandernde Personen an sich ziehen. Ganz im Gegenteil: Negative Wanderungssalden sowohl mit dem Ausland als auch im Bereich der Binnenwanderung haben zu einer Reduktion der Bevölkerung im reproduktionsfähigen Alter geführt und in weiterer Folge zu einem Rückgang der Geburten sowie zu einer verstärkten Alterung.

Unabhängig von einer bundeslandspezifischen Betrachtungsweise zeigt sich ein erheblicher Gegensatz zwischen den städtischen und ländlich-peripheren Regionen. Die gut erreichbaren Städte Österreichs – allen voran die Bundeshauptstadt Wien – wurden zu einem Magneten für Unternehmen, zu einem Leuchtturm in der internationalen Wirtschaft und zu einem bevorzugten Zuwanderungsziel für junge Menschen oder für Zuwandernde aus dem Ausland. Die Städte haben nicht an Bedeutung verloren, wie es vor wenigen Jahren angesichts der rasanten Entwicklung der Informations- und Kommunikationstechnologie noch vermutet wurde, sondern ganz im Gegenteil an Bedeutung gewonnen. Gleichzeitig sind die Städte aber auch Quellregion der Abwanderung. Viele jüngere, gut qualifizierte und kapitalkräftige Familien zogen in das Stadtumland, um dort zu erreichen, was angestrebt wird: Wohnen in einer „grünen“ Umgebung mit genügend Wohnraum und der Autonomie, den Wohnraum und die unmittelbare Nachbarschaft so zu gestalten, wie man es für richtig hält.

Dem städtischen Österreich steht das „schrumpfende Österreich“ gegenüber. Es ist durch das Fehlen von urbanen Zentren gekennzeichnet, die als Standorte für eine wachsende Wirtschaft fungieren und Zuwanderung aus dem In- und Ausland anziehen könnten, und es ist auch zu weit von den wirtschaftlichen und städtischen Zentren entfernt, um Teil einer stadtregionalen Entwicklung zu werden. Das „schrumpfende Österreich“ ist weder touristisch intensiv genützt, noch sind die ökologischen Voraussetzungen für eine konkurrenzfähige Landwirtschaft gegeben. Dazu kommt im Einzelfall ein industrieller Strukturwandel, der stecken geblieben zu sein scheint. Die burgenländischen Bezirke Güssing, Jennersdorf und Oberwart, das kärntnerische Hermagor, die niederösterreichischen Bezirke Gmünd, Horn und Zwettl sowie die Bezirke der Obersteiermark – Knittelfeld und Leoben – sind seit Jahren die demografischen „Sorgenkinder“ der Republik. Aber auch innerhalb anderer Bezirke weisen manche Gemeinden deutliche Entleerungstendenzen auf. Eisenerz ist wohl das bekannteste Beispiel. Es zählte 1971 rund 12.000 EinwohnerInnen und 2011 weniger als 5.000. Aber auch Annaberg in den niederösterreichischen Kalkalpen ist eine flächenmäßig große Gemeinde, die innerhalb der vergangenen 40 Jahre fast die Hälfte der Bevölkerung verloren hat.

Rückbau bewältigen

Das schrumpfende Österreich steht zunehmend vor dem erheblichen Problem, die öffentliche Daseinsvorsorge (Infrastruktur für Bildung, Gesundheit, Kultur und Soziales, Verkehr, Wasser-, Abwasser- und Energieversorgung) aufrechtzuerhalten, auch dann, wenn sie sich nicht mehr rechnet oder für ein angespanntes Gemeindebudget zu teuer geworden ist. Die Fragen, die sich in diesem Zusammenhang stellen, werden umso wichtiger, da der Generationenvertrag durch geänderte Lebensformen auch im Bereich der innerfamiliären Pflege und Betreuung brüchig geworden ist. Welche Einrichtungen der Daseinsvorsorge in Zukunft von der öffentlichen Hand zu betreiben sind, welche Standorte dafür in Frage kommen und welche Mindeststandards in einem räumlichen Kontext einzuhalten sind, sind dabei zentralen Fragen. Das Licht kann im schrumpfenden Österreich nicht sofort abgedreht werden, es gilt, einen Anpassungsprozess zu verankern, der sozial verträglich abläuft und dennoch finanziert werden kann.

Die Politik schiebt dieses Problem zur Seite. Rückbau ist ein politisch inkorrekter Begriff, geradezu ein rotes Tuch für manche politischen RepräsentantInnen und Interessenvertretungen. Seit Jahren werden die Instrumente zur Bewältigung des demografischen Wandels im sozialpolitischen Bereich diskutiert – Stichwort „demografisch nachhaltiges Pensionssystem" –, die Frage, wie die Daseinsvorsorge im lokalen Kontext und bei veränderten räumlichen Rahmenbedingungen aufrechterhalten werden kann, aber bestenfalls in fachlichen Insiderkreisen. Eine Ausnahme stellt das Österreichische Raumentwicklungskonzept (ÖREK 2011) dar, welches dieser Fragestellung ein eigenes Kapitel widmet, jedoch erst die politischen Entscheidungsträger erreichen muss.

Ohne Anspruch auf Vollständigkeit werden im Folgenden aus dem ÖREK 2011 drei Beispiele genannt, die den Rückbau als planerische Zukunftsaufgabe illustrieren:

• Bewältigungsstrategien für den schulischen Rückzug: Der Bund muss gemeinsam mit den Ländern, Städten und Gemeinden danach trachten, in Regionen mit sinkenden SchülerInnenzahlen spezielle organisatorische Lösungen zu suchen, damit der Schulbesuch für Kinder und Jugendliche in einer zumutbaren Pendeldistanz möglich ist. Im Vorschul- und im Pflichtschulbereich ist für eine langfristige Sicherung der Versorgung im unmittelbaren Lebensbereich (zumeist gleichbedeutend mit dem Gemeindegebiet) der Kinder zu sorgen. Die Einführung regional differenzierter Parameter bei der Bildungsplanung (z.B. regional differenzierte KlassenschülerInnenzahlen und Teilungsziffern) erscheint ebenso notwendig wie die Festlegung von gestaffelten KlassenschülerInnenhöchstzahlen bei Klein- und Kleinstschulen. Vielleicht müssen aber auch neue Modelle der Fernlehre entwickelt werden, damit Kinder und Jugendliche mit einem abseitigen Wohnstandort weiterhin die Chance auf Bildung haben. In Österreich besitzt die Frage nach der Ein- oder Mehrgliedrigkeit des Schulsystems für die 10- bis 14-Jährigen einen überragenden Stellenwert, die Frage nach der langfristigen Standortstrategie kommt in der öffentlichen Diskussion hingegen so gut wie nicht vor.

• Versorgung einer schrumpfenden Bevölkerung: Neben den Schulstandorten stellt die Frage der Versorgung der Bevölkerung mit Gütern des täglichen Bedarfs im räumlichen Kontext eine weitere Zukunftsfrage dar: Wie kann die Bevölkerung auch dann noch innerhalb einer zumutbaren Pendeldistanz versorgt werden, wenn die letzten Einzelhandelsgeschäfte in der Wohnortgemeinde bereits geschlossen sind? Aber auch: Wie können neue Organisationsformen das Schließen des Einzelhandels verhindern oder verzögern, auch wenn der dafür notwendige Mindestumsatz nach einem privatwirtschaftlichen Maßstab nicht mehr erreicht wird? Warum steuern die Länder, die in Österreich die entsprechende gesetzliche Kompetenz verfügen, die Ansiedelung des großflächigen Einzelhandels nicht stärker und auch nicht nach einem einheitlichen Steuerungsprinzip, um einen Standortwettbewerb zu verhindern? Gerade in diesem Bereich existiert mit dem Zentralen-Orte-Konzept ein bewährtes Instrument, um die Expansion des großflächigen Einzelhandels am Rande von Siedlungen, der immer auch zu Lasten des existierenden Einzelhandels in den Siedlungskernen geht, begrenzen zu können.

• Rückbaustrategie im Bereich der Baulandwidmung: Es ist evident, dass Mechanismen zu entwickeln sind, um nicht genütztes Bauland fernab der Siedlungskerne wieder rückwidmen zu können. Ein solches Bauland, welches in einer Zeit gewidmet wurde, als andere demografische Rahmenbedingungen herrschten und möglicherweise auch eine größere Wachstumserwartung bestand, kann beachtliche Kosten verursachen. Öffentliche Straßen müssen erhalten und im Winter und im Sommer gereinigt werden, die Infrastruktur der Wasser-, Abwasser- und Energieversorgung ist bereitzustellen, auch wenn die NutzerInnen vielleicht schon weggezogen sind. Insbesondere in Streulagen verursachen lange

Erschließungswege beachtliche Folgekosten, die in Gemeinden mit einer rückläufigen Bevölkerungsentwicklung spürbar sind und zur Verschuldung beitragen. Aber wie kann man rückwidmen, ohne die Eigentumsinteressen über Gebühr zu verletzen? Wie legt man die Entschädigungen für die verlorengegangenen Entwicklungsrechte fest und wer soll diese bezahlen? Könnte man nicht gleichzeitig den Planungsmehrwert bei Baulandwidmungen abschöpfen, um diesen bei Rückwidmungen zur Entschädigungsleistung zu verwenden? Wir brauchen in dem Bereich sicherlich mehr Flexibilität, um einer Bevölkerung vor Ort auch einen entsprechenden raumordnerischen Rahmen zur Verfügung zu stellen, der mit der Bevölkerungsentwicklung parallelisiert wird.

Wachstum planerisch kontrollieren

Das wachsende Österreich steht nicht vor dem Problem, Rückbau zu planen, sondern ganz im Gegenteil, das Wachstum ökologisch und sozial verantwortungsbewusst zu bewältigen. In den Stadtregionen wächst die Bevölkerung, noch mehr wachsen die Haushalte und besonders die Wohnungsnachfrage. Wohnungsneubau ist notwendig, weil die beanspruchte Wohnfläche pro Kopf zunimmt, eine steigende Zahl an Zweitwohnsitzen für berufliche Zwecke oder für die Freizeit zu berücksichtigen ist und weil durch die Verkleinerung der Haushalte deren Anzahl überdurchschnittlich stark ansteigt. Wohnungsneubau benötigt immer auch ein Mehr an Bauland, das planerisch vernünftig zu widmen ist. In dieser Situation gilt es, Mechanismen und Instrumente zu entwickeln, um das autonome Handeln der Gemeinden zu steuern. Auch dafür werden hier drei gedankliche Ansätze aus dem ÖREK 2011 präsentiert, die politisch umgesetzt werden können.

• Neuwidmungen überörtlich und grundsätzlich beurteilen: Die Beurteilung von langfristig konzipierten Neuwidmungen soll neben der Notwendigkeit einer nachweisbaren Unterversorgung an Bauland auch an weitere Kriterien gebunden werden, nämlich an die Erschließungs- und Bedienungsqualität im öffentlichen Verkehr, an die Erreichbarkeit zentralörtlicher Einrichtungen sowie an das zu erwartende Verkehrsaufkommen im motorisierten Individualverkehr und bei alternativen Verkehrsmitteln (öffentlicher Verkehr, Rad, Wirkungen der Parkraumbewirtschaftung). Neuwidmungen sollen also nur mehr dann möglich sein, wenn der Nachweis der Notwendigkeit vorliegt und wenn die ausgewählten Standorte nicht zusätzliche Kosten der öffentlichen Hand verursachen. Es soll insbesondere danach getrachtet werden, Achsenzwischenräume, die mit dem öffentlichen Verkehr schlechter erschlossen sind, freizuhalten und berechtige Neuwidmungen auf die Achsen zu konzentrieren.

• Zügelung des Standortwettbewerbs: Die Zügelung des Standortwettbewerbs in den wachsenden Stadtregionen um Betriebe, Wohnbevölkerung und öffentliche Einrichtungen ist eine Voraussetzung für eine nachhaltige Bewältigung des Wachstums. Wenn jede Gemeinde Bauland, Gewerbeflächen und Einzelhandelsstandorte ausweist, um damit im Standortwettbewerb zu punkten, dann gehen übergeordnete Planungsprinzipien verloren. Zersiedelung und ein indifferentes Ausdehnen der Stadt über ihre administrativen Grenzen hinweg sind die ökologisch nachteiligen Folgen. Wir brauchen daher Modelle und Anreizsysteme der überörtlichen Koordination und der interkommunalen Zusammenarbeit, um die Gemeinden bei der Bewältigung ihrer zukünftigen Aufgaben zu unterstützen. Interkommunale Kooperationen stellen für Gemeinden eine Chance dar, die wachsenden Aufgaben mit stagnierenden finanziellen Mitteln zu bewältigen. Überdies können sie zu einem fairen regionalen Lasten- und Nutzenausgleich führen.

• Stadtregionen zukunftsorientiert positionieren: Stadtregionen sind wachsende und in Zukunft bedeutsame Siedlungselemente, als politische oder rechtliche Einheit sind sie jedoch nicht existent. Mehr denn je gilt es daher, darüber zu beratschlagen, wie Stadtregionen abzugrenzen sind, gemeinsam auftreten und rechtlich verankert werden können, welche städtebaulichen Konzepte aus Gründen der Nachhaltigkeit anzuwenden sind, und welche funktionellen Aufgabenteilungen innerhalb einer Stadtregion stattfinden sollen. Die zukunftsorientierte Positionierung von Stadtregionen, eingebettet auch in neue Modelle der Regional Governance und des finanziellen Ausgleichs, zielt insbesondere auf einen fairen Interessenausgleich zwischen Kernstadt und Umland ab und beinhaltet regelbasierte und kooperative Verkehrs- und Siedlungsentwicklung, Sicherung und Stärkung der Funktionsfähigkeit der Kernstadt sowie eine komplementäre funktionale Anreicherung des Umlandes.

Ausblick

Alles soll so bleiben, wie es ist, lautet der manchmal vernehmbare Wunsch der Bevölkerung, aber auch der politischen EntscheidungsträgerInnen. Sie negieren dabei die erheblichen demografischen Veränderungen im räumlichen Kontext dieser Republik. Rückbau planen und Wachstum bewältigen sind vorhersehbare Notwendigkeiten als Folge des demografischen Wandels. Der Wunsch, Arbeitsplätze für Regionen im Rückgang zu schaffen, ist zwar oftmals vernehmbar, aber selten zu realisieren, denn wirtschaftliche und demografische Entwicklungen lassen sich nicht auf Knopfdruck verändern. Mehr Realismus ist oft notwendig, aber auch eine größere Bereitschaft, die Konsequenzen des demografischen Wandels im räumlichen Kontext zu akzeptieren und transitorisch zu bewältigen.

Dazu müsste die Aufgabenstellung als Voraussetzung der konzeptiv abgestimmten Bewältigung jedoch erst wahrgenommen werden. Und das System der Raumordnung in Österreich müsste selbst kraftvoll verändert werden, um Bewältigungsstrategien effizient umsetzen zu können. Österreich braucht eine Raumordnung mit einem Mehr an Kompetenzen der übergeordneten Bundesebenen und einer verstärkten Kooperation der Gebietskörperschaften gleicher Hierarchieebene. Mehr noch als das: Österreich benötigt eine Raumordnung, die als echte Chance der Zukunftsbewältigung begriffen und nicht als eine zu erfüllende Pflicht eines bürokratisierten Staates empfunden wird.

Christian Felber Die Abstimmung gestern war überwältigend: 79 % der Menschen in Europa, das nun 33 Staaten umfasst, stimmten für den Faktor 10 als maximale Ungleichheit zwischen Höchsteinkommen und dem jeweiligen gesetzlichen Mindestlohn. Die relative Zustimmung – wir konsensieren seit 2018 systemisch, damit wir mehr als nur einen Vorschlag abstimmen können – zum Faktor 20 war mit 51 % weit abgeschlagen. Da war das Ergebnis für den Faktor 7 mit 53 % noch besser. Kurios: Nur 1,2 % Zustimmung erhielt der Faktor 1.000, und wir waren im Jahr 2010 in Deutschland beim Faktor 5.000!

Die sukzessive Demokratisierung hat die Menschen in Europa zu begeisterten EuropäerInnen gemacht, die Euroskepsis ist weggetrocknet wie Morgentau in der Mittagssonne. Seit 2016 sind die Menschen die Herren und Frauen Europas: Sie können selbst Gesetze machen. Rückblickend betrachtet gebührt der Dank der Finanzkrise 2012/13, welche die „Maastricht-EU" zur Implosion brachte. Hätte nicht Ende 2011 die Serie an Staatsinsolvenzen eingesetzt und wäre es nicht zur Kettenreaktion bei den Banken gekommen, Europa wäre nicht neu erschaffen worden.

Am Höhepunkt der Krise, Ende 2013, wurden allgemeine Wahlen zu einem Verfassungskonvent abgehalten. Das Ergebnis war wie das Positivbild zu den Verträgen von Maastricht bis Lissabon: Umfassende Garantie der Grundrechte als oberstes und unantastbares EU-Recht, dann der Institutionenteil mit klarer Gewaltentrennung, EU-weiten Referenda und strenger Subsidiarität. Vergemeinschaftet werden nur jene Politikbereiche, die einzeln von den nationalstaatlichen Souveränen dem EU-Souverän überantwortet werden. Dadurch erhält die EU a) echte demokratische Legitimation, b) einen Souverän, der sich z. B. via Volksabstimmungen selbst bestimmen kann, und c) eine Verlangsamung der Integration, die nun kein Selbstzweck mehr ist, sondern gemäß dem Prinzip der Subsidiarität vonstattengeht. Vergemeinschaftet wird nicht prinzipiell alles, sondern nur das, was auf Gemeinschaftsebene grundsätzlich sinnvoller geregelt werden kann als auf nationalstaatlicher Ebene, auch Rücknahmen sind möglich. Europa ist teilweise wieder schlanker geworden: Die Agrar- und die Handelspolitik sind jetzt nicht mehr dabei; dafür sind die umfassenden Menschenrechte individuell einklagbar.

Der neue Vertrag war in allen Mitgliedsländern im Frühling 2016 zur Abstimmung gekommen – und alle Souveräne sagten „ja". Offenbar konnten sie einem solchen Angebot an Demokratie plus nicht widerstehen. Außerdem waren sie es, die die Mitglieder des Konvents persönlich gewählt hatten. Und sie waren es, die permanent in endlosen Internetforen um ihre Meinung zu den jeweiligen Entwürfen gefragt worden waren. Am Ende durften sie noch in mehreren Punkten zwischen Optionen auswählen – ein faires demokratisches Angebot.

Gewaltentrennung

Eine von vielen Neuerungen: Das EU-Parlament ist nunmehr der Hauptgesetzgeber. Weder muss es die Kommission anbetteln, um einen Gesetzesentwurf behandeln zu dürfen, noch sich mit dem Rat abstimmen. Den gibt es nicht mehr. Die Mitgliedstaaten sind in einer 2. Parlamentskammer vertreten. Die Gesetze, die das Parlament initiiert und beschließt, gelten. Die einzige Instanz, die das ändern kann, ist der Souverän. Wir hatten bisher acht EU-weite Volksabstimmungen, also pro Jahr eine. Und so wurde einiges nachgebessert und selbst gezimmert, was nicht oder zu wenig konkret in der Verfassung stand. Als Erstes wurde ein EU-weites Bahnnetz geschaffen mit günstigen Jahreskarten, die für den gesamten öffentlichen Verkehr gelten, die „EU-Mobil-Cards". Darauf folgte ein kostenloser EU-weiter Internet-Zugang, das „EU-Web". 2018 wurden alle Banken auf Gemeinwohl-Orientierung verpflichtet, was bedeutet, dass sie keine Gewinne mehr an die EigentümerInnen ausschütten dürfen – dafür stimmten unter dem Eindruck des Megacrashs 91 % der EU-Bevölkerung!

Seither geht es in demokratischen Diskussionen viel um Eigentum und Verteilung: Die Höchstgrenze für Privatvermögen wurde mit 10 Mio. Euro festgelegt, darüber setzt eine 100 %-Vermögenssteuer ein. Um Kapitalflucht zu verhindern, ist der Kapitalverkehr nicht frei. Die Abwicklung des „Grenzübertritts", das Clearing, wurde zu einem Monopol der Zentralbanken. Bei Unternehmen erhalten die Beschäftigten und die allgemeine Gesellschaft ab 1.000 Beschäftigten die Mehrheit der Stimmrechte in Vorstand und Aufsichtsrat – davon müssen jeweils mindestens 40 % Frauen sein. Auch die Arbeitszeit wurde auf 30 Wochenstunden verkürzt und die Mindestlöhne wurden so festgelegt, dass eine Person davon bequem leben kann: Gegenwärtig, im Jahr 2025, stehen wir bei 1.500 Euro netto. Ja, und heuer haben wir endlich festgelegt, dass die Höchsteinkommen nicht mehr als das Zehnfache des landesüblichen Mindestlohns ausmachen dürfen. So wächst Europa im Geist der Demokratie zusammen. Wir sind aus heutiger Sicht wirklich froh, dass die Finanzkrise über uns hereingebrochen ist, denn einen solchen Lern- und Entwicklungsschritt hätten wir sonst nicht machen können!

Gemeinwohl-Ökonomie

Konvente haben übrigens nicht nur auf EU-Ebene stattgefunden. Schon zuvor haben Wirtschaftskonvente in fast allen Mitgliedstaaten getagt. So wurde der

Weg für die Gemeinwohl-Ökonomie geebnet. Eine zunächst unscheinbare Initiative wurde kontinuierlich breiter. Plötzlich haben 25.000 Unternehmen gemeinsam mit den Gewerkschaften öffentlich ein neues Wirtschaftssystem gefordert. Die Hälfte von ihnen hat gleich selbst den ersten Schritt gemacht und freiwillig eine Gemeinwohl-Bilanz erstellt. Diese misst, wie ökologisch ein Unternehmen produziert, wie die Qualität der Arbeitsplätze ist, wie gerecht es verteilt, wie das Geschlechterverhältnis geregelt ist und ob es Mitbestimmung gibt. Das Ergebnis wird in Gemeinwohl-Punkten gemessen, maximal 1.000 sind erreichbar.

Es gibt fünf Gemeinwohl-Stufen, die farblich gekennzeichnet sind. Auf den Produkten erscheint jetzt ein Teil des Strichcodes in der jeweiligen Gemeinwohl-Farbe des Herstellerunternehmens. Die KonsumentInnen wissen sofort, in welcher „Liga" das Unternehmen spielt. Wenn man mit dem Handy über den Strichcode fährt, erscheint die gesamte Gemeinwohl-Bilanz auf dem Display. Die Idee hat so stark gezogen, dass selbst die großen börsennotierten Konzerne mitmachen mussten: Keiner konnte es sich leisten, keine Gemeinwohl-Bilanz zu erstellen. Und seit 2018 ist sie Gesetz.

Heute erhalten die Unternehmen umso größere Vorteile bei Steuern, Zöllen, Krediten und öffentlichen Aufträgen, je besser ihr Gemeinwohl-Bilanz-Ergebnis ist. Damit ist endlich der Geist der bayerischen Verfassung erfüllt: „Die gesamte wirtschaftliche Tätigkeit dient dem Gemeinwohl", steht dort schon seit 1946 prophetisch.

Kooperation statt Konkurrenz

Der Wettbewerb wurde stark abgeschwächt. Unternehmen werden dafür belohnt, dass sie kooperieren und sich gegenseitig helfen. Das war ein Umdenken! Die Forschungsergebnisse der Neurobiologie, Molekulargenetik und Evolutionstheorie haben aber seit Beginn des neuen Jahrtausends immer eindeutiger gezeigt, dass Kooperation nicht nur die effektivere Form der sozialen Interaktion ist, dass sie zu höherer Leistung und mehr Innovation führt als Wettbewerb, sondern dass sie Menschen auch zufriedener und sinnerfüllter macht, weil sie nicht dauernd von Verlustängsten geplagt sind und ihr Selbstwertgefühl nicht mehr davon abhängt, dass sie besser sein müssen als andere.

Der Wettbewerb in der Wirtschaft wurde damit nicht abgeschafft. Das Recht auf freie Unternehmensgründung blieb erhalten, aber der Wettbewerb wurde stark abgeschwächt und vor allem umgepolt. Entschied bis 2020 noch der Finanzgewinn über den Verbleib und das Überleben im Markt – es schieden die Unternehmen mit dem geringsten Finanzgewinn aus –, so federn jetzt die

Unternehmen solidarisch einen plötzlichen Einbruch der Nachfrage oder einen Angebotsschock ab. Dafür werden sie belohnt. Wer sich nicht daran beteiligt, hat schlechtere Karten. Erst das allerletzte Mittel ist der Konkurs. Allerdings nicht des Unternehmens mit dem schlechtesten Finanzergebnis, sondern desjenigen mit der schlechtesten Gemeinwohl-Bilanz. Denn die führt tendenziell auch zu einem negativen Finanzergebnis.

Wir haben heute in allen Branchen zahlreiche kleine und mittlere Unternehmen, die Konzerne sind verschwunden. Vielfalt und Innovation sind größer geworden. Aber Innovation ist heute kein Selbstzweck mehr bzw. steht nicht im Zeichen eines höheren Finanzgewinns, sondern dient der Allgemeinheit. Ihre Ziele sind sinnvolle Produkte, umweltschonendere Verfahren und Logistikabläufe, menschenwürdige Arbeitsorganisation und vor allem die Befriedigung realer Grundbedürfnisse. Die Kooperation der Unternehmen bei Forschung, Entwicklung und Logistik sowie das Teilen von Ausrüstung und Rohstoffen ist zur Selbstverständlichkeit geworden. Die letzten Eigenbrötler bezahlen ihre freiwillige Isolation mit schlechteren Gemeinwohl-Bilanzen.

Demokratische Banken

Ihre Überschüsse und Rücklagen tragen die Unternehmen auf Demokratische Banken. Diese haben sich seit 2012, im Jahr des großen Krachs, vielerorts als private Genossenschaften gegründet. 2018 wurde die Gemeinwohl-Orientierung von Banken zum allgemeinen Gesetz, gleichzeitig wurden juristischen Personen anderweitige Geldanlagen verboten. Sie sind verpflichtet, ihre Überschüsse auf Banken zu deponieren und diesen zur Vergabe zu überlassen. Banken wiederum dürfen kein Geld schöpfen: Ausgegebene Kredite müssen durch Spareinlagen gedeckt sein. Und Spareinlagen werden garantiert, aber nicht verzinst. Schließlich dürfen Banken keine Gewinne an EigentümerInnen ausschütten. Dadurch weicht von den Banken der Veranlagungsdruck, sie können sich auf das konservative Kreditgeschäft konzentrieren. Ziel ist, dass Unternehmen günstige Kredite für „reale" Investitionen zur Verfügung stehen und die Kreditkonditionen nach dem sozialen und ökologischen Mehrwert der Investitionen gestaffelt werden.

Die Abkehr von Sparzinsen war ein „Schocker", aber eine gezielte Kampagne hat viele umdenken lassen: 90 % der Bevölkerung erlitten durch Sparzinsen Verluste, weil sie die für Sparzinsen erforderlichen Kreditzinsen über ihren Konsum finanzieren mussten. Das war nur am Weltspartag nie dazugesagt worden: ein klassischer Coup der Vermögenden, die kleinen Leute vor ihren Karren zu spannen.

Andererseits erleichterte das Loslassen von Sparzinsen das Loslassen aller Kapitaleinkommen, die es heute nicht mehr gibt. Einkommen fließen nur noch gegen Arbeitsleistung. Hier half noch eine kleine mathematische Argumentationshilfe: Solange die Privatvermögen im Verhältnis zur Volkswirtschaft wachsen, müssen die Finanzrenditen von Jahr zu Jahr kleiner werden, damit es zu keiner relativen Enteignung der arbeitenden Bevölkerung durch die Rentiers kommt. Das wissen heute alle GesamtschülerInnen. Am Weltspartag wird heute erklärt, wohin die Spargelder fließen und welche sinnvollen Investitionen sie ermöglichen.

Kapitalverkehr eingeschränkt

Der schwierigste Punkt war, dass ein Teil der Vermögenden mit dem Abzug ihrer Vermögen drohte. Doch dank direkter Demokratie setzte sich die Bevölkerung zur Wehr, indem sie den freien Kapitalverkehr aus der EU einschränkte. „Ihr könnt gerne euer Kapital auf den Cayman Islands veranlagen", war die Antwort, „aber nur, wenn ihr dorthin auswandert." Niemand von den Vermögendenden folgte der „Einladung". Die EU bietet zu viele Annehmlichkeiten. Technisch wurde das Ziel erreicht, indem der Grenzübertritt des Kapitals, das so genannte Clearing, den demokratisierten Zentralbanken unterstellt wurde. Auf Finanzierungen, die nicht dem Handel dienen, gibt es eine saftige Grenzsteuer und mit Geldinstituten in Steueroasen wird nicht „gecleart". Bei der Ausreise in Länder, die freien Kapitalverkehr mit Steueroasen pflegen, gilt der doppelte Steuersatz. Kurz: Das Kapital ist in der EU geblieben und kann für die Wirtschaft fruchtbar gemacht werden.

Fairer Handel

Ganz ähnlich zum Kapitalverkehr wurde auch der blinde Freihandel aufgegeben, der aufgrund der Standortkonkurrenz nicht nur die Verarmung der Mittelschicht ermöglicht hatte, sondern auch jeden Fortschritt bei Umweltschutz, Qualitätsstandards, Gesundheit, Arbeitsrechten, sozialer Sicherheit oder Steuerfairness blockiert hatte. Es gab immer ein Land mit niedrigeren Standards, weshalb kein Land höhere Standards durchsetzen wollte. Auch dieses Spiel haben wir durchschaut und die Voraussetzung für die Erpressbarkeit – bedingungsloser Freihandel – widerrufen. Freihandel gibt es jetzt nur noch bei gleichen Standards. Die EU hat in einer Doppelstrategie einerseits Zölle auf Produkte eingehoben, die unter anderen Bedingungen produziert worden waren als in der EU selbst („Bestimmungslandprinzip") und gleichzeitig Druck auf globale Regeln gemacht. Ihrer Initiative haben sich sofort zahlreiche Länder angeschlossen: Heute gibt es weltweit gültige Sozial-, Arbeits-, Umwelt- und Steuerstandards, die sogar von den USA geteilt werden. Ausschlaggebend war, dass die EU es ernst meinte; solange sie nicht einseitig voranging, sahen die USA natürlich keinerlei Notwendigkeit, sich zu bewegen.

Ökologie

In den Schulen lernen die Kinder ihren ökologischen Fußabdruck berechnen: Wie viel Ressourcen können sie verbrauchen, sodass den Menschen in anderen Ländern und zukünftigen Generationen die gleichen gerechten Chancen bleiben wie ihnen selbst. In der UNO hat sich ein Weltressourcenrat gebildet, der die globalen Rohstoffe schützt und ihre nachhaltige Nutzung regelt. Der Markt bestimmt schon lange nicht mehr die Rohstoffpreise. Und Produkte haben neben der Preisauszeichnung auch ihren ökologischen Fußabdruck. Neben dem Geldkonto verfügen alle Menschen über ein Ökokonto. Zwar existiert heute nur noch die halbe Arktis, und die teilweise abgeschmolzene Antarktis hat den Meeresspiegel etwas angehoben, aber die Treibhausgaskonzentration in der Erdatmosphäre ist seit 2024 rückläufig! Ein Glücksgefühl für die ganze Menschheit.

Schule

In den Schulen wird Wissen über die Natur vermittelt und erfahrbar gemacht: Flüsse, Berge, Schlamm, Pflanzen, Tiere, Wiesen, Wälder, Schnee und Eis – das „nackte" Erleben hat sich als der effektivste Umweltschutz erwiesen. Auch lernen Kinder ihre Gefühle wahrzunehmen und darüber zu sprechen. Gewaltfreie Kommunikation ist heute Standard, das allgemeine Bewerten, Lächerlich-Machen und Besser-Sein-Wollen hat aufgehört.

Frauen und Männer weisen heute keine signifikanten Unterschiede im Gesprächsverhalten mehr auf. In der Gender-Kunde wird außerdem diskutiert, welche produktiven und reproduktiven Leistungen für eine Gesellschaft wertvoll sind. Und in der Demokratiekunde lernen die Kinder, dass Demokratie kein einmal erreichbarer statischer Zustand, sondern ein pflegeintensiver Entwicklungsprozess ist, der Beteiligung erfordert und dass es von der Mitverantwortung und vom Engagement möglichst aller abhängt, dass dieses hohe Gut nicht wieder verloren geht nach dem Sprichwort: „Wer in der Demokratie einschläft, wacht in der Diktatur auf."

Die Kinder erlernen „Souveränsbewusstsein", aus dem die Erkenntnis erwächst, dass ein echter Souverän folgende Grundrechte genießen müsste: 1. eine bestimmte Vertretung wählen, 2. sie abwählen, 3. sie korrigieren, 4. ein

Gesetz selbst formulieren und beschließen, 5. die Verfassung aus eigener Initiative abändern, 6. demokratische „Allmenden" (Gemeinschaftsgüter) wie Bahn, Post, Banken selbst organisieren; sowie 7. Teilkonvente wählen. Wir blicken zurück in das mittelalterliche 2012: Da durften wir nichts von alledem.

Literatur

Bauer, Joachim (2006). Prinzip Menschlichkeit. Warum wir von Natur aus kooperieren, Hamburg.

Felber, Christian (2006). 50 Vorschläge für eine gerechtere Welt. Gegen Konzernmacht und Kapitalismus, Wien.

Felber, Christian (2008). Neue Werte für die Wirtschaft. Eine Alternative zu Kommunismus und Kapitalismus, Wien.

Felber, Christian (2009). Kooperation statt Konkurrenz. 10 Schritte aus der Krise, Wien.

Felber, Christian (2010). Die Gemeinwohl-Ökonomie. Das Wirtschaftsmodell der Zukunft, Wien.

Kohn, Alfie (1986/1992). No Contest. The Case against Competition. Why we lose in our race to win, Boston/New York.

Peter Filzmaier In einer Bevölkerungspyramide werden stufenförmig Altersgruppen dargestellt, so dass Neugeborene am Fuße der Grafik und am Kopf die ältesten Jahrgänge sind. Der Begriff „Pyramide" stimmt allerdings nur, wenn in Gesellschaften mit hoher Geburtenrate deutlich mehr junge Menschen als SeniorInnen leben. In Österreich war solch ein pyramidenähnliches Bild für die Bevölkerungsstruktur vor 100 Jahren richtig. Heute haben wir eine stark alternde Bevölkerung, welche grafisch eine Pilzform ergibt: Unten immer weniger Kinder und oben zunehmend ältere Menschen.

Ein vergleichender Blick auf die Alterspyramide der österreichischen Bevölkerung genügt, um die dramatischen Veränderungen der demografischen Struktur zu erkennen. Wer nicht auf dem einen Auge blind ist und mit der anderen Pupille schlecht sieht, erkennt sofort das Phänomen der alternden Gesellschaft. Zur Jahrtausendwende gab es mehr als doppelt so viele 30-Jährige wie 60-Jährige. In nicht allzu ferner Zukunft – nämlich 2020 – werden Letztgenannte die ersterwähnte Gruppe zahlenmäßig klar überholt haben. Ein unglaublicher Umbruch in Rekordzeit!

Heute (2010/11) sind rund 23 % der Bevölkerung 60 Jahre oder älter. 2020 werden es 26 % sein, 2030 31 % und 2050 über 34 % (vgl. Tabelle 1 und Statistik Austria 2010). In absoluten Zahlen erhöht sich die Menge in Österreich lebender Menschen über dem aktuell faktischen Pensionsalter, das sogar unter 60 Jahren liegt, von rund 1,93 auf 3,23 Millionen. Das ist ein Zuwachs, welcher – das nur zur Veranschaulichung, weil je nach Wahlebene und Wahlrecht BewohnerInnen- und WählerInnenzahlen voneinander abweichen – in etwa der Anzahl von Wahlberechtigten in Wien entspricht.

Tabelle 1: Entwicklung der Bevölkerungsstruktur für Österreich, 2010–2050

Jahr	Insgesamt	Unter 15 Jahre	15 bis unter 60 Jahre	60 und mehr Jahre	Unter 15 Jahre	15 bis unter 60 Jahre	60 und mehr Jahre
		Absolut				in %	
2010	8.388.478	1.240.019	5.209.559	1.938.900	14,8	62,1	23,1
2020	8.725.556	1.241.013	5.214.299	2.270.244	14,2	59,8	26,0
2030	9.021.228	1.280.249	4.946.955	2.794.024	14,2	54,8	31,0
2050	9.447.226	1.266.382	4.955.268	3.225.576	13,4	52,5	34,1

Quelle: Überarbeitung des Hauptszenarios gemäß Statistik Austria 2010.

Hinzu kommt ein gigantisches Stadt-Land-Gefälle. Nach den Daten der Statistik Austria werden bis 2050 in Wien und Umgebung um 25 % mehr ArbeiterInnen, Angestellte und UnternehmerInnen leben als bisher. Die 2 Mio. PendlerInnen werden parallel weniger. Das nennt man Landflucht. Den Randgebieten vom nördlichen Waldviertel bis Kärnten im Süden fehlen somit Einheimische im erwerbsfähigen Alter. Es entstehen ganze Regionen ohne Wirtschaftskraft.

Hauptgründe der Bevölkerungsentwicklung sind sinkende Kinderzahlen vor allem in Stadtfamilien sowie eine steigende Lebenserwartung – also zur Hälfte ein erfreulicher Anlass. Doch parallel dazu wird die Zahl der Berufstätigen kleiner, welche die Wirtschaft erhalten und mit Steuerleistungen Staat und Sozialsystem finanzieren. Schon jetzt liegt unser Durchschnittsalter mit 41,3 Jahren um bis zu zehn Jahre über jenem der aufstrebenden Volkswirtschaften Asiens mit Ausnahme Japans (vgl. Tabelle 2 auf der Basis von CIA 2010 und Eurostat 2010). Auch in Ozeanien und Nordamerika ist man im Schnitt jünger, in arabischen Ländern liegt der Wert gar bei nur rund 25 Jahren.

Tabelle 2: Alter der Bevölkerung ausgewählter Staaten im Vergleich, 2009

Land	Durchschnittsalter der Bevölkerung in Jahren
Australien	37,1
EU-27	40,6
Zuwandernde in EU-Staaten	28,4
Indien	24,8
Japan	43,0
Kanada	39,1
Mexiko	25,6
Neuseeland	34,2
Österreich	41,3
Zuwandernde nach Österreich	40,4
Russland	38,2
Südkorea	35,8
Singapur	37,8
Taiwan	35,5
USA	36,6
Volksrepublik China	33,2

Quellen: CIA 2010 und Eurostat 2010.

Österreich liegt vom Durchschnittsalter her ähnlich wie Deutschland sowie im Bereich der skandinavischen Länder und der BENELUX-Staaten bzw. allgemein „westlicher" Länder EU-ropas. In Zentral- und Osteuropa gibt es aktuell teilweise geringere Mittelwerte, doch schreitet der Alterungsprozess noch rascher voran. Es gibt jedoch zwei dramatische Unterschiede:

- das um 12 Jahre (!) jüngere Durchschnittsalter der in alle Mitgliedstaaten der EU zuwandernden Personen im Verhältnis zu jenen, die nach Österreich zuwandern

• fast überall ist das tatsächliche Rentenalter mit im OECD-Durchschnitt 63,6 Jahren höher als in Österreich mit knapp über 58 Jahren (vgl. Tabelle 3 und OECD 2011).

Besonders auffallend ist die Tatsache, dass in mehreren Ländern der tatsächliche Pensionsantritt sogar über dem gesetzlichen Alter liegt, in Österreich jedoch bei Männern um 6,1 Jahre und bei Frauen um 2,5 Jahre darunter.

In der Alpenrepublik wird Realitätsverweigerung betrieben, obwohl allen GrundschülerInnen klar sein muss, welche Radikalreformen für unser Pensionssystem notwendig ist. Wenn es früher zweimal mehr Erwerbstätige im besten Alter als RentnerInnen gab – man darf mit Blick auf die obigen Zahlen derzeit getrost 60plus-Generation und Menschen in Pension gleichsetzen –, und sich dieses Verhältnis ins Gegenteil verkehrt, so sind massive Zweifel an der künftigen Funktionalität des Generationenvertrags angebracht.

Tabelle 3: Gesetzliches und faktisches Pensionsalter der OECD-Länder im Vergleich

Land	Pensionsantrittsalter nach Gesetzeslage	Durchschnittsalter des realen Pensionsantritts	Differenz in Jahren
Südkorea	60	70,0	+10
Mexiko	65	69,8	+4,8
Japan	65	68,5	+3,5
Island	67	67,5	+0,5
Schweden	65	64,8	-0,2
Schweiz	65 / 64*	65,7 / 63,5	+0,7 / -0,5
USA	66	65,2	-0,8
Türkei	60 / 58*	62,8 / 68,3	+2,8 / +10,3
OECD	-	63,6	-
Großbritannien	65 / 60*	64,3 / 62,1	-0,7 / +2,1
Spanien	65	62,6	-2,4
Griechenland	65 / 60*	61,9 / 59,6	-3,1 / -0,4
Deutschland	65*	61,2	-3,8
Italien	65	59.9	-5,1
Ungarn	62	59.5	-2,5
Frankreich	60	59.4	-0,6
Österreich	65 / 60*	58,9 / 57,5	-6,1 / -2,5
Slowakei	62 / 60*	59,9 / 56,2	-2,1 / -3,8
Luxemburg	65	57.7	- 7,3

* Männer/Frauen, in der Tabelle nicht berücksichtigt ist eine allenfalls vorgesehene Angleichung im Zeitverlauf; Quelle: OECD 2011.

Noch schlimmer ist, dass die Politik Gefahr läuft, Probleme des Mit- oder Gegeneinander der Generationen auf versicherungsmathematische Pensionsfragen zu reduzieren (siehe dazu auch mehrere Ausführungen in Filzmaier 2010). Dadurch tut sich eine gesellschaftliche Konfliktlinie auf, die gefährlicher ist als sämtliche Gegensätze zwischen In- und AusländerInnen bzw. anderen Gruppen. Seit 1945 galt hierzulande der Slogan „Damit es unseren Kindern einmal besser geht!" Nach einem Weltkrieg war das ein Versprechen, das sowohl naheliegend als auch relativ leicht einzuhalten war. Nun stehen wir vor der Situation, dass es unseren Kindern schlechter gehen wird.

Es wird ihnen nicht richtig schlecht gehen, weil Österreich ein wohlhabender Staat ist und bleibt. Bemitleidenswert sind junge Generationen in ärmeren EU-Ländern und der Dritten Welt. Doch wird es heutigen Kindern in deren späteren Jahren nicht besser gehen, als es den Eltern in deren Jugendzeit ging. Dennoch haben wir das berechtigte Versprechen der Großeltern nicht rechtzeitig zurückgenommen. Der brüchige Dialog mit der Nachfolgegeneration beruht auf unerfüllbaren Zukunftsversprechen. Niemand hat den Mut auszusprechen, dass das „No-Future!"-Klischee im wörtlichen Sinn falsch ist, doch es mehrheitlich düstere Aussichten gibt.

Im Unterschied zur 1968er-, Friedens- und Umweltbewegung hat das weniger mit der Weltzerstörungsgefahr durch den atomaren Overkill und/oder Klimawandel plus Ozonloch zu tun. Die Generationen leben vielmehr mit dem Lebensgefühl, sich wechselweise unmittelbar etwas wegzunehmen. Enttäuschungen darüber können in offenen Protest umschlagen. SchülerInnen- und Studierendendemonstrationen sind nur die Spitze des Eisbergs, weil PflichtschulabsolventInnen und Lehrlinge keine Lobby und kaum Medienzugang haben. Umso mehr werden sie sich Wege außerhalb der demokratischen Spielregeln suchen, um ihrem Ärger Luft zu verschaffen. Bis hin zur Gewalteskalation.

Dafür ist es unerheblich, ob die Alten zu den Jungen tatsächlich „böse" sind und deren Zukunft verbauen. Genauso egal ist, ob der Nachwuchs sein gutes Recht verlangt oder unverschämte Forderungen stellt. Das Dilemma ist ein überzeugtes Benachteiligungsgefühl und Ungerechtigkeitsempfinden auf beiden Seiten. Ein Jugendlicher, der sich subjektiv schlecht fühlt, fängt nichts mit der Bemerkung an, dass es den Teenagern in Somalia oder früher den Weltkriegskindern noch viel schlechter geht bzw. ging. Das ist objektiv richtig, trägt aber nichts zu einem Brückenschlag zwischen den Generationen bei. Indirekt lässt sich das Protestpotential bereits anhand des Wahlverhaltens messen.

Die parteipolitische und kommunikative Alterskluft

Natürlich vermittelt gleichzeitig die 2007 hierzulande erfolgte Senkung des Wahlalters auf 16 Jahre ein irreführendes Bild, und Österreichs WählerInnen werden ebenfalls immer älter. Lediglich Wien und der großstädtische Bereich sind Ausnahmen. In Oberösterreich waren 1990 nur 25 % der Wahlberechtigten über 60 Jahre alt. 2030 werden es 40 % sein (vgl. Tabelle 4). Tendenz steigend. Südlich von Gmunden, Kirchdorf und Steyr beträgt das durchschnittliche Alter der Wahlberechtigten schon jetzt mehr als 50 Jahre.

Tabelle 4: Altersgruppen der Wahlberechtigten, Fallbeispiel Oberösterreich

Jahr	16/18- bis 29-jährige	30- bis 44-jährige	45- bis 59-jährige	Über 60-jährige
1990	27	26	22	25
2005	19	29	25	28
2009/10	21*	24	26	28
2030	16	22	22	40

* Senkung des Wahlalters auf 16 Jahre, Angaben in Prozent; Quelle: eigene Darstellung nach Angaben des Amtes der Oberösterreichischen Landesregierung.

In der jüngsten Landtagswahl 2009 waren, um beim Fallbeispiel Oberösterreich zu bleiben, rund 3,1 % oder 34.000 Personen der 1.086.327 Wahlberechtigten 16- und 17-jährige ErstwählerInnen. Dem standen bei einem Durchschnittswahlalter von 48 Jahren 10 % Wahlberechtigte bzw. 109.000 Personen über 75 Jahre gegenüber. Weitere 17,7 % waren 60 bis 74 Jahre alt. Folgerichtig werden Wahlen unter SeniorInnen gewonnen oder verloren und nicht bei der Jugend.

Das Wahlverhalten der jüngsten und ältesten Generation könnte dabei nicht unterschiedlicher sein. Dazu ein Beispiel aus der Nationalratswahl 2008 (Tabelle 5 bzw. ISA/SORA 2008 sowie Filzmaier/Perlot 2008, 11; Filzmaier u.a. 2008, 27–29): Die erstplatzierte SPÖ kratzte bei den über 60-Jährigen weiterhin an der 40 %-Marke, und das trotz eines historischen Tiefstands von 30 % im Gesamtergebnis. ArbeiterInnen über 45 Jahre wählten 2008 zu 55 % SPÖ, jene unter 45 zu lediglich 30 %. Der sozialdemokratische Generationenkonflikt betrifft also ein Kernklientel.

Hätten nur junge Männer unter 30 Jahre gewählt, wäre die SPÖ hinter dem Wahlsieger Strache-FPÖ gelandet. Bei den weiblichen Teens und Twens erzielte die SPÖ gar ein Katastrophenergebnis von unter 15 %. Die ÖVP lag da deutlich besser, dafür jedoch bei den berufstätigen Frauen von 30 bis 59 Jahren mit unter 20 % desaströs. Unter den männlichen Pensionisten war es nicht besser.

Die SPÖ war demnach 2008/09 geschlechtsunabhängig eine Partei der Alten. Wahlergebnisse der ÖVP wurden oft, so etwa in der Tiroler Landtagswahl 2008, nur von älteren bis sehr alten Damen halbwegs erträglich gemacht. Die

FPÖ punktete bei Jugendlichen mit formal niedrigem Bildungsgrad, während die Grünen überproportional Studierende und Frauen ansprachen. Dafür krebsten Letztere in der 60plus-Gruppe unverändert unterhalb der Mindestprozentklausel herum. Die Moral von der Geschichte ist, dass wir eine wahlbezogene Generationenkluft bis hin zu radikal abweichenden Parteipräferenzen haben. Dass das generell politischen und gesellschaftlichen Sprengstoff in sich birgt, ist offensichtlich.

Tabelle 5: Wahlverhalten nach Altersgruppen und Parteien in der österreichischen Nationalratswahl 2008

Partei / Alter	SPÖ	ÖVP	FPÖ	BZÖ	Grüne
16 bis 29 Jahre	21 (-9)	23 (-3)	25 (+8)	13 (+2)	24 (+13)
30 bis 59 Jahre	27 (-3)	26	15 (-2)	11	14 (+3)
60 Jahre und älter	37 (+7)	26	17	11	3 (-8)

Angaben in Prozent, Differenzen in Klammer in Prozentpunkten bezogen auf das gerundete Gesamtergebnis der jeweiligen Partei, den Rest auf 100 bilden sonstige Parteien bzw. Rundungsfehler; Quelle: ISA/SORA 2008 aus Telefoninterviews der Wahltagsbefragung im Auftrag des Österreichischen Rundfunks (ORF). Die Stichprobengröße betrug n=1.200, die maximale Schwankungsbreite lag bei +/- 2,8 %.

In den Landtagswahlen 2010 (Burgenland, Steiermark und Wien) als am kürzesten zurückliegendes Fallbeispiel waren es vor allem die SPÖ und die Grünen sowie mit Abstrichen die FPÖ, bei denen eine Alterskluft im Wahlverhalten erkennbar wurde (vgl. Filzmaier u.a. 2011, 121 ff.). So erreichte die SPÖ neuerlich jeweils bei Personen über 60 ihre besten Werte und lag bei oder über der absoluten Stimmenmehrheit in dieser Gruppe. Umgekehrt hatte sie Schwächen vor allem bei Jugendlichen und jungen Menschen bis unter 30 Jahren. Im Burgenland war sie hier nur die zweitstärkste Partei.

Die Grünen waren in dieser Zielgruppe stärker und übertrafen ihre Gesamtergebnisse um mehrere Prozentpunkte. Ihr Problem waren 2010 erneut ältere WählerInnen. Die ÖVP schnitt je nach Anlass unterschiedlich stark oder schwach in den verschiedenen Altersgruppen ab. Ein konstanter Trend ließ sich nicht ablesen. Auffällig bei der FPÖ war das vergleichsweise starke Abschneiden bei älteren Personen in Wien, was den Ergebnissen in der Steiermark und im Burgenland 2010 widersprach, sich jedoch bereits 2005 andeutete.

Ähnlich dramatisch wie beim Wahlverhalten sind Altersunterschiede im Mediennutzungsverhalten von Jugendlichen und SeniorInnen (vgl. Tabelle 6 und Media-Analyse 2010). Ein Austausch über die selektive Wahrnehmung findet nicht statt. So nutzen 97 % der unter 20-Jährigen das Internet. Nur jedeR Fünfte liest Bücher, Trivial- und Schunddrucke eingerechnet. Bei den über 60-Jährigen geht man mit knapp über 20 % von ähnlich vielen bzw. wenigen IntensivnutzerInnen des Internets aus, dafür haben literarische Werke einen ungleich höheren Stellenwert. Über 80 % der 60plus-Generation und unter 60 % der 14- bis 19-Jährigen lesen eine Tageszeitung.

Ebenso sehen fast 80 % der PensionistInnen und nur rund 43 % der Teenager täglich fern. Das Verhältnis der NutzerInnen des ORF lautet gar 72 zu 28 %. Nur beim Radio sind die Differenzen weniger dramatisch, doch besteht selbstverständlich analog zu allen Medien ein großer Unterschied der bevorzugten Sender bzw. Programme und Inhalte.

Tabelle 6: Mediennutzungsverhalten von Teenagern und SeniorInnen im Vergleich, 2010

Alter	Internet	Fernsehen	Radio	Tageszeitung
14 bis 19 Jahre	97,1	43,8	74,3	59,5
60 Jahre und älter	25,4	78,5	81,6	79,3

Angaben in Prozent als regelmäßige (im Sinne von mindestens wöchentlich bzw. mehrmals die Woche) NutzerInnen des jeweiligen Mediums; Quelle: Media-Analyse 2010.

Wie sollen die Altersgruppen also konstruktiv kommunizieren? Selbst Geburtstagswünsche sind mit Barrieren verbunden: 14-Jährige erwarten SMS, 40-Jährige E-Mails und viermal 14 Jahre alte Personen Anrufe am Festnetz plus handschriftliche Billets. Schon für geburtstägliche Kommunikation braucht man somit Verständnis und Kompromissbereitschaft, obgleich es keine unterschiedlichen Interessen gibt. In Verteilungsfragen der Gesellschaft freilich sind die Interessengegensätze von Jüngeren und Älteren groß, und man findet nicht einmal einen gemeinsamen Kommunikationskanal.

Die Mediendemokratie tut ihren Teil, um den Generationendialog zu erschweren. Auch abgesehen von Internet und Büchern leben Jugendliche und ihre (Groß-)Eltern politisch in fremden Teilöffentlichkeiten. Für ORF-Nachrichtensendungen ist man entsprechend den obigen Zahlen stolz, wenn das Durchschnittsalter der Zusehenden 50 und nicht 60 Jahre ausmacht. Bei Privatsendern endet die relevante Zielgruppe bei 49 Jahren. Dasselbe gilt für praktisch alle Medien, weil etwa traditionelle ZeitungsabonnentInnen die Pension zumindest in Sichtweite haben.

Eine Gemeinsamkeit haben junge und ältere Menschen in ihrer Unfähigkeit zum Dialog: Alle Beteiligten scheuen sich über den Ausgangspunkt dieses Beitrags, den Befund einer alternden Gesellschaft, zu sprechen. Obwohl wir ausnahmslos sterben müssen und das wissen, zählen Tod und Alter zu den Tabuthemen. Darüber spricht man möglichst nicht. Schon gar nicht mit der Jugend.

Hinzu kommt, dass öffentliche und veröffentlichte Meinung nicht immer identisch sind. Es wird keine Fernsehanstalt, kein Radiosender und kein Printmedium in der veröffentlichten Meinung davon sprechen, dass die Jungen eingesperrt oder die Alten weg gehören. Wir sollten uns aber keinesfalls sicher sein, dass in der öffentlichen Meinung eine Mehrheit oder mindestens relevante Minderheit nicht trotzdem genau das vertritt. Mit all den grauslichen Hintergedanken, welche einem angesichts der Geschichte unseres Landes dazu einfallen. Wer Gefühle der Hoffnungslosigkeit hat, neigt zu Radikalismen. Besonders im Generationenkonflikt.

Was man dagegen tun kann?

Aus den skizzierten Trends der Bevölkerungs- und Kommunikationsentwicklung ergeben sich mannigfaltige gesellschaftliche Probleme. Als Lösungswege bieten sich drei Varianten an:

1. Nach der Naturmethode müsste quasi die Regierung unabhängig von deren Parteifarben allen ÖsterreicherInnen im geburts- und zeugungsfähigen Alter anordnen, viel Sex zu haben. Ohne Verhütung führt das bekanntlich zu Nachwuchs. Doch sind solche Eingriffe des Staates in einer Demokratie weder rechtskonform noch als Motiv für Familiengründungen wünschenswert. Zu allem Überdruss hätten wir selbst bei konsequenter Kaninchen- und Rammelpolitik erst in rund 20 Jahren mehr ins berufliche Leben hineinwachsende ÖsterreicherInnen. Neugeborene brauchen nun einmal so lange, bis sie ins Arbeitsleben eintreten.
2. Schneller kann die Zahl qualifizierter Arbeitskräfte mittels gezielter Zuwanderung erhöht werden. Obwohl mit der Rot-Weiß-Rot-Card dafür ein Instrument geschaffen wurde, ist das ein politisches Tabu. Die Fremdenangst führt zum Populismus, dass „niemand zuwandern darf, solange es arbeitslose ÖsterreicherInnen gibt". Es hat sich nicht herumgesprochen, dass wir die zweitniedrigste Arbeitslosenrate EU-ropas haben und aus der Fremde kommende Beschäftigte Steuern und Sozialversicherungsbeiträge zahlen. Dennoch ist dieser Weg kurz- und mittelfristig zielführend.
3. Das faktische Pensionsalter liegt bei uns, siehe oben, knapp über 58 Jahren. Die Europäische Kommission meint hingegen, dass wir bis zum Alter von 70 Jahren arbeiten sollten. Die ebenfalls in Jahren gemessene Dauer des Rentenbezugs würde sich nicht verringern, weil wir eine stets länger werdende Lebenszeit haben. Nur will keine Partei ein Drittel der Wahlberechtigten vergraulen. Also wird das Thema vertuscht und die Debatte über Pensionen homöopathisch geführt. Summa summarum gibt es eine Vogel-Strauß-Politik, welche

die Bevölkerungsentwicklung als zentrale Herausforderung ausblendet. Ergänzend zu einer gezielten Einwanderungspolitik ist nichtsdestoweniger das reale Alter von Pensionsantritten sehr deutlich um bis zu ein Jahrzehnt zu erhöhen.

Literatur

CIA (2010). The World Factbook, Washington DC. Internet: https://www.cia.gov/library/publications/the-world-factbook (Zugriff: 18.7.2011).

Europäische Kommission (2011). Eurostat: Demography Report 2010 – Older, More and Diverse Europeans, Brüssel. Internet: http://ec.europa.eu/social (Zugriff: 18.7.2011).

Filzmaier, Peter/Flooh Perlot (2008). Im Schatten des Nationalrats? Die Spannung der Landtags- und Gemeinderatswahlen 2008, in: SWS-Rundschau, 4 (48), 391–412.

Filzmaier, Peter u.a. (2008). Die Nationalratswahl 2008, in: Peter Filzmaier u.a. (Hg.), Stichwort Wählen, Wien, 13–38.

Filzmaier, Peter (2010). Der Zug der Lemminge: Heute stehen wir am Rande des Abgrunds, morgen sind wir einen Schritt weiter, Wien.

Filzmaier, Peter u.a. (2011). Das Landtagswahljahr 2010, in: SWS-Rundschau, 2 (50), 121–144.

Institut für Strategieanalysen (ISA)/Institute for Social Analysis and Research (SORA) (2008). Wahltagsbefragung zur Nationalratswahl im Auftrag des Österreichischen Rundfunks. Internet: http://strategieanalysen.at (Zugriff: 18.7.2011).

OECD (2011). Pensions at a Glance 2011: Retirement-Income Systems in OECD and G20 Countries. Internet: http://www.oecd-ilibrary.org/finance-and-investment/oecd-pensions-at-a-glance (Zugriff: 18.7.2011).

Statistik Austria, Bevölkerungsprognose 2010, Wien, erstellt am 29. Oktober 2010. Internet: http://www.statistik.at/web_de/statistiken/bevoelkerung/demographische_prognosen/bevoelkerungs prognosen (Zugriff: 18.7.2011).

Verein Arbeitsgemeinschaft Media-Analysen (2011). Media-Analyse 2010. Internet: http://www.media-analyse.at/studieDetail.do?year=2010 (Zugriff: 18.7.2011).

Jörg Flecker

In seiner Rede vor streikenden ArbeiterInnen und Angestellten am Pariser Nordbahnhof im Jahr 1995 forderte der französische Soziologe Pierre Bourdieu ein „Rückschrittsverbot“ bei sozialen Errungenschaften wie der sozialen Sicherheit oder dem Recht auf Arbeit. Er begründete dies damit, dass es sich dabei um höchste Errungenschaften der Zivilisation handle und deren Verteidigung völlig legitim sei, wie es auch die Bewahrung der kulturellen Errungenschaften der Menschheit ist – etwa der philosophischen Werke Kants oder Hegels und der Musik Mozarts oder Beethovens (vgl. Bourdieu 1997, 11 f.).

Tatsächlich können die Fortschritte in der Sozialpolitik und in der Regulierung der Arbeit, an denen die Arbeiterkammern ganz wesentlich beteiligt waren, als entscheidende Zivilisationsschübe gesehen werden. Norbert Elias hatte den Prozess der Zivilisation im Zuge der Staatenbildung in Europa als Überwindung von Angst und Unsicherheit beschrieben, in der die Menschen gelebt hatten, so lange sie ständig durch körperliche Gewalt bedroht waren. Erst das Gewaltmonopol des Staates dämmte diese Bedrohungen nachhaltig ein und ermöglichte es den Menschen, ihr Leben vorausschauend und längerfristig zu planen.

Im 19. Jahrhundert war dieser Prozess in Europa weitgehend abgeschlossen. Mit zunehmender Kontrolle der Menschen über ihre Affekte und den Rückgang von körperlicher Gewalt im Alltag nahmen existentielle Bedrohungen deutlich ab. Doch mit der Einrichtung eines unreglementierten Arbeitsmarktes im 18. und 19. Jahrhundert wurden große Teile der Bevölkerung neuen Formen der Unsicherheit ausgesetzt und ihr Leben neuen Zwängen unterworfen. Von einer selbstbestimmten, vorausschauenden Lebensführung konnte damit für die neue Klasse der LohnarbeiterInnen keine Rede sein. Neben persönliche Abhängigkeiten trat die strukturelle Gewalt, die der Arbeitsmarkt auf jene ausübt, die von nichts anderem leben können als vom Verkauf ihrer Arbeitskraft.

Die Kämpfe um eine Regulierung des Arbeitsmarktes und um soziale Sicherheit für die arbeitende Bevölkerung prägten in der Folge die europäischen Gesellschaften. Sie führten zu einem „Zivilisationsschub“, an dessen Ende die ArbeiterInnen, die davor an ihrem Rand „campieren“ hatten müssen, wie es Robert Castel ausdrückt, weitgehend in die Gesellschaft integriert waren. Die vor allem in den Jahrzehnten nach dem Zweiten Weltkrieg voll ausgebildete „Lohnarbeitsgesellschaft“ bietet auch jenen, die für ihren Lebensunterhalt arbeiten müssen, grundlegende Sicherheiten im Fall der Arbeitslosigkeit, bei Krankheit sowie im Alter.

Die Gefährdung des sozialen Eigentums

Damit gibt das „soziale Eigentum" (Castel 2000), also die Ansprüche an die Sozialversicherungen oder die Absicherungen im Arbeitsrecht, Menschen ohne Vermögen eine grundlegende Sicherheit, die das Privateigentum – die zentrale und bestgesicherte Institution kapitalistischer Gesellschaften – den besitzenden Klassen bietet. Es sorgt dafür, dass Menschen ohne Vermögen nicht in ständiger Unsicherheit und Angst leben müssen – vor der Willkür von Vorgesetzten oder Arbeitgebern, vor Arbeitsplatzverlust, Unfall oder Krankheit. So wird soziales Eigentum zur wichtigen Grundlage einer „zivilisierten" Gesellschaft, also eines friedlichen und menschwürdigen Zusammenlebens.

Die mit dem sozialen Eigentum einhergehende Abschwächung des Warencharakters der Arbeitskraft, also die in der Wohlfahrtsstaatsforschung so genannte „De-Kommodifizierung", ermöglicht es den ArbeitnehmerInnen erst, nicht nur aus Zwängen heraus zu handeln, sondern ihre Lebensführung selbst zu bestimmen. Doch wie besonders in den letzten Jahrzehnten deutlich zu erkennen war, ist das soziale Eigentum als gesellschaftliche Institution wenig abgesichert und unterliegt politischen Konjunkturen – von Rückschrittsverbot keine Spur. Die politische Aufarbeitung der globalen Finanz- und Wirtschaftskrise macht das sehr deutlich: Die Sicherung des Privateigentums der Besitzenden in Form der Bankenrettung geht unmittelbar auf Kosten des sozialen Eigentums, in das die europäischen Nationalstaaten mit diversen „Sparpaketen" immer massiver eingreifen.

Erleben wir derzeit also einen tief greifenden und nachhaltigen Schub der „Entzivilisierung"? In den letzten beiden Jahrzehnten drang unter der Hegemonie des Neoliberalismus die Unsicherheit tatsächlich von den Rändern in die Mitte der Gesellschaft vor: Der starke Anstieg der Arbeitslosigkeit ab den 1980er Jahren löste eine lange Phase annähernder Vollbeschäftigung ab. Bereiche mit hoher Arbeitsplatzsicherheit schwanden durch Liberalisierung, Privatisierung oder Auslagerungen aus dem öffentlichen Dienst. Die hohe Dynamik einer globalisierten Wirtschaft und die ständigen Umstrukturierungen der Großunternehmen betreffen auch privilegierte ArbeitnehmerInnengruppen. Seit der globalen Finanz- und Wirtschaftskrise ab 2008 kam die Erkenntnis dazu, dass die ungeregelten Finanzmärkte die Wirtschaft aller Länder jederzeit wieder in eine tiefe Krise stürzen können, wovon auch der sicherste Arbeitsplatz betroffen sein kann. Gerade jene Beschäftigungsbereiche, die früher die größte Sicherheit boten, der öffentliche Dienst und die staatsnahen Unternehmen, geraten dadurch besonders unter Druck, weil die Regierungen mit Sparmaßnahmen auf die Finanzkrise reagieren.

Prekarität auf dem Vormarsch

Neben der Arbeitslosigkeit ist es die als Prekarisierung bezeichnete Verbreitung von unsicherer Beschäftigung und Armutsgefährdung, die für Angst und Unsicherheit unter den Betroffenen sorgt. Arbeits- und sozialrechtlich nicht oder nur minder geschützte Beschäftigungsformen und niedrige, nicht existenzsichernde Einkommen sowie kurzfristige oder unterbrochene Beschäftigung bewirken prekäre Lebensverhältnisse. Besonders verbreitet sind diese in den lokal gebundenen, häufig von MigrantInnen ausgeübten Dienstleistungen, aber auch in den teils hochqualifizierten Arbeitsfeldern der Sozial- und Gesundheitsdienste, der Erwachsenenbildung oder der Kreativwirtschaft. Wegen des hartnäckigen Einkommensnachteils von Frauen gegenüber Männern und ihrer häufig atypischen Beschäftigung sind Frauen davon besonders stark betroffen. Gefördert wurde die Verbreitung prekärer Beschäftigungsverhältnisse und die Entstehung ganzer Niedriglohnsektoren – in Deutschland noch stärker als in Österreich – durch eine Arbeitsmarktpolitik, die Arbeitslose zur Annahme einer Beschäftigung zwingt, auch wenn deren Bedingungen unterhalb gesellschaftlicher Standards liegen. Es ist nicht schwer zu prognostizieren, dass die politische „Verarbeitung“ der Finanzkrise die Tendenz zur Prekarisierung verschärfen wird, da die öffentlich alimentierten oder von öffentlichen Aufträgen abhängigen Bereiche weitere Einbußen werden hinnehmen müssen.

In Österreich konnte bisher eine so starke Ausbreitung des Niedriglohnsektors wie in Deutschland, wo bereits ein Fünftel der Beschäftigten nur einen Niedriglohn erhält, vermieden werden. Dazu haben die hohe Deckungsrate und die Stabilität des Kollektivvertragssystems ebenso wie die Mindestlohnpolitik der Gewerkschaften beigetragen. Lücken finden sich in Österreich aber nicht nur in Branchen mit niedrigen Kollektivvertragslöhnen, sondern vor allem dort, wo Arbeitskräfte nicht in Dienstverhältnissen beschäftigt sind, wie bei den neuen Postdienstleistern außerhalb der Post AG, in der Haushaltsreinigung oder bislang in der Erwachsenenbildung.

Unsicherheit und Prekarität durch die Verbreitung minder geschützter Arbeitsformen sind teils der Umgehung des Arbeits- und Sozialrechts geschuldet, teils aber auch der Tatsache, dass sich die zur Eindämmung des Wildwuchses auf dem Arbeitsmarkt geschaffenen atypischen Beschäftigungsformen großen Zuspruchs erfreuen. Diesem Dilemma wird man wohl nur entkommen, wenn das Prinzip „Arbeit ist Arbeit“ lautet, d. h. wenn die sozialen Rechte unabhängig von der konkreten Vertragsform des Beschäftigungsverhältnisses gesichert werden. Schritte in diese Richtung hat es durch die Absicherung atypischer Beschäftigungsformen, zuletzt durch Angleichungen bei den freien Dienstverhältnissen, immer wieder gegeben. Die Herausforderung bleibt aber, die Prekariats-Spirale zu durchbrechen und den Mindeststandards für Arbeit unabhängig davon Geltung zu verschaffen, welche Vertragsform Arbeit- bzw. AuftraggeberIn und ArbeitnehmerIn im Einzelfall wählen.

Unvollständiges Konzept der Beschäftigungsfähigkeit

Nicht nur in Krisenzeiten leben viele ArbeitnehmerInnen in ständiger Angst vor dem Verlust des Arbeitsplatzes. Doch wie lässt sich diese Angst vermeiden, wenn der konkrete Arbeitsplatz in einer dynamischen Wirtschaft schwer zu garantieren ist und die Forderungen nach Entschleunigung ungehört bleiben? Die heute übliche Antwort ist die „Beschäftigungsfähigkeit", eine arbeitsmarktpolitische Zielsetzung, welche die in früheren Zeiten noch legitime Perspektive der „Pragmatisierung" abgelöst hat. Doch dieses aus EU-Politiken stammende Konzept blieb einseitig und unvollständig, insofern es auf individuelle Potenziale fokussiert und betrieblich-organisatorische und institutionelle Rahmenbedingungen des Arbeitsmarktes außer Acht lässt (vgl. Promberger u.a. 2008). Eine Frau kann noch so qualifiziert sein, ihre individuelle „Beschäftigungsfähigkeit" nützt wenig, solange für bestimmte Tätigkeiten und Positionen faktisch nur Männer eingestellt werden. Und jungen AkademikerInnen hilft weder Zusatzqualifizierung noch Mobilität, wenn die Aufnahmefähigkeit des Arbeitsmarktes wegen Einstellungsstopps im öffentlichen Dienst einbricht.

Das Konzept ist im Übrigen nicht neu. Schon Ende der 1960er Jahre hat der schwedische Ökonom Gösta Rehn zwischen „security under shells", also Sicherheit durch ein „Gehäuse" von Gesetzen und kollektivvertraglichen Regelungen, und „security of wings", also Sicherheit durch die „Flügel" individueller Freiheiten und Optionen auf dem Arbeitsmarkt, unterschieden. Doch in diesem Konzept der solidarischen Lohnpolitik und aktiven Arbeitsmarktpolitik wurde auch die ergänzende Beschäftigungspolitik stark betont. Schließlich gewährt die „Beschäftigungsfähigkeit" nur bei Vollbeschäftigung wirklich Sicherheit – ohne Vollbeschäftigungspolitik bleibt sie ein einseitiges Konzept, das Gefahr läuft, in erster Linie ideologischen Zwecken zu dienen.

Der Arbeitsplatz kann auch dadurch verloren gehen, dass die Gesundheit nicht mehr mitspielt. Gerade im Arbeits- und Gesundheitsschutz hat es im 20. Jahrhundert sehr große Fortschritte gegeben. Doch die Angst, eines Tages arbeitsunfähig zu sein und das Einkommen zu verlieren, ist nicht verschwunden. In manchen Bereichen sind Bedrohungen der Gesundheit und des Lebens durch die Erwerbsarbeit sogar sehr präsent. So braucht man nur die Wertschöpfungsketten über die Grenzen und in die Schattenökonomie zu verfolgen, um Arbeitsplätze zu finden, an denen der Tod ein ständiger Begleiter ist. Zum anderen zeigen in Österreich psychische Belastungen und in der Folge psychiatrische Erkrankungen eine steigende Tendenz. Zunehmender Zeitdruck und sinkende Arbeitsplatzsicherheit lassen eine weitere Verbreitung erwarten. Wegen hoher körperlicher und psychischer Belastungen ist die Arbeit in einigen Branchen und Berufen keineswegs nachhaltig und alternsgerecht. Viele Tätigkeiten sind nicht ein Erwerbsleben lang durchzuhalten, und es fehlt an Möglichkeiten zu einem rechtzeitigen Umstieg in einen anderen Beruf. Die Sicherung menschenwürdiger Arbeitsbedingungen bleibt damit trotz aller Fortschritte eine der größten Herausforderungen unserer Gesellschaft.

Wider den Alarmismus in der Demografie-Debatte

Das wirksamste Mittel, um diese Herausforderung zu bewältigen, liegt neben den Maßnahmen des Arbeits- und Gesundheitsschutzes und der Verbesserung der Arbeitsorganisation in der deutlichen Verkürzung der Arbeitszeit. Diese reduziert nicht nur die Gefährdungen, sondern bewirkt auch eine Verknappung des Arbeitskräfteangebots. Und nur ein Mangel an Arbeitskräften bringt die ArbeitgeberInnen dazu, die Arbeitsbedingungen von sich aus zu verbessern, um auf dem Arbeitsmarkt attraktiv zu sein. Dass eine Verknappung des Arbeitskräfteangebots wohl die stärkste Triebkraft für eine Humanisierung der Arbeit ist, zeigte die Modernisierung der industriellen Produktion in den 1980er und 1990er Jahren sehr deutlich, als Entwicklungen hin zu ganzheitlichen Arbeitsrollen und Gruppenarbeit mit steigender Arbeitslosigkeit vielfach wieder aufgegeben wurden. Damit lässt sich das populäre Argument, wonach der „demografische Wandel" zu Knappheiten auf dem Arbeitsmarkt führen werde und deshalb das Erwerbsleben verlängert werden müsse, schlicht und einfach umkehren: Gesundheitsförderliche und alternsgerechte Arbeit und damit die Voraussetzung dafür, dass alle ArbeitnehmerInnen tatsächlich länger erwerbstätig bleiben können, werden sich aus heutiger Sicht nur bei anhaltender Knappheit auf dem Arbeitsmarkt erreichen lassen.

Die Diskussion über den „demografischen Wandel" hat ebenso wie die verschiedenen „Pensionsreformen" und die Angst um den Lebensstandard im Alter die Unsicherheit über das eigene Pensionseinkommen erhöht. Für die Menschen am unteren Ende der Einkommensleiter bedeuten Einbußen schlicht Angst vor Armut nach einem arbeitsreichen Leben. Aber auch bei jenen, die besser dran sind und sich eine private Vorsorge leisten können, hat die Finanzkrise zu erheblicher Unsicherheit in Bezug auf ihren Lebensabend beigetragen.

Wie lässt bei der Alterssicherung die gesellschaftliche Zivilisierung retten? Als erstes gilt es an der von Alarmismus gezeichneten und auf den demografischen Wandel fixierten Debatte über die Zukunft der Pensionen anzusetzen. Nicht nur die simplen Kopfzahlen von Alten und Jungen oder die fehlenden Millionen in der Pensionskassa sollten Beachtung finden, sondern auch die Entwicklung der Produktivität und des gesellschaftlichen Reichtums sowie die Situation auf dem Arbeitsmarkt: Die Produktivität ist heute mehr als doppelt so hoch wie 1970. Das bedeutet, dass man in einer Stunde mehr als doppelt so viele Güter produzieren oder Dienstleistungen erbringen und damit auch erheblich mehr PensionistInnen versorgen kann als damals. Und das Produktivitätswachstum geht weiter.

Von den enormen und stark wachsenden Reichtümern, die sich in den Händen eines kleinen Teils der Gesellschaft konzentrieren, bräuchte man wohl nur einen Bruchteil, um den – ohnehin nur für einige Jahrzehnte benötigten – Zusatzaufwand für die Pensionen der geburtenstarken Jahrgänge abzudecken. Die EU verzichtet auf den Beitrag von Millionen junger Menschen in der Arbeitswelt – im Durchschnitt sind heute etwa 20 % der Jungen arbeitslos. Deren Erwerbschancen sinken weiter, wenn Ältere länger arbeiten. Und schließlich hängen die Einzahlungen in die Pensionsversicherung vom Ausmaß prekärer Beschäftigung und von der Entwicklung der Reallöhne ab. All dies zeigt: Die Sicherung der Pensionen für die Zukunft hat sehr viel mit Verteilung und gar nicht so viel mit Demografie zu tun.

Plädoyer für eine Zivilisierung der Gesellschaft

In vielen Bereichen, so lässt sich resümieren, stehen wir heute noch bzw. wieder vor großen Herausforderungen im Hinblick auf eine gesellschaftliche Zivilisierung, also die Vermeidung eines Lebens in Angst und Unsicherheit. „Die zunehmende Marktabhängigkeit in fast allen gesellschaftlichen Bereichen verbreitet das Gift der Unsicherheit, in unterschiedlich starken Dosen, durch die gesamte Gesellschaft." (Kronauer/Schmid 2011, 161) Will man diese Unsicherheit eindämmen und es den Menschen erlauben, ein selbstbestimmtes Leben zu führen, gilt es das soziale Eigentum nicht nur zu verteidigen, sondern auszubauen und ebenso stark abzusichern wie das Privateigentum. Eine solche „Zivilisierung" der Gesellschaft wird aber nicht erreichbar sein, solange der Finanzmarktkapitalismus mit seinen unvorhersehbaren Dynamiken jegliche Sicherheiten torpedieren und Arbeit, Einkommen und soziale Absicherung immer wieder in Frage stellen und zugleich die Kräfteverhältnisse in der Gesellschaft so überformen kann, dass dem Abbau sozialer Sicherheiten und der Umverteilung von unten nach oben wenig entgegenzusetzen ist.

Nüchtern betrachtet ist längerfristig keine Befreiung von Angst und Unsicherheit und damit keine nachhaltig menschenwürdige Arbeit in einer durch Irrationalitäten, strukturelle Gewalt und Naturzerstörung gekennzeichneten globalen Wirtschaftsordnung zu erreichen. Die für zivilisatorischen Fortschritt eintretenden gesellschaftlichen und politischen Kräfte werden daher die bisherigen Errungenschaften nur verteidigen und das soziale Eigentum ausbauen können, wenn es ihnen gelingt, zugleich transformatorische Schritte zur Durchsetzung einer neuen Gesellschafts- und Wirtschaftsordnung zu setzen, die tatsächlich ein zivilisiertes Zusammenleben in Europa und darüber hinaus erlaubt.

Literatur

Bourdieu, Pierre (1997). Die fortschrittlichen Kräfte, in: ders. u.a.: Perspektiven des Protests – Initiativen für einen europäischen Wohlfahrtsstaat, Hamburg.

Bundesministerin für Frauen und Öffentlichen Dienst (Hg.) (2010). Bericht betreffend die Situation von Frauen in Österreich im Zeitraum von 1998 bis 2008, Wien.

Castel, Robert (2000). Die Metamorphosen der sozialen Frage. Eine Chronik der Lohnarbeit, Konstanz.

Elias, Norbert (1976). Über den Prozess der Zivilisation, Frankfurt am Main.

Kronauer, Martin/Günther Schmid (2011). Ein selbstbestimmtes Leben für alle. Gesellschaftliche Voraussetzungen von Autonomie, in: WSI-Mitteilungen 4/2011, 155–162.

Mairhuber, Ingrid/Ulrike Papouschek (2010). Frauenerwerbsarbeit in Österreich. Brüche und Kontinuitäten einer begrenzten Integration seit Mitte der 90er-Jahre, in: Bundesministerin für Frauen und Öffentlichen Dienst 2010, 427–464.

Promberger, Markus u.a. (2008). Beschäftigungsfähigkeit, Arbeitsvermögen und Arbeitslosigkeit, in: WSI-Mitteilungen 02/2008, 70–76.

Sibylle Hamann Wer über die Zukunft der Arbeitswelt nachdenkt, muss auch über die Geschlechterfrage nachdenken. Denn die Modernisierung der Arbeitswelt wird ohne die gleichberechtigte Teilnahme von Männern und Frauen nicht möglich sein. Ebenso wie die Gleichberechtigung der Geschlechter nicht zu erreichen sein wird, ohne dass wir ein paar Grundregeln ändern, nach denen die Arbeitswelt heute funktioniert.

Für diese Veränderungen ist es höchste Zeit. Weil uns – volkswirtschaftlich, gesellschaftlich und demografisch gesehen – kaum etwas anderes übrig bleibt.

Gehen wir es ganz nüchtern an. Unternehmen, Politik und alle sonstigen Institutionen zahlen täglich einen hohen Preis dafür, dass sie ihre LeistungsträgerInnen nicht unter den besten Köpfen des Landes rekrutieren können – sondern bloß aus jener Schicht von (ziemlich vielen) Männern und (ziemlich wenigen) Frauen, die ihnen unter den gegenwärtigen Bedingungen zur Verfügung stehen. Diese Bedingungen lauten: permanente Verfügbarkeit und Freiheit von allen familiären oder sonstigen Verpflichtungen, die bei dieser Verfügbarkeit hinderlich sein könnten.

Die Gruppe, die bei dieser Auswahl übrig bleibt, ist ziemlich klein. Zu klein. So klein, dass eigentlich längst schon dringender Handlungsbedarf besteht. Damit sich hier etwas ändert, muss zunächst die leidige Frage nach der „Vereinbarkeit von Beruf und Familie" neu gestellt werden – und zwar an beide Geschlechter.

Ein erster Schritt dazu muss sein, Männer für ihre Kinder verantwortlich zu machen. Von Anfang an und dauerhaft gleichberechtigt mit ihren Partnerinnen. Verpflichtende Karenzmonate wären dabei eine große Hilfe. Erstens weil damit die oft selbstverständlich scheinenden Zuständigkeiten innerhalb der Familie in Frage gestellt werden und eingefahrene Gewohnheiten außer Tritt geraten. Wer einmal gelernt hat, für ein Kleinkind Verantwortung zu übernehmen, gibt diese Verantwortung später nicht so einfach wieder her.

Zweitens verändert sich damit auch quasi-automatisch die Arbeitswelt. Mit „Papamonaten", die anständig bezahlt werden, sendet der Staat die Botschaft aus, dass ein männlicher Arbeitnehmer nicht nur gegenüber seinem Unternehmen, sondern auch gegenüber seiner Familie Pflichten hat. Er befreit damit jeden einzelnen Mann von dem Druck, seine Entscheidung individuell rechtfertigen und durchkämpfen zu müssen.

Außerdem verändert der Staat damit das Wettbewerbsverhältnis zwischen Männern und Frauen im Betrieb. Solange ArbeitgeberInnen selbstverständlich davon ausgehen können, dass Männer 100 % ihrer Energie der Arbeit widmen – egal, ob sie Familie haben oder nicht –, werden sie sie, was Fortbildungen und Aufstiegsmöglichkeiten betrifft, eher bevorzugen. Weibliche Angestellte müssen hingegen stets mit der Unterstellung leben, sie nähmen ihren Beruf nicht hundertprozentig ernst und würden die nächstbeste Gelegenheit nützen, um kürzer zu treten oder womöglich ganz auszusteigen. Erst wenn diese Wahrscheinlichkeit für beide Geschlechter gleich hoch ist, fällt auch ein wichtiger Vorwand für Minderbezahlung weg. Und hier schließt sich ein Kreis. Denn ein ungefähr gleiches Einkommen in der Partnerschaft macht die gerechte Aufteilung von Familienpflichten ökonomisch erst möglich.

Ein nächster Schritt sind einkommensabhängige Ersatzleistungen während der Karenzzeiten. Indem er keinen Pauschalbetrag, sondern einen Prozentsatz seines Lohns überwiesen bekommt, behält ein Mensch auch während seiner Kinderpausen seine berufliche Identität. Eine Frau kippt nicht in den biologisch definierten Zustand „Mutter", sondern bleibt die Anwältin, Mechanikerin oder Friseurin, die sie vorher war.

Dass ausgerechnet in dieser Frage die soziale Ungerechtigkeit angeprangert wird, ist verräterisch: Denn bei anderen Leistungen des Staates ist es selbstverständlich, dass der Lohnersatz vom Gehalt abhängt. In jedem Krankenstand, während jeder Phase der Arbeitslosigkeit, bei jeder Abfertigung sowie in der Pension wird das als völlig normal empfunden.

Die nächste notwendige Umdeutung betrifft Auszeiten. Heute gilt immer noch ein ehernes Gesetz, das kaum jemals in Frage gestellt oder auf seine Sinnhaftigkeit überprüft wird: Pausen in der Erwerbsbiografie darf nur einlegen, wer jede Karriereambition ad acta gelegt hat. Wer aussetzt, verliert automatische Vorrückungen, und die Achtung der Kollegen gleich dazu. Wer aussetzt, signalisiert den anderen, dass er nicht voll und ganz dazugehören will. Und so brutal diese Regel auch ist – ihre Gültigkeit wird Männern, anhand von Kolleginnen, die Babypausen machen, regelmäßig vor Augen geführt.

Das Bild der idealen männlichen Berufsbiografie muss, wenn wir eine gendergerechte Arbeitswelt wollen, nachhaltig irritiert werden. Dass die – immer längere – Phase der Ausbildung in eine Familienphase mit ununterbrochener Vollzeitanstellung mündet, und anschließend, so bald wie irgend möglich, in die Pension, ist keine sehr zukunftsträchtige Aufteilung der Lebensarbeitszeit. Denn die intensivste Berufsphase kollidiert dabei mit der intensivsten Familienphase. Und anschließend drohen entweder das Burnout – oder der Frust darüber, etwas Wichtiges im Leben verpasst zu haben.

Die Herausforderung der Zukunft wird darin bestehen, diese männliche Berufsbiografie zu entzerren und damit gleichzeitig der typisch weiblichen Berufsbiografie jenen abrupten Knick zu ersparen, der sehr oft mit der Familiengründung einhergeht. Mit Müttern, die samt ihrem Potential der Arbeitswelt auf Dauer verloren gehen, fährt die Gesellschaft täglich einen riesigen Verlust an Ideen, Kreativität, Wissen und Energie ein. Umgekehrt kann sie jedoch auch das Potential ihrer gestressten und überforderten männlichen Leistungsträger nicht voll nützen. Ein 14-Stunden-Arbeitstag produziert mit Sicherheit mehr Leerläufe als ein sinnvoll strukturierter Sechs-Stunden-Arbeitstag.

Arbeit muss besser über die gesamte Lebensspanne verteilt werden. Phasen intensiver Erwerbsarbeit müssen mit Phasen des Kürzertretens abwechseln. Man kann diese Phasen der Familie, einem gemeinnützigen Projekt, der Weiterbildung oder einer selbständigen Tätigkeit widmen. All das jedoch, ohne je ganz aus dem Arbeitsmarkt hinauszukippen; und mit der Möglichkeit, sich jederzeit wieder in den Arbeitsmarkt einzuklinken, und die Kenntnisse, die man in den Auszeiten gewonnen hat, ebendort zu verwerten.

Eine derart entzerrte Arbeitsbiografie würde allen gut tun: den Kindern, den Alten, dem gesellschaftlichen Zusammenhalt und dem individuellen Erfahrungshorizont. Entscheidend für den Erfolg wird jedoch sein, ob diese Entzerrung bei beiden Geschlechtern gleichermaßen gelingt. Sobald das Sabbatical, die Bildungskarenz, die Pflegefreistellung oder der einjährige unbezahlte Urlaub in jeder Arbeitsbiografie nicht mehr die Ausnahme, sondern die Norm sind, wäre der Babypause schlagartig viel von ihrer karrierehemmenden Schärfe genommen; sie wäre dann nur eine Pause von vielen.

Auch der Begriff „Teilzeitarbeit" muss neu definiert werden. In Österreich umschreibt dieses Wort eine spezielle Nische des Arbeitsmarkts, die hauptsächlich unqualifizierte Tätigkeiten bereithält, kaum Aufstiegsperspektiven bietet und von vornherein schlecht bezahlt ist. Laut Statistik Austria verdienen Teilzeitkräfte einen deutlich niedrigeren Stundenlohn als Vollzeitkräfte mit der exakt selben Tätigkeit. Obwohl jede Teilzeitkraft weiß, dass man an einem kürzeren Arbeitstag normalerweise deutlich produktiver ist als an einem langen.

Quasi per Definition ist die Teilzeitnische in Österreich für Mütter vorgesehen. Doch das ist kein Naturgesetz. In den Niederlanden etwa unterscheidet sich Teilzeitarbeit inhaltlich nicht von Vollzeitarbeit. Sie ist keine Sackgasse, denn es besteht ein Rechtsanspruch, jederzeit wieder auf Vollzeit umzustellen. Teilzeitarrangements findet man denn auch auf jeder Hierarchieebene, auch in den Chefetagen, und in jeder Branche. Mit „typischer Frauenarbeit" haben sie nicht zwangsläufig etwas zu tun.

Für Arbeitgebende hat die Kombination verschiedenster Teilzeitarrangements den Vorteil, dass sie ihr Personal effizienter und flexibler einsetzen können. Für die Angestellten bedeutet es, dass sie mehr Zeit haben. Zeit, die ein Leben außerhalb der Arbeit ermöglicht, ein Ehrenamt, ein Hobby, einen zweiten

Job. Zeit, die die Reibungsflächen zwischen Beruf und Privatleben verkleinert. In allen Studien zur Arbeitszufriedenheit zeigt sich, dass Wochenarbeitszeiten zwischen 28 und 32 Stunden als am angenehmsten empfunden werden. Genau dieses Arrangement ist in Österreich paradoxerweise bisher jedoch die absolute Ausnahme. Extremer als sonst irgendwo in Europa klaffen hier die Arbeitszeiten auseinander. Österreichs Vollzeitarbeitskräfte arbeiten länger als irgendwo sonst in Europa, sie machen mehr Überstunden. Als Land der PendlerInnen kommen auch noch überdurchschnittlich weite Anfahrtswege zur Arbeit dazu. Gleichzeitig gibt es hier mehr geringfügig Beschäftige als anderswo. In der Mehrzahl sind sie weiblich und können von dem Einkommen, die sie dabei verdienen, weder sich selbst noch eine Familie ernähren.

Österreich muss sich lösen von einem althergebrachten Familienmodell, das es durch Gewohnheit liebgewonnen, das sich aber als Sackgasse erwiesen hat: dem Eineinhalb-ErnährerInnen-Modell. Dieses Modell sieht einen Hauptverdiener vor (meist den Mann), der sich prioritär auf den Beruf hin orientiert und alle anderen Pflichten diesem unterordnet. Und eine Nebenverdienerin (meist die Frau), bei der die Schwerpunkte genau umgekehrt gesetzt werden: Sie übernimmt die Verantwortung für alle anderen Bereiche des Lebens und übt ihren Beruf nur in jenem Ausmaß aus, das die Erfüllung dieser unbezahlten Pflichten ermöglicht. In der Statistik sind beide berufstätig. Und doch bedeutet ihre Berufstätigkeit nicht das Gleiche.

So vertraut dieses Modell scheint – es hat weitreichende Auswirkungen. Es erklärt, zumindest zu einem wesentlichen Teil, die extremen Unterschiede zwischen Männer- und Frauenpensionen. Es erhöht die Abhängigkeit in Partnerschaften, die im Trennungsfall oft zum gravierenden Problem wird. Ökonomisch gesehen ist es ein äußerst riskantes Modell.

Die wesentlich vernünftigere Alternative ist die Kombination aus zwei Drei-Viertel-Verdienenden. Dieses Arrangement ermöglicht beiden, ihre berufliche Identität zu behalten. Es federt das Risiko der Arbeitslosigkeit ab, insbesondere dann, wenn beide Partner in verschiedenen Branchen arbeiten. Es macht den Alltag abwechslungsreicher, es schenkt Kindern zwei gleichwertige Bezugspersonen, es mindert die wechselseitige Abhängigkeit und es minimiert jenen Frust, der beinahe immer aus einseitiger, monotoner Belastung entsteht, sei es am Herd, im Büro oder in der Fabrik.

Besonders viel Kreativität in den Unternehmen braucht die Ausarbeitung solcher Teilzeitmodelle nicht. Eine Abteilung, die an fünf Tagen vier SachbearbeiterInnen beschäftigt, kommt mit fünf SachbearbeiterInnen, die je vier Tage arbeiten, genau gleich weit. Die Zahl der Schichten, die ein Spitalsarzt leistet, ist grundsätzlich ebenso variabel wie die Zahl der Schichten, die eine Taxischauffeurin im Taxi verbringt. Je größer der Betrieb, desto problemloser ist die Aufteilung der Arbeit auf mehr Köpfe. Das führt jedoch zu einer logischen Frage: Wenn solche Veränderungen, die sehr große positive Effekte auf das Geschlechterverhältnis hätten, relativ einfach durchzuführen wären – wieso geschehen sie dann nicht längst?

Die Antwort auf diese Frage hat direkt mit der Geschlechterfrage zu tun: Weil eine große, mächtige Gruppe ihr Arbeits- und Lebensmodell mit Zähnen und Klauen verteidigt: angestellte, Vollzeit beschäftigte Männer, die ihren Status ausschließlich aus ihrer Berufstätigkeit beziehen; die sich am Arbeitsplatz für unersetzbar halten und keine Familienpflichten haben, die über einen gelegentlichen Sonntagsausflug hinausgehen. Diese Gruppe der Berufstätigen stellt zwar nicht die gesellschaftliche Mehrheit, doch sie hat sich daran gewöhnt, sich als Maßstab aller Dinge zu sehen. Und es wird kein Zufall sein, dass ihr die meisten Personalchefs, Gewerkschafter, Interessenvertreter, Politiker und sonstigen Entscheidungsträger angehören.

Diese Menschen würden, wenn sie sich auf kürzere Arbeitszeiten, entzerrte Berufsbiografien, mehr Ausstiege und auf eine gerechte Verteilung der unbezahlten Versorgungsarbeit einließen, nicht nur Privilegien verlieren. Sie würden auch ihren wichtigsten Konkurrenzvorteil aufgeben, insbesondere gegenüber Frauen.

Frauen die Zeit zu verknappen, indem man ihnen allein alle familiäre Verantwortung aufhalst, hat sich tatsächlich als äußerst wirksame Methode erwiesen, um sie in der Arbeitswelt an den Rand zu drängen. Konkret weiß das jede weibliche Angestellte, die wieder einmal eine Sitzung kurz vor dem wichtigsten Moment verlassen muss, weil sie das Kind abholen muss, bevor der Kindergarten zusperrt. Wer die Hälfte der Konkurrenz von vornherein von Entscheidungen ausschließen will, setzt wichtige Gespräche am besten abends oder am Wochenende an.

Es ist Zeit, diese Rituale als das zu entlarven, was sie sind: Ideologie. Ökonomisch gesehen sind sie nichts anderes als fahrlässige Ressourcenverschwendung. Eine Arbeitswelt, die sich aus diesen Ritualen löst, könnte vor allem eines: sich das Wissen, die Lebenserfahrung, die Führungsqualitäten und sonstigen Fähigkeiten all jener vielen Menschen erschließen, die derzeit von Macht- und Entscheidungspositionen ausgeschlossen bleiben, weil sie arbeiten – aber nicht *nur* arbeiten wollen.

Peter Heintel Nichts vorher hat das Antlitz unserer Erde so verändert wie die letzten zwei bis drei Jahrhunderte. Veränderungsmöglichkeiten werden nicht unmittelbar aus der Wirklichkeit gewonnen, sie entstehen in den Köpfen der Menschen und formen sich zu Modellen. Diese arbeiten mit Elementen, die aus der Wirklichkeit und ihren Zusammenhängen herausgenommen werden. Man kann nun in den Modellen bleiben und in ihnen Weltinterpretationen versuchen (Mythos, Religionen, theoretische Wissenschaften), man kann aber auch versuchen, sie anzuwenden, in Realität zu übersetzen.

Das Modell Neuzeit stellt die bisher konsequenteste Umsetzungsleistung dar. Durch die Anwendung, vor allem von Naturwissenschaften, werden Wirklichkeitsbereiche in neue Realitäten verwandelt (Technologie); aus Modellen werden Wirklichkeitssysteme. Als von uns geschaffene, sind sie rational nachvollzieh-, kontrollier- und beherrschbar. Ihnen gegenüber stehen aber (Rest-) Wirklichkeiten, die im Modell nicht vorkommen, daher auch nicht übersetzt werden können (Natur, Leben, Freiheit, Emotion etc.). Sie wehren sich gegen Vereinnahmungsversuche und führen ein zum Teil abgekoppeltes Eigenleben (das so genannte „Irrationale"). Dennoch: In der Globalisierung hat das Modell Neuzeit seine bisher größtmögliche Übersetzung erfahren, zugleich aber auch im wahrsten Sinn des Wortes seine Grenze. Es zeigt sich als Dominanz einer bestimmten Art von Ökonomie (Kapitalismus) in Verbindung mit Technologie. Die Fundamente und Eigenlogiken dieser Dominanz werden auf alle anderen Gesellschaftssysteme übertragen und angewandt (vor allem haben sich die national-politischen Systeme so abhängig gemacht, dass dies zu einem weltweiten politischen Steuerungsverlust geführt hat (es findet sich kaum eine wirksame Opposition).

Modelle und Systeme beruhen auf – meist kollektiv unbewussten – (Wert-)Entscheidungen. Entscheidungen schließen ein und aus. Dementsprechend stellen sie auch „Wertfiguren" dar (was wird als wichtig angesehen, was weniger). Sie erzeugen daher immer nur endliche Teilwirklichkeiten, die andere ausschließen. Kommen diese Ausgeschlossenen allerdings zu oft ungeplanter Macht, verfahren sie nach ihren Erhaltungsmustern. Alles, was nicht zu ihrer Logik passt bzw. zu ihrem Entscheidungsfundament, wird entweder ausgeschlossen, teils vernichtet (bzw. seine Existenz wird nicht zur Kenntnis genommen), entwertet (primitiv, unterentwickelt, irrational ...) oder „aufgefressen" (man versucht, gegebenenfalls auch mit Gewalt, es ins eigene System einzuverleiben; das führt meist zu einer „Selbstverkomplizierung" des Systems), schließlich abgetrennt (man richtet dafür – ganz tolerant – eigene Reservate ein). In der Entwicklung des Modells Neuzeit lassen sich diese Reaktionsmuster historisch gut verfolgen.

Aus den verschiedensten Gründen neigen dominante Teilsysteme zu Universalisierungen („partikularer Universalismus“, Physikalismus, Biologismus etc.), auch weil sie sich für den Mangel an ganzheitlicher Weltinterpretation als „Lückenbüßer“ verantwortlich fühlen. Diese Tendenz hat folgende beobachtbare Konsequenzen:

- Universalisierung einer Teilwirklichkeit (Umsetzung eines Modells, das nur eine Teilwirklichkeit repräsentiert, als Gesamtwirklichkeit bzw. zumindest als alle anderen dominierende Wirklichkeit),
- tatsächlicher Verlust eines „Außen“ (damit Verlust eines realen Systemwiderspruchs, Verlust der Basis kollektiver Opposition),
- Dominanz eines durchgängigen Prinzips (Produktionsprinzip),
- Verlust des Wertes des Besonderen,
- Entwicklungsstagnation in untergeordneten Bereichen,
- unsteuerbarer Wechsel zwischen Krise und technokratischer Selbstverkomplizierung (Abwehr von Umwelt- und anderen aus unterdrückten Wirklichkeiten resultierenden Problemen).

Weltweit entwickelt sich gegen diese Tendenzen einer Universalisierung eigener Eingeschränktheit und Einseitigkeit Widerstand (GlobalisierungsgegnerInnen, Umweltbewegungen, NGOs, Global-Marshall-Plan, Friulaner Manifest etc.), der das Recht untergeordneter Wirklichkeiten einfordert (Sozialstandards, Umweltstandards, Berücksichtigung der Besonderheit historisch gewachsener Kulturen etc.). Dabei geht es nicht um Abschaffung, „Maschinenstürmerei“, Abwertung der unleugbaren Leistungen dieses Modells Neuzeit. Es geht vielmehr um neue Balancen. Werden diese nicht hergestellt, kann ein historischer Befund zur Warnung herangezogen werden: Einseitige Macht ruiniert sich à la longue selbst; ihr Ruin kostet meist auch die Machtragenden ihre Dominanz. Tendenzen der Selbstzerstörung lassen sich auch im globalen Wirtschaftssystem beobachten (Wachstumsideologie bei Ressourcenausbeutungsgrenzen, Verdrängungs- und Vernichtungswettbewerb, Bilanzbetrügereien, Börsen- und Finanzmarktabhängigkeit, Verlust an Lebensqualität, Umweltkollaps, Erzeugen politischer Instabilität etc.). Daher hören wir immer wieder den verzweifelten Ruf nach politischer Reglung, freilich oft zu spät, da die Politik schon abgedankt hat.

Auch früher schon sind dominante (Teil-)Systeme zugrunde gegangen. Folgende Gründe waren dafür maßgebend:

- Neue, meist von außen herangetragene, Problemlagen konnten nicht mehr nach alten Mustern bewältig werden und formten sich zu einer kollektiven

Macht (Revolutionen, Naturwissenschaft gegen die Kirche, Reformationsbewegungen etc.). Einverleibung („Auffressen") führt(e) zu einer unsteuerbaren Selbstverkomplizierung („Sauriersyndrom", „Zauberlehrlingssyndrom").

• Das System hat alle wichtigen ihm zugewiesenen Aufgaben erfüllt und wird damit als dominantes überflüssig („Ende des naturwissenschaftlichen Zeitalters" (Herbert Pietschmann); d. h. nicht, dass es nicht weiterbestehen kann und soll, jedoch in anderer Qualität).

• Die permanente Verdrängung und Abwertung von Opposition führt allmählich zu einem verderblichen Realitätsverlust, der schließlich dem System selbst auf den Kopf fällt (politisch in fast allen Diktaturen verfolgbar).

Die Reaktionsmuster der Machterhaltung als Antwort darauf verlaufen wie folgt:

• Man schafft „künstlich" die Probleme wieder, denen man seine ursprüngliche Existenz verdankt (z. B. „Knappheit", Kriege, Sparpolitik etc.).

• Man differenziert und luxuriert die eigenen „Erfolge", solange es geht.

• Man verfällt in Aktionismus („more of the same" – man bleibt damit im System, verdeckt dies aber durch eine „Innovationshysterie", wobei das Neue nur das fortgesetzte Alte ist).

Meine Diagnose ist, dass wir uns gegenwärtig genau in dieser Grenz- und Übergangsphase befinden, wie im zuletzt angeführten Punkt skizziert. Modellübergänge sind jedoch, wie man aus den beschriebenen Phänomenen weiß, eine mühsame Angelegenheit. Denn sie sind – über Jahrhunderte entwickelt und dominant – nicht irgendwie vorhanden, haben nicht nur die Wirklichkeit verändert, sondern sind auch in uns selbst tief verankert. Wir selbst sind existenziell mit Leib und Seele Produkt unseres eigenen Modells. Gehirnbahnungen sind gelegt, Verhalten geprägt, Begriffe und Gefühle besetzt, Sprache auf Modellerhaltung ausgerichtet.

Meine These lautet also daran anschließend: Es ist wichtig, „immanent" an den „Stellschrauben" zu drehen (z. B. Global Marshallplan), auch an Gerechtigkeit zu appellieren und Weltethos zu fordern. Dies ist aber nur die eine Seite. Auf der anderen geht es auch um ein Sich-Herauslösen aus Denkschemata und emotionellen Besetzungen, also auch um ein individuelles und kollektives neues Bewusstsein. Dieses erreicht man weder durch Kritik des Bestehenden (davon gibt es in Hülle und Fülle), noch durch Appelle. Hier geht um Bildung. Um aber in ihr voran zu kommen, muss man über die Fundamente, Axiome, Zusammenhänge und getroffenen Vorentscheidungen des Modells Neuzeit genauer Bescheid wissen – auch was es mit uns alles angestellt hat und noch anstellt. Es geht sowohl im Denken wie auch im Verhalten um eine zweite Aufklärung.

Modelle sind, wie wir beobachten können, nicht gleich von Anfang an mächtig. Es wird dies und jenes aus ihrem Geist getan (die mechanische Uhr wird erfunden, das Handelskapital erstarkt, Kirche und Naturwissenschaft beschließen eine Arbeitsteilung usw.). Wie ein Puzzle setzt sich allmählich aufeinander Bezügliches zusammen und bringt sich in die richtige Passform. Daher braucht „neues" Denken, um seinen Modellen Kraft zu geben, eine „Zusatzmotivation". Sie erfolgt meist in folgender Strategie:

- Es wird eine neue Sinngebung erfunden (Euphorie und Pathos des Fortschritts).
- Das Alte, Vorhergehende wird entwertet (Aberglaube, „dunkles Mittelalter", Priesterherrschaft, Heteronomie).
- Eine „Identitätsillusion" wird geboren (das Neue entspricht genau der Natur der Wirklichkeit, dem Wesen des Menschen).
- Sprache und Begriffe werden umgeformt, oft ins Gegenteil ihrer Bedeutung verkehrt (wir leben aber in der Sprache wie in der Wirklichkeit, der Einfluss von semantischen „Besetzungen" soll nicht unterschätzt werden, man denke an mediale Gleichschaltungen oder daran, wie bei wertmäßig positiver Besetzung von linearem Wachstum neue „Schutzbegriffe" geboren werden, wenn dieses nicht stattfindet: „Nullwachsturn", „Minuswachstum", „Gewinnwarnung").

Neben weltpolitischen Eingriffen, über die hier diskutiert wird, muss daher auch auf der „Nebenfront" der Bildung gearbeitet werden. Wir müssen erkennen und „erleiden", was Modelle mit uns angestellt haben; wie unser Denken und Verhalten geprägt ist. So findet man energische KapitalismuskritikerInnen, die sich zugleich über die Herabsetzung der Sparbuchzinsen furchtbar aufregen können und emsig nach neuen Anlagenquellen suchen. Schaffen wir das nämlich nicht, so glaube ich jedenfalls, wird auch den „immanent" bleibenden Eingriffen kein Erfolg beschieden sein. Wir bleiben im Modell befangen; es scheint uns unüberwindbar. Aufklärung bedeutet jedoch auch das „Heraustreten aus selbstverschuldeter Ohnmächtigkeit, Systembefangenheit." Systembefangenheit – oft als Sachzwang gerechtfertigt – bedeutet aber den Verlust von Differenz, Selbstbeobachtung und *Systemtranszendenz*.

Zur Weichenstellung des Modells Neuzeit einige kurze Hinweise. In ihm werden Entscheidungen getroffen, die in Widerspruchszusammenhängen eindeutig den einen Pol bevorzugen. Einige Beispiele:

• Der Mensch wird aus der Natur herausgenommen und ihr gegenübergestellt (auch seiner eigenen „Natur"): Die Subjekt-Objekt-Differenz wird etabliert.
• Die Natur wird zum Objekt (der Ausbeutung).
• Analytik, Elementarisierung ist der Weg zur Erkenntnis, Synthesen werden „künstlich" hergestellt (infinitesimale Machtausübung).
• Spezialisierung ist damit wichtiger als integrierte Betrachtung (z. B. Schwierigkeit der Transdisziplinarität).
• Arbeit im Sinne von Produktion ist wertvoller als sonstige Tätigkeit, vor allem aber als „Muße", „Müßiggang".
• Anorganisches ist, weil widerstandsloser, „angesehener" als Organisches.
• Quantität ist wichtiger als Qualität (Herrschaft der Zahlen und Formeln).
• Messbarkeit ist besser als Nicht-Messbarkeit.
• Logik ist wertvoller als Dialektik (Widerspruchsfreiheit ist besser als Widersprüche).
• Linearität ist wichtiger als Zyklisches.
• Kausalität ist wichtiger als multidimensionale Wechselwirkung.
• Konkurrenz kommt vor Kooperation (Solidarität).
• Ökonomie kommt vor Politik.
• Wissenschaft heißt alles sichtbar machen zu müssen.
• Beschleunigung und Aktionismus sind besser als verzögern und nachdenken.
• Eigensinn und Selbstzweck des Lebendigen werden zum „Ding an sich".

Diese Liste ließe sich beliebig fortsetzen, jedenfalls differenzieren. Deutlich gemacht sollte hier jedoch nur werden, dass in all diesen Präferenzen „Wertentscheidungen" getroffen wurden; sie sind nicht von selbst da. In Modellen verankert, werden sie jedoch über die Zeit hin zu Gewohnheiten und Selbstverständlichkeiten. Nichts lässt sich schwerer verändern als Letztere. Neue Wertentscheidungen sind zwar angesagt; sie haben jedoch meist noch keinen realen Boden – wohl aber die Last ganzer Traditionen zu tragen.

Zukunftsperspektiven nach dem Ende des Modells Neuzeit ergeben sich daher abschließend aus der Arbeit auf drei Ebenen:
• Erstens auf jener „weltpolitischer" Eingriffe in immanente Fehlentwicklungen (die neoliberale Engführung des Systems ist nicht die ganze Wahrheit des Kapitalismus; schließlich gibt es auch noch volks-weltwirtschaftliche Gesichtspunkte, die derzeit nur eine untergeordnete Berücksichtigung finden). Hier sind für mich auch die Ideen einer öko-sozialen Marktwirtschaft und der Marshall-Plan für die dritte Welt zu etablieren.
• Zweitens werden auch diese Eingriffe ohne eine Reformulierung des Modells

Neuzeit nicht auskommen. Sie müssen z. B. ein neues Verhältnis zur Natur und zum Lebendigen setzen, gegenüber der Analytik und Elementarisierung Gestalthaftes und Ganzheitliches in Schutz nehmen, gegen spezialistische Reduktion auftreten und der Politik Steuerungsmacht zurückgeben. D. h., es wird uns nicht erspart bleiben, die Wertentscheidungen und Weichenstellungen des Modells Neuzeit genau anzusehen und auch zu revidieren. In den Widerspruchsfeldern geht es um eine neue Balance.

• Dies würde in die Richtung einer neuen Modellbildung weisen, die die notwendigen Eingriffe erst absichert und wirksam macht. Ökonomisch gesprochen: In diese Aufgabe eines „Paradigmenwechsels" müsste heftig investiert werden. Davon kann ich jedoch nichts sehen. Im Gegenteil, die Gelder fließen in die Erhaltung und Weiterdifferenzierung des Alten. Für den „Kraftakt" eines Modellwechsels (zumindest der Entwicklung zusätzlich geltender neuer Modelle) bedarf es aber einer weltweiten kollektiven Konzentration – auch in Forschung und Bildung.

An einigen Beispielen seien Herausforderungen für die Zukunft noch näher bezeichnet:

Das Problem Arbeitslosigkeit, diese Geisel der Menschheit, werden wir nicht lösen, wenn wir nicht genau dieses Freisein von Arbeit positiv als immanenten Sinn des Kapitalismus verstehen lernen; was nicht heißt, dass es nicht weiterhin genug Tätigkeiten geben wird (das Grundeinkommen scheitert aus ideologischen, nicht aus ökonomischen Gründen).

Der zweite Punkt betrifft Geschichts-Zukunftsgestaltung und Verantwortung. Die bisherige Geschichte – auch das Modell Neuzeit – hat Geschichtsverantwortung delegiert (transzendente Instanzen geschaffen: die Natur, Gott und die Heilsgeschichte, die List der Vernunft, die „invisible hand" des Marktes, die Idealzukunft als klassenlose Gesellschaft usw.). Die Katastrophen der Weltkriege, die Rüstung und die Atombomben haben nicht nur einzelne Völker, sondern die ganzen Gattung an den Rand des Abgrunds gebracht. Dabei scheint eines jedenfalls klar geworden zu sein: Die Verantwortung für Zukunft und Geschichte nimmt uns keine Instanz mehr ab. Zugleich aber hoffen wir immer noch auf eine solche, zumindest auf den Markt. Wir verbreiten über uns Sachzwang und Ohnmächtigkeit. Die Herausforderung lautet: Was heißt Gestaltung von Geschichte und Zukunft? (Die „Trendforschung" lebt davon, dass diese Frage nicht beantwortet wird und sich so „Strömungen" extrapolieren lassen.)

Das Modell Neuzeit hat zwar („kontrovers") Nationen entwickelt und diversifiziert und ihnen oft eine emotionell-ideologische Überdeterminiertheit verschafft. Im Sinne ihrer Grundentscheidungen schaffte sie aber Kulturangleichung. In globalem Ausgriff ebenso. Was geschieht mit den anderen geschichtlichen Entwicklungen, mit den anderen Kulturen. Kann man voneinander lernen?

Modellwechsel brauchen Langfristperspektiven. Die gegenwärtige Engführung des Modells Neuzeit ist auf extreme Kurzfristigkeit ausgerichtet (Zeit ist Geld, Shareholdervalue-, Börsenkonzentration). Wie verschaffen wir uns Ruhe für Entwicklung und Langfristigkeit? (Für Letztere waren früher eben Transzendenzen zuständig.)

Aus dem Modell Neuzeit ist unsere Wissenschaft entstanden und ihm verdankt sie Existenz und Blüte. Bis in die Geistes- und Gesellschaftswissenschaften hinein – ganz zu schweigen von der Medizin – dominieren naturwissenschaftliche Axiomatik und Methodik. Diese Dominanz hat Nebenfolgen. Für das Lebendige, für den Menschen und seine Veranstaltungen führt sie zu Reduktionismen verschiedenster Art. Wir brauchen daher zusätzlich eine andere Wissenschaft, die sich dort und da regt, aber noch ein recht kümmerliches Dasein führt (wir werden beispielsweise die „Kosten" des Gesundheitswesens nie wirklich in den Griff bekommen, solange dieser Wissenschaftstyp dominiert). Wenn so viel von neuen Balancen gesprochen wird, so widerspricht diese Einmahnung logischer Eindeutigkeit (richtig/falsch, entweder/oder, gut/böse). Balancieren kann man nur berechtigte und notwendige Widersprüche, die auch weiterhin berechtigt bleiben. Die Dominanz der Logik hätte dialektischem Denken zu weichen.

Das Modell Neuzeit präferiert die Linearität von Raum, Zeit und Bewegung (physikalische Voraussetzung von Kausalität und Messbarkeit); Wachstum wird dieser angepasst. Im Lebendigen und beim Menschen geht es aber um ganz andere Bewegungen. (Gestalten, Eigenzeitlichkeiten, Szenerien, Rhythmen; es ist nicht möglich, sie auf diese physikalischen Kategorien zu beschränken – und wenn, dann nur gewaltsam; auch hier bedarf es einer anderen Wissenschaft.) Das Modell Neuzeit hat darüber hinaus seine eigenen Wertentscheidungen getroffen. Diese beziehen sich hauptsächlich auf seine Erhaltung. Zweifellos sind Nutzenorientierung, Verwaltung und Überwindung von Knappheiten sowie die Ausrichtung auf Bedürfnisbefriedigung durch Maschinen, Produkte und Waren wichtige und berechtigte Wertintentionen. Sie reichen jedoch offensichtlich nicht aus. Werden sie „absolut" gesetzt, kommt es zu den bekannten Phänomenen wie der Arm-Reich-Auseinanderentwicklung, diversen „Ungerechtigkeiten", Konsumversessenheiten, einer Kompensation des Mangels in der Gier nach mehr usw.

Das Modell hätte sich im Übrigen längst selbst ruiniert, wäre es nicht durch ganz andere Werte begleitet worden (Solidarität, Vertrauen, Vertragstreue, „Anständigkeit", „Handschlagqualität", „Fairness" etc.). Wo sich das System allerdings, wie es gegenwärtig der Fall zu sein scheint, in seinen einseitigen Wertvorstellungen weltweit ausbreitet, scheint es auf die früher begleitenden Werte zu vergessen. Deshalb wird neben dem internationalen Recht auch ein „Weltethos" eingefordert. Hier gibt es wohl eine der größten Herausforderungen: Werte, Normen hatten als konkrete immer bestimmte abgegrenzte Gesellschaften mit einer besonderen Kommunikationsdichte zur Voraussetzung. Die Globalisierung ist ein Entgrenzungsprozess. Als solche bedeutet sie Diffundierung der bestehenden Wertesysteme. Sie könnte einerseits durchaus als positiver Freiheitszuwachs und als eine Relativierung heteronomisierender Traditionen verstanden werden; was aber tritt an ihre Stelle? Welcher neuer „Grenzen" bedürfen wir gerade dann, wenn wir wirksam ein Weltethos etablieren wollen?

Es ließen sich noch viele Bereiche aufzählen, in denen uns für unsere Weiterentwicklung und die Bewältigung der selbstgeschaffenen Probleme und Herausforderungen die Dominanz des Modells Neuzeit mit seiner Welt-, Medien- und Sprachformung im Weg steht. Dies ist insofern paradox, als sich dabei gerade ein System, das den Fortschritt auf seine Fahnen geheftet hat, im Grunde fortschrittsfeindlich erweist. Fortschritt dagegen bedeutet heute vielmehr, Denkformen, Kategorien, Wissenschaftsgestalten, demokratische Organisationsformen und Sprachgestalten zu entwickeln, die für das Fortschrittsdenken des Modells Neuzeit kein Gewicht haben. Es geht also auch um einen anderen Fortschritt, der anderes in den Blick nimmt (z. B. in unserem Konfliktverhalten). Zugegeben: Das können wir nur, weil das Modell Neuzeit so erfolgreich war und dafür die Möglichkeiten (die existenzentlastende ökonomisch-technologische Basis) geschaffen hat

Bernhard Hofer

Wir leben in einer Gesellschaft der Gegensätze, in einem Spannungsfeld zwischen Determiniertheit, Plan- und Überschaubarkeit im Namen der Sicherheit einerseits und dem Streben nach grenzenloser Freiheit, Selbstverwirklichung und Selbstbestimmung andererseits. Wir leben in einer Gesellschaft, in der einstige Grenzen ihre Gültigkeit verloren haben und neue Grenzen errichtet wurden. Wir leben in einer Gesellschaft, in welcher die Zukunft von und für die Alten gestaltet erscheint und die Jungen ihren Platz vermissen. Wir sprechen über Werte und haben zunehmend Probleme, diese zu transportieren. Wir sprechen von Chancen für alle und erfahren tagtäglich von Ausgrenzungen bestimmter Gruppen.

Was läuft schief? Stecken wir tatsächlich in einer Krise? Woran ist dies erkennbar? Und – unterscheidet sich diese Krise von bisherigen?

Krise (von griechisch *krisis*) bedeutet eigentlich Entscheidung bzw. entscheidende Wendung. Im Allgemeinen wird damit eine schwierige, gefährliche Lage bezeichnet, eine Zeit, in der es um eine Entscheidung geht (vgl. Brockhaus 1990, 517). Solch eine Entscheidung setzt allerdings voraus, dass Wahlmöglichkeiten vorhanden sind und dass es jemanden gibt, der diese Entscheidung auch trifft und in weiterer Folge trägt. An Wahlmöglichkeiten dürfte es heutzutage kaum mangeln. Viel schwieriger erscheint jedoch die Frage, woran man sich orientieren kann und soll. Und dies erscheint mir als die eigentlich zentrale Frage bei der Lösung anstehender gesellschaftlicher Probleme.

Die (große) Welt ist nicht mehr so groß und fern wie einst; sie ist tagtäglich präsent an unserer Arbeitsstätte und in unseren Wohnzimmern. Wir erfahren heute innerhalb weniger Minuten, was in Fernost, Lateinamerika, auf Haiti oder in Ägypten geschieht, ja manchmal wissen wir darüber mehr und besser Bescheid als darüber, was vor unserer Haustüre passiert. Medien in unterschiedlichen Formen haben daran den größten Anteil. Privatsphäre und Öffentlichkeit fließen ineinander über und diese „neue Form der Nähe" erscheint vielen noch ungewohnt, ja manchmal beängstigend. Wie sollen wir damit umgehen? Woran sollen wir uns orientieren?

Den bedeutenden Einfluss der Massenmedien auf die Einstellung und Handlungsweisen der Bevölkerung hat schon Stouffer (1955) festgestellt, als während der McCarthy-Ära der frühen 1950er Jahre antikommunistische Verschwörungstheorien und Denunziationen das politische Klima in den USA bestimmten. In seinen Untersuchungen stellte er fest, dass die echte Besorgnis in der amerikanischen Bevölkerung damals relativ gering war und die 1954 vorherrschende Kommunistenhysterie großteils künstlich geschaffen wurde. Wer also die Kontrolle über die Massenmedien ausüben kann, macht – so Stouffer – die Wirklichkeit beeinflussbar und machbar. Bereits zwei Jahrzehnte zuvor wurden in Deutschland Zeitungen und Film als staatliches Propagandainstrument gezielt zur Beeinflussung der Bevölkerung im Sinne des Nationalsozialismus eingesetzt.

Dass öffentliche Meinung als soziale Kontrolle dient und indirekt dazu beiträgt, die Gesellschaft zusammenzuhalten, hat Elisabeth Noelle-Neumann (1980) in ihrer Schweigespirale deutlich zum Ausdruck gebracht. Noelle-Neumann vertritt darin die Ansicht, dass Massenmedien beitragen können, eine Minderheitsmeinung durch gezielte und gehäufte Berichterstattung als Mehrheitsmeinung darzustellen. Indem die Menschen in ihrer natürlichen Isolationsangst das Verhalten ihrer Umwelt beobachten und aufmerksam registrieren, welche Meinungen und Verhaltensweisen in der Öffentlichkeit gebilligt werden und welche nicht, sind sie einem Konformitätsdruck ausgesetzt. Wer anders denkt als die veröffentlichte Meinung, ist nicht dumm, sondern schlecht. Und da niemand als schlecht bezeichnet werden, sich also der Isolation preisgeben will, verstummt die eigentliche Mehrheitsmeinung zunehmend. Haben Menschen, die ursprünglich mit ihrer Meinung zur Minderheit zählten, den Eindruck, ihre Meinung erhält Aufwind, so fühlen sie sich dazu ermutigt, sich vermehrt und öffentlich durch Äußerungen und Verhalten zu ihrer Meinung zu bekennen. Dadurch wird vermehrter Zulauf generiert und es kann in der Folge tatsächlich zu einem Umschwung der öffentlichen Meinung kommen.

Ähnlich gelagert ist die Funktion von Ratingagenturen. Darunter versteht man „private und gewinnorientierte Unternehmen, die gewerbsmäßig die Kreditwürdigkeit (Bonität) von Unternehmen aller Branchen sowie von Staaten und deren untergeordneten Gebietskörperschaften bewerten und in einer Buchstabenkombination (Ratingcode) zusammenfassen, die in der Regel von AAA bzw. Aaa (beste Qualität) bis D (zahlungsunfähig) reicht." (Wikipedia)

Derzeit beherrschen vor allem die Ratings der drei großen Agenturen Standard Poor's, Moody's und Fitch den Markt. Nach amerikanischer Rechtsauffassung müssen Ratingagenturen sich für die von ihnen veröffentlichten Mitteilungen rechtlich nicht verantworten; sie sind verfassungsmäßig geschützt durch das Recht der freien Meinungsäußerung. Dennoch zittert die ganze Welt vor ihren Urteilen. Die sich seit Jahren langsam breit machende Kritik an dieser (fast) Alleinstellung am Markt stützt sich unter anderem auf das pro-zyklische Agieren, das heißt laufende Entwicklungen werden durch die Ratings verstärkt.

So wurde beispielsweise der Staat Irland, der 2008 kurz vor dem Bankrott stand, noch wenige Monate zuvor von Moody's mit der Bestnote AAA bewertet, um danach umso schneller abzustürzen. Auch beim EU-Rettungspaket für das hochverschuldete Griechenland trugen die Ratingagenturen zu einer Verschärfung der Situation bei. So zeigte die jüngste Studie der Universität St. Gallen auf, dass die Ratingagenturen in manchen Fällen übertreiben, was sich insbesondere bei der Einstufung der Kreditwürdigkeit der so genannten PIGS-Staaten (Portugal, Irland, Griechenland und Spanien) in den letzten zwei Jahren bemerkbar machte (vgl. Gärtner u.a. 2011). Andere Länder, welche ähnliche Daten aufwiesen, erhielten ein deutlich besseres Rating. Der Kapitalmarkt glaubt den Ratingagenturen und agiert entsprechend durch Anhebung der Zinsen, welche die schlecht bewerteten Länder für ihre Anleihen zahlen müssen. Dadurch verschlechtert sich deren Kapitalaufnahme und die – zunächst eher ungerechtfertigte – schlechte Prognose erfüllt sich von selbst.

In Anlehnung an die Aussage des amerikanischen Soziologen William I. Thomas “If men define situations as real, they are real in their consequences” (Thomas 1928, 572) prägte Merton (1948, 193–210) die Begriffe *self-fulfilling prophecy* und *self-destroying prophecy*, mit welchen er die Auswirkungen bestimmter Einstellungen und Handlungsweisen analysierte. Die sich selbst erfüllende Prophezeiung ist eine Vorhersage, welche sich – gerade deswegen – erfüllt, weil man an sie glaubt und sich dementsprechend verhält. So könnte etwa das Gerücht, dass die Bank XY nicht liquide sei, durch die darauf einsetzende panikartige Ablösung von Konten seitens der Kundschaft zum tatsächlichen Zusammenbruch der Bank führen. Und im Falle einer *self-destroying prophecy* verhalten sich die Betreffenden so, dass die Vorhersage nicht in Erfüllung geht.

Oben geschilderte Phänomene verdeutlichen die Schwierigkeiten, denen Individuen, Gruppen und ganze Gesellschaften gegenüberstehen, wenn es darum geht, Antworten auf die Frage zu finden, woran man sich nun orientieren kann und soll. Medien erfüllen in unserer Gesellschaft zweifellos eine wichtige Funktion. Wenn einzelne Medien zu übermächtig und somit meinungsbeherrschend werden, entstehen allerdings Gefahren für Orientierungsmöglichkeiten. Die Chance liegt vor allem in der Vielfalt und Unabhängigkeit der Medien, in der Ausgewogenheit ihrer Berichterstattung, verantwortungsvoller Recherchearbeit und nachvollziehbarer Informationsaufbereitung. Dasselbe gilt für Ratingagenturen. Auch die Frage der tatsächlichen Unabhängigkeit bei der möglichen Schaffung einer europäischen Ratingagentur ist unter diesem Gesichtspunkt zu betrachten.

Zu lange – so scheint es – war politisches und wirtschaftliches Handeln vom ökonomischen Kapital allein beherrscht. Erst in den letzten Jahren zeichnet sich eine Änderung und damit neue Sichtweise ab. Neben dem ökonomischen Kapital (Produktionsmittel, Grund und Boden, Unternehmen, Vermögen, Wertpapiere) wird zusehends vermehrtes Augenmerk auch auf die Analyse des sozialen und kulturellen Kapitals gelegt. Soziales Kapital äußert sich in Formen der gegenseitigen Unterstützung, Hilfeleistung, Anerkennung, Kooperation, Verbindungen etc. und kulturelles Kapital vor allem in der Bildung. Mit dieser begrifflichen Trennung hatte Bourdieu (2005, 49–79) darauf hingewiesen, dass materieller Besitz nicht das alleinige Kriterium für soziale Ungleichheit ist und zeigte den ungleichen Zugang zum Bildungssystem und dessen gesellschaftsreproduzierende Wirkung auf.

Orientierungswissen erlangen bedeutet, auch Zugang zu den Wissensressourcen nützen zu können. Nur wer Zugang zum vorhandenen Wissen erhält, wird dieses Wissen produktiv in die Gesellschaft einbringen können. Allerdings unterliegt unser heutiges Bildungssystem einem immer stärkeren Wettbewerb und Konkurrenzdenken, welches sich zuvorderst an kurzfristigen Marktchancen und weitaus weniger an langfristigen Zielen orientiert.

Auf die besonderen Gefahren der Ausgrenzung durch Bildung verweist eine aktuelle deutsche Studie, die unter anderem die Abstiegsangst der gesellschaftlichen Mitte analysierte. „Wie ein roter Faden durch all die Frustrationen und Erbostheiten im unteren Segment der Gesellschaft zog sich das Gefühl, überhaupt nicht mehr zu überblicken, wohin das alles führen mochte, ob das, was jetzt noch galt oder zugesagt wurde, auch morgen weiterhin Bestand hätte. Die Vermehrung von Komplexität ist bekanntlich ein Signum der Moderne. Sie machte auch anderen Milieus zu schaffen, die aber durch ihr kulturelles Kapital über Methoden und soziale Verhaltensweisen verfügten, um die Problemvielfalt im Alltag handhabbar zu machen. Diese Fähigkeiten fehlten den meisten Zugehörigen der niedriger angesiedelten Milieus." (Walter 2011, 29–30)

Wettbewerb ist gerade im Bildungsbereich ein besonders wichtiger Faktor, wenn er durch Vielfalt und somit eine breite Palette an Auswahl- und Zugangsmöglichkeiten gekennzeichnet ist. Ist er dies nicht, so läuft er Gefahr, synchronisiert und letztlich an den Erfordernissen einer fortschrittsorientierten Gesellschaft vorbeizulaufen. Ein gesunder, an langfristigen Zielen orientierter Wettbewerb zeichnet sich durch (mutiges) Agieren aus, kränkelnder Wettbewerb äußert sich hingegen im laufenden Reagieren, ja reagieren Müssen. Richtiges Agieren bedeutet, sich in und an der Vielfalt orientiert und Entscheidungen gefällt zu haben und dafür die Verantwortung zu tragen. Es ist die Vielfalt, die ein Mehr an Auswahl bietet, ein Mehr an Orientierung und ein Mehr an Chancen bringt. Spezialisierung steht dazu nicht im Gegensatz, sondern wird erst durch Diversität sinnvoll ermöglicht, indem Nischen und Räume gefunden werden und durch Kooperationen, Netzwerke u. dgl. ihre volle Stärke entwickeln können.

Das Zulassen und bewusstes – durchaus auch kritisches – Eingehen auf diese Vielfalt ist letztlich das Akzeptieren und Eingehen auf unsere komplexe Welt mit all ihren Herausforderungen. Aus der Wirtschaft wissen wir, dass Länder, welche Monostrukturen aufweisen, also sich nur auf einen Industriezweig oder den Export nur weniger Güter konzentrieren, krisenanfälliger sind. Indem sukzessive die Chancen für Diversität erhöht werden, trägt man zur Risikominimierung bei. Hierin liegt auch unser aller Verantwortung. Zu lange haben die (einstigen) Industriestaaten dazu beigetragen, den Aufbau von Monostrukturen in Ländern der so genannten Dritten Welt zu fördern. Im Zeitalter der globalisierten Welt macht sich dies nunmehr als Bumerang bemerkbar. Märkte brechen ein, die Schere zwischen Arm und Reich vergrößert sich ständig und Resignation sowie Hoffnungslosigkeit machen sich breit. Wenn Menschen keine Nischen und Räume zur Entfaltung mehr vorfinden, fühlen sie sich eingesperrt, gefangen und ausgeliefert.

In seinem neuesten Buch „Engagiert Euch!" fordert Stéphane Hessel „eine von allen Staaten der Welt getragene Regierungsstrategie, die unter genügend Druck aus der Bevölkerung dann auch tatsächlich umgesetzt wird." (Hessel 2011a, 29) In weiterer Folge spricht er sich für eine soziale und solidarische Ökonomie aus, die durchaus neben einer eingegrenzten und genügend geregelten Marktwirtschaft ihren Platz findet. „Ebenso wie in der Welt alle Kulturen Raum haben sollen, muss innerhalb eines Landes Platz für alle Formen menschlicher Koexistenz sein." (Hessel 2011a, 30)

Angesichts immer neu auftretender Bedrohungen werden zunehmend Stimmen laut, die unter Berufung auf das Sicherheitsgefühl der Bevölkerung ein Mehr an Überwachung, Steuerung und Einflussnahme auf das Individuum fordern. Das Streben nach Sicherheit ist zweifelsohne ein Grundbedürfnis des Menschen. Kritisch zu hinterfragen ist jedoch, wie weit nationale oder transnationale Maßnahmen gehen dürfen, ohne dabei den Wert der Freiheit zu opfern. Die zunehmende und schleichende Determiniertheit in allen Lebensbereichen trägt in sich die Gefahr der Entmündigung, der Verantwortungsabgabe. Und wer Verantwortung abgibt, nimmt nicht mehr Anteil am Nächsten, fühlt sich nicht mehr verantwortlich für die Gemeinschaft und gibt sich schließlich selbst auf. Der Verzicht auf laufende Neuorientierung, Alternativen und Verantwortungsübernahme führt in eine Scheinsicherheit.

Gibt es einen Ausweg? Woran soll man sich orientieren? Und – wer übernimmt die Verantwortung? Der sich abzeichnende gesellschaftliche Wandel ist letztlich das Resultat des Versagens von Strukturen bei der Bewältigung ihrer Aufgaben. Um das eingangs erwähnte Spannungsfeld aufzulösen, bedarf es einer neuen Herangehensweise zur Lösung anstehender Fragen. Nicht „Flicken", „Verdrängen" oder gar „Verzögern" kann hier helfen, sondern die

Neuorientierung und Schaffung adäquater Rahmenbedingungen für eine verantwortungsvolle Teilhabe aller bietet echte Chancen. Und Teilhabe an der gesellschaftlichen Verantwortung bedeutet stets, dass es Personen, Gruppen oder noch größere Einheiten gibt, welche willens und bereit sind, diese Verantwortung auch auszuüben. „Den ‚Ohne-mich'-Typen ist eines der absolut konstitutiven Merkmale des Menschen abhandengekommen: die Fähigkeit zur Empörung und damit zum Engagement.“ (Hessel 2011b, 13) Das Europäische Jahr des Freiwilligenengagements und das Jahr der Bildung 2011 sind erste – derzeit vielleicht noch symbolische – Schritte, denen weitere folgen müssen.

Gerade in schwierigen Zeiten erscheint es umso dringlicher, für das Zulassen und – ich wiederhole mich – für ein bewusstes, durchaus auch kritisches Eingehen auf diese Vielfalt einzutreten. Unsere Gesellschaft ist reich an Kapital. Es ist lediglich unterschiedlich verteilt. Jeder Mensch kann in seiner Individualität zur Diversität und somit gerechteren Verteilung beitragen. Gerade auch unter dem Gesichtspunkt der Sicherheit scheint das Motto angebracht: Vielfalt statt Einfalt! Im Akzeptieren der Vielfalt zeigen sich Offenheit, Toleranz und die Möglichkeit zur Orientierung. Im Praktizieren der Vielfalt zeigt sich Risikostreuung und dadurch vermehrte Sicherheit, Verantwortungsübernahme und somit globaler Weitblick.

Literatur

Bourdieu, Pierre (2005). Die verborgenen Mechanismen der Macht, Hamburg, 49–79.

Brockhaus Enzyklopädie (1990). Band 12, Mannheim, 517.

Gärtner, Manfred u.a. (2011). PIGS or Lambs? The European Sovereign Debt Crisis and the Role of Rating Agencies. Discussion Paper no. 2011-06. Universität St. Gallen. School of Economics and Political Science/Department of Economics. Internet: http://www1.vwa.unisg.ch/RePEc/usg/econwp/EWP-1106.pdf (Zugriff: 23.7.2011).

Hessel, Stéphane (2011a). Engagiert Euch!, Berlin.

Hessel, Stéphane (2011b). Empört Euch!, Berlin.

Merton, Robert K. (1948). The self-fulfilling prophecy, in: Antioch Review (1948), Jg. 8, Yellow Springs, 193-210.

Noelle-Neumann, Elisabeth (1980). Die Schweigespirale. Öffentliche Meinung – unsere soziale Haut, München.

Stouffer, Samuel A. (1955). Communism, Conformity, and Civil Liberties: A Cross-section of the Nation Speaks Its Mind, Garden City, NY 1955.

Thomas, William I./D. S. Thomas (1928). The Child in America, New York, 572.

Walter, Franz/Johanna Klatt (2011). Entbehrliche der Bürgergesellschaft? Sozial Benachteiligte und Engagement, Bielefeld, 29–30.

Wikipedia. Internet: http:/de.wikipedia.org/wiki/Ratingagenturen (Zugriff: 23.7.2011).

Ferdinand Karlhofer ArbeitnehmerInnenvertretung und Demokratie gehören untrennbar zusammen. Wo es keine Demokratie gibt, dort gibt es keine freien Gewerkschaften und auch keine Betriebsräte. Anders ist es mit dem Kapitalismus. Er verträgt sich, das zeigen Geschichte und Gegenwart, mit diktatorischen Regimen ebenso gut wie mit Demokratien, mitunter sogar besser. Das macht den Einstieg in diesen kurzen Essay schwierig: Wirtschaft und Demokratie, in einem Wort *Wirtschaftsdemokratie* – wie geht das zusammen? Kapitalistische Wirtschaft beruht auf dem Eigentum an Produktionsmitteln. Die Beziehungen zwischen ArbeitgeberInnen und ArbeitnehmerInnen sind damit a priori hierarchisch, zumindest asymmetrisch. Von einer prinzipiellen Gleichheit aller Beteiligten auszugehen, wie es für die politische Demokratie konstitutiv ist, würde schlicht übersehen, dass der Schutz des Eigentums verfassungsgeschichtlich älter ist als beispielsweise der Schutz des Individuums vor obrigkeitsstaatlicher Willkür. Demokratisierung der Wirtschaft ist also immer graduell, als Einschränkung der Verfügung über das Eigentum, und nicht absolut zu verstehen und Wirtschafts*demokratie* somit immer nur als Annäherung an eine Utopie der Gleichheit.

Wirtschaftsdemokratie – Naphtalis Vision

Es war der deutsche Gewerkschafter und spätere Finanzpolitiker Fritz Naphtali, der 1928 in Anlehnung an das 1897 erschienene berühmte Buch „Industrial Democracy“ von Sydney und Beatrice Webb das Konzept der Wirtschaftsdemokratie begründete. Naphtali ging davon aus, dass die 1918 erreichten politischen Rechte, um wirklich greifen zu können, auf eine Demokratisierung der Wirtschaft ausgeweitet werden müssten: „Wirtschaftsdemokratie bedeutet [...] den Ausbau der politischen Demokratie durch die Demokratisierung der wirtschaftlichen Beziehungen.“ (Napthali 1928, 30) Und weiter: „Das Wesen der Demokratie setzt [...] Mitbestimmung voraus.“ Mit gutem Gespür für den weiteren Kontext erkannte er dabei, dass es mit den betrieblichen Vertretungsorganen (1920 war in Deutschland das Betriebsrätegesetz verabschiedet worden) allein nicht getan war, dass darüber hinaus die Gewerkschaften unter anderem auch die Körperschaften der Sozialversicherung und der Arbeitslosenversicherung als auf Grundlage von Wahlen beschickte selbstverwaltete Einrichtungen für sich reklamieren sollten (vgl. ebd., 165 f.).

Mitbestimmung verstand Naphtali dabei nicht als unveränderliche Rechtsnorm. Sie bedürfe vielmehr, so führte er aus, wie auch die Demokratie der ständigen Weiterentwicklung und Anpassung an neue Herausforderungen. Naphtalis nahm dabei zu seiner Zeit schon die Notwendigkeit einer Kontrolle der internationalen Kapitalmächte „als vielleicht in Zukunft eine der wichtigsten Teilerscheinungen des Kampfes um eine Demokratisierung der Wirtschaft" (ebd., 199) mit ins Visier: „Dieser Kampf auf dem internationalen Gebiet muß den Kampf der Gewerkschaften um die Demokratisierung der Wirtschaft auf dem nationalen Gebiet in wachsendem Maße ergänzen." (Ebd., 199) „Die Einsicht", schließt er sein Buch ab, „daß jeder kleine Fortschritt zur Demokratisierung der Wirtschaft zugleich ein Baustein ist für die Verwirklichung des großen Ideals der Zukunft, adelt den Kampf der Gegenwart." (Ebd., 200)

Nach 1945: Zeit des Aufbruchs und des Stillstands

Eine Chance auf Umsetzung hatte Naphtalis Konzept vorerst nicht. Schon 1929, ein Jahr nach Erscheinen seines Buchs, markierte der Börsenkrach an der Wall Street den Auftakt zur Großen Depression in den USA. In Kontinentaleuropa wurden fast alle Demokratien Opfer von Faschismus und Nationalsozialismus, die Organisationen der Arbeiterbewegung verboten. Erst nach dem Weltkrieg, mit der Montanmitbestimmung 1951 und der fast zeitgleich gegründeten Europäischen Gemeinschaft für Kohle und Stahl (EGKS) – Letztere ein Grundstein eines europäischen Friedensprojekts, das den Zusammenhang zwischen demokratisch gelenkter Wirtschaft und politischer Demokratie geradezu symbolhaft zum Ausdruck brachte – wurde ein den Grundgedanken seines Buches aufgreifendes Gesetz verabschiedet. In größerem Umfang wurde das Konzept dann erst nach Abschluss der Wiederaufbauzeit wieder zum Thema. Die in den 1970er Jahren verabschiedeten Mitbestimmungsgesetze in Deutschland, das Arbeitsverfassungsgesetz in Österreich und der ambitionierte Rehn-Meidner-Plan in Schweden, um nur einige Initiativen dieser Zeit zu nennen, waren von der Idee getragen, nicht nur die Politik im engeren Sinn, sondern auch andere Bereiche, eben auch die Arbeitswelt, nach demokratischen Grundsätzen und gemeinwohlorientierten Prinzipien zu gestalten. Es war eine Zeit des Aufbruchs, politisch verbunden mit Namen wie Willy Brandt, Olof Palme und Bruno Kreisky. Möglich waren die Reformen nur durch das Zusammenspiel des gewerkschaftlichen und des politischen Arms der Arbeiterbewegung.

Der Reformschwung dieser Jahre ebbte alsbald wieder ab, nur wenig ist davon noch zu spüren. Der neoliberale Drive brachte die Gewerkschaften zunehmend in die Defensive, die nun voll und ganz mit der Abwehr von sozialpolitischem Kahlschlag und Angriffen auf den Wohlfahrtsstaat beschäftigt waren, ebenso wie die sozialdemokratischen Parteien, die sich vom Ziel der Schaffung einer neuen sozialen Ordnung verabschiedeten und auf ein, wie Hyman es formuliert, „concession bargaining with multinational capital and the international financial institutions“ (2011, 1) beschränkten.

Kaum jemand spricht heute von Wirtschaftsdemokratie, von industrieller Demokratie (Vilmar 1978) oder gar von betrieblicher Selbstverwaltung. Nur mehr selten wird Mitbestimmung mit der Vorstellung verbunden, dass Demokratie im Betrieb nicht einfach nur ein Mechanismus zur Steigerung der Produktivität, sondern auch ein Wert an sich ist: der Gedanke – auch wenn es utopisch anmutet – Freiheit und Demokratie auch im Bereich der Wirtschaft, auch für die ArbeitnehmerInnen zu verwirklichen (vgl. ausführlich dazu Bontrup 2011). In fast jedem europäischen Land gibt es heute eine betriebliche Interessenvertretung mit unterschiedlich weit reichenden Informations-, Kontroll- und Mitbestimmungsrechten – seien es nun *Shop Stewards* (Großbritannien), *Clubs* (Schweden), *Ondernemingsraaden* (Niederlande), *Comités d'entreprise* (Frankreich) oder eben *Betriebsräte* wie in Österreich und Deutschland; nicht zu vergessen die vergleichsweise jüngste und vielerorts erst im Aufbau befindliche Institution des *Europäischen Betriebsrats*. Im Gegensatz zur freiwillig gewährten und damit fragilen verkörpern auf verfasstes Recht gestützte Belegschaftsvertretungen die stabilste – eben weil gesetzlich verankerte – Form der Mitbestimmung.

Gleichwohl sind auch bei Letzteren in jüngerer Zeit „Risse im Fundament“ (Flecker/Krenn 1999) zu vermerken. Die Belastungen für Belegschaftsorgane sind größer geworden, längst sind sie nicht mehr, wie einst, eine zwischen Interessenvertretung, Ordnungsfaktor und Gegenmacht pendelnde Institution, sondern immer mehr auch Moderator und Mediator und häufig eine Art Co-Manager, eingebunden in betriebliche Reorganisationsprozesse und ausgelastet mit der wenig bedankten Rolle, ihren Belegschaften unpopuläre Maßnahmen zu vermitteln. Seitens der Beschäftigten wird „ihre“ Vertretung damit oft als Teil der Geschäftsführung wahrgenommen und entsprechend mit Misstrauen belegt. Letztlich mündet das in eine Entfremdung zwischen Betriebsrat und Belegschaft und bis zu einem gewissen Grad auch in eine Entfremdung zwischen Betriebsrat und Gewerkschaft. Fast unausweichlich wird Wirtschaftsdemokratie, bei Naphtali noch als dynamischer, gleichsam nie abgeschlossener Prozess verstanden, zu einem mühsamen, für alle Beteiligten unbefriedigenden und oft sinnentstellten Unterfangen.

2007 ff. – Krise als (versäumte) Chance?

Das Platzen der US-Immobilienblase im Frühjahr 2007 löste eine weltweite Finanzkrise aus, die 2009 ihren Höhepunkt erreichte und deren Folgen bis heute nachwirken. Auf wessen Konto das Desaster ging, war allgemein klar: Banken und Investmentagenturen hatten, getrieben von ShareholderInnen-Egoismus und StakeholderInnen-Gier, Spekulationsgewinne immer weiter nach oben getrieben, bis das Gebäude mit einem Paukenschlag in sich zusammenbrach. Saniert werden musste diese schlimmste Krise seit dem Ende der 1920er Jahre zu allem Überdruss mit Staatsgeldern. Selten zuvor in seiner Geschichte war der Kapitalismus so diskreditiert wie in den letzten Jahren.

Die Krise war die Stunde der Gewerkschaften – bzw. sie hätte es sein können (vgl. Karlhofer 2009). „Die Gewerkschaften sind zurück", titelte eine große deutsche Zeitung (Die Zeit v. 30.4.2009). Die Feststellung bezog sich nicht auf Deutschland allein; gemeint war vielmehr die Gesamtheit der Industrieländer. Sogar in den USA, wo nach einem Vierteljahrhundert neoliberalem Gegenwind und *union busting* der Mitgliederanteil bis knapp an die Zehnprozentmarke geschrumpft war, waren die Gewerkschaften wieder gefragt: Sie wurden eingeladen in Kommissionen, lieferten Vorschläge für Konjunkturpakete. Und vor allem – und das ist der Punkt, warum Politik und Wirtschaft sie so dringend benötigten – erklärten sie den Belegschaften etwas, was man eigentlich kaum erklären kann: Wie kann es passieren, dass ein aus den Fugen geratener Casino-Kapitalismus nicht nur riesige Industrieunternehmen, sondern sogar ganze Volkswirtschaften an den Rand des Abgrunds treibt? Der Schock und die Empörung waren groß, und so ist im Rückblick nur schwer zu begreifen, mit welcher Chuzpe schon bald wieder ausgerechnet die verantwortlichen Spitzenmanager sich Bonus-Zahlungen in atemberaubender Höhe gewährten.

Zu fragen ist: Wurde diese Legitimationskrise des Kapitalismus von den ArbeitnehmerInnenverbänden, abgesehen von rhetorischen Schlenkern, auch wirklich für nachhaltige Änderungen genützt? Das aktionistische „Bossnapping" nach französischem Muster erwies sich als medienträchtiges, aber hilfloses Protestventil und verpuffte entsprechend rasch wieder. Grundsätzlicher ging der Deutsche Gewerkschaftsbund das Thema an; 2009 und im Jahr darauf wurden „Kapitalismuskongresse" abgehalten, auf denen Konzepte für soziale Wege aus der Krise erörtert wurden. Auch in Österreich wurde der ÖGB-Bundeskongress 2009 mit einer radikalen Ansage eröffnet: „Es müssen jetzt jene die Suppe auslöffeln, die sie uns eingebrockt haben" (Foglar 2009); sie taten es, wie wir heute wissen, nicht ... Auch das Forum Jägermayrhof, Denkwerkstatt von Arbeiterkammer Oberösterreich und ÖGB, entschloss sich, seine Jahrestagung 2011 unter das Motto „Gesellschaftliche Wiederaneignung der Ökonomie" zu stellen.

Parallel zur „Renaissance" (Schmergal/Losse 2009) und dem wiedererwachten Reformgeist der Gewerkschaften verzeichneten die Büchermärkte zuletzt einen Boom an kapitalismuskritischer Literatur, ein Gutteil davon mit Bezug zum Themenfeld Wirtschaftsdemokratie (vgl. unter anderem Bontrup 2011; Demirovic 2007; Fisahn 2010; Frey/Kirchgässner 2011; Martens 2010; Meine 2011) sowie, alternativ dazu, zum Thema „guter Kapitalismus" (Dullien u.a. 2009). Doch es gibt bereits erste Anzeichen, dass der Boom schon bald wieder zu Ende sein könnte. Das Interesse der Politik an der Einbeziehung der Gewerkschaften in Konjunkturprogramme besteht zwar weiter, nachdem aber die öffentliche Empörung über die Auswüchse des Spekulationskapitalismus spürbar nachgelassen hat, sinkt auch der „Marktwert" der Gewerkschaften als Co-Krisenmanager.

Somit ist zu fragen: Steht der gewerkschaftliche Sisyphos bald wieder einmal am Fuß des Berges? Nicht zwingend. Im Folgenden einige Gedanken, die zum Ausdruck bringen wollen, dass einiges von der Last des Sisyphos sein Ziel schon erreicht hat, dort aber verankert werden muss und der beständigen Erweiterung bedarf.

Gelegenheitsfenster und die Chance auf Wandel

Die Geschichte des Kampfes um mehr Mitbestimmung und Demokratie in den Beziehungen zwischen Arbeit und Kapital ist eine Abfolge von Erfolgen und Rückschlägen. Vielfach waren es einmalige historische Momente, in denen alles andere als klar war, in welche Richtung das Pendel ausschlagen würde, und immer ging es darum, eine zeitlich sehr befristete Gelegenheit zu nutzen. Der Beginn der Ersten Republik war ein solcher historischer Moment. Ein Gelegenheitsfenster öffnete sich für kurze Zeit und es wurde von der Arbeiterbewegung genützt: 1919 wurde das Betriebsrätegesetz verabschiedet, ein Jahr später das Arbeiterkammergesetz – beides institutionelle Innovationen von nachhaltiger Bedeutung für die ArbeitnehmerInnenschaft. Schon bald darauf, nach der Nationalratswahl 1920, schloss das Fenster sich wieder und blieb für lange Zeit zu. Die einmal gewonnene gesetzliche Verankerung dieser beiden wichtigsten Instrumente für die kollektive Interessenvertretung hat aber die Zeit überdauert und ihre Wirkung, wenn auch mit viel Verzögerung, in der Zweiten Republik voll entfaltet.

Die beiden Gesetze aus den Jahren 1919 und 1920 waren Beispiele für erfolgreich genutzte Gelegenheitsfenster; auch der oben erwähnte Ausbau der Mitbestimmung in den 1970er Jahren ist in diesem Zusammenhang zu nennen. 2007 bot sich dann die einmalige Chance, die Kammern – wenn auch nicht expressis verbis, so doch de facto – in der Bundesverfassung zu verankern, und sie wurde genutzt. Ruft man sich in Erinnerung, dass noch wenige Jahre zuvor der Weiterbestand der Arbeiterkammern auf dem Spiel stand, als die Koalition aus

ÖVP und FPÖ sich anschickte, die Arbeiterkammer-Umlage drastisch zu kürzen, so ist diese Gefahr nun gebannt. Mit der verfassungsrechtlichen Absicherung ist die Arbeiterkammer so wie auch die anderen großen Kammern gegen wechselnde parlamentarische Mehrheiten weitgehend immun (vgl. Karlhofer 2011, 413).

Der Politikwissenschaftler John Kingdon vergleicht die Herausforderung, *Windows of Opportunity* richtig zu nutzen, mit der Situation, in der ein Surfer sich befindet, der auf die große Welle wartet, die ihn trägt – verfehlt er sie, kann es unter Umständen lange dauern, bis eine neue Chance sich ergibt (vgl. Kingdon 1995, 165). Mit diesem Vergleich ist wohl auch das Verhalten der Gewerkschaften im Zuge der Bewältigung der Finanzkrise der letzten Jahre zu messen: Für relativ kurze Zeit war das internationale Finanzkapital – man möchte fast sagen – waidwund. Etliche der weltgrößten Konzerne waren nur durch aufwendige Bailouts zu retten. Auch konservative, prononciert gewerkschaftskritische Regierungen waren um eine Zusammenarbeit mit ArbeitnehmerInnenvertretungen bemüht, wohl wissend, dass ohne deren Kooperation eine Sanierung schlichtweg unmöglich gewesen wäre. Die Gewerkschaften waren gefragt wie seit den Sozialpakten der 1990er Jahre nicht mehr, als es darum ging, die Währungsunion auf Schiene zu bringen.

Sichern – sondieren – ausbauen

Die Finanzkrise ist inzwischen, wie renommierte Ökonomen von Krugman bis Stieglitz plausibel analysieren, abgeschwächt, aber nicht ausgestanden. Fakt aber ist: Das Fenster für die Gewerkschaften hat sich wieder geschlossen. Haben sie es genützt? Es scheint nicht so, denn die Debatten verlieren sich eher in Fragen wie „guter Kapitalismus“ (ohne das an dieser Stelle abwerten zu wollen) und dem – wenig aussichtsreichen – Ruf nach Regulativen für das internationale Finanzkapital. Alles wichtig und richtig – aber haben die Gewerkschaften sich für ihre Kooperation angemessen „entschädigen“ lassen? In keinem Land, auch nicht in Österreich, ist das Thema Ausbau der Mitbestimmung offensiv angegangen worden.

Sicher wäre es ungerecht, einfach nur von Versäumnissen zu sprechen, ohne die politische Konstellation in Europa (nicht zu reden vom weiteren Kontext) zu berücksichtigen. Aktuell sieht es so aus, als würde der Arbeiterbewegung in Europa der politische Arm abhandenkommen. Vor zehn Jahren noch waren zehn von 15 EU-Ländern (darunter alle großen Wirtschaftsmächte: Deutschland, Großbritannien, Frankreich, Italien) sozialdemokratisch regiert. Mitte 2011 sind es (von inzwischen 27) nur noch vier: Österreich, Spanien, Slowenien und Griechenland – keine dieser Regierungen kann als stabil eingestuft werden.

In Anbetracht der nicht gerade günstigen Rahmenbedingungen (und offenkundigen Versäumnisse auf dem Höhepunkt der Krise) erscheint ein „Stellungskrieg", wie Hyman (2011, 3) – durchaus nicht negativ gewendet – anmerkt, als einzige realistische Option. Wenn es eine Lehre aus der Geschichte der ArbeiterInnenbewegung gibt, dann ist es eine sehr simple: Was einmal erreicht worden ist, muss gesichert und – wenn eine Gelegenheit sich ergibt – ausgebaut werden. Jede Krise ist schmerzvoll, zugleich aber auch eine Gelegenheit, Systemschwächen zu korrigieren.

Schroeder und Vaut haben unlängst in einer Studie für die Friedrich Ebert Stiftung die eminente Bedeutung institutioneller Absicherung betont: „Institutionen ermöglichen anders als situative und personenzentrierte Systeme der Kontrolle und Beteiligung eine dauerhafte, regelorientierte Rechtsstruktur, die unabhängiger von den jeweiligen Kräfteverhältnissen wirken kann." (Schroeder/Vaut 2011, 19) Zur Sicherung des Erreichten braucht es freilich mehr als die bloße Verwaltung des Status quo: Demokratie ist, wie Oskar Negt in einem luziden Essay bemerkt hat, „die einzige politisch verfasste Gesellschaftsordnung, die gelernt werden muss" (Negt 2008, 7 f.). Zu ergänzen wäre: Demokratie kann man, wie die Erfahrung zeigt, auch verlernen – das gilt besonders für die Wirtschaftsdemokratie. Die Lehren daraus: Institutionelle Absicherung ist für jegliche Annäherung an das Ideal der Wirtschaftsdemokratie unabdingbar. Es wird darüber hinaus, gerade in einer von Individualisierung geprägten Gesellschaft, immer auch ein Maximum an Sensibilität für geänderte Erwartungshaltungen brauchen. Und nicht zuletzt, ganz im Sinne Fritz Naphtalis, Vorsatz, Mut und Augenmaß für den Weg weiter nach vorn.

Literatur

Bontrup, Heinz-Josef (2011). Arbeit, Kapital und Staat. Plädoyer für eine demokratische Wirtschaft, 4., verb. u. erw. Aufl., Köln.

Demirovic, Alex (2007). Demokratie in der Wirtschaft, Münster.

Die Zeit v. 30.4.2009.

Dullien Sebastian u.a. (2009). Der gute Kapitalismus… und was sich dafür nach der Krise ändern müsste, Bielefeld.

Fisahn, Andreas (2010). Die Demokratie entfesseln, nicht die Märkte, Köln.

Flecker, Jörg/Manfred Krenn (1999). Risse im Fundament? Betriebliche Arbeitsbeziehungen im Wandel der Sozialpartnerschaft, in: Ferdinand Karlhofer/Emmerich Tálos (Hg.): Zukunft der Sozialpartnerschaft. Veränderungsdynamik und Reformbedarf, Wien, 47–74.

Erich Foglar, Eröffnungsrede, 17. ÖGB-Bundeskongress, 30.6.–2.7.2009. Internet: www.oegb.at/servlet. (Zugriff: 11.8.2011).

Frey, Bruno S./Gebhard Kirchgässner (2011). Demokratische Wirtschaftspolitik, München.

Hyman, Richard (2011). Economic Democracy: An Idea Whose Time Has Come, Again? In: Social Europe, 3/2011. Internet: http://www.social-europe.eu/2011/04/page/3/ (Zugriff: 11.8.2011).
Karlhofer, Ferdinand (2009). Schwieriger Auftrag. Die Gewerkschaften als Krisenmanager, in: Solidarität, H. 9/2009, 12 (Gastkommentar).
Karlhofer, Ferdinand (2011). Österreich: Zwischen Korporatismus und Zivilgesellschaft, in: Werner Reutter (Hg.): Verbände und Verbandssysteme in Europa, 2. aktual. Aufl., Opladen, 389–417.
Kingdon, John W. (1995). Agendas, Alternatives, and Public Policies, New York.
Martens, Helmut (2010). Neue Wirtschaftsdemokratie, Hamburg.
Meine, Hartmut (2011). Mehr Wirtschaftsdemokratie wagen, Hamburg.
Naphtali, Fritz (1928): Wirtschaftsdemokratie: ihr Wesen, Weg und Ziel, Berlin (zit. n. der Studienausgabe, 4. Aufl., Köln/Frankfurt 1977).
Negt, Oskar (2008). Demokratie als Lebensform, in: Aus Politik und Zeitgeschichte, B. 14–15, 3–8.
Schmergal, Cornelia/Bert Losse (2009). Gewerkschaften erleben Renaissance, in: Wirtschaftswoche v. 2.4.2009, 1. Internet: http://www.wiwo.de/politik-weltwirtschaft/gewerkschaften-erleben-renaissance-392271/ (Zugriff: 11.8.2011).
Schroeder, Wolfgang/Simon Vaut (2011). Wirtschaft und Demokratie, in: Friedrich Ebert Stiftung (Hg.): Demokratie in Deutschland 2011, 18–19 (Langfassung abrufbar im Internet: www.demokratie-deutschland-2011.de (Zugriff: 11.8.2011).
Vilmar, Fritz (Hg.) (1978). Industrielle Demokratie in Europa, Reinbek bei Hamburg.

Eva Kreisky Es scheint, als ob Nachdenken über Demokratieentwicklung der Vergangenheit angehört. Zwar nennen sich immer mehr Staaten Demokratien, aber dies verweist mehr auf demokratierhetorische Hülsen und formaldemokratische Regierungstechniken, denn auf fortschreitende gesellschaftliche Demokratisierung. Begriffschaos um Demokratie, Begriffsentleerung sowie Abwertung demokratischer Institutionen und Verfahren zeigen aktuell einen Umkehrschub demokratischer Dynamik an.

Liberalismus und Demokratie: ein fragwürdiges Verhältnis

Unter Einfluss neokonservativer und neoliberaler US-amerikanischer Politik wurde gute Demokratie „zunehmend als *liberale* Demokratie definiert" (Crouch 2008, 9 f.). Demokratie in dieser Fassung beschränkt sich auf formelle Wahlbeteiligung der Massen, unbeschränkte Freiheiten für Lobbys der Wirtschaft und begrenzte Macht der Regierung bzw. Verzicht von Politik auf Interventionen in kapitalistisch organisierte Ökonomie.

Mit Hilfe der Kurzformel liberaler Demokratie wird suggeriert, dass Liberalismus und Demokratie verwandt sind. Liberalismus stand und steht für verschiedene, nicht zwingend vereinbare Absichten oder demokratische Motive: Zum einen repräsentierte er Ideen *politischer Freiheit* und bestimmte des Weiteren nötige Instrumente moderner *Rechtsstaatlichkeit*; zum anderen steuerte er als *wirtschaftsfreiheitliche Doktrin* das machtpolitische Geschehen in kapitalistischen Gesellschaften. Politischer Liberalismus strebt Freiheit zur Politik an, während Wirtschaftsliberalismus Freiheit von Politik zum Ziel hat. Liberalismus setzt „Autonomie des Politischen in einer sehr starken Form voraus", er „arbeitet mit der Annahme, dass es möglich ist, das politische Leben auch dann in einer demokratischen Form zu organisieren, wenn dies auf der Grundlage sozioökonomischer und soziosexueller Strukturen geschieht, die systemische Ungleichheiten erzeugen" (Fraser 2001, 125 f.).

Wirtschaftsliberalismus, aktuell Neoliberalismus, konstituierte sich nie auf gleicher Augenhöhe, als Kompagnon politischen Freiheitsdenkens. Er verstand sich als *besserer*, ja *authentischer* Liberalismus, der über das vermeintlich nötige Maß an Gleichheit hinausschießenden politischen Liberalismus bremsen sollte.[1] Hatte im 18. und 19. Jahrhundert noch politischer Liberalismus dominiert, ist es insbesondere seit dem ausgehenden 20. Jahrhundert der Wirtschaftsliberalismus, der sich in Szene setzt. Er überlagert und verdrängt zahlreiche Konventionen des politischen Liberalismus.

Weithin war die Verbreitung von Liberalismus mit der Entstehung von Demokratien zusammengetroffen, was aber nicht heißen soll, dass er deshalb

„mit der Praxis der Demokratie [...] unauflöslich und unzweideutig verbunden" wäre (Schmitter 2003, 153). Liberale Rechtsstaatlichkeit und repräsentative Demokratie, die uns gegenwärtig identisch scheinen, und was höchst unduldsam Demokratienachzüglern als sofortiges und synchrones Resultat abverlangt wird, Rechtsstaatlichkeit und Demokratie also, kamen keineswegs als Zwillinge zur Welt. Vielmehr liegen selbst in westlichen Gesellschaften beinahe 200 Jahre zwischen ihrer jeweiligen Genese. Die Ausformung des Typs *liberaler/repräsentativer* Demokratie ist darum als historische und territoriale Kontingenz einzuschätzen und kann keinesfalls als von vornherein kohärentes Vorzeige- und Erfolgsmodell westlicher Provenienz vorgeführt werden.

Der historischen Erfahrung zuwider wurde *liberale* Demokratie als *der* westliche Regimetyp fixiert. Unterstellte Affinität zum Liberalismus sollte Kongruenz von Demokratie mit Prinzipien wie Konstitutionalismus, Repräsentation, Abgrenzbarkeit von Öffentlichkeit und Privatheit, Zurückdrängung politischer Kollektive, staatsbürgerliche Individualisierung, Vernunft und Freiwilligkeit sowie gesellschaftliche Funktionalität und Effektivität suggerieren (vgl. ebd., 153).

Diese *anarchisch* gewachsene *liberale* Demokratie befindet sich gegenwärtig in einem prekären Zustand. Gleichwohl gilt es zu differenzieren: „[W]eniger das Prinzip Demokratie [ist] umstritten als ihre alltägliche Praxis enttäuschend" (Leggewie/Bieber 2003, 124). So empfindet sich die mehr oder weniger lethargische Bevölkerung vom „professionellen, auf Spektakel abhebenden" Politikbetrieb zunehmend abgestoßen. Der Befund der Krise bezieht sich darum primär auf das formelle Gefüge politischer Entscheidung und Gestaltung, auf Parteien, parlamentarische Wahlen und BerufspolitikerInnen. Er „[betrifft aber] nicht notwendigerweise unkonventionelle Formen politischer Partizipation" in NGOs an den Rändern des formellen demokratischen Systems oder in zivilgesellschaftlichen und gesellschaftskritischen Bewegungen verschiedener Art (ebd., 128). In die Krise geraten ist also nicht demokratische Politik nach dem Muster von „zusammen *mit* anderen handeln", sondern elitäre Politik von oben herab, die *„für* andere" handelt (ebd.). Philippe C. Schmitter (2003, 157) erfasste diesen Vorgang als „liberalisierende ‚Entdemokratisierung'".

Feminismus und Demokratie in Übereinstimmung?

Demokratische und feministische Politikziele scheinen – im spätmodernen Verständnis – Elementares gemeinsam zu haben: Beide positionieren sich (theoretisch) gegen herrische, sprich: unregulierte, Machtanmaßung und für egalitäre, zumindest tendenziell gerechtere gesellschaftliche Verhältnisse. Zudem verstehen sie Demokratie nicht als erledigt, sondern als *offenen* und *permanenten Prozess* gesellschaftlicher Gestaltung. Dessen ungeachtet haben sie im Laufe ihrer Entwicklung auch paradoxe Ideenverbindungen und Ungleichzeitigkeiten verändernder Gesellschaftspraxis hervorgebracht und darum verschiedene Formen, aber auch differente Reichweiten praktisch-institutioneller Umsetzung erfahren. Die in der westlichen Moderne theoretisch sowie praktisch-politisch hegemoniale *liberale, repräsentative* Demokratie ist in erheblichem Maße *männlich* gebaut und *maskulinistisch*[2] fundiert. Liberale Demokratie enthüllt sich derart als bedeutende Strategie männlich-elitären Macht- und Ideologieerhalts dank überwiegend politisch passivierter, ja apathischer, relativ stimm- und rechtlos gehaltener, keinesfalls nur weiblicher, sondern zudem „effeminierter", also weiblich imaginierter und konnotierter Massen, selbst wenn es sich bei ihnen um – freilich sozial und politisch abgewertete – Männer handelt. Bürgerliche Demokratie inszenierte sich bereits in ihren Anfängen als „rational", „tugendhaft" und „männlich". So „wurden schon im ideellen Entwurf [...] maskulinisierte Genderkonstrukte verankert" (Fraser 2001, 113), was trotz demokratischer Wertvorstellungen formellen wie informellen Ausschluss von Frauen nahelegte. Bürgerliche Männer betrachteten sich als neu „aufkommende Elite" im Gegensatz zur weiblich verkodeten Masse (vgl. ebd., 114).

Hingegen stimmt die in westlichen Gesellschaften zumeist blockierte und marginalisierte *partizipative, direkte* Demokratie[3] für alle Lebensbereiche eher mit *feministischen* Politikintentionen überein. Liberale Demokratien beruhen wesentlich auf tendenzieller Abgrenzung (männlich-)öffentlicher von (weiblich-)privaten Lebens- und Arbeitsräumen, denen jeweils ein spezifisches Geschlecht zugewiesen scheint. Speziell diese diskriminierende Demarkation, die Frauen öffentliche Entscheidungs- und Machtwelten sowie Lebenssphären weitgehend versperrte, kritisierten feministische Denkerinnen und Aktivistinnen. Liberale Demokratien enden in formellen Strukturen sowie Verfahren öffentlicher Sphären und stehen folglich für „die unleugbar undemokratische Organisation unseres sozialen Lebens" (Phillips 1995, 66). Repräsentative Demokratien „sind weit davon entfernt, die unser Leben beherrschenden Machtstrukturen anzutasten" (ebd.). Deshalb ist es „absurd, sich im Staat um Demokratie zu bemühen, wenn in anderen Lebensbereichen das Prinzip der Unterordnung herrscht" (ebd., 67).

Nur für – meist singulär bleibende – Experimente partizipatorischer Demokratie auch in alltäglichen Lebens- und Arbeitswelten, so wäre zu präzisieren, kann die Annahme einer Übereinstimmung des demokratischen und des feministischen Vorhabens aufrechterhalten werden. Die These vom *strukturellen Maskulinismus* liberaler Demokratierealität[4] wäre freilich mit den sich ändernden Perioden gesellschaftlicher Entwicklung abzustimmen und konkret aufzufächern in ihre Bedeutung etwa für fordistisch und postfordistisch – insbesondere neoliberal – geprägte gesellschaftliche Verhältnisse, die jeweils unterschiedliche Potenziale und Handlungsräume für Demokratieentwicklungen eröffnen, d. h. mehr oder weniger an Freiheitsgraden für weitere Demokratisierungsschübe zulassen.

(Mangelnde) Demokratiequalität korreliert auch mit dem jeweiligen Grad an Geschlechter(un)gerechtigkeit in einer Gesellschaft und umgekehrt. Der Status von Demokratie wird ebenso von egalitärer Beschaffenheit der Gesellschaft und des Geschlechterregimes beeinflusst, wie gesellschaftliche Strukturierung der Geschlechterverhältnisse von einem beharrlichen Demokratiesystem abhängig ist. Geschlechteregalität wird nur in demokratiebereiten Gesellschafts- und Lebensverhältnissen gedeihen. In Widerspruch zu diesem evident scheinenden Zusammenwirken verblieben jedoch in der Vergangenheit theoretische Demokratiearbeit sowie praktische Demokratieform in erstaunlicher Dissonanz zum politischen Ziel von Geschlechtergerechtigkeit. Kurioserweise wurde die „Demokratiedebatte über Jahrhunderte hinweg geführt, als ob es keine Frauen gäbe" (Phillips 1995, 9). Dies galt für androzentrische und sexistische Vordenker der Demokratie ebenso wie für triviale, Frauen exkludierende Praktiken von Männern: Frauen wurden entgegen dem aufklärerischen Zauber liberaler Demokratie politisch marginalisiert, wenn nicht gar ausgeschlossen. Oder das eingeschriebene und sedimentierte männliche Geschlecht wurde neutralisiert, unsichtbar, aber beständig an der Macht gehalten. Männerbündische Fundamente trugen das Ihre zur maskulinistischen Nachhaltigkeit repräsentativer Demokratie bei.

Die Sphäre demokratischer Öffentlichkeit sollte eigentlich eine Arena bilden, in der Unterschiede der Geburt, des Geschlechts, des Vermögens oder der Konfession keine Rolle spielen. Vielmehr sollten Menschen „miteinander reden" können, „*als ob* sie sozial und wirtschaftlich Gleichgestellte" wären (Fraser 2001, 122). Systembedingte soziale Ungleichheiten werden selbst unter demokratischen Verhältnissen „nur ausgeklammert, nicht getilgt" (ebd.). Dennoch bedarf eine sich fortentwickelnde politische Demokratie weiterer „substantieller sozialer Gleichheit" (ebd., 127) und zunehmender medialer Demokratisierung. Ein fundamentaler Antagonismus zwischen politischer und ökonomischer Gleichheit klang bereits in der Frühzeit der Ideengeschichte von Demokratie an. Mit jedem Schritt personeller Ausweitung politischer Rechte, insbesondere ab dem 19. Jahrhundert, folgten zugleich inhaltliche Einschränkungen oder staatlich-autoritäre Tendenzen.

Die 1970er Jahre: ein „Augenblick der Demokratie"[5]?

Die Vorstellung von einem Konnex von Demokratie und Gleichheit kam spät auf. Das 18. Jahrhundert wird gewöhnlich als Ära individueller Emanzipation betrachtet, als Ausbruch aus feudalen und kirchlichen Bindungen. Erst im 19. Jahrhundert kamen auf Grund zunehmenden Drucks sozialer und frauenpolitischer Bewegungen auch die „soziale Frage" (Rödel u.a. 1989, 7) und die „Frauenfrage" auf die Agenda der Politik. Und erst das 20. Jahrhundert sollte als Epoche der „demokratischen Frage" apostrophiert werden können. Gegenwärtig geht es bei der „demokratischen Frage" nicht mehr um „einen Mangel an rhetorischer Anerkennung demokratischer Legitimationsformeln", das Demokratieproblem stellt sich vielmehr als „Wahllosigkeit ihrer Beschwörung" (ebd.) dar, als leeres Rekurrieren auf leblose Formen und repetitive Demokratierituale.

Die 1970er Jahre sind als kurze „Ära der demokratischen Sensibilität" zu archivieren. Direkte Interventionen von Seiten der Ökonomie in Felder von Politik, Wissenschaft oder Kultur, wie sie heute gang und gäbe sind, wurden damals noch mit einigem Misstrauen bedacht (Crouch 2008, 61). Im Nachspiel zur 1968er-Bewegung wurden neue Ansprüche auf Erweiterung demokratischer Bürgerrechte, individuelle wie kollektive, artikuliert. Ergänzend zu demokratischen Verfahren formeller Politik (z. B. Wahlen) wurden Alltagsdemokratie sowie neue Praktiken sozialer und wirtschaftlicher Demokratie eingefordert. Die offizielle (sozialdemokratische) Politik reagierte auf diese – nicht selten jugendlich ungestümen und ungewohnt weiblichen – Anrufungen mit lautstarken Ansagen weiterer Demokratisierung, denen jedoch – bis auf wenige Ausnahmen (z. B. Universitätsorganisation, Familien- und Eherecht) – nur punktuell politische Umsetzung und rechtliche Kodifizierung folgten, oder deren Erledigung aus neokonservativen oder neoliberalen Motiven angehalten oder gar aufgehoben wurde.

Die politische Ära des Postfaschismus war durch zumeist feige, dürftig formale Demokratisierung staatlicher Institutionen gekennzeichnet. Konrad Adenauers Slogan „Keine Experimente!" drückte das bremsende Bestreben des restriktiven Paradigmas damaliger minimalistischer Demokratiepolitik und die Abwehr direkt demokratischer Formen oder partizipatorischer Demokratie nur zu deutlich aus. Zu Recht resümiert daher Crouch (2008, 20) für Europa: „[D]ie wahrhaft demokratischen Phasen [sind] begrenzt." Aber auch Zeiten, in denen es immerhin noch hieß: „Wir wollen mehr Demokratie wagen" (Willy Brandt, Regierungserklärung 1969) oder die „Durchflutung aller gesellschaftlichen Bereiche mit Demokratie" ermöglichen (Bruno Kreisky, Regierungserklärung 1970), sind heute als politische Entgleisungen und Konzessionen der Sozialdemokratie an die schrille 1968er- und neue Frauen-Bewegung verfemt. Angela Merkel instrumentalisierte in der Regierungserklärung von 2005 die Popularität von Brandts Slogan, wendete ihn aber neoliberal zu „Lassen Sie uns mehr Freiheit wagen", womit sie „weniger Bürokratie, weniger Wachstumsbremsen, weniger Rituale und Regeln bei der Entwicklung politischer Entscheidungen" meinte.

Verlangen nach Demokratie, das war einmal, scheint nunmehr aber nicht mehr am Puls der Zeit. Unbeschränkte Freiheit lautet die aktuelle Devise, die vor allem wirtschaftliche Eliten einfordern und mit Vorliebe predigen. Korruption und Wirtschaftskriminalität flankieren nicht bloß zufällig die aktuell populären Pfade der Deregulierung. Angela Merkel rechnete auch selbstlos vor: „Wir können den Schwachen mehr abgeben, wenn es mehr Starke gibt." Also muss Politik zunächst Reiche und Reichtum fördern, um schließlich gegen Armut vorgehen und vielleicht eine Demokratisierung des Alltags einleiten zu können? Die fordistischen Antriebe des „demokratischen Augenblicks" werden seit den auslaufenden 1970er Jahren Schritt für Schritt außer Kraft gesetzt, die Prekarisierung sozial Schwacher und politisch Marginalisierter schreitet voran und befördert eher antidemokratische Bewegungen und antipolitische Verhaltensmuster denn umgekehrt.

Demokratierückbau im Zeichen neoliberaler Beschränkungen

Seit den 1990er Jahren verlautet von allen Seiten, dass es nun so viel Demokratie gebe wie noch nie in der Geschichte. Gemessen wird dies an der Zahl der Fassadendemokratien, weniger aber an ihren faktischen sozialen oder integrativen Qualitäten. Wenn diese in die Demokratiebilanz einbezogen würden, müssten wir wohl eher gegenläufige Tendenzen ausmachen. Die politische Konstruktion zunehmender Unsicherheit begünstigt stillschweigende Einschränkung bürgerlicher Freiheiten und verdeckten Abbau von Grund- und Menschenrechten bei gleichzeitig überproportionalem öffentlichem Ressourcenverbrauch für private Sicherungsmaßnahmen. Sicherheit wird überdies zunehmend kommodifiziert und als privatisierte Dienstleistung auf speziellen Märkten feilgeboten. Soziale Bürgerrechte wiederum werden neoliberaler Schwächung des Sozialstaats ausgeliefert. Umverteilungspolitik ist als verwirrter Geisterfahrer auf der budgetären Autobahn unterwegs, während Ressourcen von unten nach oben statt von oben nach unten umgeschichtet werden. Die zurzeit zu beobachtende „Verarmung öffentlicher Haushalte" läuft ganz offensichtlich auf „Zerstörung von Demokratie" hinaus. Soziale Demokratie bräuchte hingegen erstarkte öffentliche Budgets und lebenswichtige Budgetentscheidungen wären als kollektive zu treffen (vgl. die Konzepte der Sozialforen der globalisierungskritischen Bewegung: social budgeting, gender budgeting usw.). Dazu müsste auch großes Eigentum vermehrt in die soziale Pflicht genommen werden, um die „Steuergrundlagen der Demokratie" zu sichern (Brie o.J., 3). Ein wilder Laisser-faire-Kapitalismus vermag sozioökonomische Gleichheit niemals zu begünstigen (Fraser 2001, 144).

Die umverteilungsresistente Tendenz liberaler Demokratie wurde bereits in klassischen Debatten gehegt. Schon der Theoretiker des klassischen Liberalismus, John Stuart Mill (1861/1971), wollte Steuern zahlenden Personen das demokratische Wahlrecht vorbehalten: „Die, die keine Steuern zahlen, haben, indem sie mit ihren Stimmen über das Geld anderer verfügen, alle Gründe, verschwenderisch, und keinen, sparsam zu sein. Soweit es sich um Geldfragen handelt, ist jedes Wahlrecht, das diese Leute besitzen, eine Verletzung des Grundprinzips einer freien Regierung: Trennung der Kontrollbefugnisse vom Interesse, diese Machtbefugnisse gewinnbringend auszunutzen." Was John Stuart Mill als Credo anhebender bürgerlicher Demokratie in Abwehr der Rechte sozial und ökonomisch Schwacher postulierte, scheint aktuell – wie an neoliberal erzwungener Askese der Sozialstaaten und Entleerung sowie Entwertung von Demokratien ablesbar – zunehmend konsensfähig und praktisch umsetzbar. Mill antizipierte einen plutokratisch eingeschränkten Rahmen von Demokratie, den schließlich Maggie Thatcher mit ihrer Politik der Minimalisierung von Demokratie und der Bindung politischer Rechte an die Steuerkraft der WählerInnen tatsächlich einleiten sollte.

Minimalstaat (Nozick 1974) und Minimaldemokratie sind erklärte Absichten neoliberaler Politik, geht es doch vor allem um Entpolitisierung und Privatisierung der gesellschaftlichen Sphäre der Ökonomie. Was aber sind nun jene Minimalbedingungen, die keinesfalls unterschritten werden dürfen, um noch als demokratisch im westlichen Sinne gelten zu können? Allgemeines Wahlrecht, regelmäßige freie Wahlen, Repräsentativdemokratie, Mehrparteiensystem und politische Öffentlichkeit erfüllen im breiten Verständnis die Konditionen aktueller Demokratieerwartungen. Die Wahl zwischen „konkurrierenden Eliten" reiche für eine Demokratie. Weitere Demokratisierung sei nicht praktikabel, zumal das Volk grundsätzlich „unvernünftig" sei und daher nicht mit allzu viel Entscheidungsmacht bedacht werden solle.

Die Wende von den 1980er zu den 1990er Jahren schien also durch einen weltweiten Triumph *westlicher* Demokratie in Einheit mit dem globalen Durchbruch des *kapitalistischen* Marktes charakterisiert. Nur zu bald sollte jedoch die kurz aufflackernde Euphorie in einer abermaligen Flaute enden. Was von diesem neoliberalen Arrangement neuer *westlich-kapitalistischer Freiheit* verblieb, war die nun absolut unbeschwerte, von staatlichen Einflüssen befreite Marktökonomie. Öffentliche Demokratie wird zunehmend durch private Konzerne und private Märkte gezügelt statt umgekehrt, wie ehemals angedacht, als kapitalistische Ökonomie durch etatistische Politik zumindest ansatzweise in die Schranken verwiesen wurde (Phillips 1995, 56). Die kollektive Macht der ArbeiterInnenbewegung und die soziale Konkurrenz der staatssozialistischen Regime hatten eine gewisse etatistische Zähmung wilder Marktkräfte erzwungen.

Die in die Krise geratene repräsentative Demokratie entfacht nun aber eine Vielzahl antiegalitärer, elitärer und autoritärer „Spielarten einer Neodemokratie" (Barber 1994, 12), die seitens der politischen Öffentlichkeit ohne allzu großen Widerspruch hingenommen wird. Die Utopie eines *egalitären* Politikprojekts selbst gerät damit in Bedrängnis. Demokratie büßt politische Substanz und aktives Potenzial ein (Crouch 2008, 13). Nicht mehr partizipatorischer oder integrativer Input (z. B. zunehmende Inklusion von Frauen, MigrantInnen, Jugendlichen) steht für Demokratiequalität. Vielmehr vermag effektiver *Output* für ökonomische Interessen als einzig rational scheinendes Kriterium das demokratische System noch zu rechtfertigen. Die Neoliberalisierung von Politik intensiviert den Einfluss unlegitimierter ExpertInnennetze, wirtschaftlicher Eliten oder Unternehmenslobbys und institutionalisiert zugleich „postdemokratische Ansätze des Regierens" in Gestalt neokorporatistischer Governanceformen. Die Handlungsfähigkeit von Politik lässt deutlich nach und nationalstaatliche Institutionen der Politik scheinen zunehmend obsolet. Auch wenn demokratische Institutionen in formaler Hinsicht noch intakt anmuten, werden reale Machtverhältnisse drastisch verändert, so dass der Einfluss privilegierter Eliten zunimmt (vgl. ebd., 13, 33).

Strukturen der Demokratie bleiben erhalten, während die sozialen Grundlagen der Politik, die eigentliche Substanz des Demokratischen, ausgelöscht werden. Zusammen führen diese Entwicklungen zum *Syndrom der Postdemokratie*, womit die unübersichtlichen gesellschaftlichen und politischen Verhältnisse benannt werden können. Demokratie wird immer mehr als „minimale", als „magere" Demokratie praktiziert. Gewerkschaftliche Interessenwahrnehmung, Umverteilungsforderungen, Gleichstellungspolitiken, Forderungen nach mehr direkter Demokratie usw. – all das fällt neuerdings in die Rubrik „populistischer“ Politik und wird dadurch von vornherein diskreditiert, ja delegitimiert. Neoliberale Entdemokratisierung bleibt hingegen von der Kritik ausgespart. Politik erweist sich abermals als eine Angelegenheit von Eliten. Weil in Postdemokratien „immer mehr Macht an die Lobbyisten der Wirtschaft übergeht, stehen die Chancen schlecht für egalitäre politische Projekte zur Umverteilung von Wohlstand und Macht sowie die Eindämmung des Einflusses mächtiger Interessengruppen“ (ebd., 11).

Es soll hier keineswegs ein Ende der Demokratie herbeigeredet werden. Wenn aber die genannten grundlegenden Veränderungen nachhaltig bekämpft werden sollen, gilt es Tendenzen entleerender und entwertender Transformationen des Demokratischen auszumachen, ja demokratieruinöse Aspekte des neoliberalen Regimes zu stoppen. Es gab Zeiten, da galt Demokratieentwicklung als Gegenstand utopischen Denkens sowie alternativer politischer Praktiken. Demokratie war nicht bloße Regierungstechnik, sie wurde vielmehr als „Lebensform“ (John Dewey, zit. n. Barber 1994, 25), als egalitäre „Form menschlicher Beziehungen“, eingefordert. Als egalitär wäre ein an politischer und ökonomischer Gleichheit ausgerichtetes Projekt zu beurteilen.

Literatur

Barber, Benjamin (1984/1994). Starke Demokratie. Über die Teilhabe am Politischen, Hamburg.
Brie, Michael (o.J.). So viel Demokratie war noch nie. Beitrag für ein Seminar auf dem Europäischen Sozialforum. Internet: http://www.Brangsch.de/partizipation/mbriedemo.htm (Zugriff: 11.8.2011).
Crouch, Colin (2008). Postdemokratie, Frankfurt am Main.
Fraser, Nancy (1997/2001). Die halbierte Gerechtigkeit. Schlüsselbegriffe des postindustriellen Sozialstaats, Frankfurt am Main.
Leggewie, Claus/Christoph Bieber (2003). Demokratie 2.0. Wie tragen neue Medien zur demokratischen Erneuerung bei? In: Claus Offe (Hg.): Demokratisierung der Demokratie. Diagnosen und Reformvorschläge, Franfurt am Main/New York, 124–151.
Mill, John Stuart (1861/1971). Betrachtungen über die repräsentative Demokratie, Paderborn.
Nozick, Robert (1974). Anarchy, State and Utopia, New York.
Pateman, Carole (1970). Participation and Democratic Theory, Cambridge.
Phillips, Ann (1991/1995). Geschlecht und Demokratie, Hamburg.
Pitkin, Hanna F. (1987). Fortune is a Woman: Gender and Politics in the Thought of Niccolò Machiavelli, Berkeley.
Rödel, Ulrich u.a. (1989). Die demokratische Frage. Ein Essay, Frankfurt am Main.
Schmitter, Philippe C. (2003). Wie könnte eine „postliberale“ Demokratie aussehen? In: Claus Offe (Hg.): Demokratisierung der Demokratie. Diagnosen und Reformvorschläge, Franfurt am Main/New York, 152–165.

1 Vgl. das in der Zwischenkriegszeit dem politischen Liberalismus und der „Massendemokratie" opponierende antisozialistische und antigewerkschaftliche Interessenlabor Österreich: Joseph A. Schumpeter, Friedrich A. Hayek, Karl R. Popper u.a.m.

2 Maskulinismus ist als ideologiekritischer Begriff zu verstehen, mit dessen Hilfe symbolisch und ideologisch überzogene Formen von Männlichkeit akzentuiert werden.

3 Der Begriff partizipative Demokratie, wie ihn Carole Pateman (1970) geprägt hat, bezieht sich vor allem auf eine Demokratisierung der Sphären von Erwerbsarbeit und wirtschaftlichen Agenden bzw. auf lokale Lebensumwelten oder die Beteiligung an Entscheidungen ökologischer Kontroversen. Im Gegensatz zur liberalen/repräsentativen Demokratie befinden wir uns hier aber weitgehend im Reich kreativ-utopischer Gestaltung, zumal Reformschritte in Richtung Wirtschaftsdemokratie bislang nur selten eingeschlagen wurden.

4 „Staatsbürgerlicher Republikanismus", wie er aus den Ereignissen der Amerikanischen Revolution hervorgegangen ist, bezieht sich auf patriarchale Werte und glorifiziert männlichen Heroismus des Öffentlichen bei gleichzeitiger Geringschätzung des Weiblichen und der privaten Lebenswelt (vgl. Pitkin 1987, 5; Phillips 1995, 78).

5 Dieser „Augenblick der Demokratie" ereignete sich nach Colin Crouch (2008, 14) in Nordamerika und Westeuropa um die Mitte des 20. Jahrhunderts. In Österreich sollte dies erst in den 1970er Jahren geschehen.

Corinna Milborn

„Lampedusa ist ein Testgelände für unsere Selbstdefinition als Europäer, für unser Verständnis von Europa. Dieser Fels im Mittelmeer ist so etwas wie ein Brennglas der Gegenwart." Heidrun Friese

„Wer von Menschen wie von einer Seuche spricht, hat Europa verraten, indem er es zu schützen vorgibt." Navid Kermani

Wenn man sich ein Bild über die europäische Gesellschaft machen will, kann es aufschlussreich sein, jenen zuzuhören, die alles tun würden, um dazuzugehören. Wie Michael, ein Nigerianer, 29 Jahre alt, der derzeit wohl irgendwo im Niemandsland zwischen Mali und Algerien in einem Wüstencamp auf die Weiterreise nach Norden hofft. Stellen Sie sich einen schlaksigen, muskulösen Typen mit kurzen Rastalocken und einem signalroten T-Shirt vor. Ich habe ihn im Winter in Bamako getroffen, als er gerade mit einem militärischen Lastwagentransport aus Algerien nach Mali deportiert worden war und mit Dutzenden LeidensgenossInnen auf der Straße vor dem Büro der Abgeschobenen-Organisation ARACEM kampierte. 300 Personen hatten die algerischen Militärs in die Lastwagen gepfercht, um sie durch die Sahara zurück in den Süden zu bringen, bezahlt mit Geld aus Europa. 45 waren tot, als der Transport Flüchtlinge in der Wüste an der malischen Grenze ausspuckte. Michael ist jung und stark, er hat überlebt.

Es war seine 75. Abschiebung in den zehn Jahren, seit er seine Heimat verließ, um nach Europa zu reisen. Er hat es noch nie weiter geschafft als bis auf ein Boot aufs Mittelmeer.

Michael hat in diesen Jahren Hunderte ReisegefährtInnen sterben gesehen. Mit einem Detailwissen über die EU, das das vieler EuropäerInnen übersteigt, nennt er drei Schuldige: Merkel, Sarkozy und Berlusconi – die bestimmenden PolitikerInnen des EU-Rates, dem die Grenzschutzagentur Frontex verantwortlich ist. Sie, sagt er, führen Krieg gegen Menschen wie ihn und zahlen die nordafrikanischen Diktaturen dafür, Flüchtlinge und AuswandererInnen ohne Rücksicht auf Menschenrechte wie eine Schädlings-Plage zu behandeln.

Zwei Wochen später stieg ich mit meinem roten EU-Pass in ein Flugzeug nach Frankfurt. Michael, mit dem gleichen Ziel, machte sich wieder auf den Weg in die Sahara. Wer ihn fragt, warum er wieder und wieder sein Leben aufs Spiel setzt, um Europa zu erreichen, bekommt eine Ahnung von der Stärke des Versprechens, das unsere Gesellschaft ausstrahlt: „Ich will wie ein Europäer leben. Mit Rechten, Demokratie, einer Zukunft, Arbeit, einer Familie."

Menschen wie Michael zuzuhören, lehrt uns zwei Dinge über unsere Gesellschaft. Erstens: Das europäische Versprechen gesellschaftlicher Gerechtigkeit, Menschenwürde und Teilhabe, das Europa zum Traumziel von Millionen Menschen macht, hat ungebrochene Kraft. Es ist die Essenz unserer Gesellschaft.

Europa – das ist kein geographisches Gebilde und auch keine Kultur. Sondern vor allem eine Gesellschaft, die die Grundwerte von Freiheit, Gleichheit und gesellschaftlicher Solidarität verwirklichen will. Dieser Anspruch, die Balance zwischen individueller Freiheit, demokratischer Kontrolle und sozialem Ausgleich zu finden, ist bei weitem nicht erfüllt und wird gerade jetzt von vielen Seiten angegriffen. Aber als Vision einer Gesellschaft hat er unglaubliche Kraft.

Mehrere europäische Staaten – darunter Österreich – haben einen weiten Weg bei der Erfüllung dieser Ansprüche sozialer Sicherheit zurückgelegt. Lange schien es nicht notwendig, dabei über die eigenen Grenzen hinauszudenken: Das europäische Rechte- und Sozialmodell ist ein Mitgliedersystem, das auf dem Boden der Nationalstaaten gewachsen ist. Schon die Erweiterung vom Nationalstaat auf die europäische Ebene ist voller Hindernisse. Während eine europäische Sozialunion aber zumindest ein Ziel ist, scheint es unmöglich, das Modell über die eigenen Grenzen hinauszudenken.

Das war immer schon problematisch. Es führte dazu, dass europäische Staaten und Unternehmen im Ausland – Afrika, Lateinamerika, Asien – auf alles vergessen, was ihre Grundsätze ausmacht: Sie halten sich repressive Diktatoren, schmieren korrupte Behörden, rauben, erpressen, plündern und verschmutzen. Sie benützen die restliche Welt als Rohstofflieferanten, billige Werkbank und als Müllhalde für die eigene Überproduktion und Abfälle. Nicht zuletzt diese Ausbeutung treibt Menschen in Asien und Afrika in die Emigration.

In Zeiten der Globalisierung, in denen sich Waren, Geld und Informationen frei und sekundenschnell über den Globus bewegen und sich natürlich auch Menschen in viel größerer Zahl als früher in Bewegung setzen, birgt die Eingrenzung der europäischen Idee auf die eigenen Mitglieder eine viel größere Gefahr.

Michaels Sicht der Dinge zeigt nämlich neben der Stärke der europäischen Idee etwas Zweites: Das, was Europa ausmacht, ist im Begriff, zerstört zu werden. Diese Gesellschaft führt sich selbst ad absurdum, indem sie – während sie vorgibt, ihre Werte zu verteidigen – ebendiese im Umgang mit Nicht-Mitgliedern brutal verletzt. Denn Freiheit, Gleichheit und gesellschaftliche Solidarität gelten nicht mehr, sobald es sich um jemanden handelt, der keinen roten EU-Pass sein Eigen nennt. Ebendiese Gesellschaft schickt Menschen wie Michael in den Tod.

An den Grenzen einer Festung, die bei der Deportation von EinwandererInnenn und Flüchtlingen ohne zu zögern die Hilfe von Diktaturen in Anspruch nimmt, sterben Hunderttausende: Ertrunken im Mittelmeer, verdurstet auf dem Weg durch die Sahara, erstickt im Versteck in Containern und Lastwagen, eigenhändig erhängt in Abschiebehaft. Ein Blick auf die Insel Lampedusa hilft, sich den Zustand Europas vor Augen zu führen. Allein in der ersten Hälfte des

Jahre 2011 sind über 1900 Menschen auf dem Weg von Libyen und Tunesien nach Lampedusa im Mittelmeer ertrunken – in einem der bestüberwachten Meeresabschnitte der Welt. Das ist ein Vielfaches der Toten, die europäische Länder dazu bewogen, aus menschenrechtlichen Gründen jene Intervention gegen Muammar Gaddafi zu starten, vor deren direkten und indirekten Folgen die Menschen über das Meer fliehen. Die Liste der bestätigten Toten der Festung Europa, die die Organisation Unite führt, umfasst bereits über 16.000 verlorene Menschenleben, die Dunkelziffer geht in die Hunderttausende. Fischer und Frachter fahren an den Ertrinkenden vorbei, weil ihnen – wenn sie sie in den nächsten europäischen Hafen bringen – hohe Strafen drohen: In Italien wurden tunesische Fischer, die Menschenleben retteten, bereits zu Gefängnisstrafen verurteilt. Teils werden die Flüchtlinge sogar von den Booten des europäischen Grenzschutzes abgedrängt, dessen Arme mittlerweile tief nach Afrika und Osteuropa reichen – die Grenzschutzagentur Frontex hat Büros in Mauretanien und Senegal, von der EU finanzierte Flüchtlingslager finden sich in Libyen, Marokko, Tunesien, Algerien, Mauretanien, Weißrussland und der Ukraine.

Doch diese Festung zeigt ihr hässliches Gesicht nicht nur an den Außengrenzen: Denn ob man es will oder nicht, Europa ist seit Jahrzehnten ein Einwanderungskontinent. Menschen kommen und bleiben, egal, wie hoch die Zäune und wie tief die Gräben sind. Die Anti-Immigrationspolitik führt nun dazu, dass sich die Mauern der Festung Europa mitten durch die europäische Gesellschaft ziehen – und dort zeigt sich besonders deutlich, dass dies zur Erosion ihrer Fundamente führt. Die große europäische Errungenschaft – die Gleichheit aller EinwohnerInnen vor dem Gesetz – ist dabei, abgeschafft zu werden. Nur mehr eine Oberklasse von BürgerInnen mit europäischem Pass genießt alle Rechte. Darunter bilden sich immer mehr Stufen der Entrechtung – von permanent Ansässigen ohne Wahlrecht bis hin zu den Illegalisierten: ein millionenstarkes modernes Subproletariat ausbeutbarer Arbeitskräfte, die mitten in Europa zu den Konditionen von Billiglohnländern arbeiten, ohne jegliche Arbeitsrechte, ständig bedroht von Abschiebung.

Dass diese Einführung verschiedener Rechtsstufen nicht nur für die direkt Betroffenen Folgen hat, zeigt sich daran, wie sehr das Fremdenrecht mittlerweile in die Rechte von EuropäerInnen eingreift, die sich mit AusländerInnen einlassen: Wer mit einem Nicht-EU-Bürger oder einer Nicht-EU-Bürgerin zusammen sein will, muss ein Einkommen über dem Durchschnitt nachweisen, für eine große Wohnung sorgen, darf nicht arbeitslos werden – und muss oft viele Jahre warten, um eine Familie gründen zu können. Und bis in die dritte, vierte Generation werden die Nachkommen der EinwandererInnen, selbst wenn sie schon längst österreichische StaatsbürgerInnen sind, am Arbeitsmarkt behindert und als Fremdkörper behandelt.

Europa ist dabei, sich in einen Club der Privilegierten zu verwandeln, in eine Art riesige Gated Community, wie wir sie als Wohnsiedlung aus Ländern mit extremem Einkommensgefälle kennen, in der sich die absteigende Mittelschicht hinter Mauern zurückzieht. Die Außengrenzen sind durch Zäune (wie in Spanien oder der Slowakei), Gräben (in Griechenland), Schnellboote, Hubschrauber, Überwachungskameras und Drohnen gesichert. Im Inneren genießen nur die Mitglieder Rechte. Jene hingegen, die die Arbeit auf den Feldern, in den Hotels und Häusern verrichten, sind nur geduldet, solange ihre Arbeitskraft gebraucht wird. Wer sich den Mauern nähert, lauft Gefahr, von den Patrouillen getötet zu werden. Wer sich in die Gated Community Europa einschleicht, und sei es nur, um eine notwendige Arbeit zu verrichten, dem drohen Gefängnis und Abschiebung. Mit dem Europa der Gleichheit und Freiheit, mit unteilbaren Menschenrechten ist diese Politik nicht mehr vereinbar.

Es ist schwer verständlich, wie das Thema Einwanderung in einer Zeit, in der man sich politisch um Wirtschaftskrisen und Demokratieabbau kümmern sollte, eine solch absurd zentrale Stellung erreichen konnte, selbst wenn man bedenkt, dass EinwandererInnen – die weder Wahlrecht noch mächtige Lobbys haben – ein bequemer Sündenbock sind. Der Grund liegt wohl tiefer: Die nationale Politik hat gegen die massiven Umbrüche im Zuge der wirtschaftlichen und Finanzmarkt-Globalisierung keine Handhabe mehr. Die europäische Politik hat zugelassen, dass Geld und Waren globalen Vorrang genießen, und es verabsäumt, für die Globalisierung von Menschenrechten und sozialer Absicherung zu kämpfen. Nun sieht sie hilflos zu, wie ihre Mittelschicht – ständigen Aufstieg gewohnt – sich entsetzt der ersten Abstiegserfahrung seit Generationen stellt. Geblieben ist den nationalen Parlamenten nur die Macht über eine Folge der Globalisierung: Migration. Ausgerechnet das Feld, in dem es um Menschen geht, hat sich so zur Projektionsfläche für alle Umbrüche der letzten Jahre entwickelt – mit der Folge einer unbarmherzigen Abwehrpolitik. Leider reagieren gerade SozialdemokratInnen und Gewerkschaften mit einem gefährlichen Rückzugsgefecht: Anstatt die Ursachen zu bekämpfen, verteidigen sie die schwindenden Rechte der eigenen Klientel gegen jene, die von außen kommen und noch weniger haben. Sie spielen damit den Rechtsextremen in die Hände, die die Abstiegsgefährdeten zum Treten nach unten animieren und dazu Kategorien von Herkunft, Kultur und Religion einführen, die mit den wahren sozialen Problemen nur marginal zu tun haben.

Doch Menschenrechte und Grundwerte sind unteilbar. Wer sie nur einem Teil der Bevölkerung zugesteht, entleert sie und schafft sie schließlich für alle ab. Es ist notwendig, sich diese oft verdrängte Gegenwart vor Augen zu führen, wenn man eine Vision für die Zukunft Europas entwickeln will. Denn sie bedeutet, dass es keine Möglichkeit gibt, den europäischen Traum von Gerechtigkeit und sozialer Sicherheit innerhalb der Grenzen Europas zu denken, wenn man ihn nicht zugleich zerstören will. Der europäische Traum ist attraktiv – wer ihn nur regional umsetzen will, nimmt in Kauf, dass er die Grenzen schließen und auf jene schießen muss, die daran teilhaben wollen. Wer die europäische Idee retten will, darf sie nicht an den Grenzen enden lassen.

Es gäbe einen recht einfachen Weg, diese Erweiterung der europäischen Idee umzusetzen: die derzeitige Dynamik umzudrehen – und jenes Globalisierungsfeld, in dem es um Menschen geht, in den Mittelpunkt zu rücken. Konkret: einen Termin, an dem die Grenzen geöffnet werden. Es ist seltsam, dass diese Idee in Europa so vehement abgelehnt, gar für unmöglich erklärt wird. Denn gerade die EU hat ja gezeigt, dass Grenzen fallen können, und wie man die Verwerfungen, die damit einhergehen, abfängt.

Nehmen wir also an, dass sich die europäischen Gewerkschaften und Wirtschaftsverbände, Sozial- und ChristdemokratInnen ihrer Grundsätze entsinnen, sich zusammenschließen und für offene Grenzen eintreten. Dass die europäischen Regierungen und Parlamente erkennen, dass sie mit ihrer Einwanderungspolitik ihr eigenes Wertefundament zerstören. Stellen wir uns einen Gipfel vor, an dem Europa Abbitte leistet für die Toten an den Grenzen und die Ausbeutung des Südens. Erlauben wir uns den Gedanken, dass die EU-Staaten beschließen, innerhalb von 15 Jahren die Grenzen zu öffnen und Bewegungsfreiheit zuzusichern. Dass Kommissionen eingesetzt werden, um den Weg zu diesem politischen Ziel auszuarbeiten.

Die Welt wäre schlagartig eine andere – und Europa mehr es selbst denn je. Denn natürlich müsste Europa zuallererst seinen Teil dazu beitragen, dass die Menschen jenseits der Grenzen nicht gezwungen sind, ihre Heimat zu verlassen. Solange ArbeiterInnen in Österreich 1500 Euro im Monat verdienen, ihre KollegInnen in Äthiopien aber nur 15 Euro, ein Hundertstel davon, müssen Stacheldraht und Schnellboote Menschen davon abhalten, ihr Land zu verlassen. Auf die Angst vor Lohn- und Sozialdumping gibt es eine einfache Antwort: Anhebung der sozialen Sicherheit – überall.

Zweitens müssten europäische Unternehmen damit aufhören, Rohstoffe abzusaugen, ohne einen Cent Steuern im Land zu lassen, oder an Billiglöhnen in Entwicklungsländern zu verdienen. Der europäische Wirtschaftsraum ist groß genug, um das durchzusetzen. Die utilitaristische Form der Entwicklungshilfe, wie sie derzeit praktiziert wird, müsste echten Strukturprogrammen weichen, die Menschen die Möglichkeit geben, in ihrer eigenen Umgebung ein würdiges Leben zu führen und ihre Familien zu ernähren. Das hieße auch, dass Menschen Vorrang vor Geld und Waren erhalten müssten: Wo es notwendig ist, müssen Kapitalschranken, Schutzzölle und Sozialstandards für Importe dafür sorgen, dass lokale ProduzentInnen – in Europa wie außerhalb – wieder eine Chance bekommen, sich gegen die Waren aus den Weltmarktfabriken durchzusetzen.

Drittens müssten die europäischen Ex-Kolonialmächte damit aufhören, sich ringsum bequeme Diktaturen zu halten. Viertens müsste man einen Weg finden, das Modell der Umverteilung über Europa hinaus zu erweitern. Das würde nicht ohne transnationale Steuern funktionieren. Die Ideen dazu liegen bereits seit langer Zeit in den Schubladen – von Steuern auf die Nutzung der Meere über Flugkerosin bis zu Finanztransaktions-Steuern.

In Europa selbst würden offene Grenzen fünftens bedeuten, eine Gesellschaft zu organisieren, in der Menschen verschiedenster Herkunft, Hautfarbe, Religion und Kultur zusammenleben können, gemeinsame Werte teilen und demokratisch die Gesellschaft mitgestalten können. In den vergangenen 60 Jahren Einwanderung haben die europäischen Gesellschaften bei dieser Aufgabe kläglich versagt. Während EinwandererInnen in den USA oder in Kanada schon nach wenigen Jahren stolz von sich sagen können: „Ich bin AmerikanerIn", verschließt sich Europa den Zugewanderten wie ein alter englischer Club mit undurchsichtigen Regeln. Das realitätsferne Selbstbild Europas als einheitliches, weißes, christliches Gebilde führt schon seit Jahrzehnten zu Ausschluss, zur Verbreitung nationalistischer und islamistischer Ideologien unter Jugendlichen der zweiten, dritten Generation, zur Bildung von Ghettos und damit zur Erosion der eigenen Ansprüche (wie individuelle Rechte und Geschlechtergleichheit). Die Perspektive offener Grenzen würde den Prozess, die Grundlagen für eine gemischte Gesellschaft zu schaffen, gezwungenermaßen in Gang setzen.

Die europäischen Gesellschaften selbst wären ein paar Probleme mit einem Schlag los – allen voran die demographische Falle, auf die sie sich zubewegen. Vor allem aber würde das europäische Modell von Menschenrechten und sozialer Sicherheit, das sich derzeit in einem Rückzugsgefecht befindet, neue Kraft bekommen: die Kraft einer großen Vision.

Offene Grenzen mögen eine Utopie sein. Mir erscheinen sie eher eine Notwendigkeit. Denn wenn wir mit Einwanderung weiterhin unsere Grundwerte untergraben, schafft sich Europa selbst ab. Mit offenen Grenzen hingegen wären wir der Erfüllung unserer Ansprüche näher denn je.

Wolfgang Müller-Funk

Ja, es gibt sie noch, die deutsche Webseite www.diegluecklichenarbeitslosen.de. Ich habe sie am 16. Juli 2011 gegen 21 Uhr aufgesucht. Aber wie der Schrägstrich „/reste" sinnfällig macht, muss sie irgendwann eingeschlafen sein, wahrscheinlich zu Anfang des neuen Millenniums. Vielleicht hat sie aber auch jenen Widerspruch gelöst, dass das Lob der Faulheit Arbeit macht, das Verfassen von Manifesten, die Erstellung von Bibliographie und Verweisen, der Kontakt mit allen, die das Faulenzen programmatisch lieben. Mehrere Anthologien und Monographien mit programmatischen Formeln und Titeln – „Verweilen im Augenblick" (Senft 1995) oder „Poetik des Nichtstuns" (Fuest 2008) – belegen die Anziehungskraft eines Themas, das sich ganz offenkundig dem Charme des Subversiven verdankt und sich mit der Kritik am modernen Zeitregime und an der Kultur des Geldes verbindet.

Protestiert wird gegen das in der Mitte der okzidentalen Kultur verankerte, mittlerweile alt aussehende Dogma, wonach der Müßiggang aller Laster Anfang sei. Am Pranger stehen somit die Kirchenväter, die Philosophie der Aufklärung, die protestantische Pflichtethik, die schottische Nationalökonomie, aber auch die Arbeitsobsessionen des Kommunismus (und Nationalsozialismus). In österreichischen Landen hat der Aufklärungskaiser Joseph II. jene Klöster aufgehoben, in denen nicht produktiv gearbeitet wurde. Wenn man die Formel des Kirchenvaters Benedikt (*ora et labora*) mit den Schrecken des Frühkapitalismus, mit der Militarisierung der Arbeit in Stalinismus („Produktionsschlacht") und Nationalsozialismus („Deutsche Arbeitsfront") oder dem aus nationalsozialistischen Konzentrationslagern bekannten Spruch „Arbeit macht frei" in eine Erzähllinie bringt, dann ergibt das ein Schwarzbuch der Arbeit, in dem sich alles Nicht-Tun fröhlich und bunt von dieser Fron abhebt.

Schlägt man all diese gewichtigen Untersuchungen zum Lob der Faulheit auf, so gerät man in vornehme Gesellschaft. Als programmatische MüßiggängerInnen tauchen antike Philosophen, namhafte deutsche und auch österreichische RomantikerInnen wie Eichendorff, Schlegel, Lenau oder Tieck und deren müßige Figuren – der Taugenichts, der romantische Schwärmer, die ZigeunerInnen – auf, der Flaneur Baudelaire und Iwan Gontscharows genialer Faulpelz Oblomow, dem selbst das Aufstehen zur Plage wird. Aufgerufen werden aber auch Wilhelm Raabes bedächtiger Freßsack Stopfkuchen, Derridas *Philosophie des Revenants*, Thomas Bernhard, Wilhelm Busch, Max Stirner, Arthur Schopenhauer, Friedrich Nietzsche und Paul Lafargue, jener Schwiegersohn des Diskursbegründers Karl Marx, der durch seine Philippika gegen die Arbeit, die auch ein wenig eine gegen den Schwiegerpapa ist, berühmt geworden ist. Überhaupt scheinen Philosophie und Literatur semantisch wie strukturell ein bestimmtes Naheverhältnis zur Nicht-Arbeit zu unterhalten. Zumindest suggerieren sie, dass Schreiben, literarisches wie philosophisches, keine schweißtreibende Arbeit sei. Lessings Faulpelz nimmt an den Mühen der Welt teil, freilich auf seine Weise: „Ich, damit ich auch was thu', – Seh' euch in dem Lehnstuhl zu." (Lessing 1970 ff., 91) Faul zu sein wird zur ethischen Pflicht.

Nimmt man sich die programmatischen Lobpreisungen der Faulheit vor, dann wird sichtbar, wie sich konservativer Kulturpessimismus mit post-marxistischer Gesellschaftskritik verschwägert. So beginnt Friedrich Nietzsche seinen Ausritt gegen die Arbeit mit einem höchst merkwürdigen Bild: „Es ist eine indianerhafte, dem Indianer-Blute eigentümliche Wildheit in der Art, wie die Amerikaner nach Geld trachten: und ihre atemlose Hast der Arbeit – das eigentliche Laster der neuen Welt – beginnt bereits durch Ansteckung das alte Europa wild zu machen und eine ganz wunderliche Geistlosigkeit darüber zu breiten." (Nietzsche 1988, KSA 3, 556) Das anti-amerikanische Stereotyp, das sich bereits zwei Generationen zuvor bei Nikolaus Lenau findet, verklammert drei Elemente miteinander: Geldgier, Unrast und Arbeitswut (vgl. Müller-Funk 2009, 81–91), die hier als Wiederkehr archaischer Unrast des Nomadentums gedeutet werden.

Dem Philosophen Aristoteles verdanken wir die zweischneidige Definition des Menschen als eines Wesens, das nicht arbeiten muss. Wer arbeitet, und das heißt immer auch, wer etwas tun *muss*, der ist kein richtiger Mensch. Deshalb sind für ihn Frauen, SklavInnen und auch Kinder keine Menschen im vollständigen Sinn, sondern nur der männliche Aristokrat, der Großgrundbesitzer, der den *oikos* von seiner Frau organisieren und seine Sklaven für sich arbeiten lässt (vgl. Aristoteles 1989, 75–88).

Das Lob der Faulheit schwankt zwischen Extremen, zwischen dem aristokratischen Dünkel, der auf die herabsehen möchte, die arbeiten müssen, und dem anarchischen Gestus linker AussteigerInnen, wie er schon in Figuren wie Thoreau oder Whitman vorgeprägt ist. Selbstredend wird in den großen neuzeitlichen Utopien ebenso wenig gearbeitet wie im Paradies oder im Schlaraffenland. Die Vertreibung aus dem Paradies geht mit dem Fluch Hand in Hand, im Schweiße des Angesichts für die eigene Reproduktion arbeiten zu müssen. Im kommunistischen Ende der Geschichte wiederum sollte niemand mehr arbeiten müssen. Pathetisch formuliert Walter Benjamin am Ende seines Paris-Essays in einem unüberholbaren Fortschrittsoptimismus, dass die Pracht dieser Einkaufspassagen ein utopisches Moment enthalte, wonach in einer nahen Zukunft für alle alles vorhanden sein werde (vgl. Benjamin 1974, 170–184).

Wie ein symbolischer Korridor trennt die Arbeit die philosophischen Gemüter, die Intellektuellen und SchriftstellerInnen, die Gesellschaft und die Politik.

Interessanterweise ist diese Kluft nicht identisch mit jener historischen von rechts und links. Proudhon war ein Produktionsfetischist wie die Mehrzahl der europäischen Marxisten, Kant und Hume lassen sich nicht als Reaktionäre rubrifizieren, während Aristoteles' Definition des Menschen sich mit Emmanuel Lévinas als Herrenphilosophie bezeichnen lässt (vgl. Lévinas 1988, 39).

Wenn man wissen möchte, was die KritikerInnen der Arbeit dieser vorwerfen, dann sollte man die einschlägigen Passagen aus Paul Lafargues Schrift „Das Recht auf Faulheit" heranziehen, etwa jene, die die 1848 proklamierte Idee des Rechts auf Arbeit widerlegen möchte: „Eine seltsame Sucht beherrscht die Arbeiterklasse aller Länder, in denen die kapitalistische Zivilisation herrscht, eine Sucht, die das in der modernen Gesellschaft herrschende Einzel- und Massenelend zur Folge hat. Es ist dies die Liebe zur Arbeit, die rasende, bis zur Erschöpfung der Individuen und ihrer Nachkommenschaft gehende Arbeitssucht. Statt gegen diese geistige Verirrung anzukämpfen haben die Priester, die Ökonomen und die Moralisten die Arbeit heilig gesprochen." (Lafargue 1966, 19)

Was ist falsch an der Arbeit? Zunächst einmal die Tatsache, dass sie aus der Not geboren ist und dass sie im Kapitalismus einem sozialen Zwangsmechanismus entspringt. Pathetisch formuliert Nietzsche in dem bereits erwähnten Essay: „Wer von seinem Tage nicht zwei Drittel für sich hat, ist ein Sklave." Die (moderne) Arbeit geht mit der Kontrolle von Raum und Zeit, mit Kasernierung und – über Lafargue hinaus gedacht – mit Stech- und Stoppuhren einher.

Politisch besehen gibt es entlang der Achse von Arbeit und Nicht-Arbeit immer zwei mögliche Optionen: entweder die bessere Bezahlung der elenden Arbeit oder deren radikale Reduzierung mit dem Ziel ihrer allmählichen Auflösung. Schon der Philosoph Bertrand Russel hat die Verringerung der Tagesarbeit auf vier Stunden für ein gesellschaftspolitisch realistisches Nahziel gehalten. Danach winkt das Paradies der glücklichen Arbeitslosigkeit. Damit entwirft Russel eine vor allem in der europäischen Sozialdemokratie beheimatete Vision, wie sie in den 1960er Jahren auftaucht: den Traum von einer vollautomatisierten Gesellschaft, in der die einstigen ArbeitsklavInnen durch intelligente Maschinen ersetzt werden.

Was an all diesen Überlegungen auffällt, ist der Umstand, dass kaum ein Arbeitsverächter oder eine Arbeitsverächterin auch nur ansatzweise eine Definition der Arbeit gibt. Unter der Hand hat sich die Vorstellung durchgesetzt, dass Arbeit wertsetzend sein muss. Immerhin fällt heute darunter nicht mehr nur jene Arbeit, die zu einem gegenständlichen Produkt führt. Arbeit ist all das, was sich in Geld ausdrückt, was aus einer externen Anforderung entsteht. Arbeit ist unter kapitalistischen Bedingungen an Geld gebunden, eine nicht ganz öffentliche, aber auch nicht vollständig private Tätigkeit. Diese historische Form von Arbeit überlagert anscheinend den gesamten Komplex, der mit Arbeit verbunden ist. Mit Seitenblick auf Michel Foucault ließe sich denken, dass der moderne Arbeitsbegriff das Ergebnis einer raffinierten Operation ist: So wie sich die Vernunft durch die diskursive und praktische Exklusion des Wahnsinns konstituiert, so grenzt sich Arbeit als rational organisierte und zielgerichtete Tätigkeit von all dem ab, was unter das Laster der Untätigkeit fällt.

Historisch betrachtet hat dies einen langen Vorlauf, denn die mit der Melancholie einhergehende *accedia*, die Untätigkeit, gehört im Sinne des christlichen Lasterkatalogs zu den menschlichen Grundübeln. Der subversive Gegendiskurs, aristokratisch wie anarchisch, macht geltend, dass Arbeit das schwerwiegendste Opfer des eigenen Lebens und ein Zustand vollständiger Unfreiheit sei. Es ist die Arbeit, die uns um das wahre Leben bringt und die, wie Ernst Bloch schreibt, durch den Hunger erzwungen (Bloch 1973, 1040) heteronom ist, niemals Selbstzweck.

Es gibt eine Sorte von Begriffen, zu denen sich nicht leicht ein Gegenbegriff einstellen will. Arbeit ist ein solcher Terminus. Die Vielzahl möglicher Gegenbegriffe macht das überdeutlich: Muße, Spiel, Faulheit, Nichts-Tun, Freizeit, unbezahlte Arbeit, Spaß. Im Diskurs der programmatischen ArbeitsverweigererInnen besitzen sie allesamt eine positive Konnotation, weil sie in jeweils einem Aspekt zum Gegenstück der Arbeit avancieren: das Spiel, das seit Schillers Tagen mit Freiheit und Spontaneität verbunden ist, die Muße, die eine Reflexion verspricht, die insbesondere fremdbestimmte Arbeit unmöglich macht, die Faulheit, die ein kategorisches Nein zur Arbeit enthält, die Freizeit, die auf den zeitlichen Zwangscharakter der Arbeit abzielt, die unbezahlte Arbeit, die auf den Zusammenhang von Geld und Arbeit unter den marktkapitalistischen Bedingungen rekurriert und der Spaß, der psychoanalytisch besehen *ex negativo* auf den Triebverzicht verweist, der mit der Arbeit verbunden zu sein scheint. Die Arbeit als Kategorie hat viele Gegenspielerinnen, aber keine einfache Negation.

„Es ist das Unglück der Tätigen, daß ihre Tätigkeit fast immer ein Wenig unvernünftig ist", notiert Nietzsche (Nietzsche 1988, KSA 2, 231). Diese Unvernünftigkeit, ja Absurdität, resultiert aus einem ganz bestimmten Blickwinkel, in dem die alltägliche Ökonomie der Lebensbilanzierung weicht. Immerhin sind auch viele jener angeblichen Untätigkeiten mit Aktivität und Anstrengung verbunden; und es ist auch nicht spitzfindig zu konstatieren, dass Nicht(s)-Tun eine bestimmte Form von Anstrengung darstellt. Muße bedarf, wie die heute attraktiven Selbsterfahrungstechniken von Meditation und Yoga zeigen, der Konzentration, Spiel und Sport der Anstrengung. BergsteigerInnen und LangläuferInnen wissen davon ein Lied zu singen. Ganz offenkundig verdankt sich die Attraktivität diverser Übungswege der Sehnsucht nach selbstbestimmten Formen von „Arbeit", von freiwilliger Mühsal. Noch eigentümlicher nimmt sich aber aus, dass die gleiche Tätigkeit – je nach sozialem Kontext – einmal als Arbeit, sodann als befreiende Freizeit erfahren wird: vom Jäten von Blumenbeeten über die vielen Stunden an digitalen Maschinerien und das Kochen bis hin zu den verschiedensten Formen des Bastelns.

Nachdenklich stimmen muss in diesem Zusammenhang auch, wie sich die (negative) Konnotation der Arbeit ins Positive verschiebt, sobald Arbeit metaphorisch verwendet wird, als Körper- und Beziehungsarbeit, als Trauer, Traum- und Erinnerungsarbeit. Der Philosoph der Faulheit mag darin ein skandalöses Eindringen der protestantischen Arbeitsethik in den Privatbereich erblicken. Aber nicht wegdisputieren lässt sich, dass Anstrengung nicht automatisch als etwas Negatives begriffen wird, dass sie positiv auch deshalb erscheint, weil ein Mensch dabei die Grenze des bis dahin ihm Möglichen überschreitet.

Im Lob der Faulheit wird der Arbeit der Prozess gemacht. Es bleibt die Frage, ob ein nicht-reaktionärer Einspruch, dem nichts an dem Erhalt kapitalistischer Ordnungsstrukturen gelegen ist, gegen die Pauschalverurteilung möglich ist, wie sie in den Poetiken und Programmatiken des Faulenzens aufscheinen.

Einige Gegenverdachtsmomente seien hier angeführt. Arbeitslosigkeit macht nicht automatisch glücklich. Diese These hat übrigens die von Marie Jahoda und anderen WissenschaftlerInnen erstellte Marienthal-Studie berühmt gemacht. Unter den gegebenen gesellschaftlichen Bedingungen bedeutet Arbeitslosigkeit nämlich nicht nur ökonomische Pauperisierung, sondern zugleich Desorientierung und den Verlust von sozialer Anerkennung. Es ist kein Zufall, dass die Hauptströmungen des Feminismus nicht nur für das Wahlrecht, sondern auch für das Recht auf Arbeit gekämpft haben.

Es scheint einen Unterschied zu machen, aus welcher Perspektive man über Arbeit und Faulheit spricht. Wer über das Privileg sinnvoller Arbeit oder über ein Geldpolster verfügt, das ihn oder sie nicht zwingt zu arbeiten, mag das Loblied der Faulheit risikolos singen. Wer indes darum kämpft, ins Arbeitsleben einzutreten, wie viele gut ausgebildete junge Frauen, die noch immer mit der Belastung einer Arbeit zu leben haben, die nicht bezahlt wird – der häuslichen Arbeit – wird solchen Lobpreis auf die Arbeitslosigkeit nicht ungebrochen teilen.

Eine gewisse Rehabilitierung der Arbeit kann sich auf drei sehr verschiedene Geister berufen. Zum einen auf Karl Marx, der, wie Rudolf Burger zu Recht schreibt, eine ambivalente Haltung zur Arbeit hat (vgl. Burger 1995, 169–187). Marx sieht Arbeit auch als ein Mittel zur menschlichen Selbstgestaltung. Arbeit bedeutet nicht bloß Unfreiheit, sondern durch Anstrengung erworbene Freiheit. Dass Marx' Position schwankend ist, lässt sich auch an einer berühmten Passage aus seinem Frühwerk zeigen, in der davon die Rede ist, dass der Mensch im Kommunismus Fischer und Künstler sein wird. Der Fischer ist ein romantisches Relikt und bezieht sich auf die Freiheit von Arbeit wie der Eichendorff'sche Taugenichts, der vor der selbst arbeitsamen Mühle sein Lied trällert. Der Künstler aber steht für eine ernste, selbstbestimmte, aber auch anstrengende Arbeit, für ein Aktivum, das menschlichem Begehren entspringt. Im Sinne des in die Tage gekommenen Entfremdungstheorems ist Kunst die eigentliche unentfremdete, pathetisch positive „Arbeit".

Dieser Ansicht, dass Arbeit kulturstiftend ist, hätte auch Freud, der beileibe kein Marxist war, beigepflichtet. In seiner berühmten Schrift über das „Unbehagen in der Kultur" führt er dieses ja darauf zurück, dass der Mensch sein Begehren einschränken muss. Was die Faulheit nicht hervorzubringen vermag, ist ein Geflecht von sozialen Beziehungen und gemeinsamen Anstrengungen für elementare physische und soziale und kulturelle Sicherheit. Dass die Arbeit, ungeachtet des Lobs der Faulheit, nicht nur in kapitalistischen Gesellschaften über ein bestimmtes Prestige verfügt, hängt mit dem zusammen, was ich in einem Doppelsinn als soziale Anerkennung bezeichnen möchte. Faulheit und Arbeit sind dabei zwei Aspekte, die einander bedingen: Der eine steht für die Ansprüche des Einzelnen, der andere für den Anspruch von Kollektiven. Der oder die Einzelne jedoch bedarf eines sozialen und kulturellen Rahmens, und dieser steckt ganz offenkundig in Arbeit.

Die Dialektik ist eine heute aus der Mode gekommene Denkfigur, zu sehr hat sie Scheinlösungen in Gestalt von gewagten Synthesen versprochen. Doch im Falle von Arbeit und Faulheit liegt ein dialektisches Verhältnis vor. Das zeigt sich bis in die Feinstruktur von Arbeit, die in Georg Simmels brillantem Text „Metaphysik der Faulheit" weiter gefasst ist als kapitalistische Lohnarbeit. Gleich zu Beginn weist Simmel auf das vertrackte Verhältnis von Arbeit und Faulheit hin, wenn es heißt: „Und schreib getrost: ‚Am Anfang war die That!' Aber vergiß nicht die richtige Betonung: Am Anfang war die That; denn alle höhere Entwicklung wird vom Willen zur Faulheit geleitet: Lassen wir uns nicht von dem Anschein der Unruhe und Geschäftigkeit blenden, mit dem die Menschenwelt ihr Innerlichstes übertäubt, überdeckt, wie das Meer die dunkle Ruhe seiner Tiefen mit dem Sturm seiner Wellen! Nichts anderes ist jede Thätigkeit, als die Brücke zwischen zwei Faulheiten." (Simmel 1995, 33)

Das ist komplexer gedacht als in Freuds mechanischer Denkfigur, in der das Begehren des faulen Menschen, das zunächst nur auf Trieberfüllung und nicht auf Arbeit gerichtet ist, durch den Druck der Kultur eingeschränkt bzw. in Kunst oder Wissenschaft sublimiert wird. Simmel zufolge zielt die Arbeit als Anspannung und Anstrengung auf ein Ziel hin, das ihr Gegenteil wäre: Ruhe, Unbeweglichkeit, Faulheit. Wir arbeiten auch deshalb, um faul sein zu können. Faulheit und Arbeit befinden sich tatsächlich nicht in einem Verhältnis des Ausschlusses, sie sind nicht komplementär und bilden keine binären Gegensätze. Sie sind, wenn Simmels Argument triftig ist, dialektisch aufeinander verwiesen: ohne Arbeit keine Faulheit, ohne Faulheit keine Arbeit.

Die Dialektik von Arbeit und Faulheit ist auch auf der gesellschaftlichen Ebene wirksam. Die Faulenzenden, die gegen das Arbeiten argumentieren, gehören zu den wenigen vermeintlichen Glücklichen, die nicht arbeiten müssen. Sie besetzen gleichsam die aristokratische Position. In der demokratischen Gesellschaft geht es indes darum, die Proportionen von Arbeit und Faulheit nach dem Gleichheitsprinzip auszustreiten. Damit befinden wir uns inmitten gegenwärtiger Sozialpolitik.

Wenn wir mit Simmel, Marx und Freud den zum Teil radikal ernsten, zum Teil spielerisch-poetischen VerächterInnen der Arbeit eine Absage erteilen (auch wenn wir einige ihrer Kritikpunkte an der kapitalistischen Arbeit teilen), dann impliziert das über die Kulturgeschichte hinaus eine sozialpolitische Positionierung. Das große Projekt, die Arbeit abschaffen zu wollen, ist Teil einer überholten großen Erzählung. Wir sollten die Arbeit vielmehr in ihrer Struktur verändern, „humanisieren" und demokratisieren. Insofern haben Konzepte wie das garantierte Grundeinkommen durchaus ihren Widerhaken; sie könnten unter der Hand zu einer unbeabsichtigten, fast klassenmäßigen, ja beinahe sozialdarwinistischen Aufspaltung von Menschen führen: zwischen einer Gruppe, die einer sozial geschätzten Tätigkeit nachgeht, und einer Heerschar von TaschengeldempfängerInnen, die nicht – im engen Sinn des Wortes – arbeiten muss, deren Glück aber kolossal beeinträchtigt ist durch den Umstand, dass von ihnen nichts verlangt wird, dass ihre „Arbeitslosigkeit" kein reales oder symbolisches Kapital generiert, und die von entscheidenden Prozessen in der Gesellschaft ausgeschlossen bleibt.

Literatur

Aristoteles (1989). Politik, Stuttgart.
Bloch, Ernst (1973). Das Prinzip Hoffnung, 3 Bd., Frankfurt am Main.
Benjamin, Walter (1974). Ausgewählte Schriften, Bd. 1, Frankfurt am Main.

Burger, Rudolf (1995). Leistung ist kein Prinzip, in: Gerhard Senft: Texte zum Lob der Faulheit, gegen Arbeitsethos und Leistungszwang, Wien, 169–187.
Fuest, Leonhard (2008). Poetik des Nicht(s)tuns. Verweigerungsstrategien in der Literatur seit 1800, München.
Internet: www.diegluecklichenarbeitslosen.de (Zugriff: 16.7.2011).
Lafargue, Paul (1966). Das Recht auf Faulheit, Frankfurt am Main.
Freud, Sigmund (1994). Das Unbehagen in der Kultur, Frankfurt am Main.
Lessing, Gotthold Ephraim (1970 ff.). Werke, Bd. 1, München.
Lévinas, Emmanuel (1988). Eigennamen. Meditationen über Sprache und Literatur, München.
Müller-Funk, Wolfgang (2009). Komplex Österreich. Fragmente zu einer Geschichte der modernen österreichischen Literatur, Wien.
Müller-Funk, Wolfgang (2006). Kulturtheorie. Einführung in Schlüsseltexte der Kulturwissenschaften, 2. Aufl., Tübingen.
Nietzsche, Friedrich (1988). Kritische Studienausgabe Bd. 2 und 3, München.
Senft, Gerhard (1995). Texte zum Lob der Faulheit, gegen Arbeitsethos und Leistungszwang, Wien.
Simmel, Georg (1995). Metaphysik der Faulheit, in: Gerhard Senft: Texte zum Lob der Faulheit, gegen Arbeitsethos und Leistungszwang, Wien, 33–39.
Schneider, Wolfgang (2003). Die Enzyklopädie der Faulheit. Ein Anleitungsbuch, Berlin.

Ich widme diesen Text der Erinnerung an Peter Kreisky. Wolfgang Müller-Funk

Heinrich Neisser Idee und Umsetzung der europäischen Einigung waren die europäische Antwort auf die unermesslichen Gräuel des Zweiten Weltkriegs. Im Mittelpunkt stand das Ziel der Schaffung eines dauerhaften Friedens. Kern dieser Friedensstrategie war die definitive Versöhnung der früheren Erzfeinde Frankreich und Deutschland. Der französische Außenminister Robert Schuman hatte in seiner historischen Erklärung vom 9. Mai 1950 in Paris diesen Versöhnungsauftrag in den Mittelpunkt gestellt und als ersten Schritt eines europäischen Einigungsprozesses einen gemeinsamen Markt für Kohle und Stahl vorgeschlagen. Die Verwirklichung dieses Konzeptes durch die Schaffung einer Europäischen Gemeinschaft für Kohle und Stahl sowie die Errichtung von zwei weiteren Wirtschaftsgemeinschaften durch die Römischen Verträge im Jahr 1957 (Europäische Wirtschaftsgemeinschaft und Europäische Atomgemeinschaft) waren gleichsam die operative Umsetzung des Versöhnungsgedankens. Heute sind aus den ehemaligen feindlichen Nachbarn zwei Protagonisten des europäischen Integrationsprozesses geworden, die zwar des Öfteren in einem Konkurrenzverhältnis stehen, für die Weiterentwicklung des europäischen Einigungsprozesses jedoch unverzichtbare Akteure geworden sind.

Die ursprünglich als westeuropäische Initiative begonnenen Bemühungen fanden eine erfolgreiche Fortsetzung durch den im Jahr 1989 begonnenen Transitionsprozess der ost- und mitteleuropäischen Staaten und deren Beitritt zur EU in den Jahren 2004 und 2007. Aus der europäischen Einigung ist ein gesamteuropäisches Projekt geworden.

In der Startphase des europäischen Integrationsprozesses war man sich weitgehend darüber einig, ein Modell einer dauerhaften Friedenssicherung umzusetzen. In der konkreten Ausgestaltung gab es jedoch durchaus unterschiedliche Vorstellungen. Sie reichten von der Etablierung eines europäischen Bundesstaates bis zu Varianten einer Konföderation, in der die Souveränität der Mitgliedstaaten bestehen bleiben sollte. Mit den erwähnten drei Wirtschaftsgemeinschaften ist die Idee einer supranationalen Ordnung verwirklicht worden.

Die Vision der *„Vereinigten Staaten von Europa“* hat viele Inhalte. Die EU von heute lässt sich schwer einem bestimmten Typus zuordnen. Sie ist – wie immer wieder hervorgehoben wird – eine „Gemeinschaft sui generis“. Winston Churchill hat am Europakongress in Den Haag im Jahr 1948 eine europäische Vision entworfen: „Wir hoffen, ein Europa zu sehen, wo die Menschen aller Länder sich ebenso sehr als Europäer betrachten wie als Bürger ihres Heimatlandes, und […] wo immer sie in diesem großen Reich hinkommen, das Gefühl haben werden: Hier bin ich zu Hause.“ (Rifkin 2006, 219)

Angesichts einer weit verbreiteten Europaskepsis kann man annehmen, dass diese Beschreibung Vision geblieben und noch nicht Realität geworden ist. Das hat mehrere Ursachen. Die Argumente für die Gründung der EU haben für die europäische Öffentlichkeit an Wirksamkeit verloren. Die deutsch-französische Aussöhnung hat stattgefunden. Ein Krieg ist in Europa nicht mehr zu erwarten, das europäische Friedensprojekt ist zur Selbstverständlichkeit geworden. Die Politik braucht daher neue Argumente, mit denen sie die europäischen BürgerInnen vom Projekt Europa überzeugt. Die wichtigste Änderung liegt wohl darin, dass die europäische Einigung als Elitenprojekt begann. Heute muss sie jedoch von den BürgerInnen legitimiert werden. Die Zeit einer EU-Avantgarde ist vorbei. Die Menschen wollen Antworten auf aktuelle Herausforderungen, vor allem zu den Themen Arbeit, Gesundheit und Globalisierung. Sie wollen diese Antworten von den politischen RepräsentantInnen der EU und der Mitgliedstaaten. Dass die EU wegen ihrer Komplexität und Verflochtenheit nicht mehr verständlich gemacht werden kann, kann eine verantwortliche Politik nicht auf sich beruhen lassen.

Die gegenwärtige Wirtschafts- und Finanzkrise der EU hat vieles an strukturellen Defiziten und Mängeln in einer europäischen Gesinnung deutlich gemacht. Sie hat geoffenbart, dass die Gründung der Eurozone mit gemeinsamer Währung und Geldpolitik ein halber Schritt war, weil die damit verbundene Notwendigkeit einer gemeinsamen Wirtschafts- und Finanzpolitik der Mitgliedstaaten nicht ausreichend Beachtung gefunden hat. Zweifelsohne kann die EU – ihre Geschichte beweist es – aus einer Krise lernen. Wie diese Lernbereitschaft bei den Organen der EU und bei den Institutionen der Mitgliedstaaten gegeben ist, ist jedoch durchaus kritisch zu sehen. Ein Krisengipfel folgt dem anderen, Maßnahmenpakete werden angekündigt, die Notwendigkeit einer Wirtschaftsregierung wird immer wieder beschworen, eine kaum übersehbare Zahl von Wortmeldungen aus Brüssel und den Hauptstädten der Mitgliedstaaten stellt Forderungen auf, lehnt Forderungen ab und äußert zum Großteil völlig divergente Auffassungen. Ein Stimmengewirr aus unterschiedlichen Andeutungen erzeugt Panik. Nationale Interessen verdrängen Gemeinschaftsverantwortung und machen Solidarität zur Sprechblase.

Im Augenblick der Fertigstellung dieses Beitrages kann nichts darüber gesagt werden, wie die Finanz- und Wirtschaftskrise gelöst werden wird. Zu viele Fragen sind offen: Reicht der Rettungsschirm zur Bewältigung der griechischen Krise? Was sind die nächsten Notfälle – Italien, Spanien, Portugal? Ist die EU überhaupt in der Lage, durch einen neuen Stabilitätspakt die wirtschaftliche Balance zwischen den Mitgliedstaaten wiederherzustellen? Welche Eingriffe müssen die betreffenden Staaten auf sich nehmen? Kann man dann noch von souveränen Staaten in der EU sprechen? Eines scheint jedenfalls sicher zu sein: Mit einer Beruhigung der Finanzmärkte und einer wieder erstarkenden Wettbewerbsfähigkeit der Staaten kann allein die Lehre aus der Krise nicht gezogen werden. Die EU braucht eine institutionelle Reform, die die Führungsstrukturen verstärkt und ihnen mehr Macht gegenüber den Mitgliedstaaten einräumt. Wenn Solidarität keine Leerformel bleiben soll, dann wird man vor allem auch in einem neuen „Wachstums- und Stabilitätspakt" wirkungsvolle Sanktionen vorsehen müssen. Eine stärkere Handlungsfähigkeit und eine damit verbundene Zentralisierung innerhalb der EU sind jedoch untrennbar mit einer Vertiefung und Weiterentwicklung der demokratischen Entscheidungsprozesse verknüpft. Demokratie als Vision reicht nicht mehr aus, sie muss Realität werden, wenn die EU eine BürgerInnengesellschaft werden will.

Die Europäisierung Österreichs

Österreich trat am 1. Jänner 1995 gleichzeitig mit Schweden und Finnland der EU als Vollmitglied bei.[1] Es war dies die vierte Erweiterungsrunde im europäischen Integrationsprozess, die EU hatte von diesem Zeitpunkt an 15 Mitgliedstaaten. Der Beitritt der drei Staaten änderte die europäische politische Landschaft. Alle drei waren bis dato Mitglieder der Europäischen Freihandelsassoziation (EFTA), die 1960 als Konkurrenzunternehmen zur Europäischen Wirtschaftsgemeinschaft (EWG) gegründet worden war und durch den Wechsel dieser drei Mitgliedstaaten zur EU zur Restgröße mutierte.[2] Die drei neuen Mitgliedstaaten waren Länder, die sich zur Neutralität bekannten, woraus sich Differenzierungen in der sicherheitspolitischen Perspektive ergaben. Und schließlich verdient noch eine weitere Tatsache Erwähnung: Alle drei der neu beigetretenen Staaten zählen zur Kategorie der Kleinstaaten, wodurch sich das Gewicht deutlich in Richtung Kleinstaaten verschob.[3]

Der österreichische Beitritt zur EU hatte erhebliche Auswirkungen auf das politische System Österreichs. Ein Prozess einer umfassenden *Europäisierung* begann. Dieser in der Alltagsdiskussion eher inflationär und unscharf verwendete Begriff wurde in der politikwissenschaftlichen Forschung eingeengt und präzisiert. Er beschreibt „mögliche Auswirkungen der europäischen Integration auf politische Prozesse, Institutionen und Politikinhalte in den Mitgliedstaaten" (Knill 2005, 153). Europäisierung bedeutet aber auch die Einbeziehung einer neuen Dimension in politisches Denken und Handeln. Sie ist die „Erweiterung des Wahrnehmungshorizontes und des politischen Handlungsraumes um die europäische Dimension" (Kohler-Koch u.a. 2004, 177).

Im Folgenden werden selektiv und summarisch einige Europäisierungsperspektiven hervorgehoben. Die EU ist ein System mit einer ausgeprägten Dominanz der *exekutiven Gewalt*. Das bedeutet, dass auch die Mitgliedstaaten am stärksten durch ihre Regierungen vertreten sind. Im Europäischen Rat, dem politischen Zentrum der Entscheidungsmacht, sitzen die Staats- und Regierungschefs. Österreich ist dort durch den Bundeskanzler vertreten. Im Rat werden die nationalen Interessen durch FachministerInnen der nationalen Regierungen wahrgenommen. Für die Mitglieder der Kommission, die ein Monopol für rechtsetzende Initiativen hat, können die Staaten KandidatInnen nominieren, die nach Durchführung eines Hearings im Europäischen Parlament bestellt werden. Die Kommission ist ein unabhängiges Organ, sie vertritt die Interessen der Gemeinschaft und nicht die der Mitgliedstaaten. Österreich hat seit seinem Beitritt KommissärInnen nominiert, die relativ bedeutende Ressorts wahrnahmen: Franz Fischler war für die Agrarpolitik zuständig, Benita Ferrero-Waldner für die Außen- und Nachbarschaftspolitik, und der derzeitige Kommissar Johannes Hahn ist für regionale Förderungen verantwortlich, ein Tätigkeitsbereich, für den ein Drittel des gesamten Budgets der EU vorgesehen ist.

Die entscheidenden AkteurInnen im politischen System der EU sind Regierungsfunktionen. Sie agieren in einem *Mehrebenensystem*. Nach der Mehrebenentheorie findet Politik in der EU durch eine Vernetzung und ein Zusammenwirken von verschiedenen Ebenen statt: Die europäische Ebene, die Ebene der Nationalstaaten, aber auch subnationale Ebenen wie etwa Regionen stehen in einem wechselseitigen Kooperationsverhältnis. Die Kooperation der Politik wird durch eine weit gefächerte Zusammenarbeit von Bürokratien und Verwaltungsapparaten gestützt. Österreich hat seit dem EU-Beitritt eine EU-kundige BeamtInnenschaft herausgebildet, die eine hohe Kompetenz aufweist.

Die Dominanz der exekutiven Gewalt hat in der Gründungsphase der europäischen Integration die parlamentarische Ebene in den Hintergrund gedrängt. Die Vertiefung des Einigungsprozesses führte allerdings in weiterer Folge zu einer zunehmenden *Parlamentarisierung* auf europäischer Ebene und seit dem Vertrag von Lissabon auch zur Einbeziehung der nationalen Parlamente in europäische Entscheidungsprozesse. Die *Parlamentarisierung* verstärkt die Strukturen der repräsentativen Demokratie und verbessert die demokratische *Legitimation* und *Repräsentativität* (vgl. Neisser 2010a, 39).

Das Europäische Parlament ist in einem jahrzehntelangen Bemühen um mehr Macht seit dem Vertrag von Lissabon in den meisten Bereichen des Gemeinschaftsrechtes neben dem Rat ein *Mitgesetzgeber* geworden, der auch in der parlamentarischen Kontrolle der Kommission und des Rates eine zentrale Bedeutung hat. Eine besondere Aufwertung haben die nationalen Parlamente erfahren, die seit dem Vertrag von Lissabon verpflichtet sind, „aktiv zur guten Arbeitsweise der Union" beizutragen (Artikel 12 des Vertrags über die Europäische Union (EUV)). Diese neue Herausforderung wäre geeignet, die Rolle der österreichischen Parlamente (Nationalrat, Bundesrat, Landtage) im europapolitischen Prozess stärker sichtbar zu machen. Dies erscheint vor allem auch deshalb wichtig, da die österreichischen parlamentarischen Institutionen durch ein erhebliches europäisches Desinteresse auffallen. Von der ihnen durch die Verfassung (Bundesverfassungsgesetz Artikel 23e) eingeräumten Möglichkeit, unter bestimmten Voraussetzungen *bindende Stellungnahmen* für das Verhalten der Regierungsvertreter in Brüssel zu beschließen, wird praktisch kein Gebrauch gemacht. In Österreich ist ein neues Europabewusstsein im parlamentarischen Raum ein Gebot der Stunde.

Die österreichische Mitgliedschaft in der EU hat auch die Parteien- und Verbändelandschaft geändert. Von den politischen Parteien haben SPÖ, ÖVP und Grüne eine bejahende Position zum europäischen Integrationsverlauf. Sie haben sich in europäische Parteien integriert, die als Dachverbände und nicht als eigenständige Parteien anzusehen sind. Trotz einer formalen Integration in das Europäische Parlament und deren Fraktionen sowie in ein unvollendetes europäisches Parteiensystem bleiben widersprechende Zielprioritäten bestehen: Europäische Ziele bleiben österreichischen Zielen nachgereiht (vgl. Pelinka 2010, 62).

Für die österreichischen Verbände bedeutete der EU-Beitritt, dass sie mit den Rahmenbedingungen einer sehr heterogenen Verbändelandschaft konfrontiert wurden. Ein Teil der Mitbestimmung verlagerte sich nach Brüssel. Die Sozialpartner mussten sich in einem verstärkten Maße auf die strategisch wirtschaftspolitische Mitgestaltung der österreichischen Position in EU-Entscheidungsprozessen konzentrieren. Die Sozialpartner betrieben „eine Politik des kalkulierten Terrainverlustes, dem durchaus ein Terraingewinn gegenübersteht" (Karlhofer/Tálos 1996, 9). Die Einflussnahme auf die Normgestaltung ist durch die Verlagerung zahlreicher Materien nach Brüssel für die österreichische Sozialpartnerschaft schwieriger geworden. Im Gesamten kann man feststellen, dass die Sozialpartnerschaft ein reduzierter politischer Gestaltungsfaktor geworden ist, wobei sich die Kräftekonstellation zur Regierung hin verschoben hat (Tálos 2010, 77).

Der Weg zur Sozialunion

Das ursprüngliche Konzept des europäischen Einigungsprozesses orientierte sich an ökonomischen Zielsetzungen. Die Schaffung eines Binnenmarktes, der auf dem freien Verkehr von Waren, Personen, Dienstleistungen und Kapital gründete, war das zentrale Anliegen in der ersten Phase des Integrationsprozesses. Dennoch gab es sehr bald sozialpolitische Aktivitäten, aus denen sich weitere Entwicklungen ergaben (vgl. Neisser 2010b, 559). Mit Unterstützung durch die Rechtsprechung des Europäischen Gerichtshofes wurde vor allem in Bereiche der Beschäftigung eine Gleichbehandlungspolitik initiiert. Der europäische Sozialfonds war für sozialpolitische Ausgabenprogramme zuständig.

Ein entscheidender Fortschritt gelang durch den Vertrag von Maastricht. Durch ihn erhielt die Union sozialpolitische Kompetenzen. Allerdings waren die entsprechenden Regelungen wegen des Widerstandes der britischen Regierung zunächst nur in einem „Abkommen über Sozialpolitik" verankert, diese Bestimmungen galten nicht für das Vereinigte Königreich. Erst durch den Vertrag von Amsterdam wurde die Sozialpolitik ein Abschnitt des Gemeinschaftsvertrages; ebenso wurde auch ein Kapitel über die Beschäftigungspolitik aufgenommen.

Nach dem gegenwärtigen Stand (d.h. nach dem Vertrag von Lissabon) gibt es drei Bereiche der Unionspolitik, die sozialpolitische Relevanz besitzen:

1. *Beschäftigungspolitik* (Artikel 145–150 des Vertrags über die Arbeitsweise der Europäischen Union (AEUV)): In diesem Politikbereich hat die Union eine koordinierende Funktion; die Mitgliedstaaten betrachten die Förderung der Beschäftigung als „Angelegenheit von gemeinsamen Interesse", wobei die einzelstaatlichen Gepflogenheiten „in Bezug auf die Verantwortung der Sozialcharta" berücksichtigt werden. Durch die Förderung der Zusammenarbeit zwischen den Mitgliedstaaten trägt die Union zum Ziel eines „hohen Beschäftigungsniveaus" bei.
2. *Sozialpolitik* (Artikel 151–161 AEUV): Auch hier ist die Tätigkeit der Union eine unterstützende und ergänzende. Die Union anerkennt für diese Politikbereiche die grundsätzliche Bedeutung und Rolle der Sozialpartner; in Artikel 152, Abs. 1 AEUV ist dazu ausgeführt: „Die Union anerkennt und fördert die Rolle der Sozialpartner auf der Ebene der Union unter Berücksichtigung der unterschiedlichen nationalen Systeme. Sie fördert den sozialen Dialog und achtet dabei auf die Autonomie der Sozialpartner." Die Bereiche der europäischen Sozialpolitik in Artikel 153 AEUV sind im Besonderen arbeitsrechtspolitische Zielsetzungen, etwa die Verbesserung der Arbeitsumwelt zum Schutz der Gesundheit und der Sicherheit der ArbeitnehmerInnen, Arbeitsbedingungen, Unterrichtung und Anhörung der ArbeitnehmerInnen, Chancengleichheit von Männern und Frauen auf dem Arbeitsmarkt und Gleichbehandlung am Arbeitsplatz, Bekämpfung der sozialen Ausgrenzung sowie die Modernisierung der Systeme des Sozialschutzes. Die Kommission hat in ihrem Jahresbericht an das Europäische Parlament ein besonderes Kapitel „über die Entwicklung der sozialen Lage in der Union" aufzunehmen.
3. Verankerung des *Europäischen Sozialfonds* (Artikel 162–164 AEUV): Dieser von der Kommission verwaltete Fonds hat die Aufgabe, innerhalb der Union die beruf-

liche Verwendbarkeit und die örtliche und berufliche Mobilität der Arbeitskräfte zu fördern sowie die Anpassung an die industriellen Wandlungsprozesse und an Veränderungen der Produktionssysteme insbesondere durch berufliche Bildung und Umschulung zu erleichtern (Artikel 162 AEUV).

Aus den bestehenden Vertragsbestimmungen ist zu ersehen, dass wesentliche Teile der Sozialpolitik (wie etwa die Pensionspolitik) im ausschließlichen Bereich der Mitgliedstaaten bleiben. Man kann annehmen, dass die ständig erhobene Forderung, in der EU neben der Wirtschaftsunion eine Sozialunion einzufügen, zu weiteren Vergemeinschaftungsschritten führen wird. Die Sozialunion scheint keine Vision mehr zu sein, sondern ein Ziel, dem man sich durch wichtige Schritte nähert.

Eine neue sozialpolitische Dynamik ist durch den Vertrag von Lissabon in Gang gesetzt worden. Sie ist im Bestand einer neuen Grundrechtsordnung der EU begründet. Durch den Lissaboner Vertrag ist die „Grundrechtscharta der Europäischen Union", die am 7. Dezember 2000 als politisches Dokument feierlich verkündet wurde, rechtsverbindlicher Bestandteil des Primärrechtes geworden (Artikel 6 EUV). Im vierten Abschnitt dieser Charta ist unter dem Titel „Solidarität" ein Katalog von sozialen Grundrechten enthalten, die als Leistungsverpflichtung der EU anzusehen sind. Die Verankerung der sozialen Grundrechte in der Charta der EU ist das Signal für eine neue Periode einer Grundrechtspolitik. Von besonderer Bedeutung ist in diesem Zusammenhang die Tatsache, dass die Grundrechtscharta am Beginn eine allgemeine Verpflichtung zum Schutz der Menschenwürde enthält. Aus dieser ergeben sich konkrete Verpflichtungen bei der Umsetzung der sozialen Grundrechte.

Die enge Verknüpfung zwischen Menschenwürde und sozialen Grundrechten hat bereits der Europäische Gerichtshof zum Ausdruck gebracht, als er die Menschenwürde als einen „allgemeinen Grundsatz des Gemeinschaftsrechtes" ansah. Grundrechte sind Konkretisierungen des Anspruches auf Schutz der Menschenwürde. Dieser wirkt in der Eigenschaft als eigenständiges Grundrecht in die Auslegung anderer Grundrechte hinein (vgl. Winkler 2006, 359). Der Rat hatte schon bei der Festlegung über gemeinsame Kriterien für ausreichende Zuwendungen und Leistungen im Rahmen der Systeme der sozialen Sicherheit den Mitgliedstaaten empfohlen, dass sie „anerkennen, dass jeder Mensch einen grundlegenden Anspruch auf ausreichende Zuwendungen und Leistungen hat, um ein menschenwürdiges Leben führen zu können." (Winkler 2006, 360)

Der rechtliche Charakter der in der Grundrechtscharta verbrieften sozialen Grundrechte ist unterschiedlich. Teils handelt es sich um individuelle Rechte wie das Recht auf Zugang zu einem unentgeltlichen Arbeitsvermittlungsdienst

(Artikel 29) oder den Schutz vor ungerechtfertigter Entlassung (Artikel 30), teils um Programmsätze wie die Regelung über die soziale Sicherheit (Artikel 34) sowie den Gesundheitsschutz (Artikel 35) und über die Verpflichtung, ein hohes Umweltschutzniveau (Artikel 37) und ein hohes Niveau des VerbraucherInnenschutzes sicherzustellen.

Die Umsetzung der sozialen Grundrechte wird in Zukunft von zwei Faktoren bestimmt werden: zum einen dadurch, welche Rechtsetzungsakte die Union beschließt, zum anderen aber durch die Rolle, die den Entscheidungen des Europäischen Gerichtshofs zukommt. Dieser hatte schon bei der Entwicklung der Grundrechte innerhalb der Union eine Schlüsselrolle; er wird daher auch in Zukunft eine wesentliche Bedeutung für die Umsetzung der Grundrechtsordnung besitzen.

Literatur

Karlhofer, Ferdinand/Emmerich Tálos (1996). Sozialpartnerschaft und EU, Wien.
Knill, Christoph (2005). Die EU und die MSt, in: Katharina Holzinger u.a. (Hg.): Die Europäische Union. Theorien und Analysekonzepte, Paderborn u.a., 153–180.
Kohler-Koch, Beate u.a. (2004). Europäische Integration – Europäisches Regieren, Wiesbaden.
Neisser, Heinrich (2010a): Europäisierung durch Parlamentarisierung, in: Roman Pfefferle u.a. (Hg.): Europa als Prozess. 15 Jahre Europäische Union und Österreich, Festschrift für Peter Gerlich, Wien/Berlin, 35–51.
Neisser, Heinrich (2010b). Horizonte der europäischen Einigungsidee, in: Christian Brünner u.a. (Hg.): Mensch – Gruppe – Gesellschaft. Festschrift für Manfred Prisching, Wien/Graz, 551–564.
Pelinka, Anton (2010). Europäisierung ohne Tiefenwirkung, in: Roman Pfefferle u.a. (Hg.): Europa als Prozess. 15 Jahre Europäische Union und Österreich, Festschrift für Peter Gerlich, Wien/Berlin, 53–64.
Rifkin, Jeremy (2006). Der Europäische Traum. Die Vision einer letzten Supermacht, Frankfurt am Main.
Tálos, Emmerich (2010). Auswirkungen der EU-Mitgliedschaft auf die Sozialpartnerschaft? Ein diskontinuierlicher Entwicklungsprozess in einem veränderten Umfeld, in: Roman Pfefferle u.a. (Hg.): Europa als Prozess. 15 Jahre Europäische Union und Österreich, Festschrift für Peter Gerlich, Wien/Berlin, 65–82.
Winkler, Roland (2006). Die Grundrechte der Europäischen Union, Wien/New York.

1 Norwegen hatte ebenfalls einen Beitrittsantrag gestellt und Beitrittsverhandlungen geführt. Doch wie bereits 1972 lehnte auch diesmal das norwegische Volk in einem Referendum den Beitritt ab.
2 Im Verband der EFTA verblieben Norwegen, die Schweiz, Liechtenstein und Island.
3 Unter den 15 Mitgliedstaaten waren Frankreich, Deutschland, Italien und das Vereinigte Königreich große Staaten, Spanien war ein größerer Staat im Verhältnis zu den übrigen zehn Mitgliedstaaten.

Günther Ogris

Kommt in Österreich demnächst Vollbeschäftigung? Gehen uns die Fachkräfte aus? Oder gehen vielmehr die Arbeitsplätze verloren, weil die ArbeitgeberInnen weiterziehen, dorthin wo sie billigere und/oder besser ausgebildete Arbeitskräfte finden? Wird Österreich in Zukunft bei PISA-Tests besser abschneiden? Wird die Zahl der frühen SchulabgängerInnen steigen oder sinken? Wie ist das bei den AbsolventInnen von Hochschulen und Universitäten? Wird die Zahl jener steigen, die ohne Ausbildung sind und wenige Chancen am Arbeitsmarkt haben?

Aussagen über die Zukunft zu machen ist immer gewagt. Die Astronomie hat darin eine Meisterschaft entwickelt. Sie kann mit großer Präzision die nächste Sonnenfinsternis, die nächste Mondfinsternis oder auch besondere Planetenkonstellationen vorhersagen. Für politisch interessierte Menschen scheint diese Fähigkeit eine überflüssige Spielerei zu sein – irrelevant für die Entwicklung der Gesellschaft.

Die Sozial- und Wirtschaftswissenschaften von heute haben es eindeutig schwerer. Man kann zwar aus Informationen über die Vergangenheit Trends über den Bildungsstand, die Arbeitswelt, die Arbeitslosigkeit etc. ableiten und diese in die Zukunft fortschreiben. Am besten sind Zeitreihen aus sorgfältig erhobenen und inhaltlich sinnvollen Daten. Aber wie die Wirtschaftswissenschaften leidvoll gelernt haben, ist eine Trendwende mit Modellen aus Zeitreihen äußerst schwer zu prognostizieren.

Trends und Veränderungen in unserer Gesellschaft folgen keiner „physique sociale", keinen „Naturgesetzten der Gesellschaft" wie sie Auguste Comte, der Begründer der Soziologie, gesucht hat. Und Adolphe Quetelet, ein Astronom und Mathematiker, hat versucht, Methoden aus seinen Forschungsbereichen auf die Sozialforschung zu übertragen. Es wollte jene Gesetzmäßigkeiten finden, die die „Evolution der Gesellschaft" beschreiben könnten.

Gesellschaftliche Veränderungen folgen jedoch nicht – wie die Sterne – stetigen, unbeirrbaren Trends. Gesellschaften sind vor allem auch durch politische Entscheidungen beeinflussbar. Trotz allem sieht man in den Statistiken nicht nur, ob Ziele erreicht werden, sondern auch, wie sich die Rahmenbedingungen verändern. Aber um welches Ziel geht es eigentlich? Ohne ein Ziel – eine Vision für die Gesellschaft – zu nennen, kann Politik nicht sinnvoll bewertet werden. Man kann dieses Ziel so zusammenfassen: „mit mehr und besserer Bildung zu mehr und besserer Arbeit".

Dieses Ziel ist nicht ohne politische Relevanz. Es ist abgeleitet aus der im März 2000 beschlossenen Strategie der Lissabon Agenda, die Europa einen Weg zu mehr Wohlstand und Wirtschaftswachstum weisen sollte. Praktisch als Gegengewicht und Korrektiv zum „Maastricht-Pakt für Stabilität“ wurde diese wirtschaftliche Wachstumsstrategie entwickelt. Man war überzeugt, dass man mit mehr und besserer Bildung zu mehr und besserer Arbeit, zu höheren Löhnen und so zu mehr Wohlstand kommen würde. Mehr Bildung und Forschung war die Autobahn, auf der man die Konkurrenz am Weg zur „wissensbasierten Wirtschaft“ überholen wollte. Diese Zielsetzung wurde zwar auch von den Regierungsmitgliedern Österreichs auf europäischer Ebene mitbeschlossen; der Weg zu diesem Ziel wurde in Österreich jedoch sofort verlassen.

Das Jahr 2000 galt nicht nur als Jahrtausendwende mit dem Jahrtausendproblem für Computer und tollen Feuerwerken. Es war auch sonst in mehrfacher Hinsicht bemerkenswert. In Europa hatten die Sozialdemokraten damals großen Einfluss. Romano Prodi war Kommissionspräsident, Blair, Schröder und d'Alema waren tonangebende Regierungschefs, gemeinsam mit dem Gaullisten Chirac bestimmten sie die Europapolitik. Die Zwillingstürme des World Trade Center standen noch und die Dotcom-Blase platzte. In Österreich kam im Jahr 2000 eine ÖVP-FPÖ-Regierung (Schüssel/Haider) an die Macht. Außenpolitisch war diese Regierung von den anderen EU-Mitgliedern isoliert, innenpolitisch wich sie von der aktuellen EU-Agenda ab. Sie setzte neue Schwerpunkte: Privatisierung, Selbstbehalte im Gesundheitswesen, Einsparungen bei Pensionen und Bildung (z. B. Stundenkürzungen) sollten der Wirtschaft neue Chancen auf Gewinne bringen.

Von der Lissabon-Agenda blieb nur die Förderung der Forschung über – der Ausbau der Forschungsförderung war im direkten Interesse der Industrie. Die Regierungen Schüssel I und Schüssel II erhöhten relativ rasch die österreichische Forschungsquote. Das Geld floss zum größten Teil in die Wirtschaft (Forschungsprämie, Forschungsscheck), aber auch in Excellenz-Institute (ISTA-Institute for Science and Technology in Gugging). Bei der Basis der wissenschaftlichen Ausbildung wurde hingegen gespart, die Universitäten wurden finanziell kurzgehalten.

Die Kabinette Gusenbauer/Molterer und Faymann/Pröll kehrten teilweise zur Strategie „mehr und bessere Arbeit durch mehr und bessere Bildung“ zurück. Schulpolitische Reformen stehen seither immer wieder im Mittelpunkt der Diskussion. Die Ansätze der Schulreform betreffen das ganze System. Diesmal wird versucht, grundlegend an den Wurzeln anzufangen. Kindergärten werden zu Bildungseinrichtungen. Durch die Einführung des verpflichtenden Kindergartenjahres sollen Lern- und Sprachdefizite noch vor Eintritt in die Volksschule behoben werden. Die Umwandlung der Hauptschule in die Neue Mittelschule soll Bildungsdefizite aus dem Elternhaus kompensieren und ein Schritt in Richtung Chancengleichheit sein. Die neue gemeinsame LehrerInnenausbildung soll eine neue pädagogische Qualität bringen und ermöglicht später die Einführung eines gemeinsamen LehrerInnendienstrechtes und einer gemeinsamen Schule der 10- bis 14-Jährigen.

Der Ausbau der Ganztagsschulen, in denen auch der Nachmittag pädagogisch sinnvoll gestaltet wird, nützt vor allem Jugendlichen, die aus bildungsfernen Haushalten kommen. Außerdem profitieren männliche Jugendliche, die im Halbtagsschulangebot deutlich schlechter abschneiden als Mädchen. Bei der Investition in die Modernisierung der Hauptschule und dem Weg in Richtung Gesamtschule treffen sich die Interessen der Wirtschaft und der Sozialdemokratie. Die Wirtschaft will eine bessere Qualität der Lehrlinge und des Nachwuchses an FacharbeiterInnen, die Sozialdemokratie mehr Chancengleichheit für Kinder aus bildungsfernen Haushalten. Die großen Investitionen der österreichischen Bildungspolitik konzentrieren sich daher auf 5- bis 14-Jährige. Alle diese Maßnahmen sollten dazu führen, dass die Quote der frühen SchulabgängerInnen weiter sinkt und die Chancen der Jugendlichen, eine weiterführende Schule oder Ausbildung zu machen, steigen.

Ob sich die Investitionen in Kindergarten und Neue Mittelschule lohnen, hängt aber auch davon ab, ob es nach der Pflichtschule gute weiterführende Angebote gibt – und wie der Übergang von der Pflichtschule in das weiterführende Angebot gelingt. Denn in der Zeit nach dem 14. Geburtstag beginnt derzeit für viele ein seltsames Durcheinander. Die Pflichtschule endet mit 14, die Schulpflicht mit 15 Jahren. Jugendliche, die nicht in eine weiterführende Schule wechseln, erleben ein Jahr des unstrukturierten und unübersichtlichen Übergangs. Von diesem „Übergangsjahr" sind vor allem jene betroffen, die in ihrer Pflichtschulzeit kein Jahr wiederholen mussten – also die leistungsstärkeren Jugendlichen, die eine Lehre machen wollen. An dieser Bruchstelle im Bildungssystem gehen viele verloren, die das Potential hätten, eine höhere Ausbildung zu absolvieren.

„No child left behind" oder „ Wir können auf keinen Jugendlichen verzichten" sind die Slogans, die Investitionen in das Bildungswesen rechtfertigen sollen. Leider gibt es immer noch viele junge Menschen zwischen 20 und 24 Jahren, die als frühe SchulabgängerInnen einzustufen sind. Die Rate ist in Österreich in den letzten Jahren leicht gesunken: von 10,7 % (2007) auf 8,3 % (2010).

Die aktuelle Ausbildungsgarantie – jeder und jede Jugendliche, der oder die will, bekommt eine Lehrstelle oder einen Platz in einer Lehrwerkstätte, wird in Kooperation zwischen Sozialministerium und Bundesländern durchgeführt. In Diskussion ist auch eine Ausweitung der Ausbildungsgarantie auf eine Ausbildungspflicht: Alle Jugendlichen müssen nicht nur bis 15 eine Schule besuchen, sondern bis 18 entweder eine Schule oder eine Lehrausbildung absolvieren. Holland gilt hier als Vorbild. Dies wäre ein Schritt, der verhindern soll, dass Jugendliche im Alter von 14 oder 15 Jahren zu BildungsverweigererInnen werden, die mit dem Motto „nie wieder Schule" durchs Leben gehen. Die als Reparaturmaßnahme entstandenen Lehrwerkstätten sollten so rasch wie möglich in ein Regelschulwesen übergeführt werden. Wichtig wäre in diesem Zusammenhang auch die Möglichkeit, die Lehre mit Matura abschließen zu können.

Der Umstand, dass die MaturantInnenquote schneller steigt als erwartet, zeigt das vorhandene Potential für höhere Bildung. In diesem Kontext lässt sich an einer Prognose der Österreichischen Akademie der Wissenschaften aus dem Jahr 2003 sehen, wie schwierig es ist, aus Zeitreihen Prognosen zu machen. Damals prognostizierte das Institut für Demographie der ÖAW (Landler 2003), im Jahr 2025 werde die Maturantinnenquote bei 55 % liegen, die Quote der jungen Männer hingegen weiterhin unter 40 %. Die Maturantinnenquote stieg jedoch deutlich schneller als prognostiziert. Bereits 2011 haben die jungen Frauen diese Quote von 55 % erreicht. Bei den jungen Männern liegt die Quote wie prognostiziert bei 33 %. Man kann also davon ausgehen, dass auch in den nächsten Jahren die Maturantenquote langsam und die Maturantinnenquote rasch weitersteigen wird. Die Bundesregierung hat mit ihrer FTI-Strategie 2011 beschlossen, die MaturantInnenquote bis zum Jahr 2020 auf 55 % zu steigern.

Das Programm „Lehre mit Matura", das derzeit von etwa 6–7.000 Jugendlichen, also von etwa 5 % aller Lehrlinge, in Anspruch genommen wird, ist ebenfalls ein Schritt in die richtige Richtung. Das Programm ist noch relativ neu, 2011 werden die ersten AbsolventInnen erwartet. Erst in einigen Jahren wird man sehen, ob dieses Programm die österreichische MaturantInnenquote signifikant erhöhen kann. Die Umstellung der Oberstufe der höheren Schulen auf ein Kurssystem sollte ebenfalls die Zahl der Dropouts vor der Matura reduzieren. Zu berücksichtigen ist dabei, dass derzeit geburtenschwache Jahrgänge nachkommen. Wenn das Angebot an höheren Schulen noch etwas ausgeweitet wird, dann sollte es gelingen, die MaturantInnenquote rasch zu steigern.

Ein Blick auf die Stätten der tertiären Ausbildung wiederum zeigt, dass in den letzten Jahren die Zahlen der StudentInnen und der Studienabschlüsse relativ rasch angestiegen sind. Die Zahl der StudentInnen ist von 2001 bis 2010 von 182.000 auf 256.000 gestiegen. Dies ist ein Anstieg um über 7.000 pro Jahr, wobei die Entwicklung vor allem in den Jahren seit 2008 besonders dynamisch ist (+ 22.000 in einem Jahr). Es steigt aber nicht nur die Zahl der StudentInnen, auch der Anteil der Studienabschlüsse nimmt zu (vgl. Statistik Austria 2010), auch wenn die Dropout-Rate immer noch relativ hoch ist. Auf 100 StudentInnen gab es im Jahr 2001 8,2 Studienabschlüsse, 2009 lag die Quote der Studienabschlüsse pro 100 StudentInnen bei 10,3 %: Bei 223.000 StudentInnen gab es 23.000 Studienabschlüsse.

Wie wird sich das weiterentwickeln? Während die Jugendlichen zur höheren Bildung streben, steht das Finanzministerium auf der Bremse. Von 2007 bis 2010 ist die Zahl der StudentInnen von 209.000 auf 255.000 um 22 % gestiegen. Im selben Zeitraum ist der Budgetposten 9.4 (tertiäre Bildung) von 2,3 auf 2,5 Mrd. Euro um nur 8 % gestiegen. Zum Vergleich: In Korea und Japan machen 55 % der Jugendlichen einen Studienabschluss, der OECD-Durchschnitt liegt bei 28 %, in Österreich hingegen nur bei 18 %.

Wenn Österreich an die Spitze vorstoßen will, dann muss es zuerst die MaturantInnenquote von derzeit 46 % deutlich erhöhen. Wenn nicht zumindest 70 % der Jugendlichen Maturaniveau erreichen, wird Österreich bei den Studienabschlüssen nicht mit Japan oder Korea gleichziehen können. Zusätzlich braucht es ein radikales Ausbau-Programm für den tertiären Bildungssektor. Statt 23.000 sollten etwa 40.000 österreichische Jugendliche pro Jahrgang einen tertiären Abschluss erreichen.

Aus den Zeitreihen der Bildungsstatistik und den aktuellen schulpolitischen Maßnahmen kann man den Schluss ziehen, dass sich in Österreich die Bildungssituation der Jugendlichen in den nächsten Jahren weiter verbessern wird. Die großen Investitionen in die höheren Schulen, die Hochschulen und die Universitäten fehlen jedoch noch. Und bei manchen Maßnahmen kann man erst mit Verzögerung Auswirkungen erwarten. So sollte die Neue Mittelschule in der PISA-Studie 2015 sichtbar werden und das verpflichtende Kindergartenjahr in der PISA-Studie 2021.

Während es über die Entwicklungen im Bildungsbereich insgesamt also viel Positives zu berichten gibt, lässt sich dies vom Arbeitsmarkt nicht so leicht sagen. Positiv sind die Entwicklung der Beschäftigungsverhältnisse und die steigende Frauenbeschäftigungsquote. Während sich die Diskussion darum dreht, dass unserer Gesellschaft durch Modernisierung oder durch Abwanderung von Arbeitsplätzen die Arbeit ausgehe, gibt es des facto eine langfristig anhaltende Entwicklung in Richtung Arbeitsgesellschaft. Immer mehr Menschen wurden in den letzten 40 Jahren in die Arbeitsgesellschaft integriert. Gab es Mitte der 1970er Jahre etwa 2,5 Mio. unselbständig Beschäftigte in Österreich, ist diese Zahl bis 2010 auf 3,7 Mio. angestiegen. Dabei ist die Zahl der Vollzeitstellen seit 1974 um etwa 500.000 und die Zahl der Teilzeitstellen um etwa 700.000 angestiegen. Im selben Zeitraum sank die Zahl der Hausfrauen in Österreich jährlich um etwa 20.000 (vgl. Ogris 2010). Der langfristige Trend zeigt also eindeutig in Richtung „mehr Arbeit“. Der Trend ist nicht stetig, sondern von den Schwankungen der Konjunktur abhängig. Aber heißt das, dass Vollbeschäftigung kommt?

Auch wenn einige Firmen bereits klagen, dass sie keine Leute finden – der Weg bis zur Vollbeschäftigung ist noch weit: Noch immer gibt es etwa 360.000 ausschließlich haushaltsführende Personen, von denen viele eine Arbeit antreten könnten oder arbeiten wollen. Weiters gibt es etwa 209.000 Arbeitslose (Juli 2011; vgl. Statistik Austria 2011). Dazu kommen zahlreiche PensionistInnen unter 60/65 Jahren, die ebenfalls noch beschäftigt sein könnten: Derzeit gibt es etwa 540.000 Nicht-Erwerbspersonen im Alter zwischen 55 und 64 Jahren. Würde man die Frühpensionierungen drastisch einschränken, käme wahrscheinlich noch ein Potential von 300.000–350.000 erwerbsfähigen Arbeitskräften als Potential dazu. Zusätzlich gibt es 880.000 Teilzeitkräfte, von denen viele ihre Stunden aufstocken könnten, wenn etwa die Versorgung mit Kinderbetreuung besser wäre. Wenn ca. die Hälfte der Teilzeitkräfte auf Vollzeit aufstocken würde, würde das ein Potential von 220.000 Vollzeitäquivalenten bringen.

Rechnet man all diese Zahlen zusammen, dann kommt man vorsichtig geschätzt auf eine vorhandene Arbeitskräftereserve von 1 Mio. Vollzeitbeschäftigten – und dies ganz ohne weitere Zuwanderung. Es gibt also genug Potential dafür, dass sich der langfristige Trend zu „mehr Arbeit“ auch weiterhin fortsetzt.

Von den vier Zukunftserwartungen, die im Slogan „mit mehr und besserer Bildung zu mehr und besserer Arbeit“ enthalten sind, werden wahrscheinlich drei Realität werden: mehr Bildung, bessere Bildung und mehr Arbeit. Aber wird die Arbeit auch besser? Die Integration des Menschen in die Gesellschaft durch eine Arbeit, die Einkommen und Status bringt, ist eine wesentliche Grundbedingung für das Individuum, um ein gewisses Maß an Lebensqualität, Zufriedenheit und Gesundheit zu erreichen. Arbeit macht aber nicht nur zufrieden und gesund, sie kann auch krank und unzufrieden machen. Der Arbeitsklima-Index der Arbeiterkammer Oberösterreich, der seit dem Jahr 1995 regelmäßig erhoben wird, zeigt, dass seit dem Jahr 2000 die Lebenszufriedenheit der ArbeitnehmerInnen sinkt. Besonders signifikant war das Sinken der Lebenszufriedenheit bei der älteren Hälfte (ab 35 Jahre) der ArbeitnehmerInnen während der Wirtschaftskrise 2008 bis 2010. Auch die Zufriedenheit mit den Einkommen ist rückläufig. In den letzten zehn Jahren ist die Einkommenszufriedenheit im Durchschnitt um fast 1% pro Jahr gesunken, von 65 auf 57% zufriedene Personen.

Die steigende Unzufriedenheit hat eine reale Basis: Die Realeinkommen der einkommensschwächsten 20% der ArbeitnehmerInnen sind von 1995 bis 2008 um –25% gesunken. Bei den nächsten 20% sanken die realen Einkommen von

1998 bis 2008 um –12,6 % (vgl. diealternative.org/verteilungsgerechtigkeit). Dies bedeutet, dass die unteren 40 % der BezieherInnen von Lohneinkommen deutliche Reallohnverluste hinnehmen mussten. Dazu kommen gesundheitliche Belastungen, die in der Arbeitswelt geradezu epidemisch sind: 63 % der Männer und 47 % der Frauen sind belastenden Arbeitsbedingungen ausgesetzt (vgl. Statistik Austria 2007). Seit 2004 wird auch eine Statistik über „dauerhaft arbeitsunfähige Personen" geführt. Diese Einstufung steigt seither jährlich um etwa 6.500 und ist derzeit bei etwa 93.000 Betroffenen angekommen. Von 1990–2008 sind auch die Invaliditätspensionen von 380.000 auf 450.000 gestiegen – ein deutliches Signal dafür, dass es den Menschen immer weniger gelingt, bis zum gesetzlichen Pensionsalter gesund in der Arbeitswelt zu bleiben.

Die aktuellen Trends am Arbeitsmarkt können also nur teilweise als positiv bewertet werden. Die Arbeit wird zwar mehr, aber sie wird nicht besser. Die Reallöhne sinken für einen großen Teil der Beschäftigten, die gesundheitlichen Belastungen sind enorm und die Lebenszufriedenheit nimmt ab. Wer will, dass die Arbeit besser wird, kann sich nicht auf die laufenden Trends stützen und hoffen, dass alles durch Evolution besser wird. Da heißt es aktiv in der Gewerkschaft mitarbeiten und für Verbesserungen kämpfen.

Literatur

Arbeitsklimaindex/AK-Newsletter 04/2011. Internet: www.arbeitsklima.at (Zugriff: 23.8.2011).

diealternative.org/verteilungsgerechtigkeit. Internet. Sozialbericht 2009–2010 (Teil 4), Entwicklung Nominal- und Realeinkommen 1995 bis 2008: Einige Zahlen, Daten, Fakten. (Zugriff: 28.8.2011).

Europäischer Rat (2000). Lissabon Agenda. Internet: http://www.europarl.europa.eu/summits/lis1_de.htm, I.5. ff. (Zugriff: 28.8.2011).

Landler, Frank (2003). Die Qualifikationsstruktur der österreichischen Bevölkerung im Wandel. Institut für Demographie der ÖAW, Wien.

Ogris, Günther (2010). Würde Bruno Kreisky heute noch eine absolute Mehrheit gewinnen? In: Josef Broukal: Nachrichten vom Ableben der SPÖ sind stark übertrieben, Wien.

Statistik Austria (2007). LFS ad hoc Modul 2007 Arbeitsunfälle und arbeitsbezogene Gesundheitsprobleme. PDF im Internet: http://www.statistik.at/web_de/suchergebnisse/index.html (Zugriff: 28.8.2011).

Statistik Austria (2010). Hochschulstatistik. Internet: http://www.statistik.at/web_de/statistiken/bildung_und_kultur/formales_bildungswesen/universitaeten_studium/021631.html (Zugriff: 28.8.2011).

Statistik Austria (2011). Bis 2003 Mikrozensus (Durchschnitt der Monate März, Juni, September und Dezember); ab 2004 Mikrozensus-Arbeitskräfteerhebung (Durchschnitt aller Wochen eines Jahres bzw. Quartals). Internet: http://www.statistik.at/web_de/statistiken/bevoelkerung/haushalte_familien_lebensformen/040791.html (Zugriff: 28.8.2011).

Anton Pelinka

Die österreichische Gesellschaft ist von Megatrends erfasst, deren Merkmal ihre Unabhängigkeit von nationalen Grenzen und politischen Mehrheiten ist. Österreich ist von diesen Trends ebenso erfasst wie andere Staaten Europas. Die Megatrends werden tief ins 21. Jahrhundert hineinwirken. Sie fordern die Politik zu entsprechenden Antworten auf. Drei dieser Megatrends und die damit verbundenen politischen Herausforderungen sollen im Folgenden näher beleuchtet werden: der Megatrend Bildung, der Megatrend Globalisierung und der Megatrend Feminisierung.

Der Trend zu immer mehr Bildung

In Österreich steigt seit vielen Jahrzehnten innerhalb jeder Generation der Anteil derer, die eine höhere Bildung anstreben und sie auch erlangen. Das äußert sich in der explosiven Zunahme von SchülerInnen an Höheren Schulen und StudentInnen an Universitäten und Fachhochschulen. Diese Entwicklung setzte sich unter unterschiedlichen Regierungen fort – und sie entspricht einem Trend innerhalb Europas, ja der gesamten Welt.

Österreich schneidet jedoch im internationalen Vergleich auffallend schlecht ab. Die verschiedenen international vergleichenden Tests („Pisa") bestätigen, dass – wiewohl Österreich eines der wohlhabendsten Länder der Welt ist – die Leistungen österreichischer SchülerInnen bemerkenswert schwach sind. Und der Anteil der StudentInnen wie auch der AbsolventInnen an Universitäten und Fachhochschulen bleibt, trotz steigender Tendenz, vergleichsweise gering. Mit anderen Worten: Österreich nützt das Leistungspotential, das in der Gesellschaft vorhanden ist, nicht in optimaler Form.

Dieses Defizit ist auch in auffallender Weise mit sozialen Brüchen verbunden. Die Chancen eines Kindes aus einer Familie des oberen Einkommensdrittels, einen höheren Bildungsabschluss zu erreichen, sind ein Vielfaches der Chancen eines Kindes, dessen Familie dem unteren Einkommensdrittel zuzurechnen ist. Das österreichische Bildungssystem ist sowohl leistungsfeindlich als auch sozial ungerecht.

Österreichs Bildungssystem führt zu einer systematischen Vergeudung von Leistungsreserven der sozial schwächeren gesellschaftlichen Schichten. Ein Schulsystem, das de facto schon im zehnten Lebensjahr eines Kindes die Bildungschancen verteilt, versteinert die vorhandenen Ungleichheiten. Ungleichheit wird im österreichischen Bildungssystem vererbt. Wenn man davon ausgeht, dass das Potential österreichischer Kinder grundsätzlich analog dem Potential finnischer oder koreanischer Kinder ist, dann sind die geringen Bildungserfolge, aber auch die geringe Zahl von österreichischen Studierenden an den Universitäten und Fachhochschulen Ausdruck eines in jeder Hinsicht verfehlten Systems.

Der faktisch ungleiche Zugang zur höheren Bildung verschärft andere Formen der Ungleichheit. So ist etwa das durchschnittliche Lebenseinkommen direkt von Bildung abhängig. Ein höherer Bildungsabschluss ist zwar keine Garantie für Wohlstand und Sicherheit. Höhere Bildung bedeutet aber eine signifikant höhere Chance, die eigene – materielle und immaterielle – Lebensqualität zu steigern.

Die Instrumente, diese Fehlentwicklung umzukehren, sind bekannt: Eine gemeinsame Schule der 10- bis 14-Jährigen ist, wie in den meisten Staaten Europas, die bestmögliche Voraussetzung zur Verbesserung sowohl der Leistungs- als auch der Gerechtigkeitsbilanz des Systems. Österreich muss nur von Europa, von den Erfahrungen anderer europäischer Staaten lernen, um diese Bilanz zu verbessern und um dem Megatrend Bildung nicht mehr im internationalen Vergleich grotesk anmutende Hindernisse in den Weg zu stellen.

Von Europa bildungspolitisch lernen – das gilt freilich auch für die postsekundären Ausbildungsstätten, für die Universitäten und Fachhochschulen. Der Zugang zu den Universitäten in Österreich ist zwar grundsätzlich offen für alle, die einen höheren Bildungsabschluss in Form der Matura haben. Im Zusammenspiel mit der sozialen Selektion, die bereits nach der 4. Schulstufe erfolgt, ist dieser Zugang jedoch nicht egalitär. Die öffentliche Finanzierung der Universitäten ist daher – faktisch – die Subventionierung des Studiums von Kindern, die zumeist aus relativ privilegierten sozialen Verhältnissen kommen. Lernen von Europa bedeutet in diesem Zusammenhang auch, diesen paradoxen Widerspruch zwischen einem frei zugänglichen Bildungssystem und einer sozial selektiven Aussonderung im Bildungssystem zu überwinden.

Der Trend zur Aufhebung nationaler Grenzen

Die Wirtschaft ist schon lange nicht mehr eine Summe von „Volkswirtschaften", die voneinander abgeschottet existieren. Es gibt keine Volkswirtschaften mehr – es gibt nur noch eine Globalwirtschaft. Die Ökonomie ist transnational, sie ist global. Die Politik ist hingegen weitgehend in den Grenzen nationaler politischer Systeme gefangen. Dadurch geht eine Balance verloren; einer entgrenzten Ökonomie steht eine weiterhin national begrenzte Politik gegenüber.

Dieses Ungleichgewicht gefährdet die historisch wohl erfolgreichste gesellschaftliche Ordnung der Geschichte: den demokratischen Sozial- und Wohlfahrtsstaat. Entwickelt vor allem in europäischen Staaten, insbesondere nach 1945, verbindet dieses Modell in einer bis dahin nicht bekannten Form politische Freiheit mit sozialer Sicherheit. Die Lebensumstände in (West-) Europa waren, nach allen nur denkbaren Maßstäben, in der zweiten Hälfte des 20. Jahrhunderts für die große Mehrheit der Menschen die besten, die aus der Geschichte bekannt sind.

Doch der demokratische Sozial- und Wohlfahrtsstaat basierte auf einem Gleichgewicht. Otto Bauer hätte es „Gleichgewicht der Klassenkräfte" genannt, in einer post-marxistischen Diktion ist es besser als Gleichgewicht zwischen Ökonomie und Politik zu bezeichnen. Die Politik war nach 1945 in den europäischen Demokratien in der Lage, der Wirtschaft Konzessionen abzuringen, die sich in einem relativ hohen Maß an Sicherheit und Egalität äußerten.

Dieses Gleichgewicht hatte sich auf der Ebene souveräner Nationalstaaten etabliert. Das Resultat waren britische, schwedische, (west-)deutsche und österreichische Varianten, die in unterschiedlicher Form politische Freiheit und soziale Gleichheit gemeinsam zu optimieren verstanden. Die Globalisierung der Ökonomie stellt dies in Frage: Der Politik kommen zunehmend die Instrumente abhanden, die notwendig waren und sind, um der ökonomischen eine politische Logik erfolgreich gegenüberzustellen.

Die Folge ist, dass seit einigen Jahrzehnten überall in den wohlhabenden Industriestaaten die Indikatoren sozialer und wirtschaftlicher Gleichheit nach unten weisen. Die Einkommens- und Vermögensschere tut sich – auf nationaler Ebene – immer weiter auf. Die globale Entwicklung liefert ein anderes, komplexeres Bild. Während es die – relativ – ärmeren Schichten in den reicheren Staaten sind, die zumindest relativ, oft auch absolut, verarmen, wächst der Wohlstand der mittleren Schichten in den Wachstumsökonomien Asiens und Lateinamerikas oft rasant.

Die Politik ist Gefangene nationaler Souveränitätsphantasien. Kein Nationalstaat – auch nicht die USA, auch nicht Deutschland, und natürlich schon gar nicht Österreich – vermag aus Eigenem der an Gewinnmaximierung orientierten Logik der globalisierten Wirtschaft entgegenzutreten. Dazu braucht es die Entwicklung transnationaler Politik. Die deutsche Regierung ist machtlos, wenn ein Unternehmen wie Nokia – aus nachvollziehbaren Gründen – Produktionsstätten verlagert; wie schon die österreichische Regierung machtlos war, als ein anderer transnationaler Konzern das Werk in Traiskirchen schließen hat lassen.

Das einzige real existierende Gerüst transnationaler Politik – unvollendet und in vielem unbefriedigend – ist die EU. In ihrer Stärkung liegt die Chance der Wiedererrichtung des demokratischen Sozial- und Wohlfahrtsstaates, weil ein quasi-föderaler Zusammenschluss wie die EU es der Politik ermöglicht, der transnationalen Wirtschaft wieder auf Augenhöhe entgegenzutreten.

Der Trend zur Aufhebung sozialer Unterschiede zwischen den Geschlechtern

Überall auf der Welt nimmt langfristig der Anteil der Frauen in den politischen Entscheidungsorganen – in den Parlamenten und Regierungen – zu. Überall steigt, langfristig, die Frauenerwerbsquote. Überall ist zu beobachten, dass die gesellschaftlich bedingten Rollenunterschiede zwischen Frauen und Männern rückläufig sind, im Bereich des Militärischen wie auch in der Wissenschaft. Nachdem die rechtliche Gleichstellung zwischen Frauen und Männern in Europa zumeist schon in der ersten Hälfte des 20. Jahrhunderts erreicht wurde, bedeutet die Feminisierung, dass der rechtlichen nun – schrittweise – die faktische Gleichstellung folgt.

Hinter diesem Trend steht natürlich auch eine wirtschaftliche Dynamik: Das Interesse an Arbeitskräften, an Menschen mit Spezialwissen und spezieller Ausbildung, saugt zunehmend Frauen in Aufgaben, die früher als traditionell „männlich“ gegolten haben. In der herrschenden Wahrnehmung wird die wachsende soziale Gleichheit zwischen Frauen und Männern immer mehr als Selbstverständlichkeit akzeptiert. In der Politik gleicht die Erinnerung daran, dass in manchen europäischen Demokratien die politische Gleichberechtigung von Frauen in Form des Frauenwahlrechts erst nach 1945 erkämpft werden konnte (Frankreich, Italien, Schweiz), der Erinnerung an eine weit zurückliegende Periode mangelnder Aufgeklärtheit.

Hinter diesem Trend steht freilich auch eine politische Bewegung: die (neue) Frauenbewegung. Beginnend in der zweiten Hälfte des 20. Jahrhunderts haben immer mehr Frauen politisch verlangt, dass der rechtlichen Gleichheit, der Gleichberechtigung, auch die real existierende soziale und politische Gleichheit zu folgen hat. Die politische Artikulation der Frauenbewegung stellt im Bündnis mit dem generellen, auch wirtschaftlich verursachten Trend den Gleichklang zwischen politischer Mobilisierung und gesellschaftlicher Entwicklung her: Die Frauenbewegung setzt das durch, was der Logik der Geschichte entspricht.

Die insgesamt geradezu dramatisch zunehmende soziale Gleichheit zwischen den Geschlechtern ist eigentlich nur die Einlösung eines Versprechens, das die Menschenrechtserklärungen des späten 18. Jahrhunderts im Zuge der amerikanischen und der französischen Revolutionen formuliert haben: Alle Menschen seien frei und gleich geboren. In der Wirklichkeit brauchte es freilich noch mehr als ein Jahrhundert, bis weitgehend akzeptiert wurde, dass die Grund- und Menschenrechte für Frauen und Männer gleichermaßen gelten; ebenso wie sie unabhängig von nationaler Herkunft und „Rasse“, von Klasse und Religion und Alter zu gelten haben. In diesem Sinne ist die Feminisierung nur die

Konsequenz aus einer programmatischen Einsicht, die schon lange zurückliegt. Es macht Sinn, diesem Megatrend nicht Widerstand entgegenzusetzen, sondern ihn fördernd politisch zu begleiten. Gegen einen solchen Trend wäre Widerstand ohnehin nur hinhaltend möglich – gerade auch von den Möglichkeiten einzelner Staaten aus gesehen. Der Megatrend Feminisierung ist wirtschaftlich und politisch sinnvoll, und er entspricht dem Wertekanon, wie er etwa in der Europäischen Menschenrechtskonvention verankert ist. Was man nicht verhindern kann, das soll man fördern – erst recht, wenn die Entwicklung ohnehin den (eigenen) Vorstellungen grundsätzlich entspricht.

Resümee

Die Trends, die den Rahmen unserer gesellschaftlichen Zukunft bestimmen, haben eines gemeinsam: Sie sind Entgrenzungen. Der Bildungstrend bedeutet den Abbau sozialer Grenzen. Bildung ist die konkrete Wahrnehmung sozialer Mobilität, sie ist die Überwindung traditioneller sozialer Schranken. Globalisierung ist der Ausdruck des Endes traditioneller Staatlichkeit durch den Bedeutungsverlust territorialer Grenzen. Dass die Ökonomie in ihrer transnationalen Dynamik nicht als Feindbild dienen darf, sondern als eine in die Zukunft weisende Rahmenbedingung zu sehen ist, auf die korrigierend zu reagieren Aufgabe der Politik ist, hat wohl niemand anderer als Karl Marx als Erster festgehalten. Feminisierung ist die Überwindung von Begrenzungen, die – im Zuge eines andauernden Modernisierungsprozesses – in ihrer historischen Bedingtheit und damit Überwindbarkeit erkannt werden.

Politik, das ist die Gestaltung des Möglichen – bestimmt von Interessen und Werten. Nicht möglich ist, gegen den Wind einer lang anhaltenden gesellschaftlichen Entwicklung zu gestalten. Es ist nicht möglich, die allgemeine Schulpflicht in Frage zu stellen; es ist nicht möglich, den Nationalstaat als souveräne Insel neu zu denken; es ist nicht möglich, von „natürlichen" Geschlechterrollen in Gesellschaft, Wirtschaft und Politik auszugehen.

Der Zug der Geschichte ist bereits unterwegs. Man kann ihn versäumen, aber man kann ihn nicht aufhalten. Man kann zu spät kommen – um dann von der Geschichte dafür bestraft zu werden. Doch mit Bezug auf die drei hier diskutierten Megatrends geht es nicht nur um die Einsicht in eine ohnehin ablaufende reale Entwicklung. Sondern auch darum, dass diese mit den Werten von Freiheit und Gleichheit übereinstimmt. Deshalb ist nicht Widerstand gegen diese Trends das Gebot der Stunde, sondern deren politisch aktiv gestaltende Unterstützung.

Robert Pfaller Am 15. März 1989 wurde auf der Federal Plaza in New York die Skulptur „Tilted Arc" des Bildhauers Richard Serra auf Anordnung einer lokalen Behörde entfernt. „Tilted Arc" war eine etwa 40 Meter lange und 4 Meter hohe, selbsttragende gekrümmte Wand aus Stahl, die dort 1981 mit öffentlichen Mitteln errichtet worden war. In einer öffentlichen Anhörung nach AnrainerInnenbeschwerden hatten 58 Menschen sich gegen die Skulptur ausgesprochen, 122 aber für sie (vgl. http://www.pbs.org/wgbh/cultureshock/flashpoints/visualarts/tiltedarc_a.html).

Dieser Fall bezeichnet wohl, abgesehen von der Frage der plebiszitären Beurteilbarkeit von Kunst, einen Wendepunkt in der Funktionsweise von Öffentlichkeit. Es ist der sichtbare Beginn eines neuen Verständnisses von der Aufgabe des Staates – sowie davon, was der öffentliche Raum für die Menschen leisten soll bzw. leisten darf. Alle Elemente scheinen hier versammelt, die auch in ganz anderen Zusammenhängen seither, und nicht nur in den USA, immer wieder zusammen auftreten, als charakteristische Merkmale einer neoliberalen, postmodernen Ordnung: ein Eingreifen der öffentlichen Hand, um ein bislang verfügbares öffentliches Gut zu entfernen; eine überproportionale Sensibilität der Behörden für die Beschwerden einer Minderheit; die Bereitschaft, über die Wünsche und Interessen einer großen betroffenen Gruppe hinwegzugehen; und dies gestützt auf die Auffassung, dass eine Beschwerde ernster zu nehmen sei als ein Wunsch.

Die staatliche oder die kommunale Behörde übernimmt nun die Mission der Beseitigung von Störendem, und das Prinzip, das hier zur Anwendung gelangt, ist – wie der Philosoph Slavoj Žižek es treffend nannte – „das postmoderne universelle Menschenrecht", von nichts und niemandem belästigt zu werden (Žižek 2001, 21 f.). Die Folge, die das für den öffentlichen Raum mit sich bringt, ist klar: Über kurz oder lang wird dieser Raum nur noch ein *negativ* bestimmter Raum sein, ein Raum ohne jegliche positive Qualitäten, da die Staatsgewalt alles polizeilich entfernt haben wird, was jemals irgendjemanden gestört hat. Es ist, mathematisch gesprochen, nicht mehr der Raum eines übergeordneten, gemeinsamen Vielfachen der Individuen, sondern der Raum ihres größtmöglichen Teilers, den man noch finden konnte. Ein Raum, in dem nichts mehr da ist – außer einer Polizei, die dafür sorgt, dass es so bleibt: Nennen wir diesen Raum den Schauplatz einer auf ihr Minimum heruntergewirtschafteten Gesellschaft – einer Minimalgesellschaft.

Das ökonomische Prinzip der Minimalgesellschaft besteht in der Privatisierung des öffentlichen Raumes. Alles Positive, das sich darin zeigt, wird als privates

Eigentum oder als private Eigenschaft definiert. Alles, was jemand tut, ist seine oder ihre private Aktivität, und alles, was jemand sagt, ist seine oder ihre private Meinung. Wenn jemand vom öffentlichen Raum irgendeine Leistung erwartet, dann ist dies von nun an eine irrige, private Erwartung. Für jede Leistung (z.B. aktuelle Kunst in Topqualität gezeigt zu bekommen) sollen die interessierten Individuen – und nur diese – von nun an privat bezahlen und sich in private Räume (wie z.B. private Kunstmuseen) begeben.

Wenn die Individuen sich im öffentlichen Raum äußern, dann hat dies fortan als ihre Privatmeinung zu gelten und auch nichts anderes zu beanspruchen. Dies kann man seit dem Beginn der Vorherrschaft des Privatferrnsehens auf allen Bildschirmen beobachten. Dort treten keine Personen mehr auf, die sich sachlich zu Fragen äußern, welche die Gesellschaft als Ganze betreffen (es gibt auch kaum noch Sendungen dafür), sondern vorwiegend bizarre Freaks, die über ihre Privatmarotten erzählen oder vor laufender Kamera Würmer verspeisen.

Dem ökonomischen Prinzip der Abwirtschaftung zur Minimalgesellschaft folgt auch die so genannte „Bologna-Reform" der europäischen Universitäten. Wer heute studieren möchte, bekommt kein ordentliches Studium mehr, sondern nur noch ein Bachelorstudium finanziert, in dem man keine Gelegenheit hat, aktuelle Forschung kennenzulernen und eigene Fragen und Forschungsinteressen zu entwickeln. Wer so etwas Extravagantes will, soll das gefälligst selbst bezahlen und einen Masterstudiengang besuchen. Wenn das dann gar auch noch interessant sein soll, dann wird man es nicht nur selbst bezahlen müssen, sondern bald wohl nur noch an einer teuren Privatuniversität bekommen können.

Die Funktion des Staates wird in einer Minimalgesellschaft ausschließlich in der Sicherung von Mindeststandards gesehen. Dies geschieht durch Kontrollen. Darum blühen in einer neoliberalen Gesellschaft das Kontrollwesen und die Überregulierung. So wird an den bolognakonformen Minimaluniversitäten weniger gelehrt als vielmehr permanent geprüft. Studierende sollen nicht Wissen und Methoden oder gar die von der Wirtschaft gern geforderte kreative Eigenständigkeit erwerben; sie sollen vor allem Fristen einhalten, Formulare ausfüllen und in lächerlichen Prüfungsritualen (die den Missbrauch geradezu herausfordern) so genannte ECTS-Punkte sammeln. Anstatt für immer mehr Studierende auch entsprechend mehr Lehrende anzustellen, engagiert man deshalb an den Universitäten lieber immer mehr VerwalterInnen, welche angeblich die Qualität sichern und zu diesem Zweck die Studierenden (und die Lehrenden) mit immer mehr Kontrollen schikanieren. Der minimalgesellschaftliche Staat ist ein Tummelplatz exzessiver Bürokratie.

Wenn in einer Minimalgesellschaft jemand klug wird, dann ist das seine oder ihre private Klugheit. Sie wird privaten Verwertungszwecken dienen, und ihr Erwerb muss privat finanziert werden. Ebenso ist es mit der Gesundheit. Auch sie wird Privatsache, und ihr Erwerb muss privat bezahlt werden. Wenn jemand krank wird, ist es von nun an seine oder ihre eigene, private Schuld, und nicht etwa ein Unglücksfall, gegen den gesellschaftliche Solidarität die Individuen abzusichern hätte. Darum sucht die Minimalgesellschaft nach individuellen Verfehlungen bei der Entstehung von Krankheit: RaucherInnen sind selber schuld, wenn sie erkranken, dicke Menschen natürlich auch. Diejenigen, die keinen Sport treiben, ebenso. Und auf der anderen Seite die SportlerInnen, die sich beim Sport verletzen, selbstverständlich auch. Wer also irgendeine Krankheit hat, für die man ihn oder sie scheinbar persönlich haftbar machen kann, soll auch selbst für die Heilung zahlen. So entstehen staatlich versorgte MinimalpatientInnen – sozusagen der kleine Rest, der übrig bleibt, wenn man alle privat verursachten Leiden abgezogen hat. Es kann freilich sein, dass auch gar nichts übrigbleibt.

Das kulturelle Prinzip der Minimalgesellschaft besteht darin, *dass von niemandem mehr etwas erwartet wird* – außer den sich immer mehr ausbreitenden Kontroll- und Zwangsapparaten zu gehorchen und für alles, was man sonst braucht, selbst zu bezahlen. Weil alle Individuen nur noch als Privatpersonen, als *bourgeois*, angesehen werden, traut man ihnen nicht zu, dass sie sich jemals darüber erheben könnten, um eine andere, zweite Existenzweise anzunehmen, jene der öffentlichen, gleichsam schauspielerischen Rolle. Diese Funktion hat der Soziologe Richard Sennett als *public man* bezeichnet. In der Sprache der französischen Revolution ist es die Rolle des *citoyen*. Seit der Renaissance hatten Menschen in Europa und Übersee eine solche Zweiteilung erlernt und die Fähigkeit erworben, im öffentlichen Raum eine Rolle zu spielen, um anderen dadurch erträglich, angenehm und elegant zu erscheinen – und um neben ihren privaten Interessen auch als politische BürgerInnen das Interesse der Gesellschaft als Ganzem im Blick zu haben. Nun jedoch erwartet man von den Leuten nicht mehr, dass sie ihr Privates ein Stück weit hinter sich lassen und sich für den Blick der anderen zivilisiert benehmen können. Deshalb begegnet man ihnen mit immer mehr Verboten und bedroht sie mit Strafen.

Zugleich aber ermuntert man sie auch, sich zu beschweren. Denn zu Privatpersonen zusammengestutzt haben sie in der Öffentlichkeit gar keine Möglichkeit mehr, ihre privaten Empfindlichkeiten hintanzuhalten. Sie spüren nun alles, was ihnen begegnet, gleichsam sofort auf ihrer privaten Haut, und nicht etwa auf der unverbindlicheren und weniger verletzlichen Maske, die zivilisierte Menschen früher in der Öffentlichkeit zur Schau trugen. Sie haben nicht mehr das Gefühl, sich in der Öffentlichkeit ein bisschen besser benehmen zu müssen als zu Hause, nicht gleich alles persönlich zu nehmen und ein wenig aufgeschlossen zu sein – auch für Dinge, die ihnen nicht ganz vertraut sind. Eine solche Leistung wird ihnen in der Minimalgesellschaft erspart. Zugleich wird ihnen jede Fähigkeit dazu abgesprochen.

Wenn man sich nicht mehr besser benehmen kann, als man eben privat so ist (und es auch gar nicht mehr soll), dann kann man auch das bessere Benehmen anderer Leute, sofern es noch vorkommt, nicht mehr als solches begreifen. Wenn jemand z. B. eine Zigarette raucht, so wird das in der Minimalgesellschaft nur noch als seine oder ihre finstere, giftige Privatbeschäftigung begriffen: Das soll er oder sie doch bitte gefälligst zu Hause machen! Polizei!

Bis vor kurzem, d. h. bis vor etwa 15 Jahren, war das noch ganz anders. Da erblickte man in der Tabakkultur etwas Mondänes – eine Verhaltensweise, die dazu dient, in der Öffentlichkeit bei allen Beteiligten eine Atmosphäre der Eleganz und des kollektiven Wohlgefühls entstehen zu lassen. Tabakkultur gehörte zum zivilisierten Benehmen. Sie war ein entscheidender Bestandteil des *public man*, denn wer raucht, nimmt eine entspannte, ruhige, vornehme Haltung ein und wird anderen dadurch angenehm. Aus diesem Grund haben unsere Eltern und Großeltern, wie sich im Familienalbum sehen lässt, vielfach nur in der Öffentlichkeit oder bei eleganten Anlässen geraucht. Privat hingegen waren sie in vielen Fällen NichtraucherInnen. Sie begriffen es als eine Verpflichtung den anderen gegenüber, vergleichbar dem Gebot der Großzügigkeit, das heute noch RaucherInnen dazu veranlasst, anderen Menschen eine Zigarette anzubieten.

Heute hingegen sieht man in solchem Verhalten nicht mehr die Dimension der sozialen Verpflichtung, sondern nur noch eine Neigung, ein Laster sowie das Monströse eines rücksichtslosen Egoismus, der sich auf Kosten anderer ausbreitet. Darum verweist man die anderen am liebsten an die Exekutive und erklärt ihnen barsch, sie sollten das gefälligst im Freien oder innerhalb der eigenen vier Wände machen. Freilich ist das keine wirkliche Lösung, denn wie man in den USA bereits sehen kann, wird die Tabakkultur auch im Freien zunehmend untersagt. Und wer eine Wohnung mieten will, bekommt oft keinen Vertrag mehr, wenn er oder sie sich unvorsichtigerweise als rauchender Mensch outet. Angesichts der kulturellen Funktion dieser Praktiken ist dieser Verweis allerdings ähnlich absurd, als würde man jemandem sagen: „Wenn Sie schon unbedingt höflich sein wollen, dann machen Sie das bitte zu Hause."

Da in der Minimalgesellschaft niemand mehr dazu angehalten wird, sich selbst und die anderen als Ausübende einer öffentlichen Rolle zu begreifen, kann sich niemand mehr vorstellen, dass der Genuss oder das Glück etwas Allgemeines sein könnte – etwas solidarisch Teilbares, das zum Nutzen aller da ist. Für eine emanzipierte Gesellschaft ist die Fähigkeit, sich das Glück so vorzustellen, freilich eine unabdingbare Voraussetzung. Zu einer solchen Vorstellung unfähig geworden, rufen heute alle neidisch nach Verboten. Und wenn diese kommen, dann haben sie das Gefühl, geschützt oder befreit worden zu sein.

Bei den aktuellen Verbotspolitiken geht es allerdings um sehr viel mehr als nur um Rauchen, Trinken, fettes Essen etc. Was auf dem Spiel steht, ist vor allem die Frage, ob ein Staat sich nicht um etwas ganz anderes zu kümmern hätte als darum, den Individuen derartige Tätigkeiten zu verbieten. Gibt es nicht gegenwärtig, da immer mehr Menschen auch in reichen Gesellschaften in die Nähe der Armut geraten, sehr viel wichtigere Aufgaben?

Davon lenkt eine Pseudopolitik ab, die gouvernantenhaft das Beste für die Individuen zu tun behauptet, indem sie ihnen kleinliche Verbote aufbrummt, während sie im selben Atemzug multinationalen Konzernen und InvestorInnen großzügigst freie Hand lässt. Denn es ist ein- und derselbe Staat, der dicke Menschen schikaniert und sie für ihr mangelndes Ernährungsbewusstsein zur Kasse bittet und auf der anderen Seite die Kontrollen für die Lebensmittelproduktion der Konzerne unterlässt. Dadurch wird z.B. die Beimengung von Hormonen erlaubt, welche die Menschen erst dick werden lässt. Die Verbotspolitiken der Minimalgesellschaft geben vor, die Individuen zu schützen. Unter diesem Vorwand tun sie jedoch genau das Gegenteil. Sie machen die Menschen privat haftbar für die Unterlassungen des Staates.

Eine Politik, die in einer solchen Situation, in der das multinationale Kapital mit einer Aggressivität auftritt, die zumindest der „Ersten Welt" bereits für etliche Jahrzehnte unbekannt geworden war, nichts anderes zu tun hat als Trauerränder auf Zigarettenschachteln zu kleben, mit Warnungen, die jedes Kleinkind besser aufsagen könnte, betreibt einen groben Missbrauch der Instrumente des Staates. Die entscheidende und dringliche Aufgabe der Politik ist es jetzt, angesichts der aktuellen gewaltigen Umverteilungen und Kaputtsparmaßnahmen jede weitere Schwächung des Staates abzufangen – und jede Ablenkung von dieser Aufgabe zu vermeiden.

Es wird nicht leicht sein, gegenüber diesem Kapital, das sich an unsere Harmlosigkeit gewöhnt hat und das sich seit dem Wegfall seines realsozialistischen Widersachers so gut wie gar keine Hemmungen mehr auferlegt, wieder eine ernstzunehmende Drohung aufzubauen. Vielleicht wird es noch lange dauern. Einen wirksamen ersten Schritt in diese Richtung aber kann man immerhin jetzt schon setzen: indem man alles beseitigt, was den aktuellen, schlimmen Entwicklungen noch eine ablenkende, pseudopolitische Hülle verleiht. Alle politischen FunktionärInnen, die sich in den letzten Jahrzehnten für Augenauswischereien wie allgemeine Rauchverbote, Senkungen der Alkohollimits für AutofahrerInnen, Sanktionen für Dicke oder für rein symbolische Kompensationen wie Sprachregelungen etc. eingesetzt haben, sollten dringend aus ihren Funktionen entfernt werden.

Alle Personen und Institutionen, die durch Verbote oder Bürokratisierungen den minimalgesellschaftlichen Raubbau an den allgemeinen Gütern der Gesellschaft vorangetrieben haben, müssen für die Zukunft daran gehindert werden. Alle Einrichtungen, die behaupten, Missstände zu beseitigen, aber in Wahrheit zu deren Aufrechterhaltung beitragen, weil ihre eigene Existenz in parasitärer Weise davon abhängt, müssen aufgelöst und transformiert werden. Die KontrolleurInnen und PunktezählerInnen, die heute betriebshemmend an den Universitäten und anderen Institutionen sitzen und sich ihre Posten durch angeblich zukunftsweisende Reformen selbst verschafft haben, müssen entlassen und für produktive Funktionen umgeschult werden. Um bei diesen Menschen ein Umdenken in Gang zu bringen, dürfte ein verpflichtendes Bachelorstudium wohl am geeignetsten sein.

Das Prinzip muss sein: Solange die Lage so schlimm ist, werden wir nichts mehr tun, was sie besser aussehen lässt und sie dadurch noch zusätzlich verschlimmert. Wie die antiken Stoiker lehrten: Erst wenn man zu einem Übel noch eine Einbildung hinzufügt, wird es zu einem wirklichen Problem. Heute bedeutet das, politisch gelesen: Wenn wir zu den aktuellen Umverteilungen noch die Einbildung hinzufügen, wir würden geschützt oder befreit, dann werden sie zu einem wirklichen Problem. Wenn wir aber diese Einbildungen bekämpfen, dann werden die wirklichen Probleme uns klar vor Augen treten und vor unserem Zorn nicht mehr lange sicher sein.

Literatur

Internet: http://www.pbs.org/wgbh/cultureshock/flashpoints/visualarts/tiltedarc_a.html (Zugriff: 18.7.2011).

Sennett, Richard (2001). Verfall und Ende des öffentlichen Lebens. Die Tyrannei der Intimität, 12. Aufl. Frankfurt am Main.

Žižek, Slavoj (2002). Die Revolution steht bevor. Dreizehn Versuche über Lenin, Frankfurt am Main.

Manfred Prisching

Seit 100 Jahren formulieren viele SozialwissenschaftlerInnen auf den Spuren Max Webers, die moderne Welt sei durch eine Entzauberung aller Lebensbereiche gekennzeichnet, durch einen umfassenden Prozess der Rationalisierung. Aber die Menschen scheinen diese Vernünftigkeit nicht gut zu ertragen: Sie suchen nach verschiedenen Methoden der Wiederverzauberung. Unterschiedliche Elemente erhalten eine gleichsam religiöse, mythische oder mystische Verklärung. Einer dieser Mechanismen, dem in jüngster Zeit die Aura der Wahrheit, Richtigkeit, Effizienz und Dynamik zugebilligt worden ist, ist der *Markt*. Märkte, so haben wir in den letzten Jahrzehnten gelernt, können nicht irren; sie sind allwissend; sie sind harmonisch und allgegenwärtig; sie sind letzten Endes sogar gerecht – mit einem Wort: Sie sind *göttlich*.

Das gilt bis zur Krise. Freilich kann kein Zweifel bestehen, dass kompetitive Märkte großartige Mechanismen sind, denen wir viel verdanken: Sie haben uns nicht nur mit smarten Handys versorgt, sondern auch mit haltbaren Zahnplomben; sie haben uns nicht nur Großbildfernseher geliefert, sondern auch ein langes Leben gewährt; sie haben nicht nur die Möglichkeit geboten, weite Reisen zu unternehmen, sondern auch die Verfügung über ein unglaubliches Repertoire von Nahrungsmitteln sichergestellt – bis hinein in die Epidemie der Fettleibigkeit. Es kann auch kein Zweifel bestehen, dass Märkte persönliche Freiheiten sichern, zumindest bestimmte Kategorien von Freiheiten: Wahlfreiheiten, Konsumoptionen, Lebensstilvarianten, Karriere-Portefeuilles.

Es ist angesichts dieser Leistungen kein Wunder, dass wir in den letzten Jahrzehnten einen beachtlichen Aufstieg der *Marktlogik* zu verzeichnen hatten (vgl. Prisching 2002). Das ist keine Revolution, eher ein stetiger Prozess; kein völliger Wandel der wirtschaftlichen Perspektive, aber eine deutliche Akzentverschiebung; kein Systembruch, aber eine Veränderung der politischen Praktiken. Vor allem aber hat sich im Einklang mit den öffentlichen Diskussionen auch die Wirklichkeitswahrnehmung der Menschen gewandelt. Der Markt wurde „verzaubert" – und in der Wirtschaftskrise der letzten Jahre wieder ein wenig entzaubert. Allerdings nur ein wenig, erstaunlich wenig angesichts der Größe der Krise. Es bleibt bei der Epoche der Vermarktlichung – und auch bei den Mechanismen der *Mythisierung des Marktes*. Dazu drei kurze Beispiele.

Individuum: Marktkonformität und Selbstentfaltung

Es gibt in der Spät- oder Postmoderne, also in unserer Gegenwartsgesellschaft, einen sonderbaren Widerspruch zwischen der Beschreibung der Individualisierung und jener der Vermarktlichung. Die MarktakteurInnen stehen unter Stress, die harten Anforderungen der Weltwirtschaft prallen an das Leben der

Individuen. Diese hingegen haben sich und ihre Potentiale zu entfalten, ihr Selbst authentisch zu entwickeln. Selbstentfaltung versus Markterfordernis – der Gegensatz kann nur durch die kühne These überbrückt werden: Markterfolg signalisiert gelungene Selbstentfaltung.

Das ist ein fantastischer Trick – ein Mythos, der das Gegensätzlichste zusammenzwingt – oder ein Bluff. Die Plausibilität des entsprechenden Weltbildwandels wird in Diskursen geschaffen, in Diskussionszusammenhängen, die aus einer Fülle von Botschaften, Studien, Fernsehmeldungen, Zeitungsberichten, Broschüren und anderen Elementen bestehen. Es sind symbolische Kämpfe, in denen – auch durch den Einsatz von Macht – entschieden wird, was welche Bedeutung hat. In diesen Kämpfen ist das Paradigma des Marktes in den letzten Jahrzehnten für alle Lebensbereiche zur Selbstverständlichkeit geworden, manchmal als realisierter Mechanismus (Museen dürfen nicht einfach, wie früher, in der Gegend herumstehen, sie müssen aktives „Marketing" betreiben), manchmal als Modell zum Verständnis von Sachverhalten (wie platziere ich mich auf dem „Beziehungsmarkt"?). Marktförmige oder marktähnliche Modelle sind jedenfalls nicht mehr rechtfertigungsbedürftig. Vielmehr können solche Modelle auf alle nur denkbaren Phänomene angewendet werden. Wo nicht Markt ist, soll Markt werden. Wo Markt nicht werden kann, soll Markt wenigstens simuliert werden.

Der harte Kern des Marktmodells wird nun aber durch ein Umfeld von attraktiven Suggestionen angereichert. Eine marktliberale Gesellschaft wird als eine Gesellschaft der Optionen vorgeführt, und wenn die vielfältigen Möglichkeiten nicht oder falsch genutzt werden, dann ist das Individuum selbst schuld. Der Staat sichert den Optionenraum, nicht mehr, und mehr soll er auch nicht tun. Ich konsumiere, also bin ich (vgl. Prisching 2010). Ich kann zwischen 37 Joghurtsorten wählen, also bin ich frei (vgl. Prisching 2006). Diese spätmoderne Gesellschaft ist liquide, flüchtig, mobil (vgl. Bauman 2000) – jeder und jede muss anpassungsbereit und anpassungsfähig an die Schwankungen und Verschiebungen der Märkte sein. Wenn Märkte zu den mythischen Mechanismen von Freiheit und Zukunft werden, dann dürfen die Individuen keine SpielverderberInnen sein. Dann definieren die Markterfordernisse auch die individuellen Qualitäten und Dispositionen, Qualifikationen und Bedürfnisse, die modernen Individuen angesonnen werden. Zwar gilt es für die Einzelnen, jeweils ihre ganz eigene, einzigartige Identität zu entfalten, aber wenn man sich nicht aus dem Geschehen hinauskatapultieren will, muss diese authentische Identität marktverwertbar ausgestaltet sein (vgl. Keupp 1999). Die gleichzeitige Forderung ist paradox: einerseits Autonomie und Authentizität, andererseits wird der Erfolg einer gelingenden Identitätskonfiguration in einer immer stärkeren Ausschließlichkeit durch den Markterfolg definiert. Dein wahres Selbst ist ein Marketing-Ich (vgl. Prisching 2009).

System: Gesamtkrise und Detailkritik

Der Aufstieg der Märkte in den letzten Jahrzehnten kann nicht einfach als Prozess des „Fortschritts" in der ökonomischen Theoriebildung betrachtet werden. Vielmehr gibt es, im Sinne John Meyers, globale Prozesse der Durchsetzung neuer Paradigmen: *Isomorphismen*. Es bilden sich – auf einer Vielzahl von Wegen – Vorstellungen darüber heraus, was man in bestimmten Situationen zu tun hat. Auf der einen Seite wird definiert, was alt und überholt ist, auf der anderen Seite, was qualifizierten kognitiven Standards entspricht und eine erfolgreiche Praxis darstellt. Es bilden sich Auffassungen darüber, was selbstverständlich ist, was *state of the art* ist und deshalb professionell (vgl. Meyer und Krücken 2005).

Natürlich bleiben Unterschiede, auch innerhalb der entwickelten Welt: Unterschiede zwischen dem europäischen Sozialmodell und dem angelsächsischen Modell (vgl. Albert 1992), Unterschiede zwischen mitteleuropäischen, skandinavischen und mediterranen Modellen. Kulturelle Differenzen spielen eine Rolle, historische Entwicklungsphasen, eingespielte institutionelle Kontinuitäten (vgl. Alber 2006). Doch dem globalen Trend (in Richtung auf *Marktförmigkeit*) können sich in einer globalisierten Wirtschaft nationalstaatliche Regierungen nicht verweigern. Die europäischen Wohlfahrtstaaten versuchen, an den hergebrachten Strategien festzuhalten, können sich aber schon deswegen nicht gegen wesentliche Einflüsse des internationalen Marktparadigmas wehren, weil sie über kein plausibles Gegenmodell verfügen. Die schlichte Abwehrhaltung mit dem Verweis darauf, dass der Staat, die „Reichen" und die Banken zahlen sollten, um alle Probleme zu lösen, hat wenig Wirklichkeitsbezug. Entsprechende Maßnahmen mögen einen Beitrag zur gesellschaftlichen Gerechtigkeit liefern, angesichts der realen Prozesse der Einkommens- und Vermögenspolarisierung. Wenn man jedoch ernsthafte quantitative Überlegungen über jene Erträge, die gewonnen werden können, anstellt, sind sie, entgegen den politischen Suggestionen, für eine Problemlösung in Anbetracht aktueller und zukünftiger Herausforderungen bei weitem nicht ausreichend.

Allerdings herrscht eklatanter Mangel an brauchbaren Rezepten. Behauptungen, dass die Menschen prinzipiell gutwillig, ehrlich und leistungsbereit sind, also auch ohne Druck fleißig arbeiten und ohne Kontrolle ehrlich sein würden, dürfen als freundlich-utopische Annahmen über die menschliche Natur betrachtet werden – sie kollidieren jedoch mit der Lebenserfahrung. Postulate, dass es angesichts der sozialen Verwerfungen in Hinkunft gelte, das Profitprinzip zu überwinden, mögen sympathisch anmuten, aber sie liefern keinen plausiblen Mechanismus dafür, wie faule und fleißige MitarbeiterInnen, wie gute und schlechte Gasthäuser, wie freundliches und unfreundliches Personal, wie erstklassige und letztklassige Produkte behandelt werden sollen.

Es fehlt die ganz andere Vision. Die bolschewistische Vision war es nicht, die faschistische auch nicht. Die planwirtschaftlichen Systeme haben überzeugend bewiesen, dass sie nichts zustande bringen. Selbst nach der großen Wirtschaftskrise der letzten Jahre gibt es kaum Anzeichen für eine „Systemdiskussion“. Es bleibt bei den Kleinigkeiten: Basel III, verschärfte Eigenkapitalvorschriften, andere Rating-Maßnahmen. Doch das sind nur Reparaturen an den Lackschäden des westlichen Systems. Ansonsten kämpft man mit der „Balancierung“ des Systems: Es gibt eben nicht nur jenen „reinen“ Kapitalismus, den die FanatikerInnen der Tea Party sich vorstellen, es gibt auch die europäischen Sozialmodelle als nüchterne „Mischsysteme“. Sie stehen unter einem Image-Druck, der in gewissem Ausmaß durch „ideologische Strategien“ erzeugt wird, aber sie können dem „Verzauberungsbedarf“, den die WählerInnenschaft einfordert, nicht entsprechen.

Denn das Modell einer funktionsfähigen Marktwirtschaft muss nicht bedeuten: Vermarktlichung aller Lebensbereiche. Ein attraktives Marktsystem muss nicht bedeuten: Das Leben findet nur im Konsum statt. Eine sinnstiftende Marktgesellschaft muss nicht bedeuten: Wenn es die jährliche Wachstumsrate nicht gibt, dann ist das Leben misslungen (vgl. Binswanger 2006). Auch der ungeheuerliche Luxus der Industrieländer wird „entzaubert“ werden müssen, und wir tun gut daran, uns in Anbetracht der weltweiten Verschiebungen darauf einzustellen – statt mit großer Emsigkeit nach der Krise zu versuchen, möglichst rasch wieder auf jenen Pfad zurückzukehren, der in die Krise geführt hat.

Praxis: Marktetikettierung und Planungsintensivierung

In den 1960er Jahren hat es eine Reihe von Spekulationen darüber gegeben, dass sich der ungeheuerliche Erfolg der Wissenschaften auch in eine kompetente Steuerung der gesellschaftlichen Entwicklung umsetzen ließe: Verzicht auf die Irrationalismen der Politik, Einbezug von WissenschaftlerInnen in die Gesellschaftsgestaltung, Nutzung aller Erkenntnispotenziale in systematischer Weise (vgl. Bell 1979). Man hat sich damals von solchen Ideen relativ rasch verabschiedet, zumal in den 1970er Jahren sowohl die wirtschaftliche Steuerungskompetenz als auch die ökologische Sorgfalt der ExpertInnen in Zweifel gezogen werden mussten.

In den letzten Jahren hat es so etwas wie eine *expertokratische Renaissance* gegeben. Starke Ideologien stehen der Politik nicht mehr zu Verfügung, die Sachverhalte haben sich verkompliziert, und somit erscheint es geboten und attraktiv, politische Gestaltung „auszulagern". Hinsichtlich der expertokratischen Leitideen aber besteht auf der einen Seite eine starke Tendenz, die vorhin geschilderten *Marktmechanismen* in allen öffentlichen und privaten Lebensbereichen zu implementieren; denn diese Mechanismen sind mit einer „Wolke" von semantischen Lobpreisungen versehen, denen kaum etwas entgegenzuhalten ist. Märkte seien effizient und effektiv, dynamisch und unbürokratisch, innovativ und kreativ, freiheitssichernd und manches andere. Auf der anderen Seite bestehen starke Tendenzen, diese Marktmechanismen mit einem Arrangement von Rahmenbedingungen zu verknüpfen, die eher an *planwirtschaftliche*, nicht so sehr an marktförmige Modelle erinnern. Die umfassenden Modelle des Qualitätsmanagements im betrieblichen Bereich oder die umfassenden Modelle von Zielvorgaben und Evaluierungsmodellen im öffentlichen Bereich führen zu einer Wucherung von Regeln, Vorschriften, Dokumentationen, Protokollen, Berichten und anderen Methoden des „paper-shooting", die immer weniger mit jenen Ideen zu tun haben, die sich üblicherweise mit Märkten verbinden. Auf dem Paket steht Markt drauf, doch es ist Plan drinnen.

ExpertInnen, die letztlich ein Interesse daran haben müssen, ihre Existenz zu rechtfertigen, widmen sich der Entwicklung von Indikatorensystemen und Strategieplänen, die nichts anderes bedeuten als ein ungeheures *Wachstum von Transaktionskosten*. Die Abschaffung der Bürokratie und ihre Ersetzung durch marktförmige Mechanismen tendiert zur Erzeugung eines Imperiums von Formularen, wie es sich die angeblich bürokratischen Zeitalter von damals nie hätten vorstellen können. Dokumente kreieren Dokumente, ohne Ende: Komparatistik, Ranking, Kontrollen, Zwischen- und Fortschrittsberichte – eine Art von *versteckter Planwirtschaft*. Verfahrensweisen werden zum Nachweis der Aufgabenerfüllung, unabhängig vom tatsächlichen Output. Fehlleistungen werden auf mangelnde Genauigkeit und unzureichende Schulung zurückgeführt. Kraft und Ressourcen fließen in Ausweichstrategien. Alles das schafft neue Quasi-Märkte: Jeder und jede ist immer schulungsbedürftig. Die Vermarktlichung ist nicht selten ein effizienter Mechanismus der Erzeugung von Bürokratie.

Schlussbemerkungen

Drei paradoxe Mechanismen wurden geschildert, von denen anzunehmen ist, dass sie sich fortsetzen werden, jedenfalls noch geraume Zeit. Prozesse bringen ihr Gegenteil hervor. In der entzauberten Welt operiert man mit starken Remythisierungselementen, und der Markt ist ein starker Mythos.

1. Die für die Spätmoderne kennzeichnende Botschaft der individualistischen Selbstentfaltung läuft auf Selbstdisziplinierung und Marktkonformität der Individuen hinaus. Man braucht einen Mythos der Identität, um die komplexe Gesellschaftsmaschinerie zu betreiben. Dieser Bluff könnte eines Tages zu bröckeln beginnen.

2. In den westlichen Ländern herrscht Systemkrise, doch ist keine Systemdiskussion beobachtbar, nur Detailkritik. Man versucht, das Marktmodell unangetastet zu lassen, und betreibt seine Mythisierung. Aber auf Dauer, insbesondere bei einer Verschärfung der Krise, besteht die Gefahr von stärkeren Legitimationsproblemen des politischen Systems.

3. In der Praxis ist der Prozess der Vermarktlichung, insbesondere die Einrichtung von Quasi-Märkten, mit starken planwirtschaftlichen Elementen verknüpft. Auch dieser Widerspruch ist nur durch Mythisierung, d. h. durch starke Markt-Propaganda, zu überbrücken. Systeme, die sich mit überproportional steigenden Transaktionskosten belasten, könnten jedoch an ihrer eigenen Komplexität ersticken.

Literatur

Alber, Jens (2006). Das „Europäische Sozialmodell" und die USA, in: Leviathan 34, 208–241.

Albert, Michel (1992). Kapitalismus contra Kapitalismus, Frankfurt am Main/New York.

Bauman, Zygmunt (2000). Liquid Modernity, Cambridge.

Bell, Daniel (1979). Die nachindustrielle Gesellschaft, Reinbek bei Hamburg.

Binswanger, Mathias (2006). Die Tretmühlen des Glücks. Wir haben immer mehr und werden nicht glücklicher. Was können wir tun?, Freiburg im Breisgau.

Keupp, Heiner u.a. (1999). Identitätskonstruktionen. Das Patchwork der Identitäten in der Spätmoderne, Reinbek bei Hamburg.

Meyer, John W./Georg Krücken (2005). Weltkultur. Wie die westlichen Prinzipien die Welt durchdringen, Frankfurt am Main.

Prisching, Manfred (2002). Vermarktlichung – ein Aspekt des Wandels von Koordinationsmechanismen, in: Jahrbuch Ökonomie und Gesellschaft 18, 13–38.

Prisching, Manfred (2006). Die zweidimensionale Gesellschaft. Ein Essay zur neokonsumistischen Geisteshaltung, Wiesbaden.

Prisching, Manfred (2009). Das Selbst, die Maske, der Bluff. Über die Inszenierung der eigenen Person, Wien.

Prisching, Manfred (2010). „Ich kaufe, also bin ich": Die Person des Kapitalismus, in: Sighard Neckel (Hg.): Kapitalistischer Realismus. Von der Kunstaktion zur Gesellschaftskritik, Frankfurt am Main/New York, 232–255.

Oliver Rathkolb Der nachfolgende Beitrag basiert auf einer Studie, die Günther Ogris vom Institute for Social Analysis and Research (SORA) und ich gemeinsam mit einem Team von SozialwissenschaftlerInnen und Zeithistorikern 2010 herausgegeben haben (Rathkolb/Ogris 2010). Als Ausgangsmaterial unserer Untersuchungen dienten Meinungsumfragen in Österreich, Ungarn, Polen und Tschechien im November und Dezember 2007, mit Schwergewicht auf Antworten zu Fragen, die Rückschlüsse auf autoritäre, anti-demokratische Einstellungen, aber auch auf Vorurteile – gruppenbezogene Menschenfeindlichkeit wie Antisemitismus, Xenophobie, Islamophobie oder Minderheitenfeindlichkeit – ermöglichen. Überdies sollte erstmals auf vergleichender Ebene der neue politische Autoritarismus gemessen werden, d.h. die Bereitschaft einer Gesellschaft, die steigende Kontrolle und Überwachung der einzelnen StaatsbürgerInnen und die Ausdehnung obrigkeitlicher Eingriffe in allgemeine Bürger- und Freiheitsrechte zu akzeptieren.

Eine wichtige Themenstellung betraf die direkte Korrelation zwischen revisionistischen Geschichtsbildern über vergangene autoritäre bzw. totalitäre Regime wie Nationalsozialismus oder Kommunismus stalinistischer Prägung. In diesem Bereich zeigte sich, dass es trotz der unterschiedlichen Rolle der Kriegsgesellschaften in diesen vier Ländern einen gemeinsamen Trend gab, dass die Unterdrückung von Kollaboration oder die Akzeptanz von Kriegsverbrechen und des Holocaust auch die Tendenz zur Zurückweisung von Rechten für Minderheiten verstärkt. In Österreich fand sich ein vergleichbarer Effekt bezüglich des Verbots politischer Aktionen: Personen, die eher bereit waren, politische Aktionen wie Streiks zu unterdrücken, waren auch eher bereit, verharmlosende bis revisionistische Geschichtsbilder über den Nationalsozialismus und Holocaust zu unterstützen.

Dass Befragte mit autoritären Einstellungen tendenziell auch deutlichere Tendenzen zur Verklärung von historischen Diktaturen aufwiesen, zeigte sich vor allem in Österreich, weniger in Polen, Tschechien oder Ungarn. Autoritarismus hat in Ungarn, Polen und Tschechien andere historische Wurzeln oder entsteht aus aktuellen Konfliktsituationen, wohingegen er in Österreich stärker historisch bedingt ist. So wiesen Personen, die Bundeskanzler Engelbert Dollfuß bewundern, der 1933 nach einer Geschäftsordnungskrise das Parlament auflöste und den Bürgerkrieg des Februar 1934 mitzuverantworten hatte, eine sehr starke submissive, d.h. unterwürfige, autoritäre Einstellung auf. Im Gegenzug sahen jene, die für Minderheitenrechte eintraten, Dollfuß eher als Zerstörer der Demokratie. Jene, die Dollfuß als Märtyrer einstuften, votierten wiederum deutlicher gegen Minderheitenrechte.

Über 50 % der Befragten stimmten einer Mitverantwortung der österreichischen Gesellschaft für die Verbrechen des Nationalsozialismus zu, nur knapp unter 20 % lehnten diese ab. Trotz gestiegener selbstkritischer Bereitschaft zur Auseinandersetzung mit der Rolle von ÖsterreicherInnen in der Deutschen Wehrmacht und der NS-Terrormaschinerie lebt die „Opferdoktrin" – ÖsterreicherInnen als Opfer des NS-Regimes – mit 36,5 % Zustimmung und 25 % Zurückweisung weiter. Was die politische Gesinnung der dazu Befragten betrifft, so waren AnhängerInnen aller Parteien relativ gleich vertreten, mit Ausnahme der Grünen, die eine deutlich kritischere Position einnahmen.

Im Falle Polens fiel ein auch durch andere Umfragen dokumentiertes autoritäres Kernpotential von 13 % auf. Trotzdem dominierte Demokratiezufriedenheit mit Hang zu Führungspersönlichkeiten: So unterstützten 45 % der Befragten einen starken Führer, 61 % präferierten eine ExpertInnenregierung. Der Antisemitismus in Polen ist im Vergleich zu anderen Ländern deutlich höher einzustufen.

Besonders stark war in Ungarn – verglichen mit den anderen drei Ländern – die Einstellung, dass es keine Möglichkeiten gibt, den politischen Prozess zu beeinflussen, rund 60 % zeigten sich desillusioniert. Dazu kam ein extrem negatives Gefühl bezüglich des Funktionierens der Demokratie (knapp 16 % Zustimmung verglichen mit 32 % noch 1991), verbunden mit einem extrem hohen Misstrauen gegenüber politischen Parteien und dem Parlament. Indirekt war die extrem rechtskonservative Wende 2010 bereits Ende 2007 tendenziell prognostizierbar.

Auffallend und paradox zugleich war das tschechische Ergebnis, da einerseits die Grundpfeiler einer etwaigen autoritären Einstellung wie Gehorsam und Werte im Familienbereich sehr stark ausgeprägt waren, andererseits aber Kategorien, die ein lebendiges demokratisches bis nicht-autoritäres System umschreiben, ebenfalls überdurchschnittlich deutlich zu Tage traten. Indikatoren für neuen politischen Autoritarismus wurden klar und kompromisslos abgelehnt. Ebenso wie in Ungarn dominierte jedoch die Vorstellung, nichts an der nationalen Politik ändern oder mitbeeinflussen zu können – eine Grundsatzeinstellungen, wie sie in vielen post-kommunistischen Staaten aufgrund der radikalen und raschen Änderungen von Wertesystemen und teilweise prekarisierten sozialen Lebenssituationen bzw. Zukunftsentwürfen anzutreffen ist.

Während die tschechische Gesellschaft im Vergleich zu Polen und Ungarn einen niederen Grad von Antisemitismus aufwies, war die Einstellung zu Minderheiten und AusländerInnen deutlich negativer – insbesondere vor dem Hintergrund der vorurteilsgeladenen Roma-Perzeption. Insgesamt gesehen wurde die demokratische Entwicklung seit 1989 bejaht, wenn auch die soziale Sicherheit des kommunistischen Systems – ohne dessen Rückkehr zu wünschen – vermisst wurde. Der Antisemitismus in Österreich liegt unter dem tschechischen Wert und zeigt, dass die geschichtspolitische Trendwende seit der Waldheim-Debatte 1986 durchaus positive Spuren hinterlassen hat. Gleichzeitig zeigen andere negative Vorurteile, dass dahinter auch ein Maß an „Political Correctness" steht bzw. dass „Antisemitismus" immer wieder umcodiert wird und im Bereich Minderheitenfeindlichkeit, aber auch Islamophobie wiederkommt.

Bei dem Vergleich der Auswertung der Antworten nach der Erinnerung an den Zweiten Weltkrieg und den Holocaust fiel in allen Ländern die hohe Rate an Nicht-Antworten auf – von 40,2 % in Polen bis zu 47,7 % in Österreich. Bezüglich der Akzeptanz einer Mitverantwortung für den Holocaust zeigten sich jedoch Unterschiede. So fanden wir eine relativ hohen Bereitschaft in Österreich, politische Mitverantwortung zu zeigen, eine deutliche Zurückweisung dieser Vorstellung in Polen und eine starke Tendenz in Ungarn, dieser Frage durch mittige Positionen auszuweichen. Auch in Tschechien dominierte der polnische Zugang, trotz stärkerer Bereitschaft eine teilweise Mitverantwortung für den Holocaust zu thematisieren.

Erstmals wurde ein direkter Zusammenhang zwischen Antisemitismus und Tendenzen nachgewiesen, die Rolle der eigenen nationalen Gesellschaft im Zweiten Weltkrieg und im Holocaust zu überhöhen und die Kollaboration zu verdrängen. Bezüglich der Einschätzungen der Bedeutung der geo- und gesellschaftspolitischen Änderungen um 1989 variierten die Vorstellungen. Während in der Tschechischen Republik und in Polen der politische Systemwechsel 1989 zur Demokratie nach wie vor durchaus positiv gesehen wurde, gab es in Ungarn keineswegs eindeutige Positionen.

Aber auch in Österreich, jenem Land, das bis 1989 die Existenz des Eisernen Vorhanges beklagt und als negativ für die ökonomische und politische Entwicklung dargestellt hat, war die Rezeption der Folgen der Geschehnisse des Jahres 1989 höchst ambivalent. So sahen nur knapp unter 50 % der Befragten einen Vorteil in der Öffnung der Grenzen.

Personen mit umfassenderer Bildung lehnten den neuen politischen Autoritarismus besonders stark ab. Bemerkenswert ist, dass der direkte Effekt von Bildung hier vor allem in Ungarn und Polen festzustellen war, weniger in Österreich und gar nicht in der Tschechischen Republik. Hingegen ließen sich keine direkten Effekte von Bildung auf die Akzeptanz des Überwachungsstaates festmachen, nur indirekte durch die Reduktion der autoritären Submission. Die relativ junge Diktaturerfahrung in den postkommunistischen Gesellschaften erklärt die stärkere Ablehnung der Tendenzen in Richtung Überwachungsstaat, in Österreich hingegen fanden wir eine relativ höhere Zustimmung zur staatlichen Kontrolle und Supervision.

Die ungarischen Befragten zeigten keine Korrelation zwischen autoritären Einstellungen und dem Wunsch nach Demonstrationsverbot als Indikator für neuen politischen Autoritarismus, was mit der 2007/2008 massiv auftretenden rechten Oppositionsbewegung zu tun haben könnte, die heute Regierungsverantwortung hat. Autoritär eingestellte UngarInnen votierten für mehr Minderheitenrechte, was primär mit der großen ungarischen Minderheit im Ausland zusammenhängt und nicht die ungarischen Minderheiten im Lande selbst (wie Roma) betrifft. Hier hätten wir die Frage präzisieren müssen.

Auf Anomie – also das Gefühl von Orientierungslosigkeit und politischer Machtlosigkeit – zeigte höhere Bildung einen geringen Effekt. Nur in Ungarn und Tschechien waren signifikante Effekte der Bildung auf die Anomie messbar. Bildung hilft in diesen beiden Ländern in einem gewissen Ausmaß die Orientierungslosigkeit zu reduzieren.

Generell zeigen die Umfrageanalysen: Je jünger die Befragten sind, desto weniger Indikatoren für Autoritarismus lassen sich nachweisen. Dieser Effekt tritt unabhängig davon auf, welchen Bildungsabschluss die Befragten erreicht haben. Es gibt also in Summe einen deutlichen Generationeneffekt auf die autoritäre Disposition, der nicht durch höhere Bildung zu erklären ist.

Zusammenfassend kann man sagen, dass es weder zu 1989 noch zu dem in allen vier Ländern erlebten Zweiten Weltkrieg und zum Holocaust eine gemeinsame europäische historische Vorstellung gibt, dass sich aber in beiden Fällen zumindest clusterartige gemeinsame europäische Entwicklungen abzeichnen, wobei Österreich stärker Richtung Deutschland tendiert und die drei postkommunistischen Staaten Zurückhaltung bezüglich einer „Mitverantwortung" signalisieren. Somit zeigen unsere Studien, dass eine kritische Auseinandersetzung mit der eigenen nationalen Vergangenheit für eine aktive demokratische Einstellung wichtig ist.

Was den Autoritarismus in Österreich im Allgemeinen betrifft, konnten aufgrund von vergleichbaren Befragungen aus 1978 und 2004 auch Trends analysiert werden. Während es zwischen 1978 und 2044 einen signifikanten Rückgang autoritärer Dispositionen gab, war 2007 wieder ein leichtes Ansteigen zu bemerken. Ohne hier weiter in die Tiefe der Analyse der anti-demokratischen und anti-parlamentarischen Einstellungen gehen zu können, möchte ich doch anhand eines konkreten Beispiels zeigen, wie wichtig diese

Diskussion heute ist und dies anhand der gegenwärtigen Sehnsucht nach dem „starken Führer" verdeutlichen.

Ausgangspunkt und Basismaterial ist die europäische Wertestudie 1999 bzw. 2008, in deren Rahmen auch Fragen zu Demokratie, Expertenregierung, Militärregierung und Diktatur („having a strong leader") gestellt wurden, wobei in Österreich sowohl nach „starkem Mann" als auch „starkem Führer" gefragt wurde. Bemerkenswert ist, dass in Österreich die Wortwahl die Antworten durchaus beeinflusste. Während 1999 15,7 % die Frage „Man sollte einen starken Führer haben, der sich nicht um ein Parlament und um Wahlen kümmern muss" als sehr gut (2,9 %) oder gut befunden haben, gab es in derselben Umfrage bei der Formulierung „starker Mann" 19,6 % Zustimmung. 2008 lag die Zustimmung für den „starken Führer" sogar schon bei rund 20 % (vgl. Friesl u.a. 2009).

Auch vor dem Hintergrund unserer Forschungen zum Thema Autoritarismus zeigte sich, dass der Autoritarismus in Österreich nach wie vor bis zu 20 % der WählerInnen in Form eines historischen antiparlamentarischen Systems mit einer Ein-Mann-Diktatur durchaus anspricht.

In diesem Sinne kann eine aktuelle kritische Reflexion über die Wurzeln von Totalitarismus und die Grundvoraussetzungen für funktionierende demokratische Systeme dazu beitragen, den neuen politischen Autoritarismus, der durch die Sehnsucht nach neuen „Führern", „kurzen" Entscheidungsprozessen, den Ruf nach mehr Polizeigewalt und Kontrolle sowie die populistische Reproduktion von Nationalismen und gruppenbezogener Menschenfeindlichkeit geprägt ist, offenzulegen und kritisch zu diskutieren.

Literatur

Friesl, Christian u.a. (Hg.) (2009). Die Österreicher/-innen. Wertewandel 1990–2008, Wien.
Rathkolb, Oliver/Günther Ogris (Hg.) (2010). Authoritarianism, History and Democratic Dispositions in Austria, Poland, Hungary and the Czech Republic, Wien/Innsbruck/Bozen.

Peter Rosner Den Kammern für Arbeiter und Angestellten bzw. der Bundesarbeitskammer – vulgo, wenn auch nicht mehr ganz korrekt, als „Arbeiterkammer“, jedenfalls im Folgenden mit „AK“ bezeichnet – ist die Aufgabe zugewiesen, die Interessen der ArbeiternehmerInnen insgesamt zu vertreten. Wenn man vom Kapitalismus spricht, so ist diese Einrichtung nicht weiter überraschend. Die unselbständig Erwerbstätigen haben ein gemeinsames Interesse gegenüber den Unternehmen und den EigentümerInnen von Kapital. Der Kapitalismus ist eben eine Klassengesellschaft. Die AK soll in den Auseinandersetzungen zwischen diesen Klassen die eine Seite stärken, ohne das Wirtschaftsleben zu stören. Das war wohl die Idee bei der Gründung der AK nach der Gründung der Republik.

Sieht man unsere Gesellschaft hingegen vor allem als Marktwirtschaft, in der voneinander unabhängige Personen Verträge über die Produktion von Gütern und Leistungen eingehen, so ist die Einrichtung dieser Kammer nicht so selbstverständlich. Schließlich werden Preise und damit die Einkommen auf Konkurrenzmärkten gebildet und politische Eingriffe in die Märkte zugunsten einer Seite erfordern deren Kartellierung. Die von der ökonomischen Theorie dargestellten Vorteile einer Wirtschaft mit Konkurrenz würden dadurch verringert werden. Es ist in dieser Sichtweise eher die Aufgabe des Staates, Kartellierungen zu verhindern als sie mit Gesetz einzuführen.

Bei der Gründung der AK vor 90 Jahren war wohl die erste Sicht dominierend. Es gibt den Konflikt zwischen den Lohnabhängigen auf der einen Seite und den ArbeitgeberInnen, in der damaligen Sprache „Kapitalisten“, auf der anderen. Man kann davon ausgehen, dass in beiden damaligen politischen Lagern diese Sichtweise akzeptiert war, wenn auch mit unterschiedlichen Gewichtungen. Für die sozialdemokratische Seite war es der grundlegende Konflikt der Gesellschaft, der nach einem Wechsel des Wirtschaftssystems verlangte. Die andere politische Seite bot zwar keine ausformulierte Theorie zur Erklärung dieses Konfliktes an, aber sie akzeptierte ihn. Wahrscheinlich waren ihre Vorstellungen von dem Konflikt geprägt, der aus der Gegenüberstellung des Wunschs der Lohnabhängigen nach vermehrtem Konsum und der Notwendigkeit von Profiten für Investitionen entsteht.

In jedem Fall war das Gesetz über die Errichtung der AK ein Kompromiss, da es den direkten Einfluss der AK auf die Unternehmen auf soziale Fragen beschränkte, die Organisierung der Produktion aber den Eigentümern der Unternehmen, eben den Kapitalisten, überließ. Das mag heute wenig überraschen. Wenn man jedoch die Diskussionen in der Arbeiterbewegung im Gefolge der Russischen Revolution in Betracht zieht, so ist das keineswegs so selbstverständlich. Die Hoffnung auf eine Räterepublik nach russischem Vorbild bzw. die Furcht vor ihr waren damals in Mitteleuropa stark – das russische Wort für Rat ist schließlich Sowjet. Das Ergebnis dieses Kompromisses war jedenfalls, dass der Konflikt nicht grundlegend durch Etablierung eines neuen Wirtschaftssystems gelöst wurde. Die Wirtschaft wird bis auf weiteres kapitalistisch sein. Und solange diese Ordnung währt, brauchen ArbeitnehmerInnen eine entsprechende Organisation.

Es wird wohl heute wenige geben, die die Existenz der AK als einen nur vorübergehenden Kompromiss sehen. Die Idee vom Kapitalismus als Klassensystem wurde von der der Marktwirtschaft abgelöst. Einen endgültig zu lösenden Konflikt zwischen der Klasse der Lohnabhängigen und den ArbeitgeberInnen gibt es nicht. Wenn man das akzeptiert, folgt dann daraus, dass es überhaupt keinen Verteilungskonflikt gibt zwischen diesen Gruppen? Kann man die AK auflösen?

In einem Wirtschaftssystem mit – auch in der kurzen Frist – ausschließlich perfekten Märkten wäre tatsächlich jede politische Auseinandersetzung um Einkommen und Arbeitsbedingungen vergebens. Wollten die ArbeitnehmerInnen ihre Einkommen im politischen Weg erhöhen, würden die Unternehmen sofort mit einer Reduktion der Nachfrage nach Arbeit reagieren. Sie würden entweder die Produktion reduzieren oder auf weniger arbeitsintensive Verfahren umsatteln. Da gemäß Annahme alle Märkte vollkommen sind, sind alle Anpassungen in kurzer Zeit möglich. Arbeitslosigkeit wäre nur eine vorübergehende Folge, da gemäß Annahme die Arbeitslosen außerhalb dieses organisierten Sektors Beschäftigung finden würden. Man müsste die AK nicht einmal auflösen – sie hätte keine Wirkung.

Man geht nicht fehl, wenn man behauptet, dass die Welt so nicht funktioniert. Die meisten Märkte werden nicht jeden Tag durch Anpassung der Preise geräumt. Insbesondere gilt das für Arbeitsmärkte, sieht man von dem in Österreich glücklicherweise unbedeutenden Markt für Taglöhner ab. Die meisten Arbeitsverhältnisse haben Charakteristika, die mit ständiger Markträumung unvereinbar sind. Sie sind langfristig – oft über Jahrzehnte gehend – und die eigentlich Arbeitsuchenden bzw. die nach Arbeitskräften suchenden Unternehmen haben nur geringen Einfluss auf die Preisbildung. Löhne und Arbeitsbedingungen würden auch ohne Gewerkschaften und ohne die politische Vertretung durch die AK zwischen den jeweils Beschäftigten und der Unternehmensleitung ausgehandelt werden.

Kaum ein Unternehmen würde ein kurzfristiges Überangebot an Arbeitskräften dazu ausnützen, die bestehenden Arbeitskräfte durch Arbeitslose zu ersetzen. Es wäre nicht profitabel. Nur in wenigen Bereichen der Wirtschaft können Beschäftigte durch vorübergehend höhere Löhne in einem anderen Unternehmen zu einem Wechsel bewogen werden. Zu hoch sind die Kosten eines solchen Wechsels für beide Seiten. Das erklärt das bekannte Phänomen, dass Unternehmen Aufträge ablehnen, wenn ihnen Arbeitskräfte fehlen. Es ist nicht üblich bei vorübergehenden Engpässe von anderen Unternehmen Arbeitskräfte durch höhere Löhne abzuwerben. Arbeitsmärkte reagieren in der kurzen Frist nicht so, wie das Marktgeschehen in einführenden Lehrbüchern dargestellt wird.

Eine wesentliche Konsequenz daraus liegt in der Tatsache, dass Beschäftigte ihre Lage – ihre Einkommen und ihre Arbeitsbedingungen – einige Zeit hindurch auf Kosten der Unternehmen verbessern können. Weder werden sie innerhalb kurzer Frist gegen andere Arbeitskräfte ausgetauscht, noch gehen die Arbeitsplätze binnen Kurzem verloren. Die Unternehmen ihrerseits können zu ihren Gunsten die Lage der Beschäftigten verschlechtern. Denn die gehen nicht so bald weg. Es gibt einen Verteilungskonflikt zwischen den jeweils Beschäftigten und den Unternehmen. Es geht dabei nicht um die große Entscheidung für ein alternatives Wirtschaftssystem, wie es vielleicht von den Gründern der AK gedacht wurde; es geht vielmehr darum, dass Arbeitskräfte in einer bestimmten Beschäftigung nicht beliebig auf andere Arbeitsplätze ausweichen und Unternehmen nicht auf ihre Arbeitskräfte verzichten können. Was hier „kurze Frist" genannt wurde, kann mehrere Jahre dauern.

Die Resultate dieser kurzfristigen Verteilungskonflikte haben freilich Auswirkungen auf die langfristige wirtschaftliche und soziale Entwicklung. Gelänge es den Unternehmen, sich in diesen alltäglichen Konflikten immer durchzusetzen, würden nicht nur die sozialen Verhältnisse schlechter, sondern es bestünde darüber hinaus die Gefahr des Verlustes von Qualifikationen. Es gilt aber auch, dass die Möglichkeit und die Bereitschaft zu investieren stark reduziert würde, wenn all diese Konflikte zu Gunsten der gerade Beschäftigten ausgingen. Die in den einfachen Schemen der Ökonomie dargestellten Reaktionen auf Preisfixierungen unterhalb oder oberhalb des Marktgleichgewichts werden mit der Zeit eintreten. Die wirtschaftliche Entwicklung Österreichs wäre nicht so gut gewesen, hätten die Interessenvertretungen versucht alle kurzfristig vorhandenen Umverteilungsmöglichkeiten für das eigene Klientel voll auszunützen.

Die Bedeutung der AK in dieser als Sozialpartnerschaft bezeichneten Konstellation ist komplex. Sie ist nicht einfach eine von beiden Stimmen der ArbeitnehmerInnen. Sie hat durch ihre organisatorische Struktur eine spezifische Stellung in diesem System. So muss sie die von ihnen Vertretenen nicht organisieren. Es gibt keine den gewerkschaftlichen FunktionärInnen und BetriebsrätInnen vergleichbare Struktur. Die Teilhabe der von der AK Vertretenen – das Wort „Mitglieder" ist nicht ganz adäquat – beschränkt sich auf die Abgabe einer Stimme bei den Wahlen. Die AK hat daher auch nur wenige Möglichkeiten, ihre Klientel zu mobilisieren, wenn es darum geht, Forderungen zu deren Gunsten durchzusetzen. Umgekehrt gilt: Wenn Lohnabhängige Forderungen erheben wollen, so ist zunächst nicht die AK die Adresse für Unterstützung, sondern die Gewerkschaften. Die AK kann keine Demonstration oder gar einen Streik organisieren.

Eine wichtige Folge liegt darin, dass die AK in kurzfristigen Auseinandersetzungen, wie sie etwa für Kollektivvertragsverhandlungen typisch sind, keine große Bedeutung hat. Das ist Aufgabe der Gewerkschaften. Man kann daraus schließen, dass die AK insgesamt wenig politische Bedeutung hat. Man könnte sie auflösen, sofern man nur die unmittelbaren Serviceleistungen – Beratung, Rechtsvertretung u.Ä. – anders organisierte. Hier jedoch wird eine andere Lesart der wirtschafts- und sozialpolitischen Struktur Österreichs vorgeschlagen: Die AK vertritt in ihrer Politik eher langfristige Interessen der Lohnabhängigen. Sie kann dies tun, weil sie eben, anders als die Gewerkschaften, nicht direkt in den Betrieben verankert ist und weil sie nicht jeweils bestimmte Gruppen von Beschäftigten vertritt.

Es geht dabei nicht um einheitliche Interessen der Lohnabhängigen gegenüber ArbeitgeberInnen. ArbeitnehmerInnen haben kein einheitliches Interesse. Für die Beschäftigten der Metallindustrie sind Umweltauflagen für die Betriebe, in denen sie arbeiten, nicht nur ein Vorteil. Die Öffnung für Importe von Textilien war für die meisten ArbeitnehmerInnen ein Vorteil, weil Textilien billiger wurden. Für die in der Textilindustrie Arbeitenden war sie hingegen ein Nachteil. Förderungen für spezifische Wirtschaftszweige machen es den dort Beschäftigten leichter, höhere Löhne und bessere Arbeitsbedingungen zu erreichen. Für alle anderen BürgerInnen, oft auch ArbeitnehmerInnen, bedeutet das höhere Steuern oder geringere staatliche Leistungen. Mehr Wettbewerb in einem Wirtschaftszweig ist für dessen KonsumentInnen günstig. Für die dort Beschäftigten ist er jedoch nicht ganz so vorteilhaft.

Die AK kann in all diesen Fragen leichter Spezialinteressen einzelner Wirtschaftszweige hintansetzen als die Gewerkschaften, weil sie als Organisation den Beschäftigten in den Unternehmen nicht direkt verantwortlich ist. Kein Kammerfunktionär und keine Kammerfunktionärin wird in einem Betrieb abgewählt, weil er oder sie sich nicht für eine Subvention an diesen Betrieb oder gegen eine Umweltauflage für diesen Betrieb einsetzt. Die AK kann dies auch besser tun als ihr Pendant auf ArbeitgeberInnenseite, der Bundeswirtschaftskammer. Auch die WKÖ muss nicht um Mitglieder werben, aber im Unterschied zur AK sind Brancheninteressen in der WKÖ institutionell organisiert. Sie muss diese Interessen im politischen System mit stärkerem Nachdruck vertreten als die AK. Kein anderer Interessenverband in Österreich kann in vergleichbarer Art und Weise ein allgemeines Wirtschaftsinteresse vertreten.

Ein Beispiel aus der Vergangenheit. Benedikt Kautsky, der erste wirtschaftspolitische Referent der AK Wien, schrieb in einer der ersten Nummern der Zeitschrift „Arbeit und Wirtschaft" im Jahr 1923 über die Schwierigkeiten der Zementindustrie. Von den ca. 6.000 Beschäftigten in Zeiten der Hochkonjunktur waren mehr als 2.000 arbeitslos. Die Zementindustrie verlangte ein Importverbot. Die AK war aufgefordert worden, sich zu äußern. „Auf der einen Seite mußte sie die unzweifelhaft große Notlage der Zementindustrie berücksichtigen, die natürlich in erster Linie die Zementarbeiter traf. Andererseits war zu bedenken, daß ein Einfuhrverbot den heimischen Markt den Zementindustriellen schutzlos preisgegeben hätte und daß diese Situation von der Zementindustrie durch gewaltige Preiserhöhungen ausgenützt worden wäre. [...] Was eine Erhöhung der Zementpreise in der heutigen Zeit bedeutet hätte, bedarf keiner ausführlichen Schilderung. Das Investitionsprogramm der Gemeinde Wien steht und fällt natürlich mit den Preisen der Materialien, die ihm zugrunde gelegt worden sind. Wenn eine empfindliche Verteuerung stattfindet, so kann sie ihre Pläne nicht ausführen. Es würden die Hausbauten stocken, die Wohnungslosigkeit, aber auch die Arbeitslosigkeit würde gesteigert werden." (Kautsky 1923, Spalte 366)

Die AK sprach sich gegen ein Importverbot aus und schlug als Kompromiss einen mäßigen Zoll vor. Der Preisdruck auf die österreichischen Zementindustrie bliebe dabei erhalten. Auch der einsichtigste Funktionär der diese Industrie dominierenden Gewerkschaft hätte diese Stellungnahme nicht abgeben können, zumindest wenn er sich den betroffenen Gruppen hätte stellen müssen.

Und heute? Kein anderer Interessenverband, kein Verein, keine Partei vertritt so konsequent den KonsumentInnenschutz wie die AK. Es ist auch die AK, die die Wettbewerbssituation in Österreich sehr genau verfolgt und diese Aktivität durch einen jährlichen Bericht dokumentieren. Das ist umso bemerkenswerter, als dass die seinerzeitige Preisregulierung durch die Paritätische Kommission, bei der die AK mitwirkte, Konkurrenz nicht gefördert hatte – um es vorsichtig auszudrücken.

Natürlich kann man diese und ähnliche Aktivitäten dem aufgeklärten Bewusstsein der AK-FunktionärInnen und AK-MitarbeiterInnen zuschreiben. Dieses ist sicher vorhanden. Aber es würde wenig helfen, wenn die organisatorische Struktur dieses aufgeklärte Bewusstsein nicht begünstigte. Oder wollte man sagen, dass in den frühen 1980er Jahren in der Gewerkschaft der Privatangestellten das Bewusstsein nicht so aufgeklärt war? Damals wurde nämlich in einem ihrer Jahrbücher von der erfolgreichen Abwehr der Forderung nach einer Einführung der Schalterpolizze für die Kfz-Haftpflichtversicherung berichtet. Unterstützt wurde diese Forderung damals auch von der AK und vom ÖGB. Der Geist weht eben nicht, wo er will; vielmehr dort, wo er kann. Die Sektion Versicherungswirtschaft der GPA, wohl der traditionsreichste Teil der gewerkschaftlichen Organisierung der Angestellten, musste die Interessen ihrer Mitglieder betonen. Die AK hingegen muss die Interessen fast aller Lohnabhängigen beachten. Das ist heute der größte Teil der arbeitenden und damit der gesamten Bevölkerung. Es wird wohl nicht sehr viele Haushalte in Österreich geben, bei denen nicht zumindest ein Mitglied zum Klientel der AK gehört, gehört hat oder gehören wird. Sogar Zinseinkommen der SparerInnen fallen heute in ihr Vertretungsmandat. Das sind sicherlich nicht die großen Kapitaleinkünfte. Aber im Zusammenhang mit dem KonsumentInnenschutz und ihrem Bemühen um mehr Wettbewerb werden die Banken von der AK angegriffen: Die Zinsspannen sind zu hoch. Ob das stimmt oder nicht, kann ich nicht beurteilen. Ich bin aber sicher, dass das die entsprechende Sektion der GPA anders sieht. Die AK fordert oft mehr Wettbewerb, etwa wenn sie die KonsumentInnen auffordert, von Handwerksbetrieben immer mehrere Angebote einzuholen – sicher nicht zum Vergnügen der bei diesen Betrieben beschäftigten AK-Mitglieder. Man wird nicht leicht in einem anderen Staat eine Organisation finden, deren Klientel ProduzentInnen sind und die dennoch die KonsumentInnenseite so sehr im Auge hat, wie das bei der AK in Österreich der Fall ist.

Die AK ist eine Lobby. Weil sie aber fast alle vertritt, kann sie sich nicht für Sonderinteressen einsetzen. Sie kann nicht die Errichtung von Marktzutrittsschranken fordern, ebenso wenig die Förderung einiger Wirtschaftszweige und Unternehmen auf Kosten anderer. Sie ist eine Lobby für vernünftigen Umgang mit Märkten und deren Regulierung. Gäb es die AK nicht, man müsste sie erfinden.

Literatur

Kautsky, Benedikt (1923). Rundschau – Volkswirtschaft, in: Arbeit und Wirtschaft, Bd. 1.

Birgit Sauer Die gleichstellungspolitische Geschichte seit den 1970er Jahren zeichnet sich in Österreich durch die Gleichzeitigkeit von Fortschritten und Rückschritten aus. Den österreichischen Frauenbewegungen ist es seit den 1970er Jahren erfolgreich gelungen, Staat und Gesellschaft frauenfreundlicher zu gestalten. So öffneten sich politische Entscheidungsinstitutionen für Frauen, und die österreichische Demokratie wurde „weiblicher". Durch die Quotierung von Wahllisten stieg der Frauenanteil im Nationalrat auf 33,9 % im Jahr 2002 an, sank dann allerdings auf 27,87 % im Jahr 2011; der Frauenanteil in den österreichischen Regierungen liegt seit Beginn der 1990er Jahre zwischen 25 und 49 % (vgl. Bundesministerin für Frauen und Öffentlichen Dienst 2010, 360 ff.). Schließlich wurde das Politikfeld Geschlechtergleichstellung etabliert, und es entstanden Einrichtung der Frauengleichstellung, von Gleichbehandlungsbüros über Gender-Mainstreaming-Beauftragte bis zu Frauenministerien auf Bundes- und Länderebene.

Vor allem konnten seit den 1970er Jahren Gesetze und politische Maßnahmen geschaffen werden, die die Geschlechtergleichstellung beförderten. Ein liberales Abtreibungsgesetz gab Frauen die Selbstbestimmung über ihren Körper zurück, die Reform des Ehe- und Familienrechts ermöglicht ein partnerschaftlicheres Zusammenleben, und die Bildungsintegration von Mädchen führte dazu, dass sie mittlerweile in der sekundären und tertiären Ausbildung in Vielem mit Jungs gleichziehen konnten. Im europäischen Vergleich vorbildlich institutionalisierte Maßnahmen gegen Gewalt gegen Frauen optimierten den Opferschutz in den vergangenen 15 Jahren. Auch die sozialen Rechte von Frauen konnten erweitert und gestärkt werden: Die Anrechnung von Kindererziehungszeiten im Pensionsrecht sowie Maßnahmen zur Vereinbarkeit von Mutter- bzw. Elternschaft und Beruf minderten Diskriminierungen am Arbeitsmarkt wenigstens partiell (vgl. Rosenberger 2006). Außerdem konsolidierte sich – zumindest in den großen Städten – eine lebendige NGO-Szene, die nicht nur frauenspezifische Serviceleistungen anbietet, sondern auch stetiges politisches Lobbying und politische Mobilisierung betreibt.

Fast möchte man Österreich als ein positives Beispiel für „Staatsfeminismus" bezeichnen, in dem staatliche, mit Gleichstellung betraute Institutionen als Mediatorinnen fungieren, also die Forderungen von Frauengruppen in das staatliche System hinein tragen und damit Geschlechtergleichstellung befördern. Doch die österreichische gleichstellungspolitische Geschichte ist auch durch offensichtliche Rückschläge gekennzeichnet. Die Auflösung des Frauenministeriums während der blau-schwarzen Regierung ist ein Beispiel für die prekäre Institutionalisierung der gleichstellungspolitischen Agenda in der österreichischen Demokratie. Die letzte Dekade zeigte insgesamt, dass die Institutionen der Gleichstellungspolitik durch neoliberale Restrukturierung stets gefährdet sind (vgl. Bei 2008; Sauer 2009). Und insgesamt erweisen sich die gleichstellungspolitischen Institutionen angesichts der Trägheit und des Beharrungsvermögens des österreichischen Geschlechterregimes als vergleichsweise schwach.

Österreich ist nach wie vor ein konservativer, ernährerzentrierter Wohlfahrtsstaat. Das Land konservierte bis in das neue Jahrtausend hinein das Modell des *„male breadwinner"*, das männliche Familienernährermodell. Auch wenn sozialdemokratische Wohlfahrtspolitik seit den 1970er Jahren mehr Unabhängigkeit vom Familienernährer zu garantieren suchte, ist die Idee vom erwerbsarbeitenden männlichen Familienernährer und von Frauen als Mütter und Sorgearbeiterinnen, die ökonomisch vom Familienernährer abhängig sind und höchstens zeitweise zuarbeiten, nach wie vor institutionell abgesichert. Die Regulierung der kapitalistischen Produktion hat also einen Fokus allein auf Erwerbsarbeitsverhältnisse und lässt Haus- und Sorgearbeit tendenziell ungeregelt. Zwar stieg die Erwerbsquote von Frauen von Mitte der 1970er bis Mitte der 1990er Jahre kontinuierlich an, und im Rahmen der Wettbewerbsstrategie der EU forciert das Land seit Beginn des neuen Jahrtausends die weitere Erwerbsintegration von Frauen, wenn auch auf der Basis von prekären, irregulären Arbeitsverhältnissen. Doch Mutterschaft blieb in Österreich nach wie vor ein gleichsam staatlich geschaffenes Risiko im Leben von Frauen: Österreich hat viel zu wenige, schlecht ausgestattete und kostspielige öffentliche, auf weibliche Teilzeitarbeit ausgerichtete Kinderbetreuungsplätze. Auch fehlende Ganztagschulen erfordern eine Person, die zu Hause betreut. Hohe finanzielle Familientransfers wie die Kindergeldregelungen, die großzügige Freistellungen bei Elternschaft erlauben, führen dazu, dass Mütter aus dem Beruf aussteigen und nur schwer den Wiedereinstieg schaffen. Auch der Bereich der Pflege alter und bedürftiger Personen ist in ähnlicher Weise zum Nachteil von Frauen geregelt: Es fehlt vor allem an effektiven Maßnahmen, die die Privatwirtschaft dazu bringen, auch Männer für Sorgearbeit freizustellen – allen voran sind dies Maßnahmen, die die großen Einkommensunterschiede zwischen Männern und Frauen beseitigen.

Die Integration von Frauen in die Erwerbstätigkeit zu gleichen Konditionen wie Männer blieb bislang erfolglos: Der *gender pay gap*, der Lohnunterschied zwischen den Geschlechtern, ist nach wie vor immens: Frauen verdienen insgesamt nur ein Drittel der Männerlöhne. Österreich lag im Jahr 2010 in Bezug auf Lohn(un)gleichheit auf dem beschämenden 126. Platz von 134 Ländern im Ranking des *World Economic Forum* (vgl. Hausmann u.a. 2010, 64) und sank damit in den vergangenen Jahren sukzessive ab. Dies liegt unter anderem auch daran, dass Frauen in atypischen, prekären, vornehmlich Teilzeit-Arbeitsverhältnissen deutlich überrepräsentiert sind. Insbesondere der Dienstleistungsbereich entwickelte einen Bedarf an flexiblen Arbeitsverhältnissen, kommen diese doch neoliberalen Anforderungen entgegen. Dieses neue Segment flexibler, ungeschützter Arbeit ist feminisiert. Vor allem schlecht ausgebildete Frauen und Frauen aus ethnischen Minderheiten werden in einem miserabel entlohnten und unsicheren, informellen, wenn nicht gar illegalisierten Erwerbsarbeitssegment gettoisiert (vgl. Migrantinnenbericht 2007). Manch ein österreichischer Haushalt wurde inzwischen zum Niedriglohnsektor für MigrantInnen mit starken Zügen von Abhängigkeit und Ausbeutung.

Außerdem sind Frauen in hohen Positionen in der Wirtschaft skandalös unterrepräsentiert. So lag im Jahr 2008 laut einer Studie der Arbeiterkammer Wien über die Top 200 österreichischen Unternehmen der Frauenanteil in der Geschäftsführung bei nur 4,5 % und in den Aufsichtsräten bei 9 % (vgl. Naderer/Niklas 2008, 1). Frauen besitzen schließlich eine viel geringere Zeitsouveränität als Männer, weil sie großenteils für die Haus- und Sorgearbeit zuständig sind (vgl. Grisold u.a. 2010). Frauen sind darüber hinaus noch immer von vielfältigen Formen von Gewalt betroffen, von physischer und psychischer Partnergewalt, aber auch von Gewalt durch Bilder in der Werbung, also von so genannter symbolischer Gewalt.

Zieht man die von Nancy Fraser (1994) formulierten drei Elemente von Geschlechtergerechtigkeit – „Umverteilung" (redistribution), also die Herstellung von ökonomischer Gleichheit, „Anerkennung" (recognition), also die Anerkennung von Menschen als different bzw. unterschiedlich, und „Partizipation" (participation), also das Recht auf Mit- und Selbstbestimmung – als normativen Maßstab heran, dann ist Österreich von Geschlechterdemokratie weit entfernt.

Perspektiven eines feministischen gleichstellungspolitischen Projekts

Dass sich dieses patriarchal-kapitalistische neoliberale System in einer tiefen Krise befindet, zeigt die Finanz- und Wirtschaftskrise seit 2008. Diese Krise ist eine Männerkrise, ist sie doch vor allem eine Krise männlichen Versagens in den Chefetagen von Banken und Unternehmen. Möglicherweise befinden wir uns daher in einem günstigen „post-neoliberalen" Moment (Ulrich Brand) für fundamentale gesellschaftliche Veränderungen, müssen doch nationale wie internationale staatliche Arrangements neu ausgehandelt werden. So könnte sich eine Perspektive nicht nur für einen „green new deal", sondern auch für einen „new deal der (Geschlechter-)Gleichheit" eröffnen.

Was braucht es nun angesichts des umkämpften Terrains der Gleichstellung von Männern und Frauen für ein feministisches gleichstellungsorientiertes Projekt? Ich möchte dieses Projekt als eines der Demokratisierung begreifen, also auch der Geschlechterdemokratisierung. Demokratie darf dann aber nicht nur als Verfahren der Mehrheitsfindung und Repräsentation verstanden werden, sondern als eine Lebensweise. Ein „dünner" oder schwacher Begriff von Demokratie, der lediglich auf die Institutionen und Verfahren der Parteiendemokratie abzielt, ist angesichts der dramatischen Veränderungen westlicher Gesellschaften nicht mehr angemessen. *Citizenship*, also aktive politische Partizipation, erfordert gleiche soziale Teilhabe. Anders gesagt: Nur die Ermächtigung von Frauen *zur* Politik – die Verfügung über Zeit und ökonomische Ressourcen, also soziale Gleichstellung – ermöglicht politische „Selbstbestimmung". Die uralte Forderung der Frauenbewegung nach einem weiten Politikbegriff gilt nach wie vor – Demokratie muss entgrenzt werden und darf nicht auf den engen Raum demokratischer Wahl und Entscheidung bezogen bleiben, sondern Demokratie muss andere gesellschaftliche Räume erfassen, sei es die Bank, die Werkbank oder die Küche.

Ich möchte im Folgenden in Anlehnung an Nancy Frasers drei Gerechtigkeitsdimensionen Vorschläge für eine feministische Geschlechterdemokratisierung machen.

Umverteilung – „redistribution"

Ein schon vielfach eingeklagter „neuer" demokratischer Geschlechtervertrag muss auf Gerechtigkeit bei der Verteilung von Arbeit, von gesellschaftlich notwendiger Sorgearbeit und von Erwerbsarbeit zielen. Eine geschlechtergerechte Transformation der österreichischen Erwerbsgesellschaft kann nicht auf der Basis der „alten" Vorstellung von Arbeit als Erwerbstätigkeit erfolgen, denn die Integration in den Erwerbsarbeitsmarkt ist an ihre Grenzen gelangt, ein autonomes und vor allem gutes Leben auf der Basis von Erwerbsarbeit wird es zukünftig nicht mehr für alle Menschen geben. Deshalb sind nicht nur die Umverteilung von Arbeit, also neue Arbeitszeitmodelle, und die Verkürzung bzw. Flexibilisierung von Arbeitszeit nötig, sondern vor allem eine neue Vorstellung von gesellschaftlich notwendiger Arbeit, die vielfältige Formen von Sorgetätigkeit (für Menschen, für die Umwelt) umfasst. Die Umsetzung dieses neuen Arbeitsbegriffs könnte z. B. durch ein bedingungsloses Grundeinkommen realisiert werden. Dazu bedarf es aber auch einer Umverteilung von Ressourcen von oben nach unten, beispielsweise durch eine umverteilende Steuerpolitik. Auch eine Umverteilung von Ressourcen – Arbeit, Zeit und Geld – zwischen

„Privat"wirtschaft und „Privat"haushalt ist erforderlich. Schließlich könnte bei der staatlichen Unterstützung von Banken und Unternehmen auch zugleich ein quotierter Zugang für Frauen zu den Führungsgremien dieser Organisationen oder eine Umverteilung des Gewinns an Frauenprojekte gefordert werden. Zudem muss Frauen- und Gleichstellungspolitik deutlicher die „soziale Frage" und die „ethnische Frage" stellen, ist doch die Integration von Frauen in den Erwerbsbereich mehr denn je klassenmäßig und ethnisch selektiv.

Anerkennung – „recognition"

Umverteilung muss mit weiteren Anstrengungen der Anerkennung, d.h. der gleichen Repräsentation von Frauen in ökonomischen und politischen Entscheidungsgremien verknüpft werden. Für die politische Durchsetzung der Interessen von Frauen sowie für transformative Geschlechterpolitik braucht es eine vielfältige frauenbewegte Zivilgesellschaft, da der repräsentative Mechanismus nicht in der Lage ist, die Vielfalt von Interessen „darzustellen", geschweige denn entsprechendes staatlich-politisches Handeln in Gang zu setzen. Es bedarf öffentlich garantierter Ressourcen, d.h. Geld, aber auch Zeiten und Räume der Diskussion über „Fraueninteressen". Es ist eine Binsenwahrheit, dass es „die" Interessen aller Frauen nicht gibt, dass vielmehr die Interessen von Frauen divers sind, ja dass sie auch antagonistisch sein können. Umso mehr kommt es darauf an, dass es passende Institutionen gibt und Verfahren, *wie* über diese Interessen gestritten werden kann. Diese Form der Anerkennung und Repräsentation von Frauen muss freilich mit einer ernsthaften Realisierung von Diversität, d.h. der Zuerkennung von Rechten (z.B. Aufenthaltsrecht) an Migrantinnen verbunden werden, und zwar an die legalen, von einem Ehemann ökonomisch abhängigen, aber auch an die vielen illegalisierten Frauen in der Hausarbeit, in der Pflege und in der Sexarbeit. Die vielfach zur feministischen Floskel verkommene Forderung nach der Integration von Differenzen, von Klasse, Ethnie und kulturellem Hintergrund in die Frauenpolitik muss institutionell abgesichert werden. Frauenbewegungen und staatliche Gleichstellungspolitik müssen Ungleichheiten *zwischen* Frauen als politisches Faktum begreifen und differenzierte Strategien entwerfen, damit Migrantinnen repräsentiert und anerkannt sind, und um vor allem mit Migrantinnen und Frauen aus ethnischen Minderheiten kooperieren zu können.

Diese Frauenöffentlichkeit kann nicht nur eine Parteienöffentlichkeit sein – traditionellerweise erfüllen die Parteien in westlichen Demokratien diese Funktion der Interessenartikulation und -bündelung. Vielmehr müssen frauenbewegte Gruppen aktiv in diesen Prozess der Interessenartikulation eingebunden werden, und zwar in einem kritischen Prozess der öffentlichen Debatte ganz unterschiedlicher Gruppen von Frauen, z.B. im Rahmen einer ständigen „Frauenkonferenz", an der möglichst viele unterschiedliche Frauengruppen beteiligt werden sollten.

Ein neuer Geschlechtervertrag hat nur dann Aussicht auf Erfolg, wenn die sozialen, ethnischen und kulturellen Differenzen ins feministische Kalkül einbezogen werden, die derzeit hegemonial ausländerfeindlich oder als „Klassenkampf von oben" (z.B. Steuergeschenke für Wohlhabende) politisiert werden. Das heißt auch, dass neue Polarisierungen von Ungleichheit, das, was ich „politische Intersektionalität" nenne, skandalisiert werden müssen. Die „Rückständigkeit" von Migrantinnen darf nicht gegen die (vermeintliche) Emanzipation von Frauen der Mehrheitsgesellschaft ausgespielt werden.

Nicht zuletzt bedarf es der Dekonstruktion, der Aufweichung von herrschaftlichen Geschlechterbildern, sei es die Supermutti, die erfolgreiche Unternehmerin oder die Notstandshilfe-Empfängerin. Dies verlangt einerseits Bewusstseinsarbeit, aber auch das aktive Zur-Verfügung-Stellen neuer Lebensoptionen. Es impliziert aber andererseits auch die Ermöglichung alternativer Praxen, z.B. Praxen der Solidarisierung zwischen Frauen wie auch der Kooperation mit anderen gesellschaftlichen Gruppen.

Partizipation – „participation"

Nicht nur in Nordafrika, auch in Europa gibt es neue politische Mobilisierungs- und Protestformen, sei es gegen das Stuttgarter Bahnhofsprojekt, seien es Demonstrationen und Streiks gegen arbeitsmarkt-, sozial- und finanzpolitische Maßnahmen wie jüngst in der Folge der Euro-Krise in Spanien und Griechenland. Auch Frauenbewegungen können zu Akteurinnen in diesen aktuellen politischen Auseinandersetzungen werden, es könnte ihre Aufgabe sein, die Neudefinition von Arbeit wieder in die Debatte einzubringen.

Geschlechtergerechte Partizipation und Demokratisierung scheinen in einem Bündnis mit solchen zivilgesellschaftlichen Gruppen möglich, die dem neoliberalen Umbau des (Sozial-)Staates ebenfalls skeptisch gegenüberstehen. Dies sind nicht allein Frauen, sondern auch die Vielzahl aus dem Erwerbsleben hinausgeworfener Männer sowie Männer und Frauen ethnischer Minderheiten. Schließlich sind Institutionen der Vermittlung von frauenbewegten Öffentlichkeiten in das politische System hinein nötig. Es braucht also nicht nur Frauen in repräsentativen Entscheidungsorganen wie Parlamenten, sondern es braucht vor allem Frauen – und selbstverständlich auch Männer –, die sich für Geschlechtergerechtigkeit sowohl in politischen Entscheidungsprozessen wie auch in Policy-Netzwerken und in der Verwaltung einsetzen. Diese qualitative demokratische Repräsentation von Frauen kann im Rahmen gleichstellungspolitischer Institutionen erfolgreich sein. Aktives Handeln für Frauen braucht zudem rechtlich gesicherte Instrumente einer Gleichstellungspolitik, also „bewehrte" Gleichstellungsprogramme. Der Abbau solcher gleichstellungspolitischen Institutionen wie in der Bundesrepublik Deutschland ist weit gefährlicher für Gleichstellungspolitik als das Sinken der Frauenanteile im Nationalrat oder in den Landesparlamenten. Wie wichtig diese „Watchdog"-Position von gleichstellungspolitischen Institutionen ist, zeigte die unterlassene Gleichstellungsperspektive in der Finanz- und Wirtschaftskrise.

Kurzes gleichstellungspolitisches Fazit

Eine feministische Perspektive sollte eine Strategie der „Entstaatung", der Kritik staatlicher Herrschaft, sein, die auf neue Institutionalisierungen von sozialer Ordnung hinwirkt. Doch muss derzeit dieses demokratiepolitische Ziel der „Entstaatung" zumindest relativiert werden: Nicht automatisch lässt sich auf diesem Wege ein Gleichheitsanspruch realisieren, liegen heute Gefährdungen der Demokratie doch nicht unbedingt in zu viel Staat, sondern in zu wenig Staat und zu viel Ökonomie. Teile des widersprüchlichen Staatsapparates können durchaus als Bündnispartner gegen ökonomische Hegemonie genutzt werden. Somit erfordert gesellschaftliche Demokratisierung eine gleichsam paradoxe Intervention: nämlich Frauenpolitik *mit* dem Staatsapparat *gegen* den Staat zu machen, d. h. sich gegen eine Ökonomisierung der Politik und gegen die Dominanz der Ökonomie zur Wehr zu setzen. Gleichstellungsinstitutionen sind Verhandlungspositionen innerhalb dieses staatlichen Aushandlungsprozesses, die genutzt werden können, auch wenn diese Positionen im Verhandlungsstaat herrschaftlich begrenzt sein mögen.

Nach wie vor ist der weibliche Alltag Quelle des Widerspruchs und möglicherweise des Widersprechens. Frauenbewegung und Frauenpolitik in Österreich sind zwar aus der „heilen" Welt des Keynesianismus gefallen, aber nicht aus der Welt des Politischen. Feministische Handlungsperspektive kann es sein, die widersprüchlichen weiblichen Alltagspraxen, die Lücken und Brüche, die die neoliberale Restrukturierung dort hinterlässt, sichtbar zu machen, zu politisieren und zu verändern. Eine solche „Küchenpolitik" (Elson 2002), also die Politisierung von Brüchen im weiblichen Alltag, ist nach wie vor ein Weg zu mehr Demokratie – also ein Schritt auf dem Weg zu einem demokratischen Gesellschaftsvertrag.

Literatur

Bei, Neda (2008). Neoliberale Vorzeichen? Zu einigen Aspekten des österreichischen Gleichbehandlungsdiskurses, in: Nikolaus Dimmel/Josef Schmee (Hg.): Die Gewalt des neoliberalen Staates. Vom fordistischen Wohlfahrtsstaat zum repressiven Überwachungsstaat, Wien, 142–162.

Bundesministerin für Frauen und Öffentlichen Dienst (Hg.) (2010). Bericht betreffend die Situation von Frauen in Österreich im Zeitraum von 1998 bis 2008, Wien.

Elson, Diane (2002). International Financial Architecture: A View from the Kitchen, in: femina politica, 1, 26–37.

Fraser, Nancy (1994). Widerspenstige Praktiken. Macht, Diskurs, Geschlecht, Frankfurt am Main.

Grisold, Andrea u.a. (2010). Notwendigkeit und Grenzen des Sozialen. Das Beispiel Frauenarbeit und Frauenerwerbstätigkeit, in: Andrea Grisold u.a. (Hg.): Neoliberalismus und die Krise des Sozialen. Das Beispiel Österreich, Wien, 211–260.

Hausmann, Ricardo u.a. (2010). The Global Gender Gap Report 2010, Genf.

Naderer, Ruth/Alice Niklas (2008). AK Auswertung 2008: Frauen in Führungspositionen – kein Fortschritt erkennbar. Internet: www.wien.arbeiterkammer.at (Zugriff: 7.8.2009).

Rosenberger, Sieglinde (2006). Frauen- und Gleichstellungspolitik, in: Herbert Dachs u.a. (Hg.): Politik in Österreich. Das Handbuch, Wien, 743–752.

Sauer, Birgit (2009). Gleichstellungspolitik und neoliberaler Staatsumbau. Chancen und Restriktionen, in: Erna Appelt (Hg.): Gleichstellungspolitik in Österreich. Eine kritische Bilanz, Innsbruck, 43–56.

Stephan Schulmeister Vor mehr als zwei Jahren, am (bisherigen) Höhe- bzw. Tiefpunkt der „großen Krise" gab mir die Arbeiterkammer Wien die Möglichkeit, vom „Mainstream" markant abweichende Diagnosen und Therapien zu publizieren (Schulmeister 2009). Ich möchte zunächst einige Aussagen zusammenfassen und vor diesem Hintergrund die nachfolgende Entwicklung rekapitulieren. Daraus leite ich drei „Therapievorschläge" ab, welche die (gesamt-)wirtschaftlichen „Spielregeln" in Europa grundlegend erneuern, um so eine weitere Vertiefung der Krise zu verhindern und den Weg in eine bessere Zukunft zu ebnen.

Zur Diagnose der „großen Krise"

Die Hauptthese zur Ursache der Krise habe ich in dem Essay für die Arbeiterkammer Wien so formuliert: „Die Krise wurde nicht durch eine Folge schwerer ‚Betriebsunfälle' im Finanzsektor verursacht, also durch primär ‚menschliches Versagen', sie hat vielmehr ‚systemischen' Charakter und markiert den Anfang vom Ende des Finanzkapitalismus. Dabei wird unter ‚Finanzkapitalismus' jene Erscheinungsform einer kapitalistischen Marktwirtschaft verstanden, welche die vergangenen 35 Jahre zunehmend prägte. Ihre wichtigsten Komponenten – neoliberale Wirtschaftstheorie, Vorrang für den Geldwert, Liberalisierung der Finanzmärkte, Regulierung der Wirtschaftspolitik, Teilprivatisierung des Rentensystems – haben die große Illusion genährt: ‚Lassen Sie Ihr Geld arbeiten!'. Diese ‚selbstzerstörende' Losung des Finanzkapitalismus hat durch verschiedene, miteinander verbundene Prozesse jenes ‚Potential' aufgestaut, das sich in der Krise entlädt. Diese wird die (Über-)Lebensbedingungen über Jahre weltweit verschlechtern und damit den Boden bereiten für eine Neuordnung des ‚Spiels Wirtschaft'." (Ebd., 3)

Die Position der Krise im langfristigen Entwicklungszyklus

Die Krise markiert den Beginn einer langen und schwierigen Transformationsphase. „Der Übergang zu einer neuen Wirtschaftsordnung, deren Rahmenbedingungen (Anreizsysteme) das Gewinnstreben auf realwirtschaftliche Aktivitäten lenken, wird mehrere (vermutlich viele) Jahre dauern. Denn jene Ideologie, welche den Finanzkapitalismus wissenschaftlich legitimiert, der Neoliberalismus, wurde in den letzten drei Jahrzehnten zum gesellschaftspolitischen Paradigma. Seine Hegemonie über die Köpfe der Eliten in Wirtschaftswissenschaft, Medien und Politik kann nur in einem langwierigen ‚Rückzugsprozess' überwunden werden." (Ebd., 12)

Diese These, dass wir nämlich am Beginn einer mehrjährigen Talsohle stünden, leitete ich aus folgender Standortbestimmung ab: „Begreift man die Abfolge der verschiedenen Phasen des ‚langen Zyklus' als Resultat der Interaktion von drei ökonomischen Fundamentalinteressen, jenen von Arbeit, Realkapital und Finanzkapital, so ist die Aufschwungsphase durch ein (implizites) Bündnis von Arbeit und Realkapital geprägt (gegen die Interessen des Finanzkapitals, das ‚ruhig gestellt' wird – Realkapitalismus), die Abschwungsphase hingegen durch ein Interessebündnis von Realkapital und Finanzkapital gegen die Interessen von Arbeit (Finanzkapitalismus). In ‚stilisierter' Form lässt sich die Entwicklung am Beispiel des letzten ‚langen Zyklus' folgendermaßen skizzieren:

• Finanzkapitalistische Rahmenbedingungen in den 1920er Jahren (vom Aktienboom bis zur Dominanz der neoklassischen Wirtschaftstheorie) bauten das Potential für die Weltwirtschaftskrise auf, ausgelöst durch den Börsenkrach von 1929.

• Die Weltwirtschaftskrise markiert die Talsohle des ‚langen Zyklus'. Ihre ökonomischen, sozialen und politischen Folgen waren verheerend. Dementsprechend radikal fiel die Aufarbeitung der Krise aus.

• Diese Aufarbeitung erbrachte eine neue Wirtschaftstheorie (Keynesianismus) und eine darauf aufbauende Neugestaltung des Verhältnisses von Markt und Staat. [...] Auch das Verhältnis von Güter- und Finanzmärkten wurde neu gestaltet, Erstere liberalisiert, Letztere reguliert.

• Damit waren die Rahmenbedingungen für die realkapitalistische Phase des ‚langen Zyklus' geschaffen, sie erstreckte sich von Ende der 1940er Jahre bis Anfang der 1970er Jahre. Politisch abgesichert wurde es durch den ‚großen Konsens' zwischen Arbeit und Realkapital (‚Rheinischer Kapitalismus', Sozialpartnerschaft) auf Basis des Gesellschaftsmodells der Sozialen Marktwirtschaft.

• Stabile Wechselkurse, hohes Wirtschaftswachstum, Ausbau des Sozialstaats bei sinkender Staatsverschuldung und anhaltende Vollbeschäftigung zogen in den 1960er Jahren eine (schleichende) Machtverlagerung zugunsten der Gewerkschaften (und der Sozialdemokratie) nach sich. Die damit verbundene Umverteilung von den Gewinnen zu den Löhnen, die massive Zunahme von Streiks, die Forderung nach betrieblicher und überbetrieblicher Mitbestimmung, das Jahr 1968 und die drohende ‚Abwanderung' der Intellektuellen ins ‚linke Lager' trugen wesentlich zur Abkehr der Unternehmer vom Interessenbündnis mit der Arbeit bei.

• Die ideologische und wirtschaftspolitische Basis für das sich in den 1970er Jahren formierende Interessenbündnis zwischen Realkapital und Finanzkapital bildete der Neoliberalismus. Die wichtigsten Thesen und Forderungen der ‚Chefideologen' Milton Friedman und Friedrich A. von Hayek waren schon in

den 1940er und 1950er Jahren formuliert worden (Zurückdrängung von Sozialstaat und Gewerkschaften, Liberalisierung der Finanzmärkte), damals fanden sie jedoch wenig Beachtung.
• Die Durchsetzung dieser Forderungen wurde durch die ‚Hintertür' der Ent-Fesselung der Finanzmärkte erreicht. Der etappenweise Übergang zu finanzkapitalistischen Rahmenbedingungen schuf jene ‚Sachzwänge' in Gestalt steigender Arbeitslosigkeit und Staatsverschuldung, welche Gewerkschaft und Sozialstaat (via Sparpolitik) nachhaltig schwächten.
• Gleichzeitig nahm die Instabilität der wichtigsten Preise wie Wechselkurse, Rohstoffpreise und Aktienkurse zu. Nach einem gleichzeitigen Boom der Preise von Immobilien, Aktien und Rohstoffen zwischen 2003 und 2007 führte die ‚Schubumkehr' zu einer dramatischen Vermögensentwertung und damit zu einer neuen Weltwirtschaftskrise. Damit ist der Anfang vom Ende des ‚langen Zyklus' erreicht." (Ebd., S. 26 f).

Zur Reaktion der Wirtschaftspolitik

Die Wirtschaftspolitik reagierte zwar mit expansiven Maßnahmen und damit anders als am Beginn der Weltwirtschaftskrise, letztlich aber bekämpfte sie nur die Symptome: „Alle bisherigen Maßnahmen lassen sich folgendermaßen charakterisieren:
• Die weitaus größten Mittel werden für die Rettung des Finanzsektors aufgebracht [...]
• Die ‚Rettungsmittel' werden ohne solche Auflagen gegeben, welche die Banken nötigen, auch die Realwirtschaft davon profitieren zu lassen ...
• Die fiskalpolitischen Maßnahmen orientieren sich an der keynesianischen ‚Makro-Hydraulik' [...]
• Generell korrespondieren die Therapien nahezu überhaupt nicht mit den Hauptursachen der Krise. Daher greift die Politik auch nicht in jene Regelkreise ein, welche die Krise weiterhin vertiefen." (Ebd., S. 25 f).

Diese „Regelkreise" identifizierte ich im Essay als jene Finanzspekulationen, welche Wechselkurse, Rohstoffpreise, Aktienkurse und Zinssätze destabilisieren, was wiederum unternehmerische Aktivitäten riskanter und teurer macht und so das Wachstum von Produktion und Beschäftigung strukturell dämpft.

Weitermachen wie vorher, nur toller

Kaum hatten sich die Finanzakrobaten vom Krisenschock erholt, begannen sie ihre Spiele von Neuem. Ab Herbst 2009 wurden das „Wettgeschäft" sogar massiv ausgeweitet: Mit Hilfe von „credit default swaps" (CDS) begann man gegen

Euro-Staaten zu spekulieren. Es entwickelte sich folgendes Doppelpassspiel zwischen den drei US-Ratingagenturen (RAG) einerseits und Finanzalchemiebanken (FAB) plus Hedgefonds sowie Anleihehändlern andererseits: RAG Fitch kündigt eine Herabstufung von Griechenland an, das FAB-Team übernimmt und erhöht die CDS-Prämien, damit rollt der Ball weiter zu den Anleihehändlern, die Zinsen steigen, weil ja das Risiko griechischer Staatspapiere gestiegen ist. Nun folgt ein eleganter Rückpass zu RAG Standard & Poors. Sie stuft Griechenland weiter zurück, weil die hohen Zinsen das Risiko erhöht haben. Nun übernimmt wieder das FAB-Team usw.

Auf diese Weise wurden die Anleihezinsen in die Höhe getrieben, zuerst „für" Griechenland (auf 17 %), danach „für" Irland und Portugal (auf 11 %) und zuletzt „für" Spanien und Italien (auf 6 %). Gleichzeitig sinken die Anleihezinsen der (relativ) „braven" Länder wie Deutschland, Holland oder Österreich. Die wollen auf diesen Vorteil keinesfalls verzichten und lehnen gemeinsame Eurobonds daher ab. So spielt die Spekulation die verschiedenen Euroländer gegeneinander aus und bedroht damit das europäische Projekt nicht nur ökonomisch, sondern auch politisch.

Das Zinsniveau liegt nunmehr in allen „Problemländern" in so hohem Ausmaß über der (nominellen) Wachstumsrate, dass eine Sparpolitik die Staatsverschuldung nicht nur nicht verringert, sondern erhöht: Unter dieser Bedingung müsste jeder Schuldnersektor Primärüberschüsse erzielen (die Kreditaufnahme muss kleiner sein als der Zinsendienst). Genau dies macht daher der Unternehmenssektor. Gleichzeitig haben aber auch die Haushalte Primärüberschüsse (sie sparen mehr als ihre Zinserträge). Da die Summe aller Primärbilanzen Null beträgt, kann der Staat nur in Ländern mit hohen Leistungsbilanzüberschüssen einen Primärüberschuss erreichen wie etwa Deutschland. Umso stärker steigt dann – aus systemischen Gründen – die Staatsverschuldung in Ländern mit Leistungsbilanzdefiziten wie Griechenland oder Portugal.

Fazit: Das positive Zins-Wachstums-Differential stellt die systemische Hauptursache der Staatsschuldendynamik dar (vgl. Schulmeister 1995). Die US-Politik berücksichtigt dies: Seit Anfang der 1990er Jahre wird das Zinsniveau unter die Wachstumsrate „gedrückt". Dies ist auch der Hauptgrund für den Ankauf von Staatspapieren durch die Notenbank („quantitative easing").

Die EU ist hingegen auf Sparen fixiert, der Stabilitäts- und Wachstumspakt wurde zu einem Mechanismus der Selbstbeschädigung. Seine volle Wirkung entfaltet er, wenn gleichzeitig die Zinsen steigen und die Sparpolitik verschärft wird, wie seit 18 Monaten in Südeuropa und Irland. Die Lage wird untragbar: Die Wirtschaft schrumpft, die Zinsen steigen und die Staatsschuld auch.

Auch in den globalen Wirtschaftsbeziehungen wurde aus der Krise nahezu nichts gelernt. Die USA nützen weiterhin ihre Rolle als Leitwährungsland und erhöhen ihre Auslandsverschuldung durch Ausgabe von Schuldtiteln in ihrer nationalen Währung, und damit im Prinzip schrankenlos. Die dadurch verursachte strukturelle Schwäche des Dollarkurses dient dem nationalen Interesse der USA – nachdem das fiskalpolitische „Pulver" verschossen wurde, ist die US-Wirtschaft mehr denn je auf zusätzliche Exporte angewiesen. Die Dollarschwäche fördert wiederum den Anstieg der Rohstoffpreise, insbesondere des Erdölpreises, da diese in Dollar notieren. Nach dem Verfall der Rohstoffpreise im Zuge der Krise sind sie seither wieder massiv gestiegen, wesentlich stärker als zur Kompensation der Dollarabwertung notwendig.

Alle diese Entwicklungen erfordern grundlegende Änderungen in den Rahmen- und Anreizbedingungen des „Systems Wirtschaft". Ich beschränke mich hier auf drei Vorschläge (eine umfassende „Rezeptsammlung" findet sich in Schulmeister 2010):

- Schaffung eines Europäischen Währungsfonds zur Steuerung der langfristigen Zinsen
- Erneuerung des Weltwährungssystems
- Langfristige Abkommen über den Erdölpreis

Der Europäische Währungsfonds

Eine erfolgreiche und zukunftsorientierte Verteidigung der Europäischen Währungsunion muss vier Anforderungen genügen:

- Sie muss den europäischen Zusammenhalt stärken, also das Ausspielen der Mitgliedsländer gegeneinander unterbinden.
- Sie darf einzelne Länder, insbesondere Deutschland, nicht schlechter stellen.
- Sie muss unternehmerisches Handeln (wieder) mehr honorieren als Finanzkunststücke.
- Sie muss (so) eine langfristige Überwindung der Staatsschuldenkrise durch wirtschaftliche Expansion ermöglichen.

Voraussetzung dafür ist, dass die Politik die zwischen der Real- und Finanzwirtschaft vermittelnden Preise (im Raum: Wechselkurs, in der Zeit: Zinssatz) stabilisiert, und zwar entsprechend den Gleichgewichtswerten der (neoliberalen!) Wirtschaftstheorie (Zinssatz = Wachstumsrate, Wechselkurs = Kaufkraftparität). Denn die Aktivitäten auf den Finanzmärkten produzieren Preise, welche in nahezu grotesker Weise von den Fundamentalgleichgewichten abweichen. Ein konkreter Lösungsansatz für die Zinsstabilisierung könnte z. B. so aussehen:

• Der bestehende Rettungsfonds (EFSF) wird zum „Europäischen Währungsfonds“ (EWF) ausgebaut.
• Der EWF stellt den Euroländern Finanzmittel durch Ausgabe von Eurobonds zur Verfügung.
• EWF und alle Eurostaaten geben eine unbeschränkte Garantie für die Eurobonds ab. Damit gibt es keinen Grund für Risikoprämien und Wucherzinsen.
• Der EWF legt in Absprache mit der EZB das Zinsniveau der Eurobonds fest, und zwar etwas unter der erwarteten (nominellen) Wachstumsrate (derzeit auf etwa 3 %).
• Dadurch wird der langfristige Zins nach einem ähnlichen Verfahren festgelegt wie der (kurzfristige) EZB-Leitzins („Mengentender“).
• Jene Neuemissionen, welche zu diesen Konditionen keine privaten AbnehmerInnen finden, werden vom EWF übernommen (analog zum „quantitative easing“ der US-Notenbank).
• Die Vergabe der Mittel an die einzelnen Mitgliedsländer wird klaren Richtlinien unterworfen (analog zu IWF-Krediten, aber den europäischen Rahmenbedingungen angepasst).

Der Teufelskreis von Wucherzinsen, verstärkten Sparbemühungen, Dämpfung des Wirtschaftswachstums, steigender Verschuldung und noch höheren Zinsen wäre damit ausgeschaltet.

Erneuerung des Weltwährungssystems

Eine systemische Hauptursache von „Ölpreisschocks“, internationalen Finanzkrisen, aber auch der exzessiven Auslandsverschuldung der USA besteht darin, dass eine globale Wirtschaft eine echte Weltwährung benötigt. Mangels einer solchen fungiert die Währung der USA als (Ersatz-)Weltwährung, in der alle Rohstoffe und die meisten internationalen Schulden notieren. Nicht nur wegen des Spannungsfeldes zwischen den nationalen Interessen der USA und den globalen Anforderungen an eine stabile Weltwährung schwankt (ausgerechnet) der Wechselkurs des Dollar am stärksten, sondern auch deshalb, weil der Dollar den „Standardjeton“ auf den Devisenmärkten darstellt (alle Transaktionen erfolgen vis-à-vis dem Dollar). Die dort alltäglichen Spekulationen bewirken „bubble-artige“ Auf- und Abwertungsschübe der Weltwährung, welche Einkommen und Kaufkraft im Weltmaßstab umverteilen: einerseits zwischen den Rohstoff- und den Industriewarenexporteuren und andererseits zwischen den Gläubiger- und Schuldnerländern.

Seit der Schaffung des Euro gibt es nur noch vier wichtige Währungen in der Weltwirtschaft: Dollar, Euro, Renminbi und Yen. Durch Festsetzung von

Bandbreiten könnten die Wechselkurse zwischen diesen Währungen stabilisiert werden (analog zum Vorläufer der europäischen Währungsunion, dem EWS). Dies wäre ein erster Schritt zur Schaffung einer echten Weltwährung („Globo"), welche als „numeraire" für weltwirtschaftliche „flows" und „stocks" fungiert und aus einem Bündel der wichtigsten nationalen Währungen besteht (ähnlich dem ECU im Rahmen des EWS).

Stabilisierung der Rohstoffpreise und der Realzinsen für internationale Schulden

Zusätzlich zur Stabilisierung der wichtigsten Wechselkurse – gewissermaßen „sicherheitshalber" – sollten die „standard commodities" wie Rohstoffe, aber auch die internationalen „financial stocks" nicht mehr in Dollar, sondern in einem Bündel der vier wichtigsten Währungen notieren. Dies würde die enormen Schwankungen der Rohstoffpreise und der Realzinsen für internationale Schulden verhindern und damit auch jene Umverteilungen zwischen den Exporteuren und Importeuren von Rohstoffen bzw. zwischen den internationalen Dollargläubigern und Dollarschuldnern, welche in den letzten 25 Jahren durch Rezessionen und Finanzkrisen die weltwirtschaftliche Entwicklung nachhaltig beeinträchtigten und die Arbeitslosigkeit schubartig ansteigen ließen.

Langfristige Abkommen über den Erdölpreis

Der Preis für Erdöl ist für eine nachhaltige Entwicklung der Weltwirtschaft von besonders großer Bedeutung. Erstens, weil Erdöl eine erschöpfbare Ressource ist und eine optimale Entwicklung von Produktion und Verbrauch daher erfordert, dass der Preis der Ressource stärker steigt als das gesamte Preisniveau (Hotelling-Regel: im Ausmaß des Zinssatzes). Zweitens ist Erdöl jenes Gut, dessen Verbrauch den größten Teil der Umweltkosten, insbesondere in Gestalt des Klimawandels, verursacht. Berücksichtigt man diese externen Effekte, so müsste sich zusätzlich aus diesem Grund Erdöl stetig überdurchschnittlich verteuern.

Vor dem Hintergrund dieser Anforderungen der Gleichgewichtstheorie an eine effiziente Preisbildung muss ein umfassendes Versagen der Erdöl(derivat)märkte in den letzten 35 Jahren festgestellt werden. Die nahezu grotesken Schwankungen des Erdölpreises machen Planungen zum Zweck einer wohlfahrtsökonomischen Optimierung von Produktion und Verbrauch unmöglich. Insbesondere die (betriebswirtschaftliche) Rentabilität von Investitionen in Energiesparmaßnahmen bzw. erneuerbare Energieträger ist drastischen Schwankungen unterworfen: Was bei einem angenommenen Ölpreis von

150 Dollar pro Barrel als eine hochrentable Investition erscheint, wird ein Jahr später zu einem Desaster, wenn der Preis wie 2008/2009 um 70 % sinkt. Unter diesen Bedingungen muss die Preisbildung auf den Erdöl(derivat)märkten die Investitionstätigkeit im Energiesektor (einschließlich „Sparbereich" und alternative Energien) systematisch behindern.

Würden die EU oder die Industrieländer insgesamt mit den wichtigsten Erdölproduzenten ein langfristiges Abkommen über die Steigerung des Erdölpreises schließen, so wäre jede Lösung besser als die bisherige Markt„lösung", egal, ob als Ausgangsbasis der durchschnittliche Ölpreis der letzten zehn oder 20 Jahre genommen wird oder ob ein jährlicher Anstieg des realen Ölpreises um 5 % oder 8 % vereinbart wird (das Ausmaß, um das der Ölpreis stärker steigt als der Durchschnitt aller international gehandelten Güter).

Literatur

Schulmeister, Stephan (1995). Zinssatz, Wachstumsrate und Staatsverschuldung, WIFO-Monatsberichte 3/1995.

Schulmeister, Stephan (2009). Die neue Weltwirtschaftskrise – Ursachen, Folgen, Gegenstrategien, Materialien zu Wirtschaft und Gesellschaft 106, Abteilung Wirtschaftswissenschaft und Statistik der Kammer für Arbeiter und Angestellte für Wien (Hg.), Wien.

Schulmeister, Stephan (2010). Mitten in der großen Krise. Ein „New Deal" für Europa, Wiener Vorlesungen, Wien.

Martin Schürz

Seit der Krise ist weniger von den Vorzügen der privaten Pensionsvorsorge zu vernehmen. Es ist stiller um die Börse geworden und auch an die Vorteile von Privatisierungen glauben vermutlich nur noch jene, für die diese dereinst eine lukrative Schnäppchenjagd bedeuteten. Doch das dürfte nur vorübergehend so bleiben. Denn trotz der eklatanten sozialen Ungleichheit zeichnet sich keine Trendwende in der Wirtschaftspolitik ab. Im Gegenteil, die Wirtschaftspolitik positioniert sich konsequent auf Seiten der Reichen (vgl. Hacker/Pierson 2011).

Das Zaudern der EntscheidungsträgerInnen bei Vermögenssteuern ist angesichts der extremen Vermögenskonzentration ein gesellschaftspolitischer Skandal, aber auch ein wirtschaftspolitischer Irrtum. Die geplatzten Immobilienblasen, die gesunkenen Vermögenswerte an den Börsen und das Scheitern der neoliberalen Ideologie haben zu keiner egalitäreren Gesellschaftspolitik geführt. Umverteilung von Reich zu Arm, Kapitalverkehrskontrollen und ein ausgebauter Sozialstaat wären angemessene Krisenreaktionen auf die exzessiven Risiken am Finanzmarkt gewesen.

Der wirtschaftspolitische Kurs geht jedoch in Richtung einer EigentümerInnengesellschaft, d.h. einer Gesellschaft, in der alle Privateigentum erwerben sollen und sich über Privateigentum definieren. Steigende Staatsschulden und Furcht vor Inflation führen bei den Vermögenden zur Suche nach *zeitlosen Werten* (Gold, Immobilien) und bei den Besitzlosen zu einem Gefühl des Ausgeliefertseins. Und Umverteilung erscheint mehr denn je als illegitime Freiheitseinschränkungen. Dies belegen die bescheidenen Vermögenssteuervorschläge: Sofort ist von hohen Freibeträgen, breiten Ausnahmelisten und niedrigen Steuersätzen die Rede und stets wird betont, dass es ohnedies nicht um Enteignung und Umverteilen ginge, sondern um einen kleinen Beitrag.

Drei Punkte stehen im Zentrum der Aussagen konservativer ProponentInnen einer EigentümerInnengesellschaft:

- Alle sollen Eigentum erwerben.
- Privates Eigentum soll beliebig transferiert werden können.
- Privates Eigentum ermöglicht sittliches Handeln.[1]

Die *Vereigenheimung* ist traditionell ein konservatives gesellschaftspolitisches Ziel. „Das Credo sozialpolitischer Diskurse des 19. Jahrhunderts war: aus allen Menschen Besitzer eines noch so kleinen Häuschen und Gärtchens, aus allen Citoyens Bourgeois zu machen“ (Bourdieu u.a. 1998, 13). An diese *Verkleinbürgerlichung* knüpfen konservative Ideologien auch heute an. Das wirtschaftspolitische Projekt einer EigentümerInnengesellschaft war von US-Präsident George W. Bush in den USA in den 1990er Jahren forciert worden. Es wurde nie dahingehend umgesetzt, dass tatsächlich alle Privateigentum gehabt hätten; aber für eine kurze Zeit gab es in den USA sogar arme EigenheimbesitzerInnen ohne Einkommen, Geldvermögen und Job. Geblendet von einer Vermögensillusion schien alles möglich. In Österreich waren Bundeskanzler Schüssel und Finanzminister Grasser vermutlich die entschlossensten Ideologen privater Vorsorge und Kapitalmarktförderung.

Ich möchte zeigen, dass eine EigentümerInnengesellschaft angesichts der eklatanten Vermögensungleichheit ein paradoxes Projekt darstellt, welches fundamentale Gerechtigkeitsprinzipien wie Leistungsgerechtigkeit und Chancengleichheit verletzt. Auf den ersten Blick sind Widersprüche erkennbar: Da wird von Leistung gesprochen, aber gleichzeitig eine Besteuerung von leistungslos erworbenem Vermögen (Erbschaften, Schenkungen) abgelehnt; da schwärmen Eliten von Eigenverantwortung, meinen aber stets die Anderen und nicht sich selbst. Da wird ein kurzfristiges Renditestreben für notwendig befunden und gleichzeitig die Wichtigkeit sozialer Werte beteuert. Dass trotz dieser eklatanten Unvereinbarkeiten das gesellschaftspolitische Unterfangen einer EigentümerInnengesellschaft nicht kollabiert, verlangt nach einer Begründung. Die vorgeblichen Vorteile einer EigentümerInnengesellschaft wären: Freiheit (vom Staat) für die Einzelnen und ein achtsamerer Umgang der EigentümerInnen mit ihrem Eigentum.

Doch mit dem privaten Eigentum ist es für die meisten nicht weit her. Der Anteil der reichsten 5 % der privaten Haushalte in den USA am gesamten Vermögen liegt bei über 60 %. Die ärmsten 80 % haben relativ betrachtet fast nichts. In Österreich ist dies ähnlich. Die EigentümerInnengesellschaft steht daher von vornhinein im Verdacht, ein elitäres Minderheitenprojekt zu sein. Das Rätsel, das hier zu lösen versucht werden soll, lautet: Wieso ist die EigentümerInnengesellschaft angesichts der großen Kluft zwischen Vermögenden und Vermögenslosen kein aussichtsloses politisches Projekt?

Vom Eigentum und der Eigenverantwortung

Freiheit ist der trügerische Schlüsselbegriff einer EigentümerInnengesellschaft. Freiheit wird bloß als „Abwesenheit von Zwang und Ermutigung zur Eigentätigkeit“ (Dahrendorf 2003, 16) verstanden. Ermutigt zur Eigentätigkeit wird von oben nach unten und nicht umgekehrt. Wirtschaftliche und politische Eliten fordern mehr Eigenverantwortung und verstehen darunter Fremdbestimmung im Gewand der Freiheit. Den Menschen wird gesagt: Bislang habt ihr unmündig gelebt, vom Staat bevormundet, und habt euch fälschlich auf den Sozialstaat verlassen. Jetzt ist all dies nicht mehr finanzierbar. Eigenverantwortung ist demnach eine Kampfformel für forcierten Sozialstaatsabbau. Der Staat verschwindet trotzdem nicht, sondern wird zu einem aktivierenden Staat, der versucht die Eigeninitiative zu fördern.

Der private Eigentumserwerb überfordert viele, obwohl er staatlich gefördert wird. Bei geringem Einkommen bleibt die Sparfähigkeit minimal, egal wie ambitionierte Ziele man sich setzen mag. Die Eigentumsillusion vom kreditfinanzierten Eigenheim, dessen Immobilienwert von selbst kontinuierlich steigt, verpuffte in der Krise bereits 2008. Die FremdwährungskreditnehmerInnen mit ihren unabsehbaren Wechselkurs- und Zinsrisiken veranschaulichen den Typus der an ihr Eigentum gefesselten Einzelnen. Dessen ungeachtet lebt der Diskurs zum Glück im Eigenheim und an der Börse als Narrativ der Freiheit fort. Politische Freiheitsvorstellungen brauchen stets ein Wir-Gefühl. Bei der EigentümerInnengesellschaft ist es bloß eine fiktive Gemeinschaft von Besitzindividualisten und Noch-Nicht-EigentümerInnen, welche Gemeinsamkeit herstellen soll.

Die massive Einkommens- und Vermögensungleichheit erzeugt sozialen Stress. Gerade angesichts der vielen Möglichkeiten für wenige und der bescheidenen Wirklichkeit für viele wächst der psychische Druck (vgl. Ehrenberg 2011). Die Reaktion auf eine überfordernde Eigenverantwortung ist eine Flucht in die Krankheit. Sozialer Stress führt zu depressiven Erkrankungen. Alain Ehrenberg formuliert es so: „Die Depression [...] ist die Krankheit einer Gesellschaft, deren Verhaltensnorm nicht mehr auf Schuld und Disziplin gründet, sondern auf Verantwortung und Initiative.“ (Ehrenberg 2004, 9) Deregulierung und Liberalisierung machten Disziplinierung weniger wichtig. Doch oft nicht ausreichende psychische und materielle Ressourcen führen zu einem „erschöpften Selbst“ (ebd.). Depressionen bilden das Negativbild der gesellschaftlichen Veränderungen.

Jedes Scheitern wird zu einem ganz persönlichen Misserfolg. Wenn Heidi Klum in einer TV-Show ihren Kandidatinnen zuquietscht: „One day you are in, next day you are out“, dann trifft sie den Ton. Die Folgen der Verinnerlichung der marktradikalen Freiheitsideologien sind weitreichend. Ins Ich-Ideal verinnerlichte gesellschaftliche Erfolgsideologien können eine destruktive Dynamik auslösen. Bei vielen psychischen Störungsbildern handelt es sich heute um Identitätskrisen, die auf veränderte gesellschaftliche Lebensbedingungen verweisen. Viele Menschen kommen mit den Anforderungen der alltäglichen Identitätsarbeit nicht mehr klar. Ihre diffusen Ängste werden vom Staat durch eine „Sicherheitsgesellschaft“ bekämpft, die den Anspruch hat, Ambivalentes und Fremdes zu beseitigen. Eine EigentümerInnengesellschaft braucht hohe Zäune.

Der Sozialstaat wäre für die große Mehrheit der Menschen weiterhin anziehend und bei hinreichendem Einkommen und einem funktionierenden Sozialstaat würde niemand Privatvermögen benötigen. Bei einem Abbau kollektiver Einrichtungen sozialen Schutzes hingegen werden alle gezwungen, Vermögen aufzubauen. Die EigentümerInnengesellschaft wird dann zum alternativlosen Projekt.

Angestrebt wird Vermögen ja auch von den Armen: In der bescheidenen Variante eines Autos, Hauses oder Schrebergartens und in den unbescheidenen Sehnsüchten beim Glücksspiel. In der Lotterie lebt die Hoffnung der Armen auf Reichtum und in den Tagträumen gelingt der faktisch unmögliche soziale Aufstieg. Daher geben die eklatanten sozialen Ungleichheiten selten Grund zum Aufbegehren. Das Träumen von Reichtum und sozialem Statusgewinn macht aufstiegssolidarisch.

Vom Eigentum und vom Tod

Geerbtes Eigentum ist leistungslos erworbenes Vermögen. Die Idee des unversteuerten Erbens kollidiert fundamental mit dem liberalen Prinzip der Leistungsgerechtigkeit. Daher benötigen Konservative das Konzept des Familienverbundes. In der katholischen Sozialenzyklika 1891 „Rerum novarum" von Papst Leo XIII. steht die Idee des vererbbaren Familieneigentums im Zentrum. „Ein dringendes Gesetz der Natur verlangt, daß der Familienvater den Kindern den Lebensunterhalt und alles Nötige verschaffe, und die Natur leitet ihn an, auch für die Zukunft die Kinder zu versorgen, sie gegenüber den irdischen Wechselfällen instand zu setzen, sich selbst vor Elend zu schützen; er ist es ja, der in den Kindern fortlebt und sich gleichsam in ihnen wiederholt. Wie soll er aber jenen Pflichten gegen die Kinder nachkommen können, wenn er ihnen nicht einen Besitz, welcher fruchtet, als Erbe hinterlassen darf?"

Eigentum wäre folglich ein der Gesellschaft vorgängiges Rechtsinstitut, das nur vom Staat geschützt werden muss. Das Sicherheitsstreben dient als ideelle Motivation der EigentümerInnengesellschaft. Eigentum gibt Sicherheit und wenn es hoch ist, so kann die damit verbundene Sicherheit auch noch an die Nachkommen vererbt werden. „Das familiale Eigenheim (fungiert) schon seit 1789 in den politischen Diskursen der Gegenrevolution bzw. Restauration immer wieder aufs Neue als wirksamster Schutz gegen kollektivistisches Gedankengut aller Art." (Bourdieu u.a. 1998, 1)

Parallel zur Aufwertung der Familie läuft die Abwertung der Leistung. Die Entstehung des Kapitalismus war durch eine *protestantische Ethik* (Max Weber) gefördert worden. Disziplin und Askese waren notwendige Tugenden. Die *Meritokratie* des Kapitalismus versprach ein bescheidenes Salär für erbrachte Leistung. Im Finanzkapitalismus kommt es zu einem Umbruch im gesellschaftlichen Normengefüge. Leistung und Erfolg werden entkoppelt. Erfolg schuldete sich nicht mehr der Leistung, „die Gewinner der Globalisierung [befinden sich] in der günstigen Lage, dass Leistungskategorien für den Erwerb ihrer Vorteile nicht verbindlich sind" (Neckel 2008, 90). Am weitesten in der Absage an das Prinzip der Leistungsgerechtigkeit und Chancengleichheit gehen GegnerInnen einer Erbschaftssteuer. Denn Erbschaften bilden die Ungleichheitsdomäne schlechthin: Einige wenige erben gewaltige Vermögen und die meisten erben nichts.

Doch auch in der Vorstellungswelt der Armen ist vererbbares Eigentum positiv besetzt. An das eigene Einkommen müssen die Erwartungen notgedrungen bescheiden bleiben, aber den Kindern soll es einmal besser gehen. Damit verschiebt sich der zeitliche Horizont des Handelns nach hinten und ihm ist Vertröstung eingeschrieben. Das Sparbuch für die Enkelkinder und das Häuschen der Armen symbolisieren Möglichkeiten. Sie bilden einen Hoffnungsanker in einer prekären Gegenwart. Nur für Reiche mit einem diversifizierten Portfolio ist eine Langfristorientierung möglich und vernünftig, für Arme stellen sich die Probleme hier und jetzt. Vermögen dient ihnen als Reserve für Notfälle, während es den Reichen Status und Macht verleiht.

Arme Familien und reiche Dynastien können ideelle Werte teilen, während ihre materiellen Werte unterschiedlicher nicht sein können. Eine substantielle Erbschaftssteuer täte den Reichen *treffsicher* weh, sie läuft aber auch den Illusionen mancher Armen zuwider. Für die Politik erhöht dies den Anreiz, sich opportunistisch an den materiellen Interessen des reichsten Prozents der Bevölkerung zu orientieren.

Vom Eigentum und der Wohltätigkeit

Eigentum verpflichtet und soll zugleich dem Wohl der Allgemeinheit dienen. So formuliert es etwa das deutsche Grundgesetz. Die Mitverantwortung der Vermögenden für das Gemeinwesen kann jedoch unterschiedlich verstanden werden. Zu unterscheiden ist zwischen individuellen Verhaltensweisen der Reichen (etwa Gier, Wohltätigkeit, Maßlosigkeit usw.) und gesellschaftlich strukturellen Problemen (soziale Ungleichheit und Machtgefälle). Wer nur auf individuelles Verhalten bei der Reichtumsverwendung achtet, adelt wohltätige Reiche zweifach. Zuerst werden die Privilegien bei der Reichtumsentstehung vergessen und danach wird Noblesse zugeschrieben, weil so lieb auch auf die Armen geachtet wird. Heroisiert werden in einer EigentümerInnengesellschaft PhilanthropInnen und sozial karitative UnternehmerInnen, aber nicht SteuerzahlerInnen. Peter Sloterdijk ist der medial bekannteste Interessenvertreter der steuerunwilligen reichen WohltäterInnen. Er verlangt eine „Umstellung des bestehenden Steuersystems von einem bürokratisierten Ritual der Zwangsabgaben zu einer Praxis freiwilliger Beiträge zum Gedeihen des Gemeinwesens“. (Sloterdijk 2010)

Philanthropie ist für Reiche funktional. Da ihr Reichtum nicht über Leistung begründet werden kann, wird karitatives Handeln für den sozialen Status der Reichen in einer Gesellschaft entscheidend. Bei Rousseau waren es im „Diskurs über die Ungleichheit“ (1754) verunsicherte Reiche, die den Armen einen Gesellschaftsvertrag zum Eigentumsschutz aufschwatzten, „um die Schwachen vor der Unterdrückung zu schützen, die Ehrgeizigen in Schranken zu halten und einem jeden den Besitz dessen zu sichern, was ihm gehört“ (Rousseau 2008, 215). Mit dieser Vereinigung „liefen (alle) auf ihre Ketten zu, im Glauben ihre Freiheit zu sichern“ (ebd., 217). Im heutigen WohltäterInnenkapitalismus sind es demokratisch nicht legitimierte Reiche, die ihre gesellschaftlichen Vorstellungen der Politik diktieren und ihre Anerkennung über einen bescheidenen und zudem steuerlich absetzbaren Obolus sicherstellen. Der Staat ermöglicht eine Vermögenskonzentration unvorstellbaren Ausmaßes. Danach soll einigen gemeinwohlorientierten Vermögenden auch noch gedankt werden. Reiche substantiell zu besteuern, scheint hingegen weiterhin keine Denkmöglichkeit.

Ein progressiver Gegendiskurs zur EigentümerInnengesellschaft darf nicht nur die Bedeutung des Sozialstaats betonen, sondern muss dessen Finanzierung über Vermögenssteuern ins Zentrum rücken.

Schlussfolgerungen

Die EigentümerInnengesellschaft besteht aus Menschen, die sich über Eigentum definieren, deren Hoffnungen auf geerbtem und vererbbarem Eigentum ruhen und die selbst entscheiden wollen, wem sie etwas geben wollen und wem nicht. Das Streben nach Eigentum, die Bedeutung der Familie und sittliches Handeln sind keine universellen, aber gesellschaftlich weit verbreitete Werte. Auch emanzipatorische Projekte müssen diese Themen ernst nehmen.

Gesellschaftliche Ideale und Zwänge wandeln sich. Statt Leistung geht es heute oft nur um Erfolg. Daher ahnen viele Menschen, dass ihnen eine EigentümerInnengesellschaft neue Probleme bereiten wird. Die trügerischen Lockrufe der Freiheit werden durchschaut. Doch es ist eine paradoxe, auf Hoffnungslosigkeit gegründete Hoffnung, welche die Besitzlosen zu Verbündeten der Vermögenden macht. Dass die meisten Menschen kaum etwas haben, widerlegt die Idee einer EigentümerInnengesellschaft nicht. Im Gegenteil, es bestärkt diese. Gerade aus der Vermögenslosigkeit wird in einer von Arbeitslosigkeit, unzureichender Altersabsicherung und einem defizienten Bildungs- und Gesundheitssystem gekennzeichneten Welt der Wunsch nach Privateigentum genährt.

Das gefährlichste konservative Ideologem ist die fälschlich behauptete Alternativlosigkeit zu den öffentlichen Sparkursen. Gesellschaftlicher Fortschritt muss aber mehr als eine Verteidigung des Sozialstaates meinen, um nicht zum Rückschritt zu werden. Für das Ziel einer gerechten Gesellschaft muss die Macht der Reichen gebrochen werden.[2]

Literatur

Bourdieu, Piere u.a. (1998). Der Einzige und sein Eigenheim. Schriften zu Politik & Kultur 3, Hamburg.

Dahrendorf, Ralf (2003). Auf der Suche nach einer neuen Ordnung: Vorlesungen zur Politik der Freiheit, München.

Ehrenberg, Alain (2004). Das erschöpfte Selbst. Depression und Gesellschaft in der Gegenwart, Frankfurt am Main.

Ehrenberg, Alain (2011). Das Unbehagen in der Gesellschaft, Frankfurt am Main.

Eucken, Walter (1950). Vorwort, in: ORDO 1. Jg., XV-LXVI.

Hacker, Jacob/Paul Pierson (2010). Winner Takes All Politics: How Washington Made the Rich Richer – and Turned Its Back on the Middle Class, New York.

Leo XIII. (1891). Enzyklika Rerum Novarum. Internet; http://www.uibk.ac.at/theol/leseraum/texte/320.html (Zugriff: 13.8.2011).

Mooslechner, Peter/Martin Schürz (2010). Bonus! Glanz und Elend der Bankmanager, in: Claudia Honegger u.a. (Hg.): Strukturierte Veranwortungslosigkeit, Berlin, 79–92.

Neckel, Sighard (2008). Flucht nach vorn. Die Erfolgskultur der Marktgesellschaft, Frankfurt am Main.

Rousseau, Jean-Jaques (1754/2008). Diskurs über die Ungleichheit. Discours sur l' inégalité, Edition Meier 6. Aufl., Paderborn.

Sloterdijk, Peter (2010). Warum ich doch recht habe, in: Die Zeit v. 8.12.2010. Internet: http://www.zeit.de/2010/49/Sloterdijk-Reichensteuer (Zugriff: 16.8.2011).

1 Der rechtliche Terminus „Eigentum" und der ökonomische Terminus „Vermögen" werden in diesem Artikel weitgehend als Synonyme verwendet.

2 Dies wäre vereinbar mit ordoliberalen Positionen: vollständiger Wettbewerb „ist nur realisierbar, wenn allen Marktteilnehmern die Möglichkeit genommen wird, die Spielregeln des Marktes zu verändern." (Eucken 1950, XV–LXVI).

Der Autor vertritt hier ausschließlich seine private Meinung.

Agnes Streissler

Die Finanzkrise hat es wieder bestätigt: Die Welt braucht neue Spielregeln, so kann es nicht weitergehen! Aber wieso eigentlich nicht?

Wir leben in Österreich im neuntreichsten Land der Welt, die Lebenserwartung liegt über dem OECD-Schnitt, wir gehören dem wohlhabendsten Wirtschaftsraum der Welt an, der technische Fortschritt ist so rasch, dass die KonsumentInnen kaum mehr Schritt halten können – die Liste lässt sich fortsetzen.

Was ist also das Problem? Die schiefe Verteilung? Die schmutzige Umwelt? Die zunehmende Radikalisierung? Sind das tatsächliche Probleme oder reden wir sie uns herbei? Wer durch Österreichs Städte geht oder übers Land fährt, erlebt gut verwaltete, relativ saubere und weitestgehend sichere Umgebungen. Das Waldsterben ist gebannt und wir können nicht einmal mehr wegen Pershing II auf die Straße gehen (falls das nach 1989 Geborenen überhaupt noch ein Begriff ist).

Und dennoch ist da diese latente Unzufriedenheit, das Gefühl der mangelnden Fairness, der Eindruck verschlafener Chancen der Politikgestaltung. Denn es gibt unzweifelhaft Herausforderungen, denen auch wir uns in unserer privilegierten Welt zu stellen haben.

Im Folgenden sollen eine Auswahl dieser Herausforderungen kurz skizziert und notwendige Antworten angerissen werden. Ich habe dabei aus all den möglichen Herausforderungen jene ausgewählt, die mir persönlich am dringlichsten erscheinen und die symptomatisch für das eben Gesagte sind. Es sind dies zwei makropolitische Probleme (wie kommen wir zu mehr Wachstum und wie zu mehr Fairness), zwei strukturpolitische (Umweltprobleme und Wissensgesellschaft) sowie ein systemisches (Koordination).

Das gemeinsame Stichwort ist Nachhaltigkeit – nicht als großes Konzept, sondern einfach als Prinzip des konsequenzenverantwortlichen Handelns: Haben meine Aktivitäten auch morgen/übermorgen/in der nächsten Generation positive oder zumindest keine negativen Auswirkungen? Wenn dies als Benchmark gesetzt wird, gehen wir weit über eine ökologische Interpretation des Nachhaltigkeitsbegriffs hinaus. Denn dann ist es nicht nachhaltig, wenn Landesbedienstete und andere Sondergruppen ihre Pensionssysteme nicht anpassen, wenn in der Schulreform nicht über jene geredet wird, die aus dem Bildungssystem hinauszufallen drohen, wenn ManagerInnen in Industrie und Bankwesen nicht für grobe Fehler haftbar gemacht werden und vor allem, wenn nur verwaltet, aber nicht gestaltet wird.

Gemeinsamer Schluss wird dabei sein, dass es kaum neuer Ideen bedarf. Die Ideen liegen im Grunde alle auf dem Tisch (oder leider vielmehr in den Schubladen); vielleicht müssen sie ein wenig neu interpretiert werden. Es braucht auch keine neuen Konzepte und Modelle, um die Benchmark der Nachhaltigkeit zu überprüfen: Klassische Cost-Benefit Analysen und Folgekostenabschätzungen (möglichst gesamtheitlich und systemübergreifend gedacht) sollten sehr brauchbare Ergebnisse liefern.

Nachhaltiges Wachstum? Möglich und notwendig!

Die oft gehörte Diskussion um die Grenzen des Wachstums wird vielfach mehr ethisch als ökonomisch geführt: Wir hätten doch schon alles, wir verlören unsere „wahren Werte" in der Konsumflut.

Ich will nicht auf diese Moralseite der Diskussion eingehen, sondern vielmehr die Frage nach der ökonomischen Zukunft des Wachstums stellen. Unzweifelhaft haben wir abnehmende Wachstumsraten; dennoch haben wir – im Durchschnitt – positive Wachstumsraten. Wie ist das in einer Wohlstandsgesellschaft möglich?

Die Antwort lautet: Einerseits über die Nachfrageseite. Denn die wenigsten Menschen haben den Eindruck, dass sie tatsächlich schon alles hätten. Viele Wünsche und Bedürfnisse sind offen und das nicht nur im Luxus- und „überzogenen" Segment. Andererseits entsteht Wachstum natürlich auch über die Angebotsseite. Unternehmen entwickeln bessere, schnellere, ressourcenschonende Produkte und Dienstleistungen – alte Güter und Leistungen werden damit obsolet. Neue Bedürfnisse entstehen und werden zum Teil bewusst erzeugt. Beide Wachstumsmotoren (Innovation und Konsum) können seitens der Politik unterstützt werden – vor allem durch Umverteilung und durch Bildung (siehe die nächsten beiden Abschnitte).

Nicht vergessen sollte man in der Wachstumsfrage die globale Perspektive. Wer tatsächlich das Ende des Wachstums sieht, schaue sich auf YouTube den sehr eingängigen Film *Hans Rosling and the magic washing machine* an. Botschaft Nummer eins: Solange nicht jede Familie auf dieser Welt eine Waschmaschine hat, sind die Grenzen des Wachstums sicherlich nicht erreicht. Und die noch wichtigere Botschaft Nummer zwei: Wachstum hat positive, nachhaltige Auswirkungen. Denn wenn eine Maschine die Wäsche wäscht, haben die Menschen mehr Zeit zum Lesen und Lernen.

Aufgabe wird es also sein, die Wachstumsbedingungen selbst nachhaltig zu gestalten (keine kurzfristigen Abschöpfungsmodelle für das schnelle Geld) und die Effekte des Wachstums ebenfalls nachhaltig zu nützen, d. h. für mehr qualitätsvolle Zeit.

Dafür braucht es aber keine neuen Spielregeln, dafür müssen wir uns auch nicht von der Leistungs- und Innovationsorientierung und vom Kapitalismus an sich abwenden. Wir müssen nur gemeinsam ein *level playing field* definieren und wir müssen uns unsererseits alle, im Kleinen wie im Großen, an diese Regeln und Prinzipien halten.

Fairness ja, aber bitte keine unrealistische Sozialromantik!

Wie aber können wir erreichen, dass alle vom Wachstum profitieren? Ist diese Betonung der Notwendigkeit des Wachstums nicht ein völlig unrealistischer, ökonomisierter Anspruch angesichts der Tatsache, dass weltweit mehr als 1 Mrd. Menschen mit weniger als einem Dollar am Tag auskommen müssen und auch in Österreich rund 1 Mio. Menschen armutsgefährdet sind? Gleichzeitig gibt es über 10 Mio. Dollar-Millionäre auf der Welt, ca. 65.000 davon in Österreich!

Aber ist es tatsächlich die Ökonomisierung der Welt, die diese krassen Unterschiede erzeugt? Wären wir alle besser bedient, wenn wir nur mehr Gemeinwohlansätze verfolgten? Ich bin diesbezüglich skeptisch. Zum einen hat sich als eines der effektivsten und erfolgreichsten Umverteilungsinstrumente ein umfassender Sozialstaat erwiesen. Nicht der stigmatisierende Grundsicherungsstaat, sondern ein Sozialstaat, der auf Erwerbsarbeit und die Sicherung und Erhaltung der Erwerbsfähigkeit setzt, der daher untrennbar mit einer sozialen Marktwirtschaft verbunden ist.

Die heutigen Sozialstaaten entsprechen nicht in allen Facetten diesem Idealkonstrukt, sie müssen nachhaltig und zukunftsorientiert reformiert werden. Sozialstaatsregelungen dürfen nicht dazu führen, dass einzelne Gruppen unzulässig profitieren. Flexicurity ist ein Prinzip, das vom Modewort in die Realität umzusetzen ist, mit Vorteilen gleichermaßen für ArbeitnehmerInnen wie für ArbeitgeberInnen. Die BürgerInnen müssen sich als StakeholderInnen und nicht als ShareholderInnen des Sozialstaates sehen – mit Rechten und Pflichten.

Zum anderen beginnen bei mir, wenn als Zukunftsnotwendigkeit die Zuwendung zu mehr Gemeinwesen eingefordert wird, die Alarmglocken zu läuten: Die FrauenrechtlerInnen des letzten Jahrhunderts haben dafür gekämpft, dass es zu einer Kommodifizierung, zu einer Marktfähigkeit der Familien- und Pflegearbeit kommt. Meine Befürchtung angesichts einer Forderung nach mehr Gemeinwesen ist, dass letztlich die „ernstzunehmende" Arbeit und damit auch die Wirtschaftsregeln von den Männern gemacht werden, während die Frauen wieder auf den Sektor der sozialen und Reproduktionsarbeit verwiesen werden, wobei der Unterschied diesmal ist, dass die Männer konzidieren, dass diese „Frauen"-Arbeit natürlich auch wichtig wäre.

Zweifelsohne werden wir uns auf gesellschaftspolitischer Ebene in allen Bereichen damit auseinandersetzen müssen, dass Organisationsformen partikularistischer, utilitaristischer werden, dass Kommunikation heute vor allem dezentral ist. Bindungen, die grundlegend für die Gesellschaft des 20. Jahrhunderts waren, gehen verloren und wir kennen die Alternative noch nicht genau. Und? Bindungen bedeuten einerseits Sicherheit, andererseits aber auch Abhängigkeit – wie jeder leibeigene Bauer im Feudalismus wohl wusste und wie die Frauenbewegung seit mehr als 100 Jahren betont.

Der Aufruf zu stärkerer Gemeinwohlorientierung, zur BürgerInnengesellschaft als Alternative zum Sozialstaat würde letztendlich für viele einen Verzicht auf Ressourcen, auf den *fair share* bedeuten. Die einen klinken sich aus der marktbezogenen Produktivtätigkeit aus (bzw. sie werden ausgeklinkt), die anderen bereichern sich weiter. Die einen haben die „wahren" Werte, die anderen die Finanzvermögenswerte.

Das kann sicher nicht mit „neue Spielregeln" gemeint sein. Vielmehr braucht es eine nachhaltige, mit der Marktwirtschaft kompatible Umverteilungspolitik. Zur nachhaltigen Erhaltung des Sozialstaats, der faire Umverteilung ermöglicht, braucht es nun einmal Wachstum, auch wenn es nicht mehr sehr hoch sein mag. Zu krasse Ungleichheiten schaden dem Wachstumspotenzial und begünstigen Korruption, aber auch soziale Unruhen. Sozialromantische Gleichmacherei ist jedoch ebenfalls kein zukunftsfähiges Modell.

Wissen – der Sozialgradient des 21. Jahrhunderts

Eines der wichtigsten Verteilungsinstrumente ist die Bildungspolitik – mit zunehmender Bedeutung im 21. Jahrhundert. Anders als im klassischen Sozialstaat geht es hier nicht um Umverteilung, denn es muss niemandem Bildung weggenommen werden, um die Bildung von jemand anderem zu erhöhen.

Dennoch ist Bildung ist, vor allem in Österreich, extrem ungleich verteilt. Die Persistenz intergenerationeller Zugehörigkeit zu einer Bildungsschicht ist in Österreich deutlich stärker als in anderen Ländern: Während vier von zehn jungen Menschen aus ArbeiterInnenhaushalten kommen, sind es bei den Studierenden nur zwei von zehn. Umgekehrt: Während nur etwas mehr als einer von zehn jungen Menschen aus einem AkademikerInnenhaushalt kommt, ist es bei den Studierenden mehr als jeder vierte. Noch extremer wird es, wenn man die Verteilung nach Migrationsstatus betrachtet. Die Chance im Bildungssystem einen höheren Abschluss zu machen, ist in Österreich somit viel weniger von Intelligenz und Talent abhängig als vom sozio-ökonomischen Background.

Wir entwickeln uns immer mehr zu einer Wissens- und Informationsgesellschaft, die *Royal Society* hat zu Recht das 21. Jahrhundert als das *Scientific*

Century bezeichnet. Eine Wissenselite buhlt um die Ökonomie der Aufmerksamkeit, junge WissenschaftlerInnen können heute zu Stars werden. Gleichzeitig nimmt der sekundäre Analphabetismus zu, die Informationsüberflutung überfordert viele, die Internet-Sucht führt zu Todesfällen bei Pubertierenden. Aber weder die Sozialdemokratie noch die bürgerlich-liberale Bewegung haben es in Österreich oder Deutschland geschafft – Skandinavien scheint hier besser dazustehen – die Auseinander- und Parallelentwicklung von Bildungsvermögenden und Bildungsunvermögenden zu verhindern. Hier muss Politik aus mehreren Gründen so rasch wie möglich proaktiv eingreifen: Zum Ersten, weil ein breit ausgebildetes Arbeitskräftepotential eine der wesentlichen Wachstumsvoraussetzungen der entwickelten Wirtschaften ist. Es kostet, wenn allzu viele ungebildet sind und daher dem Arbeitsmarkt nicht oder nur unzureichend produktiv zur Verfügung stehen. Zum Zweiten, weil Bildung einer der wichtigsten Verteilungsfaktoren ist: Die Verwirklichung der Chancengleichheit in der Bildung würde viele nachträgliche Umverteilungs-Reparaturmaßnahmen hinfällig machen. Und zum Dritten geht es um die demokratische Kultur: Bildung, die Fähigkeit, sich zu artikulieren und zu kritisieren, sind unabdingbare Voraussetzungen für demokratische Partizipation. Wenn es uns ernst ist, die Demokratie zu schützen, wenn es uns ernst ist damit, dass gesamtgesellschaftliche Konsense über Entscheidungen der Wirtschafts- und Gesellschaftspolitik möglich sein sollen, dann müssen wir allen StaatsbürgerInnen das notwendige Werkzeug dafür mitgeben. Und dafür müssen wir auch zeitgemäß kommunizieren, müssen die Möglichkeiten der neuen Medien nützen, müssen den politischen Diskurs auch jenseits der institutionalisierten Formen anregen und pflegen.

Umwelt: umfassende Interpretation statt Marketing

Um das Thema der Nachhaltigkeit abzurunden, muss selbstverständlich auch die Ökologie erwähnt werden, auch wenn das Thema hier nur sehr kurz angerissen werden kann. Ohne Frage sind die ökologischen Fußabdrücke insbesondere der entwickelten Ökonomien zu groß für diesen Planeten. Hier braucht es dringend Veränderungen im Nutzungsverhalten. Auch in diesem Bereich bin ich jedoch davon überzeugt, dass dies nicht in Widerspruch zu einer kapitalistischen, auf Wachstum orientierten Wirtschaft stehen muss.

Effiziente Energienutzung und nachhaltiges Ressourcenmanagement sind in einer Marktwirtschaft möglich, erfordern aber selbstverständlich ein Umdenken, das durch regulatorische Eingriffe unterstützt werden muss. Die Ökologisierung von Produkten und Prozessen kann aber auch als Win-win-Situation gestaltet werden, wenn Innovations- und Wirtschaftsförderungssysteme stärker auf ökologische Kriterien Bedacht nehmen: Noch ist der österreichische Export nicht sehr „grün". Das könnte und sollte ausgebaut werden: österreichische grüne Nischenprodukte, die den Weltmarkt erobern.

Vorsicht ist allerdings vor Schönfärberei und Hypes angebracht. Es werden tatsächlich immer mehr Jobs grün. Das sind jedoch zum Teil einfach statistische Zuordnungen (die Heizungstechnikerin, die eine energieeffiziente Heizung einbaut, gilt ebenso als „grün" wie der Zimmerkellner in einem Öko-Hotel), und zweitens sind nicht alle *green jobs* auch *clean jobs* (jeder Kanalräumer wird dies bestätigen können). Ökologisierung und Umweltbewusstsein können und sollen als wachstumstreibende und wirtschaftsstärkende Impulse eingesetzt werden. Dabei ist jedoch darauf zu achten, dass es sich nicht einfach um statistische Tricks handelt, sondern tatsächlich um zusätzliche Wachstums- und Beschäftigungsimpulse.

Gesamtheitlicher Blick und Koordination

Alle diese Themen (und wohl auch andere, hier nicht genannte Herausforderungen) sind interdependent zu verstehen: Einzelne Maßnahmen in einem Bereich können große Auswirkungen auf andere Bereiche haben. In einer politischen Logik, die zeitlich nach Wahlzyklen und thematisch nach kameralistisch verrechneten Ressorts denkt, werden derartige Zusammenhänge und die daraus resultierenden Folgekosten meist viel zu wenig bis gar nicht beachtet.

Politik stößt rasch an ihre Effektivitätsgrenzen, wenn nur in Ressorts und Wahlzyklen gedacht wird. Seit Jahren, wenn nicht Jahrzehnten, wird beispielsweise in Österreich über eine Bildungs-, eine Gesundheits-, eine gesamte Verwaltungsreform diskutiert. Viele Menschen haben gute Ideen und scheitern letztendlich an den tagespolitischen Gegebenheiten. Auf europäischer Ebene ist die Problematik wohl ähnlich, wenn es um Koordinierung der Wirtschaftspolitik und Vertiefung der Union geht – einzelstaatliche Interessen stehen dem entgegen, der europäische Gedanke fällt meistens innerstaatlichen politischen Auseinandersetzungen zum Opfer.

Nachhaltige Politik ist aber (schon fast per definitionem) nur möglich, wenn vernetzt und bereichsübergreifend gedacht wird, wenn Folgekosten und -nutzen in allen Teilen des Systems berücksichtigt werden und dementsprechend politische Verantwortlichkeit über den eigenen Schrebergarten hinausgeht. Der gesamtheitliche Blick und die Koordination, die das Gesamtinteresse über das Einzelinteresse stellt, sind unabdingbar für eine zukunftsfähige Weiterentwicklung von Wirtschaft und Gesellschaft.

Braucht es neue Spielregeln?

Wenn also eine Kombination aus nachhaltigkeitsorientierter Wachstumspolitik, einem erwerbszentrierten Sozialstaat, der flexibel die Anforderungen der Zukunft lösen kann, einem auf Chancengleichheit und Schulung der Kritikfähigkeit setzenden Bildungswesen, einer dazu passende Umweltpolitik und einem integrativen, ressortübergreifenden Blick auf alle diese Themen als neue Spielregeln bezeichnet wird, dann zielt mein Plädoyer tatsächlich auf diese neuen Spielregeln. Wenn wir uns aber eingestehen, dass wir alle diese Konzepte im Grunde schon lange kennen und dass es zwar Anpassungen, aber nicht grundsätzlicher Veränderungen bedarf und es eigentlich nur darum geht, diese Ideen auch in die Tat umzusetzen, dann enthält meine Sicht nicht neue Spielregeln, sondern einfach nur den Imperativ: Tun wir es endlich!

Emmerich Tálos Unsere Gesellschaft unterliegt seit geraumer Zeit merkbaren Veränderungen. Aktuelle Trends werden – möglicherweise noch zugespitzt – die zukünftige Entwicklung prägen. Welche sozialen und materiellen Konsequenzen daraus für die Bevölkerung, für Beschäftigte und Beschäftigungslose erwachsen, wird wesentlich auch davon abhängen, an welchen gesellschaftspolitischen Leitbildern und Gerechtigkeitsprinzipien sich staatliche Politik sowie Interessenpolitik orientieren.

Die Folgen und Herausforderungen gesellschaftlicher Veränderungen werden im Folgenden in einem ersten Punkt an drei Aspekten aufgezeigt: Erwerbsarbeit, Sozialstaat und Interessenpolitik für unselbständig Erwerbstätige. Daran anschließend fokussiert der zweite Punkt auf diesbezügliche Antworten mit Schwerpunkt auf der Forderung nach „mehr sozialer Gerechtigkeit".

Gesellschaft in Veränderung

Erwerbsarbeit

Erwerbsarbeit stellt für die meisten Menschen in unserer Gesellschaft eine zentrale Vermittlungsinstanz für materielle und soziale Teilhabechancen dar. Der Frage der Integration in und Ausgrenzung aus Erwerbsarbeit kommt daher große Bedeutung zu. Wie steht es mit der Realität des Erwerbsarbeitsmarktes? Welche Entwicklungen sind absehbar?

Der österreichische Arbeitsmarkt war in den Nachkriegsjahrzehnten von einer Beschäftigungsform dominiert, die als Normalarbeitsverhältnis bezeichnet wird. Darunter versteht man ein vollzeitiges, kontinuierliches, arbeits- und sozialrechtlich abgesichertes Beschäftigungsverhältnis. Es kennzeichnete in erster Linie die Erwerbsbiographien von Männern. Davon abweichende, so genannte atypische Beschäftigungsformen spielten vorerst eine marginale Rolle. Die Zahl der Beschäftigten ist gestiegen, die Arbeitslosenrate lag bis Beginn der 1980er Jahre nach österreichischer Definition unter 3 %. Diese Szenerie hat sich zum Teil beträchtlich verändert – ablesbar an mehreren Facetten.

Das Problem der Ausgrenzung aus bzw. nur begrenzter Integration in Erwerbsarbeit, das bislang vor allem Menschen mit Behinderungen traf (vgl. Filipič/Wagner 2009), hat nunmehr eine ungleich größere Reichweite. Waren zu Beginn der 1980er Jahre zirka 240.000 Menschen einmal im Jahr erwerbslos, so sind es in den letzten Jahren annähernd 800.000. Die durch das Finanzkapital ausgelöste Finanz- und Wirtschaftskrise hat die Erwerbslosigkeit sprunghaft ansteigen lassen. Trotz aktuellem Rückgang gibt es für die nächsten Jahre keine Entwarnung.

Lange Zeit hat Erwerbslosigkeit Frauen ungleich stärker betroffen als Männer, in der jüngsten Zeit trifft sie verstärkt auch junge und ältere Menschen. Das Erwerbslosigkeitsrisiko streut beträchtlich nach Qualifikation. Das mit Abstand höchste Risiko haben PflichtschulabsolventInnen und Personen mit abgeschlossener Lehre. Ob der demografische Wandel – konkret die Reduktion des Anteiles junger Menschen an der Bevölkerung und an den Beschäftigten insgesamt – die Arbeitslosigkeitsproblematik im nächsten Jahrzehnt verringern wird, kann zurzeit nicht gesagt werden.

Aktuell ist nicht nur die Zahl der Erwerbslosen, sondern auch die Zahl der Beschäftigten gestiegen. Dieser Zuwachs resultiert vor allem aus der Verbreitung atypischer Beschäftigungsformen, die sich dadurch auszeichnen, dass sie nicht vollzeitig sowie diskontinuierlich und arbeits- und sozialrechtlich zum Teil nicht abgesichert sind.

Bei allen Gemeinsamkeiten gibt es freilich Unterschiede hinsichtlich der sozialen und materiellen Auswirkungen. Während beispielsweise durch eine 30-stündige Teilzeitbeschäftigung die materielle Existenz gesichert werden kann, trifft dies auf Einkommen aus einer geringfügigen Beschäftigung nicht zu. Zu den atypischen Beschäftigungsformen zählen darüber hinaus befristete Beschäftigungen, Leiharbeit, Arbeit auf Abruf, Beschäftigung als freie DienstnehmerInnen, Telearbeit und so genannte Neue Selbständigkeit.

Die größte Verbreitung hat die Teilzeitbeschäftigung. Die geschlechtspezifischen Unterschiede sind hier in besonderer Weise ausgeprägt: 85 % der Teilzeitbeschäftigten sind Frauen. Der Frauenanteil ist mit Ausnahme der Leiharbeit auch bei den anderen Formen höher. Es ist davon auszugehen, dass die Ausweitung dieser Beschäftigungsformen auch in Zukunft ein unumkehrbarer Trend sein wird. Was wir heute noch als atypisch bezeichnen, wird die Normalität des künftigen Arbeitsmarkts sein.

Umso mehr stellt sich die Frage nach daraus resultierenden Problemen und Herausforderungen. Mit atypischen Beschäftigungsformen sind Chancen und Risiken verbunden. Sie vergrößern für Unternehmen den Spielraum für Anpassungen des Personalumfangs und Personaleinsatzes und sie bringen Kostenvorteile. Die damit einhergehende Fluktuation ist nicht immer ein Vorteil für Betriebe, weil damit auch eine geringere Identifikation der Beschäftigten einhergeht.

Für viele Frauen eröffnet eine Teilzeitbeschäftigung Möglichkeiten, familiäre mit beruflicher Arbeit zu verbinden. Leiharbeit oder befristete Beschäftigung können eine Alternative zur Arbeitslosigkeit sein, auch wenn derart Beschäftigte oft eine kontinuierliche und vollzeitige Beschäftigungsform präferieren würden. Leiharbeitende sind zudem mit einem enorm hohen Arbeitslosigkeitsrisiko konfrontiert.

Mit atypischen Beschäftigungsformen ist vielfach nicht nur ein geringeres und diskontinuierliches Einkommen, sondern zum Teil auch ein nur selektiver sozialer Schutz verbunden. Einige Gruppen sind explizit aus Teilen der Pflichtversicherung ausgenommen: Geringfügig Beschäftigte sind nicht kranken- und pensionsversichert, sie sind zudem ebenso wie so genannte Neue Selbständige in der Arbeitslosenversicherung nicht pflichtversichert. Daran ändert die Möglichkeit zur freiwilligen Versicherung („Opting In") nicht viel. Fehlende Versicherungszeiten schlagen im Leistungsbereich negativ zu Buche. Die Pensionsreformen 2003/2004 (vgl. Mairhuber 2009) haben diesen Effekt verstärkt. Durch die Ausweitung des Bemessungszeitraumes werden für die Leistungsbemessung auch Zeiten der Arbeitslosigkeit, Teilzeitarbeit und befristeten Beschäftigung sowie Neuer Selbständigkeit relevant. Als Konsequenz sind Einbußen beim Pensionseinkommen erwartbar.

Die Veränderungen der Erwerbsarbeitswelt resultieren vor allem auch daraus, dass die Wirtschaft einem beträchtlich angewachsenen Wettbewerbsdruck ausgesetzt ist. Zur Standortsicherung werden Strategien der Rationalisierung und Technologisierung eingesetzt. Der Einsatz der Informations- und Kommunikationstechnologie spielt im Wettbewerb eine wichtige Rolle. Die Ausbreitung neuer Technologien bewirkt eine enorme Dynamik. Rationalisierung und Technologisierung in den Unternehmen haben mehrfache Konsequenzen: Sie erweitern das Flexibilisierungspotential, sie erhöhen die Arbeitsproduktivität, sie erfordern mehr Qualifikation, sie machen zum Teil menschliche Arbeitskraft „überflüssig". Der gestiegene Wettbewerbsdruck findet in vermehrten Anforderungen an die Beschäftigten seinen Niederschlag. Angesichts des Konkurrenzdrucks und für die Standortsicherung ist am Arbeitsmarkt Qualifikation zu einem wichtigen Faktor geworden. Das heißt: Die flexible Erwerbsarbeitswelt mit ihren Destandardisierungsprozessen beinhaltet zum einen neue Möglichkeiten, zum Teil auch mehr individuellen Spielraum, zum anderen allerdings auch ein beträchtliches Ausmaß an Unsicherheit und Instabilität. Materielle Existenzsicherung ist selbst für einen wachsenden Teil der Beschäftigten nicht mehr über Erwerbsarbeit zu erreichen. Working poor heißt konkret, dass die Hälfte jener Menschen, die im erwerbsfähigen Alter vom Verarmungsrisiko betroffen sind, erwerbstätig sind.

Von Unsicherheit und Instabilität sind insbesondere schlecht qualifizierte arbeitslose Menschen, Menschen mit Behinderungen sowie in ihrer Mobilität (z.B. wegen Kinderbetreuungspflichten) eingeschränkte Personen betroffen.

Infragestellungen des Sozialstaates

Der Sozialstaat ist in unserer Gesellschaft zur Aufrechterhaltung und Sicherung sozialer und materieller Teilhabechancen von Erwerbstätigen und Erwerbslosen unverzichtbar. Ungeachtet seiner großen Bedeutung steht er jedoch heute unter beträchtlichem Druck (vgl. Tálos/Kronauer 2011). Das ökonomische und politische Umfeld hat sich einschneidend verändert – diese Veränderungen schlagen auf den Sozialstaat durch. Das ist ablesbar an Finanzierungsproblemen sowie an Problemen der Ausgrenzung und Verarmung im Sozialstaat.

In der heutigen Debatte werden mit dem Thema Sozialstaat vielfach Finanzierungsprobleme assoziiert. In der Tat hat eine Reihe von Faktoren dazu beigetragen, dass die Aufwendungen für soziale Sicherung steigen und die Schere zwischen Einnahmen (aus Beiträgen) und Ausgaben größer wird. Zu den Ursachen zählen steigende Erwerbslosigkeit, der starke Anstieg der Zahl der Pensionen (unter anderem durch vorzeitige Pensionierungen), ein durchschnittlich niedrigeres faktisches Pensionsantrittsalter, ein längerer Pensionsbezug und niedrige Einkommenszuwächse. Die seit den 1990er Jahren, insbesondere von der ÖVP-/FPÖ-/BZÖ-Regierung, forcierten Budgetkonsolidierungsstrategien zeitigten merkbar negative Auswirkungen auf die Finanzierung. Nicht zuletzt sei die strukturelle Problematik des traditionellen Finanzierungsmodus betont. Kriterium für den Unternehmensbeitrag ist seit dem ausgehenden 19. Jahrhundert ein Indikator der Wertschöpfung: die Lohnsumme. Dies bedeutet nicht nur eine Benachteiligung personalintensiver Unternehmen, sondern auch eine besondere Belastung des Faktors Arbeit.

Ohne die Finanzierungsproblematik gering zu schätzen, muss festgestellt werden, dass deren Dominanz in der öffentlichen Diskussion vielfach andere gesellschaftspolitisch wichtige Probleme und Herausforderungen überdeckt. Hier sei vor allem auf Probleme der Ausgrenzung und Verarmung verwiesen.

Aufgrund der Nichterfüllung der Anspruchsvoraussetzungen ist ein Teil der beim AMS gemeldeten arbeitslosen Personen vom Bezug des Arbeitslosengeldes und der Notstandshilfe ausgeschlossen. Niedrige und diskontinuierliche Einkommen schlagen in niedrigen, zum Teil nicht existenzsichernden Leistungen zu Buche. Arbeitslosengeld und Notstandshilfe sind insbesondere bei einem großen Teil der Frauen niedrig bzw. sehr niedrig. Wie steht es mit dem zweiten sozialen Netz, der Sozialhilfe? Das Niveau der Sozialhilferichtsätze war bis in jüngste Zeit in den Bundesländern unterschiedlich, insgesamt lag es mehr oder weniger unter der Armutsschwelle. Die Zahl der Unterstützten ist sprunghaft angestiegen. Ein wichtiger Grund dafür ist, dass deren erzielte Erwerbs- und Transfereinkommen unterhalb des jeweiligen Richtsatzes lagen, bedingt durch die Zunahme atypischer Beschäftigung, durch niedrige Erwerbseinkommen sowie Arbeitslosengeld- und Notstandshilfeleistungen.

Die aktuellen Armutsberichte weisen auch für Österreich unter den veränderten ökonomischen und sozialen Bedingungen die Verbreitung von Verarmungsrisiken und realer Armut aus. Die Verarmungsgefährdung betrifft 12 % der Bevölkerung, wobei bestimmte Gruppen stärker betroffen sind. Neben Alleinerziehenden, Langzeitarbeitslosen, Personen in Haushalten ohne Beschäftigte und kinderreichen Familien sind dies vor allem Menschen mit Behinderungen.

Auch wenn der österreichische Sozialstaat viel zur Vermeidung von Armut beiträgt, ist er nicht insgesamt „armutsfest" (vgl. Obinger/Tálos 2006). Die Existenz von Armut als Ausdruck extremer Ungleichheit in reichen Gesellschaften signalisiert, dass die Spaltungslinien mit wachsendem Reichtum nicht von selbst verschwinden. Daraus resultieren beträchtliche Herausforderungen an Gesellschaftspolitik, die über den Bereich der Sozialpolitik hinausreichen. Maßnahmen der Steuer-, Beschäftigungs- und Bildungspolitik sind ebenso gefordert. Nicht erst seit dem jüngst durch hochriskante Finanzkapitalstrategien ausgelösten wirtschaftlichen und sozialen Desaster ist evident, dass der hochbejubelte Markt ungleich mehr Probleme produziert, als er zu lösen imstande ist.

Die soziale Ungleichheit in der marktbetonten Gesellschaft ist nicht geringer, sondern größer geworden. Die Wirtschaftskrise der letzten Jahre hat bereits vorhandene Problemlagen in mehrfacher Hinsicht noch zugespitzt: Die Finanzkrise führte zur Krise der produktiven Wirtschaft, die selbst wieder auf den Arbeitsmarkt durchschlägt. Beides hat Steuerausfälle und rückläufige Einnahmen der Sozialversicherungseinrichtungen zum einen, vermehrte Aufwendungen zum anderen zur Folge. Ablesbar ist dies am Anstieg der Verschuldung staatlicher Budgets infolge von „Rettungspaketen" und an steigenden Sozialstaatsausgaben. Die jüngste Krise hat den Druck auf den Sozialstaat merkbar verstärkt, und zwar nachhaltig, wie die derzeitigen Sozialstaatsabbauprogramme in vielen europäischen Ländern belegen.

Wirtschaftliche Globalisierung beseitigt zwar nicht die Spielräume für Gesellschaftspolitik, engt sie jedoch merkbar ein. Bei wachsendem Konkurrenzdruck und forcierten Sparprogrammen (vgl. Heise/Lierse 2011) werden vor allem sozialstaatliche Leistungen und Ausgaben ins Visier genommen.

Herausgeforderte Interessenpolitik

Bestandteil dieser Entwicklungen sind auch Veränderungen der Rahmenbedingungen für die Interessenpolitik durch Gewerkschaften und Arbeiterkammern. Diese haben sich in mehrfacher Hinsicht einschneidend verändert.

Die insbesondere durch die EU-Integration vorangetriebene internationale Vernetzung der österreichischen Wirtschaft erweiterte zwar den Aktivitätsradius dieser gesellschaftspolitisch relevanten Akteure. Auf der anderen Seite allerdings zeitigte sie merkbare Auswirkungen auf Österreichs Politik: Der Handlungsspielraum ist eingeschränkt, staatliche Politik ist Prioritäten verpflichtet, die zunehmend weniger Spielraum für die Wahrnehmung der Interessen der unselbständig Beschäftigten im mitgliedstaatlichen Rahmen lassen. Soziale Interessen sind in der EU-Gemeinschaft nach wie vor nachrangig. Die forcierte Liberalisierung findet in Offensiven zur Dezentralisierung und Verbetrieblichung der Regelung wichtiger Materien wie Arbeitszeit und Lohnvereinbarungen ihren Niederschlag. In einer gesellschaftlichen Entwicklung, die aufgrund des wachsenden materiellen und sozialen Problemdrucks ein höheres Engagement und eine gezielte Interessenpolitik von Gewerkschaften und Arbeiterkammern erfordert, wächst zugleich der Druck auf diese, ihre Strategien und Politik an die dominierende, neoliberal orientierte Ausrichtung gemeinschaftlicher Politik anzupassen.

Die zunehmende Heterogenisierung, Pluriformisierung und Differenzierung der Interessen und (Arbeits-)Bedingungen der Beschäftigten hat eine wachsende soziale Ungleichheit zur Folge. Diese Veränderungen erschweren eine Politik der Interessenvereinheitlichung und Interessenbündelung. Dies wird nicht zuletzt an der Differenz zwischen zum Teil standortbezogener Interessenpolitik im Betrieb und überbetrieblich orientierter Interessenpolitik durch Gewerkschaften und Arbeiterkammern ersichtlich.

Angesichts der aktuellen und absehbaren Entwicklung sind diese Akteure gefordert, „Solidarität in Vielfalt und Differenz“ zu verwirklichen und verstärkten Widerstand gegen die Politik der sozialen Schieflage zu leisten. Auf der anderen Seite führt die gesellschaftliche und politische Entwicklung dazu, dass die Interessenorganisationen der abhängig Beschäftigten gesellschaftspolitisch in die Defensive gedrängt werden.

Welche Rolle die Interessenvertretungen der unselbständig Beschäftigten in der zukünftigen Erwerbsarbeitswelt unter den Bedingungen verdichteter wirtschaftlicher Vernetzung spielen werden, wird auch davon abhängen, welche Antworten sie auf diese Herausforderungen finden werden.

Gesellschaft in Veränderung: Antworten

Wie den angeführten Veränderungen gesellschafts- und interessenpolitisch zu begegnen sei, dazu gibt es divergierende Lösungsansätze. Ein realpolitisch sehr relevanter lautet: Problemlösung durch „mehr Markt“. Dies soll durch die Liberalisierung wirtschaftlicher Aktivitäten und unbeschränkten Wettbewerb erreicht werden. Die materielle Absicherung wird in erster Linie der Eigenverantwortung und Eigenvorsorge überantwortet. Nicht zuletzt wird der Handlungsspielraum für mehr Marktaktivitäten durchgesetzt durch den Rückzug des Staates aus der wirtschaftlichen und sozialen Steuerung. Ein Kernpunkt dabei ist die Reduzierung sozialstaatlicher Aktivitäten und Leistungen. Derlei Vorstellungen sind keineswegs bloß ideologische Floskeln. Sie leiten politische Entscheidungen in vielen Ländern an. Die Konsequenzen: Breite Teile der Bevölkerung, der Beschäftigten und Beschäftigungslosen sind davon negativ betroffen. Gleiches gilt für den Sozialstaat und die BezieherInnen sozialstaatlicher Leistungen.

Demgegenüber sind im aktuellen gesellschaftspolitischen Diskurs Stimmen zu vernehmen, die in einem „Mehr an sozialer Gerechtigkeit" eine Antwort auf die durch die gesellschaftlichen Veränderungen bedingten Problemlagen und Herausforderungen sehen.

Das wirft die Frage auf: Was heißt Gerechtigkeit? Was heißt soziale Gerechtigkeit? „Soziale Gerechtigkeit" ist nicht nur ein vielschichtiger Sachverhalt. Die zugrunde gelegten Kriterien sind uneinheitlich, die damit verbundenen Sichtweisen und Zielvorstellungen differieren beträchtlich. In der Literatur (vgl. z.B. Kronauer 2007; Nullmeier 2009; Liebig/May 2009) wird „soziale Gerechtigkeit" entlang unterschiedlicher Prinzipien/Paradigmen in mehreren Formen bestimmt: „Leistungsgerechtigkeit" stellt darauf ab, dass, wer mehr leistet, auch mehr erhalten soll. Bei „Chancengerechtigkeit" geht es um die Gleichheit der Startchancen für eine selbstbestimmte Lebensgestaltung. „Bedarfsgerechtigkeit" fokussiert auf die Umverteilung der Ressourcen nach sozialem Bedarf – zur Sicherung von Grundbedürfnissen. Kernpunkt der „Verteilungsgerechtigkeit" ist der Ausgleich sozialer Unterschiede durch Umverteilung der finanziellen Ressourcen. „Teilhabegerechtigkeit", die im aktuellen Diskurs eine sehr wichtige Rolle spielt, bezieht Chancengleichheit und Absicherung von Grundbedürfnissen auf aktuelle relevante Problemlagen bzw. „neue" Ungleichheiten, durch Dauerarbeitslosigkeit, Prekarisierung der Arbeitsverhältnisse und die Gefahr der sozialen Ausgrenzung ganzer Gruppen (vgl. Nullmeier 2009, 11).

Welche dieser Ausprägungen sozialer Gerechtigkeit präferiert wird, steht mit den jeweiligen gesellschaftspolitischen Leitbildern der entscheidungsrelevanten Kräfte in engem Zusammenhang. Welche dieser Formen Politik tatsächlich auch bestimmen, hängt von den jeweiligen Macht- und Kräfteverhältnissen ab. In realisierte Gesellschaftspolitik, insbesondere in die Politik der sozialstaatlichen Sicherung, ist oft ein Mix von „sozialer Gerechtigkeit" eingeflossen. Dies trifft auch auf den österreichischen Sozialstaat zu.

Der breit ausgebaute österreichische Sozialstaat beinhaltet sowohl Elemente der Leistungsgerechtigkeit als auch der Bedarfsgerechtigkeit, ansatzweise auch der Verteilungsgerechtigkeit. Ersteres bedeutet, dass jene Personen Leistungen erhalten, die Ansprüche darauf durch Leistung von Erwerbsarbeit bzw. durch Zahlung von Versicherungsbeiträgen erworben haben. Leistungsgerechtigkeit heißt, dass es bei höheren Beiträgen höhere Leistungen gibt (Äquivalenzprinzip). Diese Form der Gerechtigkeit dominiert im Wesentlichen die Geldleistungen des Sozialstaates: Arbeitslosengeld, Pension, Entgeltfortzahlung bei Krankheit. Die Bedarfsgerechtigkeit als Bestandteil sozialer Gerechtigkeit kommt in erster Linie bei Leistungen zur Anwendung, die nicht an Erwerbsarbeit bzw. die Höhe der Beiträge gebunden sind, wie Sozialhilfe bzw. bedarfsorientierte Mindestsicherung, Ausgleichszulage oder Familienleistungen. Das Äquivalenzprinzip wird in der Pensionsversicherung durch die „Mindestleistung" Ausgleichszulage eingeschränkt.

Leistungsgerechtigkeit im Sinne von Beitragsgerechtigkeit vermag zur materiellen Statussicherung beizutragen. Der traditionelle Mix von Leistungs- und Bedarfsgerechtigkeit reicht allerdings unter den veränderten gesellschaftlichen Rahmenbedingungen nicht aus, den damit verbundenen Problemen der sozialen und materiellen Ausgrenzung gegenzusteuern.

Wenn nunmehr ein „Mehr an sozialer Gerechtigkeit" gefordert wird, welche Prinzipien von sozialer Gerechtigkeit sollten Politik dann anleiten? Ein „Mehr an Leistungsgerechtigkeit" – wie das Credo des ehemaligen ÖVP-Obmanns und Vizekanzlers Pröll in seiner bekannten Rede „Projekt Österreich" vom Oktober 2009 lautete? Bezögen wir Leistungsgerechtigkeit auf die angeführten Problemlagen, dann würden bestehende Ungleichheiten damit fortbestehen bzw. verfestigt.

Daher sind meines Erachtens andere Formen „sozialer Gerechtigkeit" gefragt und gefordert: die (Um-)Verteilungs- und Teilhabegerechtigkeit. Wobei Teilhabe die „umfassende Einbeziehung in die wesentlichen gesellschaftlichen Vorgänge und Institutionen" meint (Nullmeier 2010, 33). Wie könnte diese umgesetzt werden? Zum einen durch Maßnahmen, die die Chancen und Bedingungen am Arbeitsmarkt verbessern: beispielsweise durch Förderung des Einstiegs in Erwerbsarbeit, durch adäquate Mindestlohnstandards und Beteiligung an Qualifikationsprogrammen für atypisch Beschäftigte. Zum andern könnte ein Mehr an sozialer Gerechtigkeit durch sozialstaatliche Leistungen bewirkt werden, die nicht dem Äquivalenzprinzip, sondern durch den Ausbau bestehender Sozialleistungen, die derzeit nicht armutsfest sind, dem Bedarfs- und Teilhabeprinzip folgen.

Einen diesbezüglichen Schritt würde der Ausbau sozial ausgleichender Elemente durch eine bedarfsorientierte Grundsicherung darstellen. Was sind nun

Kernpunkte dieses Modells? Das damit angepeilte Ziel ist die Absicherung von Grundbedürfnissen durch Sicherung materieller Teilhabechancen. Es geht dabei nicht um die Ersetzung bestehender sozialstaatlicher Leistungen (wie in den meisten neoliberal orientierten Sozialstaatsumbau-Vorstellungen), sondern um deren Ergänzung in zweifacher Weise: durch Verankerung von Mindeststandards im Leistungssystem und durch die Erweiterung des Zugangs zu Grundsicherungsleistungen. Beides läuft auf eine partielle Entkoppelung materieller Teilhabechancen von der Anbindung an Erwerbsarbeit und die Höhe des Erwerbseinkommens hinaus.

Zu den Voraussetzungen für diese Form der Grundsicherung zählen ein gegebener materieller Bedarf, der aus mangelndem bzw. überhaupt fehlendem Einkommen resultiert, ebenso wie die Bereitschaft zum Einsatz der Arbeitskraft für Menschen im erwerbsfähigen Alter. Die Finanzierung erfolgt nicht aus Versichertenbeiträgen, sondern als eine allgemeine gesellschaftspolitische Aufgabe aus öffentlichen Mitteln. Die jüngst eingeführte bedarfsorientierte Mindestsicherung (vgl. Pfeil/Wöss 2011) ist ein Ansatz in diese Richtung, der des weiteren Ausbaues bedarf. So liegt beispielsweise das Niveau dieser Leistung mit netto 752,94 Euro (2011) beträchtlich unter der Armutsgefährdungsschwelle nach EU-Kriterien, die im Einkommensjahr 2008 bei 994 Euro lag (vgl. Tálos/Kronauer 2011).

Maßnahmen wie die Grundsicherung sind keine erst in Zukunft zu realisierende Utopie, sondern eine gesellschaftspolitische Notwendigkeit, die es heute angesichts der Veränderungen der Gesellschaft zu realisieren gilt. Eine Sicherung von Teilhabechancen in unserer Gesellschaft wird allerdings nicht ohne Umverteilung möglich sein. Um entsprechende finanzielle Voraussetzungen für die Realisierung von „mehr soziale Gerechtigkeit" zu schaffen, bedarf es Veränderungen in der Steuerpolitik (z. B. adäquate Besteuerung von Vermögen und Vermögenszuwächsen) und beim Finanzierungsmodus in der Sozialversicherung. Letzteres ist durch die Erweiterung der Beitragsgrundlagen der Unternehmen erreichbar.

Schlussbemerkung und Ausblick

Wir können davon ausgehen, dass es in Zukunft noch mehr Individualisierung, mehr Eigenvorsorge und Eigenverantwortung, mehr Mobilität und Pluriformität im (Privat-)Leben und in der Erwerbsarbeit geben wird. Dies bringt auf der einen Seite Chancen mit sich. Die Arbeitsmärkte werden durchlässiger, starre Muster traditioneller Hierarchien werden im Beruf eine geringere Rolle spielen.

Es gibt allerdings auch eine andere Seite: Die Anforderungen an die einzelnen Individuen werden beträchtlich steigen. Traditionelle soziale Netze wie Familie, Arbeitsmarkt und Sozialstaat werden weitmaschiger, fransen aus. Qualifikations-, Mobilitäts- und Flexibilitätsanforderungen steigen. Soziale Abstiegsprozesse können und werden schneller vor sich gehen, das Ausgrenzungsrisiko wird nicht kleiner sein, eigenständige Absicherung wird mehr gefordert und zur gleichen Zeit für einen Teil der Bevölkerung schwieriger erreichbar sein. Jene Menschen, die in einer Welt, die rasche Anpassung, Flexibilität und Mobilität erfordert, nicht mitkommen bzw. nur eingeschränkt partizipieren können, werden mit beträchtlichen materiellen und sozialen Problemen konfrontiert werden.

Unter diesen Bedingungen bedarf es einer Politik aktiver Gestaltung – wobei der Ausbau des sozialstaatlichen Leistungsspektrums durch Einbau bedarfsbezogener, umverteilender Elemente sozialer Sicherung und die Sicherung der dafür erforderlichen Ressourcen diesbezüglich Schritte sein könnten. Für „ein Mehr an sozialer Gerechtigkeit" im ausgeführten Sinne ist staatliche Politik ebenso wie eine initiative Interessenpolitik auf nationaler wie gemeinschaftlicher Ebene gefordert.

Literatur

Filipič, Ursula/Norman Wagner (2009). Bedarfsorientierte Mindestsicherung: Armutsvermeidung für Menschen mit Behinderung? In: Wirtschaft und Gesellschaft 3/2009, 392–419.

Heise, Arne/Hanna Lierse (2011). Haushaltskonsolidierung und das Europäische Modell, Studie der Friedrich Ebert Stiftung, Bonn.

Kronauer, Martin (2007). Neue soziale Ungleichheiten und Ungerechtigkeitserfahrungen: Herausforderungen für eine Politik des Sozialen, in: Sozialpolitik in Diskussion 6, Kammer für Arbeiter und Angestellte Wien, 23–35.

Liebig, Stefan/Meike May (2009). Dimensionen sozialer Gerechtigkeit, in: Aus Politik und Zeitgeschichte 47/2009, 3–8.

Mairhuber, Ingrid (2010). Entwicklung der österreichischen Alterssicherung seit den 1980er Jahren, in: Christoph Hermann/Roland Atzmüller (Hg.): Die Dynamik des „österreichischen Modells", Berlin, 187–211.

Nullmeier, Frank (2009). Soziale Gerechtigkeit – Ein politischer „Kampfbegriff"? In: Aus Politik und Zeitgeschichte 47/2009, 9–14.

Nullmeier, Frank (2010). Kritik neoliberaler Menschen- und Gesellschaftsbilder und Konsequenzen für ein neues Verständnis von „sozialer Gerechtigkeit", WISO Diskurs, Friedrich Ebert Stiftung, Bonn.

Obinger, Herbert/Emmerich Tálos (2006). Sozialstaat Österreich zwischen Kontinuität und Umbau, Wiesbaden.

Pfeil, Walter/Josef Wöss (2011). Handbuch bedarfsorientierter Mindestsicherung, Wien.

Tálos, Emmerich/Martin Kronauer (2011). Armut und Wohlfahrtsstaat, in: Roland Verwiebe (Hg): Armut in Österreich, Reihe Sociologica Bd. 15, Wien.

Peter Weinberger

Die seit der Konstituierung der Arbeiterkammern vergangenen 90 Jahre scheinen eine lange Zeitspanne zu sein, wenn man an all die Veränderungen denkt, die sich seit dem Beginn der 20er Jahre des letzten Jahrhunderts ereignet haben. Veränderungen, die vielleicht den wenigsten wirklich bewusst sind. Denn das Ende des Ersten Weltkriegs bedeutete nicht nur ein Ende alter politischer Ordnungen, das Zerfallen alter Reiche, sondern auch das Ende „alter" Gesellschaftspolitik, „alter" Kunst, „alter" Literatur und Musik sowie vor allem der „alten" Naturwissenschaften. Zwar gab es schon seit Beginn des 20. Jahrhunderts kräftiges Rumoren in allen Bereichen, doch nach Kriegsende setzte etwas ein, das das Leben aller, die Lebensgewohnheiten aller und deren gesellschaftspolitische Realisierung verändern sollte: Anfang der 1920er Jahre begann das Zeitalter der Quantenmechanik.

Das Zeitalter der Quantenmechanik

Und es begann fulminant: 1924 veröffentlichte Louis de Broglie einen Artikel im Philosophical Magazine, der nicht nur 1926 Erwin Schrödinger zu seiner berühmten Reihe von Arbeiten – alle Beiträge innerhalb eines einzigen Jahres – inspirierte, sondern auch viele andere, wie zum Beispiel Werner Heisenberg oder Max Born. Die Arbeiten von Paul Dirac (1928) führten schließlich auch zu einer korrekten Einbeziehung der speziellen Relativitätstheorie Einsteins (1905). Innerhalb von knapp zehn Jahren wurden die Grundlagen einer neuen Physik geschaffen, die – wie schon gesagt – gesellschaftspolitisch stärker verändernd wirken sollte als die „alte" Physik jemals zuvor. Im Laufe der Jahre stellten sich dann – die Sprache der Quantenmechanik benutzend – Entdeckungen wie die von Halbleitern, des Transistoreffekts etc. ein.

Ein digitalisierter Alltag?

Warum diese Quantenmechanik von so überragender Bedeutung ist, ist rasch gesagt: Ohne sie gäbe es keine (moderne) Informationstechnologie, die heute für die meisten Menschen, auch global gesehen, zum Alltag gehört, und die für die kommenden Jahre noch viele Herausforderungen bezüglich ihrer gesellschaftspolitischen „Bewältigung" in sich birgt. Modern sei dabei in Klammern gesetzt, denn die Informationstechnologie von übermorgen wird die von heute bereits wieder „alt" aussehen lassen. Ohne Computerisierung und Digitalisierung sind finanzielle, verwaltungstechnische und legislative Abläufe nicht mehr denkbar. Die Frage, wie denn eigentlich das Schreiben und Lesen auf einer Festplatte in einem Computer (Desktop oder Laptop), einer CD oder DVD funktioniert, ist dabei vielleicht noch die einfachste, die gestellt werden kann. Die Antwort lautet nämlich: Es sind dies alles Anwendungen jener Quantenmechanik bzw. jener physikalischer Effekte, die im 20. Jahrhundert entdeckt wurden. Das Gleiche betrifft die Mobiltelephonie (Handys, Smartphones etc.), die bereits das Benützen öffentlicher Verkehrsmittel durch Mitfahrende beeinträchtigt erscheinen lassen. Autos, und Haushaltsgeräte sind heutzutage gespickt mit elektronischen „gadgets" ...

Aber es geht nicht nur um Dinge des Alltagsleben, die fast nicht mehr wegdenkbar sind. Es geht auch nicht nur um „e-governement", um die Bequemlichkeit, direkt per Computer ausfüllbare Formulare (von Meldezetteln bis Passantragsformulare) mittels Internet zu jedem Zeitpunkt abrufen zu können. Auch die (moderne) Medizin kann ohne Quantenmechanik nicht auskommen. Die meisten Spitäler sind bestens ausgerüstet mit Geräten, die ganz wesentlich zu einer Erhöhung der Lebenszeit beigetragen haben. Die Signale, die zum Beispiel bei einer Kernspinresonanz erzeugt werden, sind quantenmechanischen Ursprungs, ihre „Visualisierung" (softwaregemäße Auswertung) ist ohne Computer nicht denkbar. Ohne „Visualisierung" wären die Spitäler lediglich medizinische Versorgungsstätten. Ohne entsprechende Software und damit ohne Computer keine Visualisierung. Die Kernspinresonanz ist nur eines von vielen Beispielen dafür.

Das technologische Ende ist noch nicht absehbar

Und dabei ist das Ende der Reise noch nicht erreicht. Innerhalb der letzten 20 Jahre hat die Nanophysik – die physikalischen Eigenschaften nanostrukturierter Materie sind ebenfalls durch die Quantenmechanik bestimmt – unter anderem ganz wesentlich zu einer Miniaturisierung von Speichermedien und Informationserkennungsteilen geführt. Die Dimension des physikalisch relevanten Teils eines Lesekopfs (auf einer Festplatte) liegt in der Größenordnung von Nanometern (nano = 0.000000001). Die Zukunft verspricht winzige Speichermedien ohne bewegliche Teile mit Kapazitäten von Tausenden Gigabytes. Und die Zugriffszeit wird sich infolge neuer physikalischer Effekte um Größenordnungen verbessern. Zugriffszeiten im Bereiche von Nanosekunden sind nicht nur möglich, es könnten demnächst auch Bruchteile (Picosekunden = 0.000000000001 Sekunden) davon sein. An flinke Datenübertragung haben sich die meisten bereits gewöhnt. Daten bzw. Datenbanken bedürfen allerdings eines Servers, d.h. eines Computers, von dem sie jederzeit abrufbar, eines Computers, auf dem sie gespeichert sind.

Soweit (ganz kurz) zur vergangenen Zukunft. Vergangen, weil es eines Erinnerns an die Entstehung der Quantenmechanik bedarf, Zukunft, weil die technologischen Entwicklungen – Anwendungen der Quantenmechanik – längst noch nicht abgeschlossen sind. Im Gegenteil: Die Hard- und Softwaretechnologie scheint sich erst in einer Art von Anfangsstadium zu befinden.

Zukünftige Vergangenheit?

Die zukünftige Vergangenheit umfasst im Wesentlichen drei riesige Bereiche, nämlich (1) den (globalen) demokratiepolitischen, (2) den menschenrechtlichen und (3) den arbeitsrechtlichen Aspekt von Informationstechnologie. Alle drei Aspekte sind gegenwärtig immer noch nach „rückwärts" ausgerichtet, sie begnügen sich (noch) mit einer Vergangenheit, die längst nicht mehr der Wirklichkeit entspricht. Es sind diese drei Aspekte, die am ehesten das Interesse der (österreichischen) Allgemeinheit wecken, einer Allgemeinheit, die sich gerne damit brüstet, in der Schule in Mathematik „auch schlecht gewesen zu sein".

Das absehbare Ende von Printmedien

Es ist keine Frage, dass sich infolge von Internet und ähnlichen „elektronischen" Medien der Charakter der Medienkultur in vielen Ländern zu ändern beginnt. „Printausgaben" von Zeitungen, eine der nachhaltigsten Errungenschaften der Revolution von 1848, verlieren zunehmend an politischer Bedeutung und an Leserschaft[1]. Viele der bekannten Zeitungen in den USA, allen voran die New York Times, aber auch Washington Post, Los Angeles Times, San Francisco Chronicle, Chicago Tribune etc., sehen sich infolge schwindender Auflagengröße dazu gezwungen, journalistische Mitarbeiter zu kündigen. Die New York Times ist seit neuestem dazu übergegangen, einen Beitrag für das Lesen der Internetversion der Zeitung zu verlangen. Dies liegt nicht nur an der schrumpfenden Leserschaft, sondern auch an den Möglichkeiten kommerzielle Einschaltungen internetgerecht zu verwenden. Es ist niemanden zumutbar, plötzlich mit seitenlangen Inseraten am Schirm konfrontiert zu sein. Am ehesten haben wohl noch fundierte Wochen- oder Monatszeitschriften eine Chance zu überleben, Journale, die schon bisher eine eher „elitäre" Leserschaft bedient haben, die das Rascheln des Papiers beim Umblättern nicht missen will. Die Zukunft der Massenmedien, vor allem im Druckbereich, wird noch einige Zeit im Ungewissen bleiben. Wie weit Internetversionen von Tageszeitungen finanzierbar sind, wird sich vermutlich in den nächsten Jahren erst zeigen. Blinkende Reklamen sind sicher nicht der Weg dazu.

Das absehbare Ende „orientalischer Despotien"

Wenn man über den eigenen Tellerrand hinausschaut, ist es ganz offensichtlich, dass es ohne Handy, Facebook, Twitter und Internet nie eine Revolution in Ägypten und in den anderen arabischen Ländern gegeben hätte (und geben wird). Die alte Ordnung, die einer von vielen Staaten geduldeten Despotie, wird, unabhängig vom Ausgang der aktuellen Entwicklungen in so manchem arabischen Land, auf Dauer nicht zu halten sein. Man kann durchaus berechtigt von

„Internetrevolutionen“ sprechen, also von gesellschaftlichen Veränderungen, die letztlich „ohne Quantenmechanik“ nie eingetreten wären.

Eine neue Generation von mit neuen Medien Vertrauten lässt sich nicht mehr mit metaphysischen Floskeln abspeisen. Sie besteht auf eine Realität, die ihren Informationsmöglichkeiten entspricht. Sufismus ist nicht digitalisierbar. Die arabischen Länder sind nicht die einzigen, denen gesellschaftliche Veränderungen ins Haus stehen. Wie sieht jedoch die zukünftige Vergangenheit aus? Wird es eine Vergangenheit von Bürgerkriegen sein? Eine auf eine (fast) friedliche Konstitutionsfindung zurückblickende? Und wie wird die zukünftige Vergangenheit in vielen Teilen Indochinas aussehen?

Digitaler Müll und Internetwildwuchs

Selbst in den industrialisierten Ländern der ersten und zweiten Welt ist der menschenrechtliche Aspekt der Informationsflut weitgehend ungelöst. Jüngste Beispiele mit rechtsradikalen Internetseiten, auf denen offen Antisemitismus gepredigt wird, zeigen, wie wenig lokaler Datenschutz wirklich vermag. Ein „Provider“ in der Ukraine oder auch in Kalifornien wird kaum einen lukrativen Auftrag verweigern, der Inhalt der Seiten wird ja nicht von ihm bestimmt.

Es geht nicht nur um Schlagwörter, um den „gläsernen Menschen“, um personenbezogene Daten, die auch von Ungewollten abrufbar sind, um Porno- und Kinderpornoseiten. Es geht auch darum, Normen zu entwickeln, die die Richtigkeit von Internetinformationen gewährleisten, und die, wie die Menschenrechte, von globaler Gültigkeit sind. Millionen von Webseiten mit zeitlich abgelaufenen Daten bekleckern wie Hundedreck die digitalen Gehsteige. Das Internet ist zum Teil zu einer gigantischen Müllhalde verkommen. Demokratischer Müll? Digitaler Müll?

Das absehbare Ende traditioneller politischer Parteien

Auch demokratische Parteien werden in Zukunft auf eine geänderte Vergangenheit zurückblicken müssen. Obama hat die amerikanischen Präsidentschaftswahlen gewonnen, weil er sich einer horizontalen Vernetzung bediente, während seine Konkurrenz auf eine tradierte vertikale Struktur baute. Horizontal bedeutet nicht unbedingt national einheitlich. Viele lokale, nur schwach miteinander verknüpfte Netze haben Obama geholfen, Präsident zu werden. Für die europäischen politischen Parteien bedeutet horizontale Vernetzung eine gewaltige Herausforderung. Gefragt sind lokale Netze, die sich an eine bestimmte Bevölkerungsgruppe wenden, gefragt sind Aktivitäten jenseits üblicher Funktionärsstrukturen. Gefragt sind Netze, die gezielt dem „Ewig-jung-und-wie-ein-Model-Aussehen“ der bisherigen Regenbogenpresse widersprechen, Netze, die

die Sorgen und Ängste von Jugendlichen zum Inhalt haben. Vielleicht schon in zehn Jahren werden, nur um ein Beispiel zu nennen, Sektionen innerhalb der Sozialdemokratischen Partei zur zukünftigen Vergangenheit gehören.

Das absehbare Ende „untypischer" Arbeitsverhältnisse

Eine durchaus schmerzhafte, durch Informationstechnologie bedingte Veränderung wird die Arbeitnehmerorganisationen betreffen. Ihre Strukturen sind immer noch hauptsächlich auf dem Konzept von geregelten Arbeitsverhältnissen (Arbeiter, Angestellte, Beamte) ausgerichtet. Die Zahl der „untypischen" Arbeitsverhältnisse ist jedoch rasant im Wachsen. Viele, die in der einen oder anderen Art Computerarbeiten verrichten – sei es notwendigerweise als Freiberufliche oder Teilzeitarbeitende – sind kaum noch von Arbeitnehmerorganisationen erfass- und ansprechbar. Ihnen nützt ein Kollektivvertrag nichts, da es keine entsprechenden Vertragspartner gibt.

Immer mehr Arbeiten werden im eigenen Wohnbereich durchgeführt, da das Internet die lokale Anwesenheit hinfällig gemacht hat. Von dieser Veränderung sind alle Berufe betroffen, die als Arbeitsplatz letztlich eines Desk- oder Laptops bedürfen, versehen mit entsprechenden Peripheriegeräten wie Drucker und Scanner. Ab wann „untypische" Arbeitsverhältnisse sich in „auch typische" verwandeln, hängt davon ab, wann Arbeitnehmerinteressenorganisationen sich entsprechende gesellschaftspolitische Anpassungsmodelle überlegen. Noch ist „untypisch" teilweise mit „unwichtige Minderheit" konnotiert.

Digitale „Genderisierung"

Vielfach befinden sich Frauen in solchen „untypischen" Arbeitsverhältnissen, weil es zum Teil für sie schwer ist, nach einer kinderbedingten Pause eine entsprechende Halbtagsstelle zu finden, aber auch, weil „untypisch" für sie mehr Freiraum in der Gestaltung familiärer Zeitabläufe bedeutet. Vor allem aber, weil das Fehlen von Gesamtschulen (= Ganztagsschulen) sie in „untypische Arbeitsverhältnisse" zwingt. Dies ist jedoch nur ein Aspekt digitaler „Genderisierung". Das Verwenden informationstechnologischer Arbeitsmethoden bedingt Vorkenntnisse; es setzt eine gewisse „technische Intelligenz" voraus, die mit dem allgemeinen Bildungsniveau in engem Zusammenhang steht. Ungelernten Arbeitern mit unzureichender Bildung ist von vornherein der Zugang zu „Internetjobs" verwehrt.

Damit zeichnet sich auch eine Abgrenzung ab, die gesellschaftspolitische Folgen mit sich bringt: Der Anteil von Männern in ungelernten Berufen wird in Zukunft eher wachsen als schrumpfen. Die politischen Konsequenzen daraus sind bereits jetzt offenkundig. Die Wählerschaft rechtspopulistischer Parteien ist zum größeren Teil männlich. Sie besteht aus Männern, die sich durch das Eindringen von immer mehr finanziell unabhängigen Frauen in ihrem gewohnten gesellschaftlichen Status bedroht fühlen. In dem Maße, in dem in industrialisierten Ländern die so genannte Serviceindustrie an Bedeutung gewinnt und materielle Produktionen ausgelagert werden, schrumpft auch der Anteil von ungelernten und klassischen „Blue-collar"-Jobs. Dadurch wachsen materielle Existenzängste und auch die politische Rechtslastigkeit jener, die bislang in diesen Bereichen Arbeit gefunden haben. Viele Jobs im Rahmen der häufig auf Informationstechnologie beruhenden Serviceindustrie können ortsunabhängig, d.h. auch von zu Hause aus, ausgeübt werden, und zwar eher von Frauen als von Männern.

90 Jahre Arbeiterkammern

Anlässe wie der 90. Jahrestag der Konstituierung der Arbeiterkammern sind eine willkommene Gelegenheit, daran zu erinnern, dass das Zeitalter der Quantenmechanik, in dem wir uns heute befinden, bereits fast so viele Jahre umfasst wie das Vorhandensein von Arbeiterkammern. Ein Zeitalter offensichtlich, das wie nie zuvor in der Geschichte den Alltag der Menschen verändert hat. Historische Rückblicke auf die Zeit der Ersten Republik, auf die Jahre während des Nationalsozialismus oder auf Entwicklungen in der Zweiten Republik seien Zeithistorikern überlassen. Eine letzte Frage allerdings ist noch zu stellen:

Und wo ist die Gegenwart?

Die Gegenwart ist ein singulärer Punkt zwischen Vergangenheit und Zukunft. Sie ist bestimmt durch Trajektorien, die aus der Vergangenheit in die Zukunft führen. Sie ist sozusagen eine Momentaufnahme in einem zeitlichen Prozess, der im Gegensatz zur Physik keine negativen Zeiten, keine Zeitumkehr zulässt. Es sind diese Trajektorien, die unser gesellschaftliches Handeln bestimmen, die es zu analysieren gilt. Die Gegenwart ist nutzlos, wenn ihr nicht gleichzeitig ein Blick in die Zukunft zur Verfügung steht. Und gelegentlich auch ein solcher in die Vergangenheit, um das „uns" in „unser Handeln" zu spezifizieren.

1 Ich habe bewusst dem Wunsch der Herausgeber nach einer gegenderten Schreibweise nicht entsprochen, da ich diese angesichts des politischen Unwillens die finanzielle und gesellschaftliche Gleichstellung von Frauen zu realisieren für eine gigantische Augenauswischerei halte. Wir benötigen nicht unsinnige „Innen", sondern vor allem Ganztagskindergärten und Gesamtschulen!

Innensicht

Silvia Angelo und Sylvia Leodolter Zugegeben: Seit der Volksabstimmung zum AKW Zwentendorf im November 1978 und der Besetzung der Stopfenreuther Au im Winter 1984/1985 ist viel Wasser die Donau hinuntergeflossen. Trotzdem ist auch die heutige Auseinandersetzung mit ökologischen Fragen in Österreich geprägt von diesen emotionalen Kontroversen der Vergangenheit. Es stellt sich die Frage, ob dies zu Recht der Fall ist oder ob sich die Sicht der Dinge geändert hat. Gibt es die Auseinandersetzung zwischen „WachstumsverweigererInnen“ und „ökologischen Dinosauriern“ tatsächlich?

Als Wirtschaftswachstum wird im Allgemeinen die Zunahme des Bruttoinlandsproduktes gesehen. Und diese Zunahme bringt Wohlstand. Das ist der seit langem gültige Tenor sowohl der ÖkonomInnen als auch der politischen Kräfte. Wachstum kann Arbeitsplätze schaffen und die Verteilungsproblematik entschärfen – ohne sie jedoch zu lösen! Herkömmliches Wirtschaftswachstum führt aber auch zu einem höheren Verbrauch von fossilen und mineralischen Rohstoffen und zu einem höheren Schadstoffausstoß. Auf der anderen Seite: Ohne Wachstum würden auch die Staatsfinanzen stagnieren und damit würde der Handlungsspielraum des Staates eingeschränkt werden. Ein Dilemma also?

In den letzten Jahren begann – einmal mehr – aus diesem Widerspruch heraus eine Wachstumsdebatte. Kern der Auseinandersetzung ist auf der einen Seite die Frage, ob Wirtschaftswachstum zwangsläufig in die ökologische Katastrophe mündet bzw. ob dieses Wachstum auch ökologisch und nachhaltig gestaltet sein kann, und auf der anderen Seite, ob dauerhaft niedriges Wirtschaftswachstum zu sozialen Problemen führen muss.

Jenseits dieser grundlegenden Fragestellung und der öffentlichen Debatte darüber gibt es seit der Veröffentlichung der vielzitierten „Grenzen des Wachstums“ im Jahr 1972 international zahlreiche Bekenntnisse zu mehr Klima- und Umweltschutz. In der konkreten Umsetzung – Beispiele sind die Klima-Rahmenkonvention mit dem Kyoto-Protokoll, die Versuche zur Eindämmung der Wüstenbildung, die Biodiversitätskonvention u. v. a. –, hat sich jedoch sehr wenig getan. Auf internationaler wie auf nationaler Ebene werden Versuche zur Reduktion der Treibhausgasemissionen und des Energieverbrauchs zwar wortreich angekündigt, zeitigen jedoch nur mäßigen Erfolg. Dass etwas weniger Rhetorik und etwas mehr Handeln notwendig wären, ist offensichtlich.

Daher stellt sich für die ArbeitnehmerInnenvertretung eine „doppelte Gretchenfrage“: Wie können soziale und ökologische Anliegen verbunden werden bzw. wie kann ein verteilungsgerechtes ökologisches Wachstum aussehen? Ziel muss jedenfalls die Überwindung vermeintlicher Widersprüche sein, verbunden mit einem klaren Eingeständnis historischer Fehler bei Zwentendorf und

Hainburg, die nicht nur in der Frage der Beurteilung von Technologien liegen, sondern vor allem auch im Umgang mit den damals geforderten stärker partizipatorischen Ansätzen von Demokratie statt der bekannten paternalistischen.

Wachstum und Ressourcenverbrauch – ist die Entkoppelung ein Mythos?

Die Geschichte einer steigenden Wirtschaftsleistung ist immer auch die Geschichte eines steigenden Energiebedarfs. Die vielzitierte Entkoppelung dieser beiden Größen ist im historischen Rückblick erst in ihren Anfängen vollzogen: Mit der industriellen Revolution startet simultan der Take-off des globalen BIP-Wachstums und des Angebots von Primärenergiequellen. Zwar gab es durchaus punktuelle Erfolge im relativen Entkoppeln von Wachstum und Energieverbrauch (vor allem in den Industrieländern), doch sind diese häufig auf strukturelle Veränderungen zurückzuführen (Auslagerungen energieintensiver Produktionen etc.). Bisher sind keine Anzeichen für eine absolute Entkoppelung zu erkennen. Wachstum wird weniger energieintensiv, aber nicht energiefrei.

So wuchs nur ein Jahr nach der ersten echten globalen Rezession die globale Wirtschaft wieder fast auf Vorkrisenniveau. 2012–2015 soll die Weltwirtschaft wieder um 4,5 % jährlich wachsen. Gleichzeitig wächst laut Internationaler Energieagentur der globale Energiebedarf zwischen 2008 und 2035 nur mehr um 1,2 % jährlich (vgl. IEA 2010). Bisher (1980–2007) waren es durchschnittlich 2 % pro Jahr. Allerdings findet der Großteil dieses Wachstums außerhalb der OECD statt – etwa in China – und etwa die Hälfte betrifft fossile Energieträger.

Was also tun?

Die EU-Klima- und Energieziele sehen eine Drei-Säulen-Strategie bis 2020 vor: Die EU soll ihre Treibhausgasemissionen um 20 % reduzieren, den Anteil an erneuerbaren Energiequellen am Verbrauch auf 20 % erhöhen und ebenso die Energieeffizienz um 20 % erhöhen. Dies sind EU-Durchschnittsziele. Für Österreich sind derzeit folgende Ziele verbindlich: Ausbau der erneuerbaren Energien auf 34 % des Bruttoendenergieverbrauchs, Einsatz von 10 % erneuerbaren Energieträgern im Verkehrsbereich, Reduktion der Treibhausgas-Emissionen um 16 % (gegenüber 2005). Anders ausgedrückt: Zur Erreichung der 20/20/20-Ziele ist für Österreich eine Stabilisierung des gesamten Energieverbrauchs auf dem Stand von 2005 notwendig.

Energieeffizienz ist ein Schlüssel zu weniger Verbrauch: Im Jahr 2009 verbrauchten die Haushalte rund 24,4 % der Energie, die Produktion rund 28,8 % und der Verkehr – wenig überraschend – blieb mit einem Anteil von 33,5 % der

Hauptenergieverbraucher. Seit langem werden die Förderung der thermischen Gebäudesanierung, der Ausbau von Fernwärme, die Reduktion des Energieverbrauchs in Haushalten durch Gerätetausch, Energieberatung etc. politisch vorangetrieben. Es braucht aber auch ein geändertes Verbrauchsverhalten, etwa durch verbindliche Einsparungsziele und den Ausbau des öffentlichen Verkehrs als Alternative zum grenzenlosen Wachstum des Individualverkehrs. Und da es sich beim Energieverbrauch um ein globales Problem handelt, das eng mit den Wirtschaften aufholender Staaten verbunden ist, stellt sich die Frage: Reicht das?

Oft wird in letzter Zeit als Ausweg aus dem Dilemma die Technologieentwicklung beschworen. ProtagonistInnen dieses Denkansatzes – wie z. B. der Minister für Wirtschaft, Arbeit und Technologie im deutschen Bundesland Thüringen, Matthias Machnig – gehen davon aus, dass saubere Technologie im Zentrum eines neuen Fortschrittsmodells stehen muss (vgl. Machnig 2010). Natürlich ist das ein vernünftiger Ansatz, denn was die Menschen interessiert, ist ja nicht die Menge an verbrauchter Energie selbst, sondern ihr Resultat: Wärme, Mobilität etc. Daher ist die Entwicklung von Technologien zentral, die den gleichen Nutzen mit einem geringeren Einsatz von Energie bereitstellen. Doch diese Technologieentwicklung erfordert einen hohen finanziellen Aufwand, bis sie Früchte trägt.

Darüber hinaus ist natürlich die Frage zu stellen: Ist mehr vom Gleichen möglich, nur eben grüner? In letzter Zeit ist in diesem Zusammenhang viel von einem „Green New Deal“ die Rede. Dieser lehnt sich begrifflich an den „New Deal“ von Franklin D. Roosevelt an, der zu seiner Zeit mit einem Bündel an Wirtschafts- und Sozialreformen versuchte, Amerika aus der Krise herauszusteuern. Der Green New Deal strebt analog dazu einen ökologischen Umbau der Industriegesellschaft an. Im deutschsprachigen Raum wurde dieses Konzept vor allem von der Partei Bündnis 90/Die Grünen aufgegriffen. Allerdings wird vor allem im linken Spektrum das Konzept des Green New Deals kontrovers diskutiert. Der schwerwiegendste Kritikpunkt ist der mangelnde (bis nicht vorhandene) Fokus auf ökonomische Verteilungsfragen. Ein „grüner Kapitalismus“, der völlig im Gleichklang mit der freien Marktwirtschaft funktioniere – irgendwie kommt einem das bekannt vor. Bei uns hieß das „Ökosoziale Marktwirtschaft“. Die Kritik lautet also wieder: Es fehlt bei der Lösung der ökologischen Frage die soziale Komponente, denn es stellt sich in letzter Konsequenz die Frage, wer den ökologischen Umbau bezahlen muss.

Diese Frage stellt sich auch bei einer weiteren Möglichkeit, nämlich der Förderung erneuerbarer Energieträger. Diese sind ein Ausweg, Atomenergie ist es sicher nicht (mehr). Österreich zählt im Jahr 2011 zu den Produzenten von „sauberem Strom" und ist als geografisch begünstigtes Land damit quasi zum Vorbild geworden. Rund 70 % der Stromerzeugung stammen aus erneuerbaren Energiequellen. Anders das Bild jenseits der Grenzen. In Europa wurden 2009 rund 2.500 TWh (Terrawattstunden) Strom verbraucht, rund 30 % davon stammen aus Nuklearanlagen. 52 % werden aus fossilen Energieträgern (Erdgas, Erdöl oder Kohle) gewonnen, 13 % aus Wasserkraft, 4 % aus Windkraft und 3 % aus anderen erneuerbaren Energieträgern. Ein Ausstieg aus der Atomenergie ist also in Europa nicht von heute auf morgen zu bewältigen, auch wenn derzeit viel Geld in den Ausbau erneuerbarer Energieträger investiert wird. Dabei stellt sich wieder die Frage: Wer trägt die Kosten? Wenn die Industrie – wie beim Ökostrom – nicht entsprechend ihrem Verbrauch zahlt, wo bleiben Verursacherprinzip und Anreizwirkung zur Verhaltensänderung? Und: Wie hoch sind die Gewinne der privaten Betreiber, die durch öffentliche Subventionen erwirtschaftet werden? Eine Frage, die sich im Übrigen nicht nur bei erneuerbaren Energiequellen, sondern gerade auch bei der Atomenergie stellt. Auch hier gilt: „Nachhaltiges Wachstum" ist nur denkbar, wenn es nicht nur ökonomischen und ökologischen Effekten Rechnung trägt, sondern auch die soziale Ausgewogenheit im Auge hat.

Energiepolitik aus Verteilungsperspektive

Energiepolitik ist in einem liberalisierten Binnenmarkt noch einmal etwas anderes, als es zu der Zeit der Hainburgbesetzung war. Damals mussten die Energieversorger zur Kenntnis nehmen, dass es auch von BürgerInneninitiativen Mitsprache an ihrer Kraftwerkspolitik gab und eine demokratischere Entscheidung über gesellschaftsrelevante wirtschaftspolitische Handlungen stattfand. In der Folge brachten der Beitritt zur EU und die damit verbundene Liberalisierung des Elektrizitätsmarktes Machtverschiebungen in der österreichischen Stromerzeugung mit sich. Und auch die Organisationsform der Energieversorger veränderte sich: Sie gingen vermehrt von der öffentlichen Hand in Privateigentum über, entzogen sich damit der öffentlichen Kontrolle und schrieben nie dagewesene Gewinne.

Wenn es also eine wesentliche Veränderung in den letzten 20 Jahren gab, so ist es eine Änderung in den Besitz- und damit den Machtverhältnissen – auf nationaler, aber vor allem auch auf internationaler Ebene. Energieversorgung ist immer weniger eine öffentliche Dienstleistung, sondern erfolgt zunehmend mehr nach den Regeln des Marktes. Trotz ihrer nach wie vor zentralen Bedeutung für die einzelnen Haushalte hat Energie ihren Status als Element der öffentlichen Grundversorgung verloren und ist zu einer Marktware wie jede andere geworden. Die letzten Elemente einer demokratischen Kontrolle sind nur noch über die Rahmengesetzgebung und indirekt über jene Energieversorgungsunternehmen gegeben, die noch in (teilweise) öffentlichem Eigentum stehen. Gleichzeitig ist die Energieversorgung als Grundlage für die Klimapolitik ins Zentrum der öffentlichen Aufmerksamkeit gerückt. Diesem Widerspruch zu begegnen und auch die daraus resultierenden Interessenlagen zu benennen, ist eine der Aufgaben einer ArbeitnehmerInnenvertretung.

Was aber bedeutet Energie für die KonsumentInnen? In erster Linie Kosten und dabei vor allem hohe Kosten für arme Haushalte. Die kürzlich von der Statistik Austria (Statistik Austria 2010) veröffentlichten Daten der Konsumerhebung 2009/2010 zeigen den besonderen Charakter von Energie. Sie gehört zu den Gütern, für die ärmere Menschen einen bedeutend größeren Anteil ihrer Mittel aufwenden als wohlhabendere. Während eine Person, die zu dem Viertel der Bevölkerung mit den höchsten Ausgaben gehört, nur 3,3 % ihres Geldes für Energie ausgibt, muss jemand, der zum Viertel mit den geringsten Ausgaben gehört, 8,3 % der Ausgaben für Energie aufwenden. Ähnlich ist es bei Nahrungsmitteln, einem anderen Grundbedürfnis. Umgekehrt verhält es sich übrigens mit den Ausgaben für ein Auto. Hier gilt: je reicher, desto teurer. Angesichts dieses Befundes ist es bedenklich, wenn die Liberalisierung und Privatisierung der Energieversorger jedenfalls nicht zu sinkenden Preisen führen.

Welchen Wohlstand wollen wir erreichen?

Bei der Debatte um ein sozial verträgliches, ökologisches Wachstum geht es natürlich auch sehr stark um Definitionen. Unser Wohlstandsmesser ist gemeinhin das Bruttoinlandsprodukt (BIP) und dessen Wachstum. Aus den verschiedenen Diskussionen um seine Aussagekraft wissen wir allerdings, dass es sich beim BIP um eine Verkürzung der Wohlstandsbeschreibung handelt. Das BIP beschreibt *nicht* die Lebenserwartung, den Bildungsgrad, die Gesundheitsversorgung, die Verteilungsgerechtigkeit und schon gar nicht Zufriedenheit und Glück. Wenn wir von den Grenzen des Wachstums sprechen, muss also zunächst festgelegt werden, von welchem Wachstumsbegriff bzw. -indikator wir ausgehen.

Die Vereinten Nationen verwenden bereits seit 1990 einen erweiterten Wohlstandsindikator, um Entwicklungen zu messen. Der Human Development Index (HDI) vergleicht nicht nur das Pro-Kopf-Einkommen, sondern erweitert die Wohlstandsmessung um die Lebenserwartung (Indikator für Gesundheitsversorgung, Hygiene, Ernährung) und den Bildungsgrad (Indikator für Wissen,

Teilhabe am politischen und öffentlichen Leben). Auch der HDI hat seine Schwächen. So kann damit nicht die ungleiche Verteilung innerhalb eines Landes gemessen werden.

Daher geht die Diskussion weiter: Die Stiglitz-Sen-Fitoussi-Kommission hat für die EU einen Bericht erarbeitet, der im September 2009 präsentiert wurde. In diesem wird empfohlen, das BIP durch ein Nettoinlandsprodukt zu ersetzen, das auch soziale oder umweltrelevante Aspekte berücksichtigt. Auch die OECD arbeitet an neuen Indikatoren und auf nationaler Ebene – etwa im deutschen Bundestag – wird ebenfalls über andere Maßzahlen diskutiert, die „Wohlstand" besser abbilden sollen. Solche Indikatoren werden vielleicht die ökonomischen Prozesse nicht maßgeblich verändern; das BIP-Wachstum ist und bleibt eine pragmatische volkswirtschaftliche Referenzgröße. Die Diskussionen darüber sind allerdings wichtig, zeigen sie doch die generelle Unzufriedenheit mit der Gleichsetzung von „Wachstum" und „Lebenszufriedenheit" auf.

Wo ist der soziale Ausweg aus der ökologischen Krise?

Dass Arbeitslosigkeit mit der Entwicklung des BIP zusammenhängt, ist eine ökonomische Faustregel. Wachstum bedeutet auch mehr Ressourcenverbrauch. Ein schrumpfendes BIP ist aber auch keine Lösung, denn weniger Wachstum bringt nicht – sozusagen automatisch – mehr Klimaschutz. Und schon gar nicht mehr Verteilungsgerechtigkeit. Ziel ist daher nicht mehr oder weniger Wachstum, sondern ein „gutes Leben für alle". Es geht – gerade für die ArbeitnehmerInnenbewegung – um eine Synthese der vermeintlichen Widersprüche von „Wachstumsfetischismus" und „Öko-Naivität". So sind die Bekämpfung der Arbeitslosigkeit und gerade auch die Verteilung von Vermögen und Einkommen politisch gestaltbar. Eine solche Gestaltungsmöglichkeit läge z.B. in der Arbeitszeitumverteilung und vor allem auch der Arbeitszeitverkürzung; beides sind nicht nur im sozialen, sondern durchaus auch im ökologischen Sinn nachhaltige Maßnahmen.

Im Oktober 1930, inmitten der Wirtschaftskrise, erschien ein in letzter Zeit häufig zitierter Essay von John Maynard Keynes mit dem Titel „Wirtschaftliche Möglichkeiten für unsere Enkelkinder". Darin überlegt er, wie sich die Lebensrealität in den folgenden 100 Jahren darstellen wird. Er konstatiert einen massiven technologischen Fortschritt, der es der Menschheit auf lange Sicht ermöglicht „ihr wirtschaftliches Problem zu lösen". In 100 Jahren, so Keynes, würde der Lebensstandard in den Industrieländern bis zu achtmal so hoch sein wie zur damaligen Zeit (womit er Recht behalten hat). Wenn dies der Fall ist, müsse sich die Menschheit nicht mehr intensiv mit ihrer ökonomischen Existenz beschäftigen. „Mit Drei-Stunden-Schichten oder einer Fünfzehn-Stunden-Woche kann das Problem eine ganze Weile hinausgeschoben werden. Denn drei Stunden am Tag reichen völlig aus, um den alten Adam in den meisten von uns zu befriedigen!“ (Keynes 1930/2007, 143) Wäre das nicht eine schöne Perspektive?

Literatur

Matthias Machnig (2010). Grünes Wachstum ist drin. Internet: www.zeit.de (Zugriff: 11.8.2011).
Internationale Energieagentur (IEA) 2010: Energy Outlook 2010, Wien.
Keynes, John Maynard (1930/2007). Wirtschaftliche Möglichkeiten für unsere Enkelkinder, in: Norbert Reuter: Wachstumseuphorie und Verteilungsrealität. Wirtschaftspolitische Leitbilder zwischen Gestern und Morgen, 2. Aufl., Marburg 2007, 135–147 (hier zit. n. Internet: http://www.jenseits-des-wachstums.de/fileadmin/user_upload/Kampagnen/jenseits-des-wachstums/Keynes%20Enkelkinder.pdf, Zugriff: 16.8.2011).
Statistik Austria (2010). Internet: www.statistik.at/web_de/statistiken/soziales/verbrauchsausgaben/konsumerhebung_2009_2010/index.html (Zugriff: 11.8.2011).

Die Autorinnen danken Dorothea Herzele, Maria Maltschnig und Christoph Streissler für ihre konstruktive Unterstützung und ihre wertvollen Beiträge.

Peter Hoffmann Die Psyche rückt langsam, aber stetig immer mehr in das Bewusstsein von sozial- und gesundheitspolitischen AkteurInnen, und dies leider nicht in einem positiven Sinn. Die Psyche manifestiert sich in Horrorschlagzeilen der Medien (Stress und Burnout werden als neue Volkskrankheiten ausgerufen) und Sozial- und Pensionsversicherungsträger registrieren, teilweise mit Erstaunen, teilweise mit Unverständnis und Sorge, die Tatsache, dass psychische Erkrankungen an die Spitze der Ursachencharts für Invaliditäts- bzw. Berufsunfähigkeitspensionen klettern. Kein Wunder, denn psychische Beschwerden und Erkrankungen kosten eine Menge Geld. Fachspezifische Berichte und Analysen über Behandlungskosten, volkswirt- und betriebswirtschaftliche Kosten, Krankenstandstage und Ausfallszeiten als Folge psychischer Erkrankungen gibt es in der Zwischenzeit ausreichend. Warum aber ist dem so?

Gesellschaftliche Entwicklungen

Sehen wir uns ein paar gängige Schlagwörter an, die unsere heutige Gesellschaft charakterisieren sollen. So leben wir, um nur die gängigsten Schlagworte zu nennen, in einer

- Dienstleistungsgesellschaft
- Informationsgesellschaft
- Hochleistungs- und Hochgeschwindigkeitsgesellschaft
- Wettbewerbsgesellschaft

Diese Begriffe verweisen sehr klar darauf, was von den (arbeitenden) Menschen nicht nur körperlich, sondern vor allem psychisch verlangt wird:

- Mobilität (zeitlich, räumlich und strukturell)
- Tätigkeit an mehreren Arbeitsplätzen mit unterschiedlichen Aufgaben
- Handhabung komplexer Betriebsmittel und Informationstechnik
- Übernahme von Abstimmungs- und Vermittlungsprozessen
- Erhöhung der kommunikativ-sozialen Anforderungen
- Zunahme wissensintensiver (Dienst-)Leistungstätigkeiten
- Verstärkte Wissensintensität bestehender Tätigkeiten
- Übergang von SpezialistInnen zu ProblemlöserInnen und WissensintegratorInnen (durch die Einführung neuer Technologien, durch die Arbeit in inner- und zwischenbetrieblichen Projekten und die intensive Integration von KundInnen in den Leistungserstellungs- und -erbringungsprozess)

Ohne Zweifel: Die Gesellschaft hat sich in den letzten vier Jahrzehnten (in den ersten zwei davon fast unbemerkt) sehr klar und einprägsam von einer Produktions- zu einer Dienstleistungsgesellschaft gewandelt. „Zwei von drei ArbeitnehmerInnen in Europa arbeiten heute in einem Serviceberuf" (Grimm 2011).

„Mindestens 75% der deutschen Erwerbstätigen arbeiten im Dienstleistungssektor“ (Hacker 2009, 15).

Und wie sieht es in Österreich aus? Kaum anders: 1974 war der Beschäftigtenstand sowohl im Industrie- und Gewerbesektor als auch im Dienstleistungssektor annähernd gleich (1.289.100 Beschäftigte in Industrie und Gewerbe, 1.387.400 Beschäftigte im Dienstleistungssektor). Betrachtet man die Beschäftigtenzahlen von 2009, so sind es im Industrie- und Gewerbesektor nur mehr knapp über 1 Mio. Beschäftigte (1.018.600), im Dienstleistungssektor hingegen bereits fast 3 Mio. (2.844.700) (vgl. Statistik Austria 2009). Schaut man sich die Verteilung der Beschäftigten im Dienstleistungssektor genauer an, kann man feststellen, dass die Beschäftigten des Gesundheits- und Sozialwesens mit 206.380 Personen bereits an zweiter Stelle stehen. An erster Stelle finden sich Handel, Instandhaltung und Reparatur von Kraftfahrzeugen und Gebrauchsgütern mit 518.059 Beschäftigten (vgl. Bundesarbeiterkammer 2010, 145).

Was bedeutet Dienstleistung konkret aus arbeitspsychologischer Sicht?

Vereinfacht betrachtet geht es bei Dienstleistungen darum, dass Menschen (DienstleistungserbringerInnen) Bedürfnisse und Probleme von Menschen (DienstleistungsnehmerInnen) erfüllen bzw. lösen und damit ihr finanzielles Einkommen bestreiten. Dabei können DienstleisterInnen und DienstleistungsnehmerInnen sowohl direkt physisch und psychisch miteinander in Kontakt stehen als auch mittelbar, beispielsweise über Mobiltelefonie oder Internet.

Dort wo Dienstleistungen im Rahmen von Organisationen oder Einrichtungen erfolgen, wirken deren Regeln und Strukturen sowohl auf die DienstleisterInnen als auch auf DienstleistungsnehmerInnen. Das kann beispielsweise bedeuten, dass die Dienstleistung nur zu bestimmten Öffnungszeiten oder/und nur in einem bestimmten Ausmaß und nach klaren Standards erfolgen kann bzw. muss. Danach haben sich beide AkteurInnen zu orientieren, was unter Umständen zu Konflikten, Stresserleben und Unzufriedenheit auf beiden Seiten führen kann.

Betrachtet man Dienstleistung als dialogisch-interaktive Arbeitstätigkeit, so ist dabei der Arbeitsgegenstand eine Person, die sozialen, psychischen und biologischen Gesetzmäßigkeiten unterliegt (vgl. Hacker 2009, 18). Bei diesen personenbezogenen Arbeitstätigkeiten erreichen die Handelnden (DienstleisterInnen) ihre Ziele hauptsächlich, „indem sie Einfluss nehmen auf die Ziele und das Erleben der Klienten, Patienten, Schüler, etc., um deren Verhalten zu beeinflussen. Die psychische Regulation personenbezogener Tätigkeiten dient hauptsächlich der Einflussnahme auf die psychische Regulation des Erlebens und

Verhaltens anderer. Psychisches ist dabei Arbeitsgegenstand und Arbeitsmittel." (Hacker 2005, 124) Konkret kann dies in der Pflegepraxis bedeuten, dass beispielsweise bei der Operationsvorbereitung die betreuenden Pflegekräfte versuchen, die Ängste von PatientInnen mittels ruhigen Zuspruchs zu reduzieren (Angst als Arbeitsgegenstand und gleichzeitig das Ziel der Veränderung des Erlebens der PatientInnen). Diese Form der Angstreduzierung ist aber nur dann möglich, wenn das Arbeitsmittel „Psyche" (genauer gesagt die psychische Handlungsregulation, siehe unten) der Pflegeperson (DienstleisterIn) nicht gestört ist.

Der Vollständigkeit halber muss darauf hingewiesen werden, dass Dienstleistungen (und damit auch die psychische Handlungsregulation) in einem komplexen System von Mensch-Technik und Organisation (MTO) (vgl. Ulich 2005, 86) erbracht wird. Das bedeutet, dass nicht nur organisationale Bedingungen und Regeln Einfluss nehmen auf die Dienstleistung und ihre Qualität, sondern auch die Qualität und Verfügbarkeit jener technischen und materiellen Mittel, die für eine qualitätsvolle Dienstleistungserbringung notwendig sind.

Dienstleistungen können weiters folgendermaßen charakterisiert werden:

- „Dienstleistungen sind ein materiell nicht greifbares Gut." (Nerdinger u.a. 2008, 559)
- „Uno-actu-Prinzip: Produktions- und Konsumtionsprozess fallen räumlich und zeitlich zusammen, wobei der Kunde an der Erstellung der Leistung mehr oder weniger beteiligt ist". (Ebd.)
- „Gelingt es den Dienstleistungsgebern, die Gefühle der Dienstleistungsnehmer in ihrem Sinne zu beeinflussen, dann kontrollieren sie die Beziehung und können eine Tätigkeit einfacher bewältigen." (Ebd., 568)
- „Daher bildet Gefühlsarbeit einen zentralen Bestandteil der Tätigkeit von Dienstleistungsgebern." (Ebd.)

Gefühlsarbeit und Emotionsarbeit als Bestandteil psychischer Handlungsregulation

Beim Einsatz von Gefühlen im Arbeitskontext werden diese in „Emotionsarbeit" und „Gefühlsarbeit" unterschieden. Emotionsarbeit bedeutet, dass die DienstleistungsgeberInnen ihre eigenen Gefühle so ausrichten (ist gleich Emotionsarbeit), dass sie die Gefühle der DienstleistungsnehmerInnen beeinflussen können, was dann als Gefühlsarbeit bezeichnet wird. „Der von Hochschild eingeführte Begriff der ‚Emotionsarbeit' betrifft eine spezifische Form von Arbeitsanforderungen, die darin besteht, bei anderen Menschen (KundInnen, PatientInnen etc.) positive Gefühlszustände zu bewirken oder zu erhalten.

Diese Anforderung gehört zu den zentralen Merkmalen personenbezogener Dienstleistungen. Um solche positiven Emotionen bei anderen auszulösen oder aufrechtzuerhalten, müssen derartige Dienstleistungen erbringende Personen ihrerseits positive Gefühle zeigen. Entspricht die eigene emotionale Situation dieser Anforderung nicht, ist also zur angemessenen Aufgabenerfüllung eine verstärkte Emotionsregulation erforderlich, so kann daraus eine erhebliche Belastung resultieren." (Ulich 2005, 556) Diese Ausführungen verdeutlichen, dass es sich bei Emotionsarbeit um eine Arbeitsanforderung handelt, die unter bestimmten Umständen zu einer erheblichen Belastung führen kann.

Sehen wir uns das Spektrum von Gefühlen und Emotionen an, dann wird deutlich, welche hemmende bzw. fördernde Rolle diese bei Erfolg bzw. Misserfolg von Dienstleistungen spielen können. Ohne auf die wissenschaftliche Diskussion zur Unterscheidung von Gefühlen und Emotionen einzugehen, seien hier einige positive und einige negative Gefühle und Emotionen angeführt, die die LeserInnen in Dienstleistungssituationen hineinprojizieren und den Versuch anstellen können, den Ausgang dieser Dienstleistung selbst zu bestimmen: Positive Gefühle und Emotionen sind Freude, Glück, Liebe, Zuneigung, Geborgenheit, Stolz, Sicherheit, Sinnhaftigkeit, Interesse etc. Negative Gefühle und Emotionen sind Angst, Wut, Ärger, Misstrauen, Hilflosigkeit, Ekel, Scham, Schuld, Verachtung, Trauer, Neid, Eifersucht, Aggression etc.

Ein wichtiger Hinweis zur Emotionsarbeit sei noch kurz angebracht: Wie Hacker (2005) betont, kommt diese nicht nur in interaktiven Tätigkeiten vor, sondern auch in monologischen. Nach seinen Ausführungen sind „Emotionen vielmehr eine reguläre mögliche Art tätigkeitsregulierender psychischer Sachverhalte bei allen Arbeitstätigkeiten" (Hacker 2005, 125).

Psychische (Handlungs-)Regulation und die Rolle von Emotionen darin

Die psychische Regulation personenbezogener Tätigkeiten dient, wie oben ausgeführt, hauptsächlich der Einflussnahme auf die psychische Regulation des Erlebens und Verhaltens anderer. Psychisches ist dabei Arbeitsgegenstand und Arbeitsmittel. Was versteht man nun unter „psychischer Handlungsregulation"? Nach Hacker (2009, 27 ff.) erfolgt psychische Handlungsregulation durch:

1. Psychische Prozesse

- Wahrnehmung der aktuellen Arbeitssituation
- kognitiv-intellektuelle Prozesse (rational-intellektuelles oder anschauliches Denken
- Erinnerungsvorgänge von übernommenen Wissen
- motivationale Vorgänge (einschließlich emotionaler Vorgänge)

2. Gedächtnis„inhalte“ (Repräsentationen)
• wichtigste Gedächtnisrepräsentation ist das Arbeitsziel, ohne Ziel keine zielgerichtete Handlungsregulation
• Handlungsvorbereitung
3. Psychische Eigenschaften
• intellektuelle Fähigkeiten
• Handlungsstile (z.B. Planungsneigung: Neigung zum eingehenden Vorausplanen von Arbeitsprozessen)

Dieser Einteilung entsprechend gehören emotionale Vorgänge zu den psychischen Prozessen. Folgende Vorgänge kennzeichnen die psychische Handlungsregulation von Tätigkeiten (Hacker 2005, 178):
• „Richten (Bilden eines Ziels als Vorwegnahme und Vornahme)
• Orientieren (über Aufgabe, Ausführungsmöglichkeiten und Handlungsbedingungen)
• Entwerfen der Aktionsprogramme im Sinne des Bildens eines Ergebnis- und Tätigkeitsmodells
• Entscheiden über Ausführungsweisen und Herbeiführen des Entschlusses (als Übergang zum Verwirklichen)
• Kontrollieren des Ausführens (als rückkoppelndes Vergleichen mit Ergebnis- und Tätigkeitsmodell, eine (re-afferente) Sonderform des Orientierens). Dieses Kontrollieren („monitoring“ und „feedback“) schließt unter Berücksichtigung der neugeschaffenen Situation mit dem Rückgriff auf das „innere Modell“ oder „System operativer Abbilder“ den Kreis der psychischen Regulationsvorgänge.“

Es muss betont werden, dass es sich bei der oben angeführten schematischen Darstellung nicht um eine Folge realiter abgegrenzter regulativer Phasen handelt, sondern vielmehr um teilweise gleichzeitig ablaufende und vernetzte Vorgänge (vgl. Hacker 2005, 178 ff.). Demzufolge könnte man psychische Handlungsregulation auch als ein vernetztes kybernetisches System (Wirkungsgefüge) zwischen psychischen Prozessen, Gedächtnisinhalten (Repräsentationen) und psychischen Eigenschaften definieren, wobei das Arbeitsziel eine zentrale Rolle spielt.

Was sind die Folgen einer gelungenen bzw. misslungenen psychischen Handlungsregulation?

Grundsätzlich gesagt kann psychische Handlungsregulation nur dann erfolgreich sein, wenn sie im Rahmen vollständiger Tätigkeit abläuft. Nach Hacker (2005, 255) ist die Vollständigkeit einer Tätigkeit durch folgende fünf Punkte gekennzeichnet:

„1. ausreichende Tätigkeitserfordernisse (im Unterschied zu Aktivitätsmangel beispielsweise bei Überwachungstätigkeiten)
2. mögliche Kooperationen (im Unterschied zu Kooperationsmangel)
3. selbständige individuelle bzw. kooperative Zielfindungs-/Zielstellungs- und Entscheidungsmöglichkeiten auf der Grundlage von Freiheitsgraden (im Unterschied zu Zielbildungs- und Entscheidungsmangel mit der Folge des Verantwortlichkeitsmangels)
4. kognitive Vorbereitungsschritte der Tätigkeiten mit nicht algorithmischen, „produktiven" Teilen (im Unterschied zu Denkanforderungsmangel)
5. Lern- und Übertragungsmöglichkeiten von Leistungsvoraussetzungen auf andere (Arbeits-, Freizeit-)Tätigkeiten (im Unterschied zu Lernanforderungs- und Disponibilitätsmangel)."

In diesem Zusammenhang sei erwähnt, dass in internationalen Normen wie der DIN EN ISO 9241-2:1993, der DIN EN ISO 614-2:2000 und der DIN EN ISO 6385:2004, aber auch in österreichischen Normen wie der ÖNORM-EN 614 – 2:2008, Standards bzw. Merkmale für gut gestaltete, vollständige (ganzheitliche) Arbeitsaufgaben vorgegeben sind (vgl. Hacker 2009, 270). „Kognitiv, motivational und sozial vollständige Tätigkeiten sind ein normatives Konzept." (Hacker 2005, 254)

Erfolgreiche psychische Handlungsregulation führt auf Seite der Beschäftigten unter anderem

• zur vollständigen Erreichung (selbst) gesetzter Ziele und damit zu
• positiven emotionalen Stimmungen
• Lern- und Trainingseffekten
• erhöhter Motivation und Innovationsfähigkeit
• Gefühlen erhöhter Leistungsfähigkeit

Auf Unternehmensebene führt erfolgreiche psychische Handlungsregulation bei den Beschäftigten unter anderem zu

• produktiver (verlustarmer) Kooperation zwischen Beschäftigten und Abteilungen
• hoher Qualität der Ziele und Produkte
• gesteigerter Innovationskraft (neue Produkte und Dienstleistungen)
• geringen Fehlzeiten
• niedriger Arbeitsunfallquote
• Einhaltung von Lieferterminen

Nicht erfolgreiche psychische Handlungsregulation führt unter anderem

• teilweiser oder gänzlicher Verfehlung der (selbst) gesetzten Ziele und damit auch zu

- negativen emotionalen Stimmungen
- psychischer Fehlbeanspruchung und den daraus resultierenden negativen psychischen Erlebenszuständen von Monotonie, Sättigung, Ermüdung und Stress
- Burnout
- Gefühlen geminderter Leistungsfähigkeit
- Verringerung der Motivation

Auf Unternehmensebene führt eine nicht erfolgreiche psychische Handlungsregulation bei den Beschäftigten unter anderem zu

- hohen Reibungsverlusten (Missverständnissen) in der Kooperation zwischen Beschäftigten und Abteilungen und Management, was auch zur Unklarheit von Zielen und widersprüchlichen Anweisungen führen kann
- problematischer Qualität der Produkte
- Innovationsdefiziten
- gesteigerten Fehlzeiten
- erhöhten Arbeitsunfallquoten
- vermehrtem Auftreten von kritischen (gesundheitlichen und betrieblichen) Zwischenfällen (*critical incidents*)
- Verzögerung von Lieferterminen

Damit wird deutlich, dass die Psyche der MitarbeiterInnen als Arbeitsmittel ein ebenso mitbestimmender Wettbewerbsfaktor ist wie andere Betriebsfaktoren und Betriebsmittel auch.

Fazit

Die eingangs genannten Begriffe wie Dienstleistungsgesellschaft, Wettbewerbsgesellschaft, Informationsgesellschaft, Wissensgesellschaft, Hochleistungsgesellschaft lassen ahnen, dass es schwierig ist, unter den heute gegebenen Rahmenbedingungen vollständige (ganzheitliche) Arbeitsaufgaben bzw. kognitiv, motivational und sozial vollständige Tätigkeiten zu schaffen, in denen eine erfolgreiche psychische Handlungsregulation stattfinden kann. Oder anders gesagt, in deren Rahmen die „Psyche als Arbeitsmittel" optimal und effektiv eingesetzt werden kann. Dabei wird Psyche konkret als „psychische Handlungsregulation" verstanden.

Will man in Zukunft das Anwachsen psychischer Beschwerden und Erkrankungen so weit wie möglich gering halten, so ist es ein erster notwendiger Schritt „Psyche" im Arbeitskontext (sowohl im Rahmen der Lohnarbeit als auch im Rahmen der Freiwilligenarbeit) als Arbeitsmittel zu begreifen und für ihren effektiven und effizienten Einsatz geeignete Arbeitsinhalte, die passende Arbeitsorganisation sowie adäquate Organisationsformen zu gestalten und bereitzustellen. Dies würde auch das arbeitsinduzierte Altern hintanhalten und bei den älteren ArbeitnehmerInnen dazu führen, dass sie

- länger beschäftigt bleiben wollen
- automatisch durch ihre Arbeit „lebenslang lernen"
- ihre psychische und physische Gesundheit erhalten bzw. fördern können
- sich in ihrer Persönlichkeit weiterentwickeln können (Übernahme von Selbstverantwortung, Erhöhung der Entscheidungsfreudigkeit und Eigeninitiative etc.)

Psyche als Arbeitsmittel zu betrachten, bedeutet simpel, dass sie genauso wie andere betriebliche Arbeitsmittel ihr „Service", ihre (physischen und psychischen) Ressourcen sowie eine fachgerechte und sorgsame Bedienung benötigt, will man sie über einen Zeitraum von 45 oder mehr Jahren im Arbeitsprozess einsetzen. Dafür bedarf es einer genauen und exakten Beschreibung und „Hand- und Bedienanweisung", wie sie unter anderem die Arbeits-, Organisations- und Wirtschaftspsychologie liefert. Dieses Wissen in Zukunft sach- und fachgerecht in der Praxis ein- bzw. umzusetzen und den dafür vorhandenen Normen zu folgen, sollte allen ArbeitgeberInnen und ArbeitnehmerInnen und deren Vertretungen ein viel stärkeres Anliegen sein, als dies heute der Fall ist.

Literatur

Böhle, Fritz/Jürgen Glaser (Hg.) (2006). Arbeit in der Interaktion – Interaktion als Arbeit. Arbeitsorganisation und Interaktionsarbeit in der Dienstleistung, Wiesbaden.

Bundesarbeitskammer (2010). Wirtschafts- und Sozialstatistisches Taschenbuch, Wien.

Grimm, Oliver (2011). Brüssel erhöht Druck auf Österreich zur Umsetzung der Dienstleistungsrichtlinie, in: Die Presse, 28.1.2011, S. 6.

Hacker, Winfried (2005). Allgemeine Arbeitspsychologie, Bern.

Hacker, Winfried (2009). Arbeitsgegenstand Mensch: Psychologie dialogisch-interaktiver Erwerbsarbeit, Lengerich.

Nerdinger, Friedemann W. u. a. (2008). Arbeits- und Organisationspsychologie, Heidelberg.

Statistik Austria (2009). Arbeitskräfteerhebung, Wien, Tabelle I 10.

Ulich, Eberhard (2005). Arbeitspsychologie, Zürich/Stuttgart.

Ines Hofmann und Heinz Leitsmüller Mit dem Zusammenbruch von Enron, Worldcom und Comroad begann 2001 eine Reihe von spektakulären Unternehmenskrisen, die die Corporate Governance, die gute Unternehmensführung, in den USA und in Europa stark erschütterten. Enron gliederte hochriskante Spekulationsgeschäfte in Zweckgesellschaften aus, die sich im Konzernabschluss nicht wiederfanden. Es wurden hohe Gewinne offengelegt, die Risikogeschäfte blieben den BilanzleserInnen verborgen. Mit der Veränderung der Konsolidierungsvorschriften wurden enorme Verluste schlagend. Enron musste Gewinne und sein Eigenkapital um über 1 Mrd. Dollar nach unten revidieren (vgl. Lattemann 2010, 29). Die Mitglieder des Boards – vergleichbar mit dem österreichischen Aufsichtsrat – hatten in ihrer Kontrollaufgabe versagt und das Risiko nicht erkannt. Gleichzeitig profitierten sie vom verzerrten Gewinnausweis, da ein gewichtiger Anteil ihrer Vergütung aus aktienkursbezogenen Stockoptions bestand. Im Mittelpunkt der Kritik standen vor allem die Wirtschaftsprüfer wie Anderson Consult. Ihnen wurde mangelnde Unabhängigkeit vorgeworfen, mehr als die Hälfte ihres Honorars stammte aus Beratungsleistungen. Der Zusammenbruch von Enron führte wenig später dazu, dass Anderson Consult die Lizenz für Wirtschaftsprüfungen entzogen wurde, sodass von den „Big Five" der Wirtschaftsprüfungsunternehmen nur mehr die „Big Four" übrig blieben.

Die Finanzmarktkrise 2008 zeigte, dass sich an den grundlegenden Schwächen der Corporate Governance zwischenzeitlich kaum etwas geändert hatte. Zwar wurde Handlungsbedarf erkannt und auf europäischer Ebene wurden zahlreiche Initiativen und Maßnahmen in Angriff genommen, um das „Vertrauen der AnlegerInnen in die Kapitalmärkte" wiederzuerlangen. Doch die meisten Maßnahmen waren zahnlos oder blieben überhaupt im Ansatz stecken. Es ist auch zu kritisieren, dass die AdressatInnen der Veränderungen ausschließlich AnlegerInnen und InvestorInnen waren und das Interesse anderer StakeholderInnen ausgeblendet wurde. Möglicherweise verliefen die Bemühungen auch deshalb im Sand, weil bis Herbst 2008 eine – nicht zuletzt auch auf Spekulationen beruhende – Hausse an den Börsen einsetzte, die die Aktienkurse weltweit in neue Rekordhochs hievte und damit die erforderliche Dringlichkeit einer Corporate-Governance-Reform konterkarierte. Vertrauensprobleme gab es offensichtlich keine und die Warnungen anderer StakeholderInnen wurden beharrlich überhört.

Good Governance braucht Gesetze

Der Hauptgrund für die Harmlosigkeit der beschlossenen Änderungen und Maßnahmen war, dass bei der Umsetzung weitgehend auf Freiwilligkeit gesetzt wurde. Es wurden keine verbindlichen Normen vorgegeben, sondern in Form von Kodizes lediglich an den Goodwill der Firmen appelliert – ganz im Sinne des neoliberalen Gedankenschemas. InvestorInnen, EntscheidungsträgerInnen in Konzernen und WirtschaftsprüferInnen machen sich die Regeln untereinander selbst aus, deren Einhaltung ist freiwillig, ein Abweichen muss lediglich erklärt werden. Diesen Kodizes fehlt es an demokratischer Legitimierung, da StakeholderInnengruppen, beispielsweise ArbeitnehmerInnenvertretungen, beim Entstehungsprozess nicht seriös einbezogen werden und bei Nichteinhaltung der Regeln keine Sanktionen vorgesehen sind. Darüber hinaus werden die offengelegten Angaben auch keinen Überprüfungen unterzogen.

Ein – möglicherweise erwünschter – Effekt der Forcierung dieser nur freiwillig einzuhaltenden Kodices ist das massive Abbremsen der Umsetzung von Reformen auf gesetzlicher Ebene. Die Arbeiterkammer hat in den letzten Jahren an Hand von Evaluierungen des österreichischen Corporate-Governance-Kodex wiederholt aufgezeigt, dass „Soft-Law“ in dieser Form weitgehend wirkungslos ist (vgl. Hudelist/Wieser 2010). Einerseits hält nur ein Teil der Unternehmen die Regeln ein und in den meisten Fällen sind dies jene, bei denen ohnedies nur ein geringer Handlungsbedarf in Richtung Verbesserung der Corporate Governance besteht. Zum anderen führt die Verlagerung in Richtung Freiwilligkeit zu einer Behinderung einer wirkungsvollen Weiterentwicklung des gesellschaftsrechtlichen Rahmenwerks.

Die Folgen dieses inkonsequenten Vorgehens traten in der Finanzmarktkrise 2008 deutlich zu Tage. Es zeigte sich, dass die grundlegenden Probleme der Corporate Governance nicht gelöst waren. Wieder wurden seitens der Unternehmenskontrolle das Risiko – etwa von Veranlagungen in Derivaten – völlig unterschätzt und Konzernstrukturen noch komplexer und unüberschaubarer aufgestellt, vorrangig mit dem Hauptziel, Gewinnversteuerung zu vermeiden bzw. den Profit zu optimieren. Die Unabhängigkeit von Aufsichtsräten und Wirtschaftsprüfungsunternehmen geriet neuerlich in Diskussion und ist bis heute ein offenes Thema. Offenkundig wurden die Mängel der Corporate Governance vor allem in den ausufernden Gehältern des Managements. Mit einseitigen, auf Gewinnmaximierung ausgerichteten Kriterien explodierten sie in schwindelerregende Höhen. Das Ergebnis der genannten Entwicklungen ist bekannt. In mehreren Wellen führten die Auswirkungen dieses Systems zur nachfolgenden Schuldenkrise des öffentlichen Sektors, der nun für die entstandenen Verluste insbesondere des Finanzsektors weltweit geradestehen muss.

Erste Verbesserungsschritte: Stärkung des Aufsichtsrats

In der Zwischenzeit zweifelt offensichtlich selbst die Europäische Kommission, ob Freiwilligkeit alleine reicht. So wurde z. B. mit der Abschlussprüferrichtlinie die Verantwortung des Aufsichtsrats bei der Überwachung des Rechnungswesens deutlich erweitert. Im Unternehmensrechtsänderungsgesetz (URÄG) 2008, der nationalen Umsetzung der Abschlussprüferrichtlinie, wurde für börsennotierte und bezüglich ihrer Größe bedeutende Unternehmen ein eigener Prüfungsausschuss im Aufsichtsrat eingeführt, der mit spezifischen Aufgaben rund um die Überwachung der Rechnungslegung betraut wurde. Damit wurde auch die Verantwortung des Aufsichtsrates für das interne Kontrollsystem sowie das Risikomanagement erhöht. Und letztlich erfolgte auch eine gesetzliche Verankerung eines Teils des „Soft laws", etwa in Form des „Corporate-Governance-Berichtes", der eine verpflichtende Berichterstattung über die Einhaltung des Corporate-Governance-Kodex im Lagebericht vorsieht. Dies sind erste Schritte in die richtige Richtung, wenn auch zu klein und letztlich noch immer nicht wirkungsvoll genug.

Kaum zeigt sich die Unternehmenskrise nicht mehr in den Bilanzen der Unternehmen, lässt auch schon der Reformwille nach. Anzuerkennen ist, dass die Europäische Kommission mit den Grünbüchern zur Abschlussprüfung, zu Corporate Governance bei Finanzinstituten und Corporate Governance zahlreiche offene Problemstellungen aufgezeigt und eine Diskussion angestoßen hat. Ergebnisse und reale Vorschläge daraus sind jedoch abzuwarten.

Aus der Sicht der Arbeiterkammern gilt es, in den nächsten Jahren sowohl auf europäischer als auch auf nationaler Ebene zahlreiche noch offene Punkte im Auge zu behalten und zu bearbeiten. So beispielsweise das Abgehen vom bisherigen „Shareholdervalue"-Ansatz. Dieser hat dazu geführt, dass die Weiterentwicklung von Corporate Governance ausschließlich aus der Sicht der AnlegerInnen und InvestorInnen betrachtet wurde. Dass Good Governance auch den Sinn hat, StakeholderInnen wie Beschäftigte, GläubigerInnen, KundInnen oder den Staat vor Schaden zu bewahren, wurde bislang nicht anerkannt. StakeholderInnen müssen daher stärker in den Diskussionsprozess einbezogen werden.

Weiters zu nennen ist die Stärkung des Systems Aufsichtsrat, nicht nur auf formeller, sondern auch auf sozio-kultureller Ebene. Ein Aufsichtsrat kann nur dann gut überwachen, wenn er unabhängig agiert und wenn auf sozio-kultureller Ebene Rahmenbedingungen geschaffen werden, die kritische Diskussion würdigen und stärken (vgl. Fleischer 2011, 157). Maßnahmen, die in diese Richtung gehen, wären z. B. eine Verringerung von Aufsichtsratsmandaten oder Sitzungen ohne Geschäftsführung. Ebenso sollte eine verpflichtende Selbstevaluierung der Aufsichtsratstätigkeit selbstverständlich sein. Durch eine jährliche Effizienzprüfung sollte die Zielerreichung und Wirksamkeit der Tätigkeit des Aufsichtsrats verbessert werden. Aber auch eine Erhöhung der Diversität würde die Kritikfähigkeit des Aufsichtsrats wesentlich stärken. Die Arbeiterkammern haben sich daher in den vergangenen Jahren wiederholt für die Einführung einer verpflichtenden Frauenquote eingesetzt, da Frauen bislang kaum in den Organen vertreten sind.

Ein weiterer wichtiger Punkt ist die Stärkung der Unabhängigkeit von AbschlussprüferInnen: Nach wie vor gibt es keine Pflicht, AbschlussprüferInnen nach mehreren Jahren zu wechseln. Keine Prüfungsgesellschaft – und auch kein Angestellter und keine Angestellte einer Prüfungskanzlei – ist daran interessiert, einen Prüfauftrag zu verlieren. Finanzielle Interessen prägen das Verhältnis von Prüfenden und Geprüften. In den meisten Fällen sind Bestätigungsvermerke positiv – auch wenn die finanzielle Solidität des Unternehmens zweifelhaft ist.

Mitbestimmung als Motor für gute Corporate Governance

Die Fehlentwicklungen und Unternehmensskandale der vergangenen Jahre zeigen die Notwendigkeit, dem ungehemmten Treiben von ManagerInnen und AnteilseignerInnen einen Korrekturfaktor entgegenzustellen. Die Beteiligung der ArbeitnehmerInnen am Entscheidungs- und Kontrollprozess sowohl auf betrieblicher Ebene der BetriebsrätInnen als auch auf Unternehmensebene der ArbeitnehmerInnenvertretungen im Aufsichtsrat stellt eine unabhängige Kontrollinstanz dar und bildet ein Gegengewicht zu Management- und EigentümerInneninteressen. Es kann nicht unwidersprochene Handlungsmaxime eines Unternehmens sein, immer eine maximale EigentümerInnenrendite einzufahren. Welche Rendite und welche Mittel angemessen sind, darf in einer sozial verfassten Gesellschaft nicht ausschließlich von einer Interessengruppe definiert werden. Eine rechtliche Verankerung eines Interessenausgleiches ist im § 70 Aktiengesetz zu finden, wonach der Vorstand die Gesellschaft so zu leiten hat, wie es das Wohl des Unternehmens unter Berücksichtigung der Interessen der AktionärInnen, der ArbeitnehmerInnen sowie des öffentlichen Interesses erfordert. Der Aufsichtsrat hat im Rahmen seiner Überwachungsfunktion auf die Einhaltung dieses Interessenausgleichs zu achten.

Der „Beruf Aufsichtsrat/Aufsichtsrätin" wird immer komplexer

Die größte Herausforderung an Mitglieder von Aufsichtsräten wird die zunehmende Komplexität sein. Konzernstrukturen sind mittlerweile undurchschaubare Konstrukte, weltweit aufgestellt, die unterschiedlichste Branchen umfassen und kaum noch überblickbaren Rahmenbedingungen unterliegen. Dazu kommt, dass konzerninterne Leistungen und die Festlegung entsprechender Verrechnungspreise einen großen Spielraum für verdeckte Gewinnverschiebungen ermöglichen. Die Auswirkungen dieser Verrechnungsproblematik sind kaum zu entschlüsseln.

Zusätzlich scheinen im Konzernabschluss, der nach internationalen Rechnungslegungsstandards aufgestellt wird, schwierig nachvollziehbare Vermögens- und Schuldenwerte auf. Die Bewertung erfolgt hier anhand von geschätzten Erwartungswerten, die auf finanzmathematischen Konstrukten aufbauen. Im Finanzbereich werden nach wie vor immer komplexere Instrumente (Optionen, Futures, Kreditausfall-Swaps), eingesetzt, deren Wirkungen oft nicht mehr durchschaubar sind. Der Erfolg beim Bewältigen dieser Herausforderungen und die Effektivität von Aufsichtsräten werden hauptsächlich davon abhängen, ob die unterschiedlichen Kompetenzen der einzelnen Aufsichtsratsmitglieder für das Kollegialorgan optimal genützt und eingesetzt werden können.

Betriebsratswissen als wertvolle Ressource für den Aufsichtsrat

Das österreichische Arbeitsverfassungsgesetz sieht die Vertretung der ArbeitnehmerInnen im Aufsichtsrat mit einem Drittel der Stimmen vor. Bunt zusammengesetzte Gremien ermöglichen Aufsichtsratsentscheidungen aus verschiedenen Blickwinkeln und erhöhen somit deren Qualität. Besonders hohes innerbetriebliches Wissen kann von den in den Aufsichtsrat delegierten BelegschaftsvertreterInnen eingebracht werden. Aufgrund ihrer meist langjährigen Betriebszugehörigkeit und ihren dichten Netzwerken von MitarbeiterInnen, LieferantInnen, KundInnen und GeschäftsführerInnen verfügen BetriebsrätInnen über umfangreiches innerbetriebliches Detailwissen.

So kann ihr Knowhow über interne Produktionsabläufe und Marktverhältnisse bei der Bewertung geplanter Investitionen sehr hilfreich sein. Wertvolle Beiträge können vor allem bei der Beurteilung von Umstrukturierungsmaßnahmen (z.B. Änderungen der Betriebsorganisation, Ausgliederung von Betriebsteilen, Outsourcing von Funktionen) eingebracht werden. Negative Auswirkungen auf die Beschäftigten, aber auch auf das Unternehmen können rasch erkannt und ihre Folgen vermieden oder zumindest abgefedert werden. Auch im Hinblick auf die Vermeidung und Bewältigung von Krisen erbringen BetriebsrätInnen wertvolle Beiträge, indem sie – etwa gerade in ihrer Aufsichtsratsfunktion – meist die Rolle des „advocatus diaboli" und damit die Aufgabe des Kritikers und Gegenparts zum Management einnehmen.

Vielfältiges Ausbildungs- und Beratungsangebot von Gewerkschaft und Arbeiterkammern

Effektive Aufsichtsratsarbeit erfordert in der heutigen Zeit mehr denn je hohe Qualifikation. Das haben Gewerkschaften und Arbeiterkammern schon lange erkannt und bereits 1977 das Institut für Aufsichtsrat-Mitbestimmung (IFAM) ins Leben gerufen. Dies geschah mit dem Ziel, BetriebsrätInnen ein umfassendes und aktuelles Angebot an Wissensvermittlung, Erfahrungslernen und Praxistransfer zur Verfügung zu stellen. Die IFAM-Ausbildung vermittelt neben profundem Rechtswissen (Aktienrecht, GmbH-Recht) und Bilanzierungs-Knowhow auch eine Reihe von „Soft Skills". Dazu zählen Kommunikationstrainings und Strategiearbeit in Form von simulierten Aufsichtsratssitzungen. Weiters gehen Spezialseminare auf die Spezifika von Aufsicht in Banken, Versicherungen, Pensionskassen und Non-Profit-Organisationen ein.

Das Methodenrepertoire beinhaltet ExpertInnenreferate, Gastvorträge, Lernen an Fallbeispielen, Planspiele, Diskussionen und Rollenreflexion zur Tätigkeit im Aufsichtsrat. Die hohe Auslastung der IFAM-Seminare bestätigt die Notwendigkeit und hohe Akzeptanz einer Aufsichtsratsausbildung. Im Rahmen des jährlich stattfindenden IFAM-Forums bietet sich den AufsichtsrätInnen außerdem die Möglichkeit, sich mit Information über aktuellste Entwicklungen rund um den Aufsichtsrat zu versorgen und ihr Netzwerk an Kontakten zu anderen AufsichtsrätInnen, GewerkschafterInnen und ExpertInnen aus der Wirtschaft zu pflegen und weiter auszubauen.

Neben den zahlreichen Ausbildungsangeboten unterstützen die Arbeiterkammern AufsichtsrätInnen auch in der Vorbereitungsphase zu Aufsichtsratssitzungen. Im Rahmen von Beratungsgesprächen werden Sitzungsunterlagen wie Jahresabschlüsse, Kennzahlen und Budgetrechnungen analysiert, über Rechte und Pflichten im Aufsichtsrat aufgeklärt und relevante Fragen und Themenstellungen im Aufsichtsrat erarbeitet.

Herausforderungen für die Mitbestimmung

Die Probleme, mit denen sich Aufsichtsräte befassen, sind komplexer geworden; die Anforderungen an die Mitglieder dieser Gremien steigen erheblich. Die Qualifizierung der AufsichtsrätInnen muss mit dieser Entwicklung Schritt halten: Angesichts veränderter gesellschaftlicher und wirtschaftlicher Bedingungen muss sich das Mitbestimmungssystem immer wieder neu positionieren und weiterentwickeln. So ist etwa auf den durch Unternehmenszerschlagungen in kleinere Einheiten oder durch Rechtsformwechsel bedingten zunehmenden Verlust von Aufsichtsratsmandaten zu reagieren. Handlungsbedarf besteht vor allem bei der wirtschaftlichen Mitbestimmung im Konzern. Wesentliche Entscheidungen werden nicht mehr in den lokalen Unternehmen, sondern weit entfernt, in nicht mehr erreichbaren Konzernzentralen gefällt. Der Betriebsrat verhandelt bestenfalls mit der lokalen Geschäftsführung, die als Marionette des Konzerns agiert, der Verhandlungspartner geht verloren. Dem drohenden Einflussverlust ist hier durch die Stärkung der Mitbestimmung auf europäischer Ebene entgegenzuwirken. In den meisten europäischen Ländern sind die Mitbestimmungsregeln nicht so qualitativ hochwertig ausgebaut wie in Österreich und Deutschland. Um den Wettbewerb der unterschiedlichen Mitbestimmungssysteme in Europa nach unten zu verhindern, hat die Europäische Kommission dafür zu sorgen, dass der hohe Standard der Mitbestimmung in Österreich und Deutschland als Vorbild auch für die weitere Corporate-Governance-Debatte auf EU-Ebene fungiert.

Literatur

Hudelist, Simone/Christina Wieser (2010). Kodexevaluierung 2010, Wien.

Fleischer, Holger (2011). Zukunftsfragen der Corporate Governance, in: Zeitschrift für Unternehmens- und Gesellschaftsrecht, Bd. 40, Heft 2, 155–181.

Lattemann, Christoph (2010). Corporate Governance im globalisierten Informationszeitalter, München.

Irene Holzbauer Die Geschichte der Arbeiterkammern ist mit der Entwicklung des Arbeitsrechts untrennbar verbunden. Unter Einbeziehung der Sozialpartner oder auf deren Initiative wurde das Arbeitsrecht in der Vergangenheit entwickelt, ausgebaut und den Gegebenheiten des Arbeitsmarktes angepasst.

Ein Blick zurück

Die gesetzlichen Grundlagen des Arbeitsrechts reichen bis in die vorigen Jahrhunderte zurück (Allgemeines Bürgerliches Gesetzbuch, Gewerbeordnung). Vor allem in der Zwischenkriegszeit kam es zu einer Fülle von arbeitsrechtlichen Schutzgesetzen. So wurde unter anderem das Betriebsrätegesetz, das Gesetz über den 8-Stunden-Arbeitstag (beide 1919) und das Angestelltengesetz (1921) erlassen. In diesem Jahr kam es auch zur Konstituierung der Arbeiterkammern. Österreich hatte damit neben den Gewerkschaften eine auf gesetzlicher Basis bestehende ArbeitnehmerInneninteressenvertretung, um die uns das restliche Europa bis heute beneidet.

Die Schaffung der Arbeiterkammern war auch Grundstein für die weiteren sozialpolitischen Errungenschaften, vor allem in den 70er und 80er Jahren des vorigen Jahrhunderts, die gemeinsam mit den Gewerkschaften durchgesetzt wurden, wie die etappenweise Erhöhung des Mindesturlaubes, das Arbeitnehmerschutzgesetz, das Arbeitsverfassungsgesetz, die Einführung der 40-Stunden-Woche, das Arbeitsruhegesetz, die Insolvenzentgeltsicherung etc. Können diese Bestimmungen als Ausbau der Arbeitsrechte der österreichischen ArbeitnehmerInnen zusammengefasst werden, so ändert sich in weiterer Folge das Bild. Rasante Entwicklungen am Arbeitsmarkt machen zunehmend ein Reagieren des Gesetzgebers erforderlich, um Missstände zu vermeiden und die Flucht aus dem Arbeitsrecht zu verhindern. Unter diesem Gesichtspunkt kann das Arbeitskräfteüberlassungsgesetz oder auch die etappenweise Einbeziehung der freien DienstnehmerInnen in die Sozial- bzw. Arbeitslosenversicherung und Insolvenzentgeltsicherung gesehen werden.

Die Anpassung der österreichischen Rechtslage an sozialpolitische Bestimmungen der EU wie das Arbeitsvertragsrechts-Anpassungsgesetz zum Betriebsübergang oder die Normierung der Diskriminierungstatbestände bescherte der österreichischen ArbeitnehmerInnenschaft neue Schutzgesetze. Besonderes Augenmerk verdienen auch die in jüngster Zeit erlassenen Gesetze wie das Sozialbetrugsgesetz (2004) sowie das Lohn- und Sozialdumping-Bekämpfungsgesetz (2011). Der österreichische Gesetzgeber reagierte mit der Schaffung der Auftraggeberhaftung auf die zunehmende Ausweitung des

Sozialbetrugs, vor allem im Baugewerbe, die das österreichische Sozialversicherungssystem bedroht(e). Mit dem Lohn- und Sozialdumping-Bekämpfungsgesetz wiederum soll im Zuge der Ostöffnung der Arbeitsmärkte das österreichische Lohnniveau, das zu beinahe 100 % durch Kollektivverträge geregelt ist, gesichert werden, indem die Unterschreitung der kollektivvertraglichen Mindestlöhne unter Verwaltungsstrafe gestellt wird. Mit diesem auf Initiative der Sozialpartner geschaffenen Gesetz übernimmt der Staat Österreich die gesellschaftliche Verantwortung, auf die Einhaltung der Lohnbestimmungen zu achten und das bestehende (Sozial-)System zu erhalten.

Wo stehen wir derzeit?

Die rechtlichen Grundlagen des österreichischen Arbeitsrechts sind in manchen Bereichen in die Jahre gekommen – einige Formulierungen wirken reichlich antiquiert. So etwa die für ArbeiterInnen in der Gewerbeordnung normierten Entlassungsgründe wie „wer der Trunksucht verfällt und wiederholt fruchtlos verwarnt wurde". Die nach wie vor vorhandenen rechtlichen Unterschiede zwischen ArbeiterInnen und Angestellten erscheinen ebenfalls nicht mehr zeitgemäß. Vor allem das Individualarbeitsrecht ist stark zersplittert. Dies bewirkt Rechtsunsicherheit und „verleiht dem Wunsch nach Kodifikation des Arbeitsrechts nach wie vor Gewicht" (Löschnigg 46). Die derzeitigen Definitionen des Arbeitsvertrages, die stark auf die persönliche Abhängigkeit abstellen, werden den heutigen Gegebenheiten des Arbeitslebens nicht mehr gerecht und fördern die Tendenz zur Flucht aus dem Arbeitsrecht. Die Kompliziertheit des Regelwerks führt dazu, dass ArbeitnehmerInnen über die für sie geltenden Bestimmungen immer weniger informiert sind. Die 2011 im Auftrag der Arbeiterkammer Wien von Institute for Social Analysis and Research (SORA) erstellte Studie „ArbeitnehmerInnen-Rechte" stellte fest: „60 % der Befragten erklären, dass es für den/die Einzelne/n kaum mehr möglich ist, sich einen Überblick über die Bestimmungen zu verschaffen und meinen, dass sich die Unternehmen in arbeitsrechtlichen Belangen besser auskennen. Mehr als die Hälfte wollen mehr über ihre Rechte als ArbeitnehmerInnen Bescheid wissen."

„Atypische Beschäftigungsformen" (geringfügig Beschäftigte, LeiharbeitnehmerInnen, freie DienstnehmerInnen, Neue Selbständige etc.) nehmen zu und setzen die Betroffenen vermehrt unter Druck. Bereits bei Begründung eines Arbeitsverhältnisses sind ArbeitnehmerInnen mit Arbeitsverträgen konfrontiert, die für ArbeitnehmerInnen nachteilige Vertragsklauseln enthalten (Versetzungs-, Verfalls-, All-in-Klauseln, Konventionalstrafen usw.). Konkurrenzklauseln verhindern die von ArbeitgeberInnenseite geforderte Flexibilität und nicht zuletzt die EU-rechtlich normierte DienstnehmerInnenfreizügigkeit. Die in früheren Jahren in den Betrieben absolvierten Aus- und Weiterbildungen werden vermehrt an öffentliche Stellen (Arbeitsmarkservice, überbetriebliche Lehrwerkstätten) ausgelagert bzw von diesen subventioniert, den ArbeitnehmerInnen selbst überlassen oder diesen durch Rückerstattungsvereinbarungen angelastet.

Die seitens der Wirtschaft seit Jahren geforderte Flexibilisierung der Arbeitszeit, die in die Bestimmungen des Arbeitszeitgesetzes und auch der Kollektivverträge Einzug gehalten hat, schaffte eine schier unüberblickbare Anzahl von hochkomplexen Regelungen, deren Auslegung bereits ArbeitsrechtsexpertInnen Probleme bereiten. Die den Arbeitsinspektoraten zustehende Kontrolle der Einhaltung arbeitszeitrechtlicher Bestimmungen ist aufgrund mangelnder Personalressourcen nur eingeschränkt möglich und führt dazu, dass das Arbeitszeitgesetz seit Jahren als das Gesetz gehandelt wird, gegen das am meisten verstoßen wird. Flexible Arbeitszeitbestimmungen und unregelmäßige vertragliche Arbeitszeitmodelle (wie Arbeit auf Abruf, ständig wechselnde Arbeitszeiten, Verpflichtung zur Leistung von Mehr- und Überstundenarbeit) führen für die ArbeitnehmerInnen zu wenig planbaren Arbeitseinsätzen, die zumeist einseitig von den ArbeitgeberInnen nach betrieblich notwendigen Gegebenheiten gestaltet werden.

Das Ergebnis dieser Entwicklungen ist eine Einschränkung des privaten Lebensbereichs der ArbeitnehmerInnen, auch die Vereinbarkeit von Beruf und Familie wird erschwert. Letztlich bewirkt dies einen gesellschaftlichen Wandel, da sämtliche Lebensbereiche davon betroffen sind. Nicht zuletzt ist die steigende Zahl von Krankenständen aufgrund psychischer Erkrankungen, die bis zur bleibenden Arbeitsunfähigkeit führen können und die Sozialversicherungssysteme belasten, eine weitere Auswirkung zunehmender psychischer Belastungen der ArbeitnehmerInnen. Begünstigt werden diese nachteiligen Entwicklungen der Schnelllebigkeit des Arbeitslebens durch den Einsatz technischer Mittel, die die ständige Erreichbarkeit und Verfügbarkeit der ArbeitnehmerInnen begünstigen und die ausreichende physische Regeneration verhindern. Auch das immer stärker auftretende Mobbing und Bossing führt zu einer starken Belastung von ArbeitnehmerInnen, die angesichts hoher Arbeitslosenzahlen nicht nur scheinbar in einem täglichen Kampf um Arbeitsplätze stehen.

Neben den ArbeitnehmerInneninteressenvertretungen sind vor allem auch die BetriebsrätInnen gefordert, die negativen Entwicklungen des „modernen“

Arbeitsalltags aufzuzeigen und ihnen entgegenzutreten. Diese sind mit stark geänderten Rahmenbedingungen konfrontiert. Die früher einheitliche Betriebsstruktur ist nicht mehr gegeben. ArbeitnehmerInnen mit unterschiedlichen Arbeitszeiten und Arbeitszeitmodellen, LeiharbeitnehmerInnen, freie DienstnehmerInnen, ArbeitnehmerInnen anderer ArbeitgeberInnen, die ausgelagerte Dienste wie etwa Reinigungsarbeiten verrichten, können in einem einzigen Betrieb vorzufinden sein. Die Interessen- und Problemlagen dieser Beschäftigten sind nicht immer dieselben. Die bislang herkömmlichen Betriebsstrukturen lösen sich auf, der Organisationsgrad sinkt.

Die Beratungserfahrung der Arbeiterkammer Wien zeigt, dass ArbeitnehmerInnen – aus Angst vor Verlust des Arbeitsplatzes – in der Regel erst nach Beendigung ihres Arbeitsverhältnisses vorenthaltene Ansprüche (wie etwa Überstundenentgelte) einfordern. Zuvor sind ArbeitnehmerInnen oft damit konfrontiert, die erhaltenen Beträge nicht auf ihre Richtigkeit überprüfen zu können, da sie keine Lohnabrechnung erhalten. In den Arbeits- oder Kollektivverträgen festgeschriebene – relativ kurze – Verfallsfristen verhindern jedoch oft deren spätere gerichtliche Geltendmachung.

Die Kontrolle der zustehenden Löhne ist grundsätzlich durch die Gebietskrankenkassen vorgesehen, aufgrund der dortigen Personalressourcen jedoch nur sehr eingeschränkt möglich. Es ist daher derzeit auch nicht abschätzbar, wie die zuständigen Behörden ihre Aufgaben nach dem Lohn- und Sozialdumping-Bekämpfungsgesetz wahrnehmen (können). Die Bedeutung der korrekten Entlohnung und deren korrekte Meldung bei den Krankenkassen gewinnt jedoch für die späteren Pensionsansprüche immer mehr an Bedeutung. Auch die gerichtliche Durchsetzung der den ArbeitnehmerInnen zustehenden Ansprüche ist aufgrund der strengen Beweisregeln und der langen Verfahrensdauer oft kein leichtes Unterfangen. Viele Prozesse werden deswegen mit einem Vergleich erledigt. ArbeitnehmerInnen geben sich dabei mit geringeren Beträgen zufrieden, um rasch zu zumindest einem Teil ihres Geldes zu kommen. Mit erst kürzlich den ArbeitnehmerInnen zugestandenen finanziellen Ansprüchen wie dem immateriellen Schadenersatz nach dem Gleichbehandlungsgesetz wird seitens der Gerichte sehr restriktiv umgegangen, bislang werden nur geringe Schadensersatzzahlungen zugesprochen. Ungeklärt ist derzeit auch, ob die Durchsetzung allfälliger Urteile bzw Verwaltungsstrafen bei Dienstverhältnissen mit Auslandsbezug gegen ausländische ArbeitgeberInnen möglich ist.

Angesichts dieser „Zustände“ und der Tatsache, dass obige Aufzählung bei weitem nicht vollständig ist, verwundert es nicht, dass laut der SORA-Studie

„ArbeitnehmerInnen-Rechte" „63 % pessimistisch in die Zukunft blicken. Sie fürchten, dass die Rechte in den nächsten Jahren weiter beschnitten werden könnten."

Was ist zu tun?

Die Kodifikation des Arbeitsrechts ist endlich ernsthaft in Angriff zu nehmen. Vor allem das Arbeitsvertragsrechts ist in einem einheitlichen Regelungswerk zusammenzufassen. Die gesetzliche Grundlage der Definition des Arbeitsvertrages ist seit 1916 unverändert und für die immer flexibler werdende heutige Arbeitswelt nicht mehr passend. Die Definition orientiert sich am Bild von an Arbeitsort und Arbeitszeit gebundenen, in eine hierarchische Arbeitsorganisation eingegliederten, weisungsgebundenen und streng kontrollierten ArbeitnehmerInnen, die somit persönlich abhängig sind. Diese Definition ist mit der heutigen Arbeitswelt mit flexiblen, selbst eingeteilten Arbeitszeiten, Telearbeit, flachen Hierarchien, eigenverantwortlichem Arbeiten auf Basis bloßer Zielvereinbarungen nicht in Einklang zu bringen. Weiterhin gegeben ist jedoch die wirtschaftliche Abhängigkeit.

Der ArbeitnehmerInnenbegriff ist daher den geänderten Verhältnissen anzupassen. Nicht nur, wer persönlich abhängig ist, soll wie bisher ArbeitnehmerIn sein. Auch Personen, die zwar persönlich unabhängig, aber wirtschaftlich abhängig sind, sollen den Schutz der ArbeitnehmerInneneigenschaft erhalten. Auch die historisch gewachsene Unterscheidung zwischen ArbeiterInnen und Angestellten wird den heutigen Verhältnissen in vielen Bereichen nicht mehr gerecht. Die Kündigungsfristen für ArbeiterInnen und Angestellte sind daher anzugleichen, ebenso sind die Dienstverhinderungsgründe für beide Personengruppen zu vereinheitlichen. Die Bestimmungen des Urlaubsgesetzes zur Pflegefreistellung sind an die geänderten Familienstrukturen (Stichwort: Patchwork-Familien) anzupassen. Die Entlassungsgründe sind von nicht mehr zeitgemäßen Formulierungen zu befreien. Bei Formulierung der neuen Regelungen ist darauf zu achten, dass diese für die Betroffenen verständlich und klar sind.

Unfaire Klauseln in Arbeitsverträgen sollen eingeschränkt werden, um das bei Vertragsabschluss bestehende Ungleichgewicht zwischen den Vertragspartnern zu verringern. Konkurrenzklauseln sollen abgeschafft werden, damit ArbeitnehmerInnen Bewegungsfreiheit auf dem Arbeitsmarkt erhalten und damit dem Wunsch der ArbeitgeberInnen entsprechen können. Die Ausbildung von Lehrlingen und die berufliche Weiterbildung ihrer MitarbeiterInnen sind auch Aufgabe der Unternehmen, da ihnen auch daraus resultierende Vorteile zukommen. Klauseln zur Rückerstattung von Ausbildungskosten sollen maximal drei Jahre umfassen und sich ausschließlich auf unmittelbare Ausbildungskosten beziehen.

Konventionalstrafen sollen nur dann zur Anwendung kommen, wenn ArbeitgeberInnen tatsächlich ein Schaden entstanden ist. Bei All-in-Klauseln muss das für die Normalarbeitszeit gebührende Entgelt angeführt werden. Damit ArbeitnehmerInnen kontrollieren können, ob sie korrekt entlohnt werden, ist ein zivilrechtlicher, einklagbarer Anspruch auf eine transparente und verständliche Lohnabrechnung zu schaffen. Da Arbeit und Arbeitszeit in Österreich ungleich verteilt sind, sind die tatsächlichen Arbeitszeiten zu verkürzen und regelmäßige Überstunden abzubauen. Generell sind weitere flexiblere Arbeitszeiten abzulehnen, um den Menschen ein planbares Familien- und Gesellschaftsleben zu ermöglichen. Unregelmäßige, überlange Arbeitszeiten, Zeitdruck und andere Belastungen wie zum Beispiel Mobbing sind abzustellen, um die Gesundheit der arbeitenden Menschen zu erhalten.

Verstöße der ArbeitgeberInnen gegen bestehende Pflichten sollen stärker sanktioniert werden, Strafen müssen spürbar sein und auch tatsächlich verhängt werden. UnternehmerInnen, die Aufzeichnungs-, Zahlungs- oder sonstige Pflichten verletzen und dadurch ArbeitnehmerInnen zur Klage zwingen, sollen nicht davon profitieren, dass die Beweislast im arbeitsgerichtlichen Verfahren von den ArbeitnehmerInnen getragen werden muss. Für Unternehmen, die sich nicht an die Gesetze halten, soll es daher im Gerichtsverfahren zu einer Verschiebung der Beweislast zu Lasten der ArbeitgeberInnen kommen. Nicht die ArbeitnehmerInnen haben ihre Ansprüche zu beweisen, sondern die ArbeitgeberInnen ihr gesetzeskonformes Verhalten.

Verfallsklauseln sind für nichtig zu erklären, wenn sie von ArbeitgeberInnen zur systematischen Vorenthaltung von Lohnansprüchen missbraucht werden. Bei Nichtbezahlung der grundlegendsten Ansprüche der ArbeitnehmerInnen sollen Gerichte die Möglichkeit haben, das Doppelte des bewiesenen Anspruches zuzusprechen (arbeitsrechtliches Duplum). Durch rechtswidriges Verhalten wettbewerbswidrig erlangte Vorteile der Unternehmen sollen abgeschöpft werden. Damit die Rechte der ArbeitnehmerInnen nicht nur auf dem Papier bestehen, sollen Arbeitsinspektorate und Gebietskrankenkassen regelmäßig die Einhaltung von Arbeitszeiten, die Richtigkeit der Aufzeichnungen sowie die Abrechnung und Auszahlung kollektiv- und einzelvertraglicher Ansprüche kontrollieren. Dazu müssen die Kontrollbefugnisse erweitert und eine bessere sachliche und personelle Ausstattung geschaffen werden. Die dazu erforderlichen Mittel sind zur Verfügung zu stellen.

Durch die Nichtbezahlung von Ansprüchen, Sozialbetrug und Lohndumping gehen nicht nur den österreichischen ArbeitnehmerInnen jährlich Millionenbeträge verloren, sondern es kommt auch zu einem erheblichen Entfall an Steuern und Sozialversicherungsabgaben. Durch vermehrte Kontrollen können diese Missstände abgestellt werden und sich der dafür erforderliche Mehraufwand rechnen. Damit in der internationaler werdenden Arbeitswelt die Durchsetzung arbeitsrechtlicher Ansprüche auch über die Grenzen Österreichs hinaus möglich ist, müssen seitens der EU Regeln geschaffen werden, die das Führen von Gerichtsverfahren ermöglichen und eine Basis dafür schaffen, dass Urteile der nationalen Gerichte im Ausland vollstreckt werden können.

Da BetriebsrätInnen vor Ort die Einhaltung gesetzlicher Vorschriften kontrollieren können, fungieren sie als innerbetriebliche Kontrollinstanz. Die Beratungserfahrungen zeigen, dass die massivsten arbeitsrechtlichen Verstöße in Betrieben ohne BetriebsrätInnen erfolgen. Der Prozentsatz an Unternehmen, die einen Betriebsrat vorweisen können, ist daher massiv zu erhöhen. Darüber hinaus sollen Förderungen, Auszeichnungen und Vergaben durch die öffentliche Hand auch vom Bestehen eines Betriebsrates abhängig gemacht werden. Bei der Betriebsratsarbeit sind unter Zuhilfenahme der neuen Technologien neue Wege zu beschreiten, um die ArbeitnehmerInnen über Internet zu informieren und zu mobilisieren.

Schlussfolgerung

Gesetzgeber und Sozialpartner stehen vor der Aufgabe ein zeitgemäßes Arbeitsrecht zu schaffen. Es ist höchste Zeit, diese Herausforderung anzunehmen und das Arbeitsrecht wie in der Vergangenheit im Sinne aller Betroffenen zum Positiven weiterzuentwickeln.

Literatur

Institute for Social Analysis and Research (SORA) (2011). ArbeitnehmerInnen-Rechte, Wien o.P.

Löschnigg, Günther (2011). Arbeitsrecht, Wien.

Markus Marterbauer Die enormen weltwirtschaftlichen Ungleichgewichte zwischen den kapitalexportierenden Überschussländern – von China über Deutschland bis Österreich – und den kapitalimportierenden Defizitländern – von den USA über Süd- bis Osteuropa – bildeten eine wichtige Ursache der Finanz- und Wirtschaftskrise. In der weltweiten Rezession wurden die Ungleichgewichte zunächst verringert: Der Welthandel brach 2008/09 ein und die exportorientierten Länder mussten einen markanten Rückgang ihrer Ausfuhren hinnehmen. So sanken in Deutschland die Warenexporte real vom zweiten Quartal 2008 bis zum zweiten Quartal 2009 kumuliert um 24 % (62 Mrd. Euro), in Österreich vom ersten Quartal 2008 bis zum zweiten Quartal 2009 um 20 % (26 Mrd. Euro). Das war der wichtigste Grund für den Rückgang des BIP. Damit verringerte sich auch der Überschuss in der Leistungsbilanz deutlich: In Deutschland ging er von 185 Mrd. Euro (7,5 % des BIP) im Jahr 2007 auf 117 Mrd. Euro (2009) zurück, in Österreich sank er von 14 Mrd. Euro (5 % des BIP) im Jahr 2008 auf 8 Mrd. Euro (2009). Selbst in China ging der Ausfuhrüberschuss merklich zurück, von 436 Mrd. US-Dollar (9,5 % des BIP 2008) auf unter 300 Mrd. (2009).

Gleichzeitig verringert sich in vielen Defizitländern der Import an Gütern und Dienstleistungen. Das war eine Folge des Schrumpfens der Binnennachfrage, die zunächst durch den Zusammenbruch des kreditfinanzierten Bau- und Konsumbooms und anschließend durch umfangreiche Kürzungen bei den Staatsausgaben und markante Steuererhöhungen zum Zweck der Budgetkonsolidierung bestimmt war. Das Defizit in der Leistungsbilanz verringerte sich in Spanien von 10 % des BIP auf 4 % (2011), in Griechenland von 15 % auf 8 % (2011).

Doch diese Verringerung der Ungleichgewichte zwischen Überschussländern und Defizitländern ist nicht dauerhaft: Die exportorientierten Länder profitieren seit Mitte 2009 vom kräftigen Anziehen der Investitionskonjunktur in den Schwellenländern Asiens und Lateinamerikas. In Deutschland und Österreich überschritt der Warenexport im Herbst 2010 wieder das Niveau vor der Krise, entsprechend steigen die Überschüsse in der außenwirtschaftlichen Bilanz. Hingegen können viele Defizitländer vom internationalen Wirtschaftsaufschwung nicht profitieren. Dies zeigt, dass die Ungleichgewichte nicht nur eine Folge unterschiedlicher Nachfragedynamik und Differenzen in der lohnkostenbestimmten preislichen Wettbewerbsfähigkeit darstellen, sondern auch auf die Unterschiede in der Wirtschaftsstruktur zurückzuführen sind.

In Deutschland lag der Anteil des Exports von Gütern und Dienstleistungen am BIP im Jahr 2010 bei 46 %, 1991 betrug er noch 25 %. In Österreich wurden 2010 55 % aller im Inland erzeugten Güter und Dienstleistungen exportiert,

1991 nur 36 %. Die Exporterfolge beider Länder fußen auf einer Industrie, die nicht nur in Bezug auf die Kosten, sondern vor allem in Bezug auf die Art und Qualität der Produkte sehr wettbewerbsfähig ist. Sie hat sich auf die Herstellung hochwertiger Investitionsgüter wie Maschinen, Motoren und Spezialstahl sowie dauerhafte Konsumgüter wie Fahrzeuge spezialisiert.

Zudem steigt die preisliche Wettbewerbsfähigkeit laufend: In der heimischen Sachgütererzeugung sind die Lohnstückkosten seit Mitte der 1990er Jahre nominell nicht gestiegen. Obwohl sich die Preise für Energie, Investitionsgüter, Dienstleistungen und alle anderen Produkte laufend erhöht haben, liegen die Lohnstückkosten heute so hoch wie vor 15 Jahren. In Relation zum gesamtwirtschaftlichen Preisniveau sind die Lohnstückkosten der Industrie in diesem Zeitraum um 20 % gefallen. Arbeit wird in der Industrie immer billiger, weil die Arbeitsproduktivität viel schneller als die Löhne steigt. Die Produktivität pro Arbeitsstunde liegt 2011 in der Sachgütererzeugung um 60 % höher als 1995.

Das enorme Wachstum der Produktivität stellt den entscheidenden Erfolgsfaktor für die Wettbewerbsfähigkeit der Industrie dar. Sie basiert auf der langen Industrietradition des Landes, auf der guten Ausbildung der Facharbeitskräfte, der starken Rolle von Betriebsräten, die sich mit dem Erfolg der Unternehmen identifizieren, sowie auf der Innovationsfähigkeit der Industriebetriebe, die laufend investieren und viel Energie in Forschung und Entwicklung stecken. Nahezu jedes Produkt, das in Österreichs Industrie hergestellt wird, wird direkt exportiert oder zu einem anderen heimischen Exportbetrieb zugeliefert. Um die Leitbetriebe, die in ihrem Bereich meist zu den internationalen Technologieführern zählen, haben sich unzählige kleinere Betriebe entwickelt, deren Kompetenz in der Zulieferung von Spezialprodukten liegt. Zusammen bilden sie die Cluster der erfolgreichen Industrieregionen, die ihre Basis vor allem im Fahrzeugbau, der Stahl- und Metallindustrie haben.

Trotz aller Unkenrufe über das bevorstehende Ende des Industriestandorts Österreich zeigt sich dessen anhaltende Stärke etwa am Anteil der Wertschöpfung der Industrie an der Gesamtwirtschaft: Er beträgt in Österreich und Deutschland ca. ein Fünftel. Demgegenüber liegt der Industrieanteil in der Wertschöpfung in den USA und in Großbritannien, einst erfolgreiche Industrieländer, oder auch in Spanien und Griechenland nur halb so hoch. Österreichs Industrie entwickelt sich dabei noch deutlich erfolgreicher als die deutsche. Im Jahr 2010 produzierte die heimische Industrie um ein Viertel mehr als im Jahr 2000, obwohl die Produktion im Zuge der Krise temporär um ein Fünftel eingebrochen war. In Deutschland lag die Industrieproduktion 2010 um ein Zehntel höher als 10 Jahre zuvor. In den USA lag die Produktion 2010 sogar niedriger als im Jahr 2000. Die Struktur der Beschäftigung spiegelt diesen hohen Stellenwert der Sachgütererzeugung in Deutschland und Österreich wieder: Ihr Anteil an der Gesamtzahl der unselbständig Erwerbstätigen liegt in Österreich und Deutschland bei etwa 15 %. In Österreich sind 550.000 Personen direkt in der Industrie beschäftigt, in Deutschland 6,2 Mio.

Demgegenüber weist der Finanzsektor in den USA und in Großbritannien einen Anteil an der gesamten Wertschöpfung der Volkswirtschaft von 8 % auf, in Irland waren es vor der Finanzkrise sogar 10 %. In einigen Ländern ging der Finanzboom der letzten Jahre mit einem kreditfinanzierten Bauboom einher. Sie weisen deshalb auch einen hohen Bauanteil auf, so etwa Spanien und Irland mit 10 % der Wertschöpfung. Hingegen zeigen Länder ohne Immobilien- und Finanzblase deutlich niedrigere Werte: In Deutschland macht die Wertschöpfung des Finanzsektors 4 % aus, in Österreich 5 %, ähnlich sieht es in der Beschäftigung aus.

Nun könnte es egal sein, ob in einer Volkswirtschaft Industriegüter oder Finanzdienstleistungen produziert würden, so lange mit dieser Produktion Einkommen und Arbeitsplätze geschaffen werden. Doch die Unterschiede sind erheblich: Nach den Erfahrungen in der Finanzkrise ist zu fragen, ob Teile des Finanzsektors überhaupt volkswirtschaftliche Werte schaffen. Dies steht zwar beim traditionellen und seriösen Bankgeschäft von Spareinlagen und Kreditvergaben außer Zweifel. Doch selbst in der Kreditvergabe für Hausbau oder Erwerb von Eigentumswohnungen haben in den letzten Jahren spekulative Elemente in großem Stil Einzug gehalten: Etwa durch Fremdwährungskredite und Tilgungsträger, mit denen die Banken ihr Risiko auf die KundInnen abwälzen.

Das Finanzgeschäft der letzten Jahre war generell von hochspekulativen Aktivitäten mit Wettcharakter geprägt, die enormen gesamtwirtschaftlichen Schaden angerichtet haben, statt Werte zu schaffen. Auch die Beschäftigungsbilanz des Finanzbooms ist nicht erfreulich: Wenigen hochspezialisierten und hochbezahlten Jobs stehen für die kleinen Leute schlecht bezahlte Dienstleistungsjobs als Reinigungskräfte, HamburgerverkäuferInnen und Leiharbeitskräfte gegenüber. Die Industrie hingegen schafft Jobs, die relativ hohe Qualität und Einkommen aufweisen. Sie bildeten historisch, aber auch in der Gegenwart die Basis für hohe gewerkschaftliche Organisation und den Sozialstaat.

Eine Gefahr scheinen für die erfolgreichen Industriestandorte Österreich und Deutschland – neben dem Risiko eines zu starken Euro – nur zwei Phänomene zu bergen. Zum einen ist hier die immer geringere Umsetzung der hohen Exportgewinne in Investitionen und Löhne zu nennen. Bleiben Finanzinvestitionen und Dividendenausschüttungen so hoch, dann entzieht sich die Industrie selbst ihre realwirtschaftliche Basis. Zum anderen sind die ungenügenden Investitionen in den Nachwuchs an Facharbeitskräften zu beachten; unmittelbar droht hier keine Gefahr und die Arbeitskräftereserven sind hoch. Doch wenn die Qualität der Grundausbildung – und vor allem die Integration von Kindern aus Familien mit Migrationshintergrund – weiterhin vernachlässigt werden, dann liegt hier die größte Gefahr für den Industriestandort.

Die hohen außenwirtschaftlichen Ungleichgewichte innerhalb der EU haben eine wirtschaftspolitische Debatte ausgelöst, die zunächst bewusst auf die dumme Frage reduziert wurde, ob denn die Deutschen ihren Export an Industriegütern beschränken müssten, um nicht noch höhere Außenhandelsüberschüsse zu erzielen. Das ist Unsinn. Selbstverständlich wäre es falsch, bestehende Nachfrage aus dem Ausland nach einer deutschen Maschine oder einem österreichischen Motor nicht zu erfüllen, weil man bereits viele Maschinen und Motoren exportiert. Die relevante Frage lautet vielmehr: Was passiert mit den hohen Einnahmen der Exportbetriebe?

Werden die Exporteinnahmen in Form von Dividenden an die KapitaleignerInnen ausgeschüttet oder direkt auf den internationalen Finanzmärkten veranlagt, dann bleiben die gesamtwirtschaftlichen Wirkungen im besten Fall bescheiden. In den österreichischen Aktiengesellschaften der Sachgütererzeugung sind die Finanzaufwendungen enorm gestiegen, vor allem die Dividendenzahlungen. Diese Einkommen sind für die Realwirtschaft weitgehend verloren. Nur wenn der Exportgewinn zu einer Ausweitung der Investitionen im Inland und für höhere Einkommen der Beschäftigten genutzt wird, zieht dies einen zusätzlichen Anstieg des BIP und eine Ausweitung der Nachfrage nach Importen nach sich, die die Leistungsbilanz ausgleichen.

Das Problem der Exportüberschüsse Deutschlands und Österreichs besteht nicht im hohen Export selbst, sondern in seiner mangelnden Umsetzung in Inlandsnachfrage. Fragen die Unternehmen mit den im Export erwirtschafteten Mitteln zusätzliche Maschinen oder Elektrogeräte nach oder werden sie in Form höherer Löhne und Beschäftigung ausgeschüttet, so stimuliert das die Investitions- und Konsumnachfrage. So entstehen Wertschöpfung, Beschäftigung und Einkommen auch in anderen Wirtschaftsbereichen und der gesamtwirtschaftliche Wohlstand steigt. Gleichzeitig zieht die Nachfragesteigerung auch eine Ausweitung des Imports nach sich: Bei Ausrüstungsinvestitionen beträgt der Importanteil in Österreich vier Fünftel, bei der Konsumnachfrage der privaten Haushalte etwa 40 %. Hingegen bleibt der Anstieg von Wertschöpfung, Einkommen, Nachfrage, Import und Wohlstand bei der Verwendung von Exporterträgen für Dividendenausschüttung und Finanzanlagen der Unternehmen sehr gering: Sie erhöhen das Sparen, fließen ins Ausland und lösen sich in Finanzkrisen in nichts auf.

Die Wirtschaftspolitik soll deshalb aus wohlstandsfördernden Überlegungen Maßnahmen ergreifen, die eine Übertragung von Exportgewinnen in Inlandsnachfrage begünstigen. Das kann Investitionsförderungen beinhalten, muss sich allerdings primär auf Instrumente der Umverteilung von Vermögen und Einkommen konzentrieren. Typischerweise geben die unteren Einkommensgruppen einen besonders hohen Anteil ihres verfügbaren Einkommens für Konsum aus, die oberen Einkommensgruppen sparen besonders viel. In Österreich steigert ein Zusatzeinkommen in der Höhe von 100 Euro beim unteren Drittel der privaten Haushalte die Konsumnachfrage sofort um 80 Euro. Das obere Einkommensdrittel hingegen erhöht das Sparen um 60 Euro. Eine Politik der Umverteilung von den sparfreudigen oberen Einkommensgruppen zu den konsumfreudigen unteren Schichten bildet das wichtigste Instrument einer Förderung der Inlandsnachfrage und eine Ausweitung des Imports in den Ländern mit Exportüberschüssen.

Die außenwirtschaftlichen Ungleichgewichte sind im Zuge der Krise auch in den Fokus der europäischen Wirtschaftspolitik gerückt: Sie sollen im Rahmen der makroökonomischen Überwachung laufend beobachtet werden. Die Europäische Kommission versucht vor allem, Länder mit einem anhaltend hohen und nicht nachhaltigen Außenhandelsdefizit zu einer Erhöhung der Wettbewerbsfähigkeit durch Lohnzurückhaltung zu bewegen. Doch derartige Maßnahmen laufen Gefahr, einseitig restriktive Wirkungen zu entfachen: Entstehen außenwirtschaftliche Ungleichgewichte dadurch, dass in einem Land wegen einseitiger Exportorientierung und Lohnzurückhaltung zu wenig nachgefragt und in einem anderen Land wegen raschen Wachstums von Löhnen und Inlandsnachfrage zu viel nachgefragt wird, dann würde eine einseitige Bestrafung im Defizitland dazu führen, dass die gesamte Nachfrage in beiden Ländern sinkt. Produktion und Beschäftigung würden im Defizitland durch die Beschränkung der Inlandsnachfrage und im Überschussland wegen der dadurch ausgelösten Dämpfung des Exports zurückgehen.

Die Sanierung der Leistungsbilanz durch die Verringerung der Nachfrage im Defizitland kann gesamtwirtschaftlich nur dann erfolgreich sein, wenn gleichzeitig das Überschussland seine Nachfrage ausweitet. Da Leistungsbilanzdefizite und -überschüsse nur zwei Seiten der gleichen Medaille sind, kann eine erfolgreiche Anpassung nur auf beiden Seiten erfolgen. Wenn die Defizitländer ihre Nachfrage verringern, müssen die Überschussländer mehr verbrauchen, um die Gesamtnachfrage zu stabilisieren. Von der damit verbundenen

Expansion der Importe geht eine Sogwirkung für die wirtschaftliche Erholung der Defizitländer aus. Die Voraussetzung ist allerdings, dass diese Länder auch Produkte und Dienstleistungen haben, die exportierbar sind. In Südeuropa besteht Potenzial im Tourismus und in anderen Dienstleistungsbereichen, notwendig wäre aber wohl auch eine industriepolitische Strategie. Das ist nicht leicht, denn es bedarf vor allem einer institutionellen Basis. Dafür müssten die Innovationskraft der bestehenden Industriebetriebe gestärkt, die Investitionen in Sachanlagen gefördert und die Ausbildung von Facharbeitskräften vorangetrieben werden. Notwendig wäre auch ein Wandel im Lohnverhandlungssystem zugunsten von Einheitsgewerkschaften und koordinierten Lohnverhandlungen.

Die Verringerung der Leistungsbilanzdefizite kann nur dann erfolgreich sein, wenn die Überschussländer mehr verbrauchen, dadurch auch mehr importieren und den Leistungsbilanzüberschuss verringern. Diese Notwendigkeit hat John Maynard Keynes schon in den 1940er Jahren erkannt. Er hat vorgeschlagen, eine internationale Institution zu schaffen, die einen Ausgleich zwischen Überschuss- und Defizitländern herbeiführt, indem sie die Anreize für Überschüsse und Defizite systematisch verringert.

Doch die neoliberale Ökonomie sieht gar keinen Bedarf einer wirtschaftspolitischen Intervention bei Ungleichgewichten; das Problem kann ihrer Meinung nach von den Marktkräften gelöst werden. Etwa durch die Mobilität der Produktionsfaktoren oder freie Wechselkurse. Doch die freien Marktkräfte führen selten zu einem ökonomischen Ausgleich. Notwendig erscheint vielmehr ein zielgerichteter Eingriff der Wirtschaftspolitik. Innerhalb der EU müsste eine stärkere Zentralisierung einiger Elemente der Steuer- und Sozialpolitik erfolgen, um einen Ausgleich zwischen den wirtschaftlich starken und schwachen Regionen zu ermöglichen. Innerhalb der Überschussländer muss eine stärkere Umverteilung im Wege der Steuer- und Sozialpolitik zugunsten der unteren Einkommensgruppen mit höherem Konsumbedarf im Mittelpunkt einer gesamtwirtschaftlich vernünftigen Wirtschaftspolitik stehen. Diese würde auch den Industriestandort wegen der positiven Nachfrageentwicklung stärken.

Ingrid Moritz Erst 1919, also wenige Jahre vor der Konstituierung der Arbeiterkammern, wurden Frauen an der Juridischen Fakultät der Universität Wien zugelassen. Der Ausschluss von Frauen von den Universitäten ermöglichte, sie von verschiedenen Berufen fernzuhalten, wie aus dem Gutachten des Akademischen Senats der Universität Wien von 1873 hervorgeht: „Die Universität ist heute noch und wohl für lange hinaus wesentlich eine Vorschule für die verschiedenen Berufszweige des männlichen Geschlechts, und so lange die Gesellschaft, was ein günstiges Geschick verhüten möge, die Frauen nicht als Priester, Richter, Advokaten, Ärzte, Lehrer, Feldherrn, Krieger aufzunehmen das Bedürfnis hat, das heißt, so lange der Schwerpunkt der Leitung der sozialen Ordnung noch in dem männlichen Geschlecht ruht, liegt auch keine Nötigung vor, den Frauen an der Universität Terrain einzuräumen, welches in den weiteren Folgen unmöglich zu begrenzen wäre.“ (Zit. n. Heindl 1990, 176)

Jahrzehntelang wurde in den gleichen Bildungschancen für Frauen der Motor für die Gleichberechtigung zwischen den Geschlechtern gesehen. Das Erkämpfen des gleichberechtigen Zugangs zu Bildung zählt zu den größten Erfolgen in der Geschichte der Emanzipation von Frauen. Seit einigen Jahren gibt es mehr Studienabschlüsse von Frauen als von Männern (vgl. Bundesministerin für Frauen und Öffentlichen Dienst im Bundeskanzleramt 2010, 108 ff.).

Wenig Geld für viel Arbeit

Das Aufholen bei der Ausbildung hat jedoch zu keinen weitreichenden Veränderungen auf ökonomischer Ebene geführt. Frauen verbringen mehr Zeit mit Arbeit und dennoch verdienen sie weniger Geld als Männer. Die unbezahlte Arbeit im Haushalt, in der Kinderbetreuung und in der Pflege erklärt das höhere wöchentliche Arbeitsausmaß von Frauen. So verbringen Frauen im Schnitt 65 Stunden mit Arbeit, davon 26 Stunden für Haushaltstätigkeiten, Betreuung von Kindern und Erwachsenen und 39 Stunden für berufliche Tätigkeit, Männer hingegen 63 Stunden, davon 15 für unbezahlte Arbeit und 48 Stunden für berufliche Tätigkeit (vgl. Statistik Austria 2009, 36).

In den letzten Jahrzehnten haben Frauen nicht nur bei der Bildung aufgeholt, auch die Erwerbsbeteiligung von Frauen ist kontinuierlich gestiegen. Dennoch fällt der Befund nüchtern aus: Von einer ökonomischen Gleichstellung zwischen den Geschlechtern sind wir noch weit entfernt, die Einkommensschere ist konstant hoch und Armut ist weiblich. Unter anderem Teilzeitarbeit, geringere Entlohnung und Karrierechancen bilden in Summe die Einkommensschere.

Das durchschnittliche Bruttoeinkommen von Frauen beträgt lediglich 60 % des Einkommens von Männern (vgl. Rechnungshof 2010, 44). Eine wichtige Ursache für den Einkommensunterschied liegt in der Teilzeitarbeit. Mittlerweile arbeiten 44 % der Frauen und 9 % der Männer in Teilzeit (vgl. Statistik Austria 2011b, 41). Für Frauen mit Kindern ist Teilzeitarbeit zur dominierenden Beschäftigungsform aufgestiegen. Unter den Erwerbstätigen, die in einer Partnerschaft mit Kindern unter 15 Jahren leben, sind die geschlechtsspezifischen Unterschiede besonders markant. So arbeiten 66 % dieser Frauen in Teilzeit, aber nur 5 % der Männer. Während sich der Teilzeitanteil bei Frauen sowohl durch Partnerschaft als auch durch Kinder erhöht, ist bei Männern ein umgekehrter Effekt zu erkennen. Mit 11 % ist Teilzeitarbeit bei Männern dann am stärksten vertreten, wenn sie ohne Kinder und ohne Partnerin leben (vgl. Statistik Austria 2011a, 92; eigene Berechnungen).

Die Arbeitsaufteilung zwischen den Geschlechtern ist also noch immer stark vom Muster des männlichen Ernährers mit der Frau als Zuverdienerin geprägt. Bei Paaren mit Kindern bis zu 18 Jahren dominiert das Modell „Mann Vollzeit und Frau Teilzeit" (40 %), gefolgt vom Modell „nur Mann erwerbstätig" (22 %). Eine ausgewogene Verteilung von Erwerbsarbeit zwischen den Geschlechtern wie die Modelle „beide Vollzeit" (19 %) oder „beide Teilzeit" (2 %) wird nur von einer Minderheit gewählt (vgl. Statistik Austria 2011a, 93).

Dass diese Arbeitsteilung so häufig gelebt wird, ist nicht nur auf traditionelle Verhaltensmuster zurückzuführen. Zwar sind die Gestaltungsmöglichkeiten von Politik, auf die Aufteilung der unbezahlten Arbeit zwischen den Geschlechtern einzuwirken, begrenzt. Allerdings gibt es Spielräume, ob die Arbeitsressourcen im Haushalt verbleiben oder ob die soziale Infrastruktur wie Pflege und Kinderbetreuung auf den Markt verlagert wird. So sind in Österreich die sozialen Investitionen im Vergleich etwa zu den nordeuropäischen Ländern gering und Strukturreformen Richtung integrative soziale Infrastruktur von strategischer Bedeutung für Frauenbeschäftigung (vgl. Biffl u.a. 2011). Ein weiterer Faktor für die Arbeitsteilung ist, ob sich Arbeit auch rentiert, etwa wie hoch die Kosten für die Inanspruchnahme sozialer Dienste sind, aber auch, ob das erzielbare Einkommen einen Anreiz für Erwerbstätigkeit bietet. Dabei sind steuerliche Aspekte, aber auch die Lohnpolitik an sich von Bedeutung. Ziel sollte sein, gesellschaftliche Rahmenbedingungen herzustellen, die ein existenzsicherndes Einkommen und eine ausgewogene Arbeitszeitverteilung innerhalb von Partnerschaften begünstigen.

Fehlende Angebote an Kinderbetreuungsplätzen wie auch erwerbsfeindliche Öffnungszeiten sind Hürden für eine gleichberechtigte Teilhabe am Erwerbsarbeitsmarkt. Hinzu kommt, dass sich die Ausübung einer Erwerbstätigkeit mit Kindern nicht immer rechnet. Werden die Kosten für Kinderbetreuung den oft nur geringen Erwerbseinkommen gegenübergestellt, so kann es ökonomisch durchaus rational sein, die Kinderbetreuung selbst zu übernehmen und auf das nur geringfügig höhere Zusatzeinkommen zu verzichten. Hohe Elternbeiträge für den Kindergartenbesuch sind ein hemmender Faktor für Frauenbeschäftigung. Eine zusätzliche Barriere für Frauenbeschäftigung liegt im Schulsystem mit Öffnungs- und Ferienzeiten, die nicht mit Erwerbstätigkeit kompatibel sind und Lernen mit den Kindern in hohem Ausmaß zu einer Aufgabe für Eltern machen.

Ein weiteres Puzzlestück, das diese geschlechtsspezifische Arbeitsteilung unterstützt, sind steuerliche Entlastungen für Alleinverdienende, Vergünstigungen für das Erbringen von Überstunden und relativ hohe Abgaben bei der Ausweitung der Teilzeit. Aber auch die soziale Staffelung von Kinderbetreuungskosten und anderen sozialen Dienstleistungen steht in einem Widerspruch zur Ausweitung der Frauenbeschäftigung. Denn je höher das Haushaltseinkommen wird, umso geringer fallen die sozialen Vergünstigungen aus. Darüber hinaus liegen Barrieren für eine Frauenbeschäftigung auch in der Arbeitswelt, in der Rücksichtnahme auf familiäre Bedürfnisse noch allzu oft als Störfaktor im betrieblichen Ablauf wahrgenommen wird.

Von der unbezahlten Arbeit zur Erwerbsarbeit

Ein besonders wichtiger Schritt ist es, in die Kinderbetreuung mehr Mittel zu investieren und sie endlich als Frühförderung im Bildungssystem zu verankern. Dabei muss das Angebot flächendeckend mit ganztägigen Öffnungszeiten und hohen pädagogischen Standards als bundesweiter Rechtsstandard verankert werden. Ebenso wie die Schule sollte Kinderbetreuung beitragsfrei werden. Diese Investitionen sind kostspielig, aber nicht unrealistisch. Durch eine Umschichtung in der Familienförderung kann Kinderbetreuung finanziert werden. Weiters brauchen wir ein Recht auf ein ganztägiges Schulangebot, das auf Qualität setzt und so gestaltet ist, dass Lernen in der Schule stattfindet.

Ein weiterer Bereich, der dringend mehr Investitionen benötigt, ist die Pflege. Diese wird zu 75 % im familiären Bereich erbracht und hier wieder größtenteils (80 %) von Frauen (vgl. Bachinger 2009, 55). Aufgrund der Alterung der Gesellschaft, geänderter Familien- und Haushaltsstrukturen und der zunehmenden Erwerbsbeteiligung von Frauen – die schrittweise Angleichung des gesetzlichen Pensionsalters wird auch auf die unbezahlt erbrachte Pflege von Frauen Auswirkungen haben – ist mit einem weiter steigenden Bedarf an institutionellen Angeboten der Betreuung und Pflege zu rechnen.

Aufgrund von Versorgungslücken und aus finanziellen Erwägungen wurde schon in der Vergangenheit vermehrt auf informelle Pflege und illegale Beschäftigung von Pflegekräften aus dem benachbarten Ausland zurückgegriffen. In den letzten Jahren kam es zur Legalisierung dieser Beschäftigungsformen, allerdings wurden massive Abstriche bei den sonst üblichen arbeits- und sozialrechtlichen Standards in Kauf genommen, um die 24-Stunden-Betreuung in privaten Haushalten leistbar zu gestalten. Wie schon bei der Einführung des Pflegegeldes 1993 wurde wiederum verabsäumt, für den steigenden Pflegebedarf eine nachhaltige Lösungsstrategie aufzubauen. Analog zum Bereich der Kinderbetreuung braucht es auch in der Betreuung und Pflege eine Ausweitung der finanziellen Mittel für den Ausbau von Pflegedienstleistungen. Dafür ist es notwendig, mehr finanzielle Mittel für die Verbesserung der Arbeitsbedingungen und Entlohnung der in der Pflege und Betreuung Beschäftigten bereitzustellen. Nur durch eine höhere Attraktivität dieser Beschäftigungsverhältnisse kann auch die personelle Knappheit beseitigt werden.

Die Pflege wurde aus Kostengründen zunehmend von medizinischen Dienstleistungen abgespalten und in die Privatsphäre verlagert. So wie es im Gesundheitsbereich selbstverständlich ist, durch eine Versicherung das Krankheitsrisiko zu decken, braucht es auch eine Absicherung für das Risiko des Pflegebedarfs. Dass auf ein bestehendes Vermögen bei Anfallen des Pflegebedarfs zurückgegriffen wird, schafft Anreize, die Pflege doch eher informell oder unbezahlt durch Angehörige zu erbringen und erhöht den Druck auf Frauen zur unentgeltlichen Betreuung.

Nur wenn die Betreuungsangebote für Kinder und Pflegebedürftige attraktiv sind, wird die Erwerbstätigkeit von Frauen nicht mehr gegen die Bedürfnisse von Kindern und pflegebedürftigen Angehörigen ausgespielt. Für die Chancengleichheit von Frauen am Arbeitsmarkt ist daher die Frage des gesellschaftlichen Umgangs mit der Betreuungsinfrastruktur von entscheidender Bedeutung und ob diese als integraler Bestandteil einer funktionierenden Wirtschaft eines Wohlfahrtsstaates verstanden wird. Wenn die Lücken in der Betreuung weiterhin bestehen bleiben, so hat dies zur Folge, dass Frauen in eine erwerbsferne Position gedrängt und zu versteckten Arbeitslosen werden.

Arbeit muss sich auch lohnen

Frauenbeschäftigung ist immer seltener mit Existenzsicherung verbunden. Von prekären Arbeitsformen wie Teilzeit und Beschäftigung im Niedriglohnsektor sind Frauen überproportional betroffen. Auch innerhalb der EU hat Österreich mit 29 % eine besonders hohe Rate an vollzeitbeschäftigten Frauen in Niedriglohnbereich (vgl. eurostat 2010, 5). Zu den Niedriglohnjobs zählen Arbeiten in den Branchen der Gastronomie, des Gesundheits- und Sozialwesens oder im

Handel (vgl. Bundesministerin für Frauen und Öffentlichen Dienst im Bundeskanzleramt 2010, 202). Wer einmal im Niedriglohnbereich gearbeitet hat, kommt schwer wieder heraus. Bei Arbeitslosigkeit sind Umschulungen die Ausnahme, zumal die rasche Vermittlung auf eine offene Stellen in Handel, Reinigung oder Gastronomie eine berufliche Neuausrichtung erschwert.

Mögen Statistiken noch so differenziert dargestellt werden, es kommt immer dasselbe Ergebnis heraus: Frauen verdienen weniger als Männer. Sei es, dass die Stundenlöhne verglichen werden oder die Einkommen nach Branchen, Tätigkeiten oder Ausbildungen. Wird nach den Ursachen der Einkommensunterschiede geforscht, so werden sie oft als Erklärung herangezogen, um Frauen zu vermitteln, was sie alles falsch gemacht haben, das dazu führt, dass sie weniger verdienen: Sie wählen nicht die richtigen Ausbildungen, sie wählen nicht die richtigen Berufe, sie arbeiten in Teilzeit. Vieles an den Einkommensunterschieden ist erklärbar – aber sind sie deswegen gerechtfertigt? So haben Frauen wegen Teilzeit ein geringeres Einkommen, welches primär auf die ungleiche Verteilung der unbezahlten Arbeit zurückzuführen ist. Es ist jedoch nicht nur so, dass Frauen aufgrund der geringeren Arbeitszeit weniger Geld verdienen. Vielmehr ist auch bei vergleichbaren Tätigkeiten der Stundenlohn niedriger als bei Vollzeitbeschäftigten. Trotz Diskriminierungsverbot wird Teilzeitarbeit geringer bewertet. Das zeigt sich auch an den geringeren Karrierechancen.

Wir brauchen eine Auseinandersetzung über den Wert von Arbeit. Eine Diskussion, die kritisch hinterfragt, warum die Branchen, in denen Frauen arbeiten, so schlecht bezahlt werden, warum tendenziell die Arbeit am Menschen geringer bewertet wird als die Arbeit mit Maschinen oder warum Teilzeitarbeit über das geringere Stundenausmaß hinaus noch zusätzlich mit Einkommenseinbußen verbunden ist. Gerechte Bewertung von Arbeit und Verteilungsgerechtigkeit bei der Entlohnung müssen diskutiert werden. Ziel muss sein, dass sich Erwerbstätigkeit rechnet und ein gutes Leben ermöglicht.

Intransparente Regelungen erleichtern die unterschiedliche Entlohnung von Frauen und Männern. Es ist beachtenswert, dass der Datenschutz, der die Einzelnen vor einer Offenlegung der individuellen Einkommen schützt, als höheres Gut betrachtet wird als das Recht auf gleiche Entlohnung für gleichwertige Arbeit. Für eine faire Arbeitsbewertung ist das Sichtbarwerden der Einkommen auf individueller Ebene von strategischer Bedeutung. Erst wenn die Einkommensunterschiede nicht mehr verschleiert werden, wenn Frauen vor Augen geführt wird, dass ihre Arbeit im Unternehmen geringer bezahlt wird, und die sehr unterschiedliche Bewertung von Arbeit von der Reinigung bis hin zur Leitungsposition sichtbar wird, kann Bewegung in das Thema ungleiche Entlohnung kommen. Eine gesellschaftliche Auseinandersetzung über die Bewertung unterschiedlicher Tätigkeiten ist notwendig. Transparenz ist eine wichtige Voraussetzung dafür.

Ausblick

War die Chancengleichheit von Frauen beim Bildungszugang eine wichtige Errungenschaft des letzten Jahrhunderts, so liegen die künftigen Herausforderungen darin, die ökonomische Situation von Frauen zu verbessern, bezahlte und unbezahlte Arbeit zwischen den Geschlechtern gerechter zu verteilen und Einkommensunterschiede aufgrund des Geschlechts zu beseitigen. Erst wenn qualitätsvolle Pflege und Kinderbetreuung eine Selbstverständlichkeit sind und Arbeit gerecht verteilt und entlohnt wird, können wir sagen, dass wir einen großen Schritt in der Geschichte der Frauenemanzipation geschafft haben.

Literatur

Bachinger, Almut (2009). Der irreguläre Pflegearbeitsmarkt. Zum Transformationsprozess von unbezahlter in bezahlte Arbeit durch die 24-Stunden-Pflege, Dissertation Universität Wien.

Biffl, Gudrun u.a. (2011). Frauen und Wirtschaftskrise, Vernetzung sozialer Dienstleistungen als Antwort auf die Konjunktur- und Strukturkrise. Internet: http://wien.arbeiterkammer.at/bilder/d146/Studie_Soziale_Dienstleistungen_2011.pdf (Zugriff: 11.8.2011).

Bundesministerin für Frauen und Öffentlichen Dienst im Bundeskanzleramt (2010). Bericht betreffend die Situation von Frauen in Österreich im Zeitraum von 1998 bis 2008, Wien.

Eurostat (2010), Statistics in focus 3/2010. Internet: http://epp.eurostat.ec.europa.eu/cache/ITY_OFFPUB/KS-SF-10-003/EN/KS-SF-10-003-EN.PDF (Zugriff: 11.8.2011).

Heindl, Waltraud (1990). Die Studentinnen der Universität Wien. Zur Entwicklung des Frauenstudiums ab 1879, in: Heide Dienst/Edith Saurer: Das Weib existiert nicht für sich. Geschlechterbeziehungen in der bürgerlichen Gesellschaft, Wien.

Rechnungshof (2010). Allgemeiner Einkommensbericht 2010, Wien.

Statistik Austria (2009). Zeitverwendung 2008/09. Internet: http://www.statistik.gv.at/web_de/statistiken/soziales/zeitverwendung/zeitverwendungserhebung/index.html (Zugriff: 11.8.2011).

Statistik Austria (2011a). Familien- und Haushaltsstatistik 2010. Internet: http://www.statistik.gv.at/web_de/dynamic/statistiken/bevoelkerung/haushalte_familien_lebensformen/publdetail?id=23&listid=23&detail=468 (Zugriff: 11.8.2011).

Statistik Austria (2011b). Arbeitsmarktstatistik 2010, Mikrozensus Arbeitskräfteerhebung. Internet: http://www.statistik.gv.at/web_de/dynamic/statistiken/arbeitsmarkt/publdetail?id=3&listid=3&detail=342 (Zugriff: 11.8.2011).

Werner Muhm

Das 90-jährige Bestehen der Arbeiterkammern fällt in eine von schweren wirtschaftlichen Verwerfungen gekennzeichnete Zeit. Sprunghaft angestiegene Staatsschulden, explodierende Budgetdefizite in vielen Ländern, hohe Arbeitslosigkeit in einzelnen EU-Ländern, Jugendarbeitslosigkeitsraten zwischen 30 und 50 % sind die Folgen des Finanzcrashs von 2008 und des nachfolgenden größten realwirtschaftlichen Einbruchs der Weltwirtschaft seit dem Zweiten Weltkrieg.

Die Ursachen für die Krise 2008/2009 und die aktuellen Turbulenzen in der Eurozone

Fragt man nach den Ursachen für die Krise und die derzeitigen finanziellen Schwierigkeiten in der Eurozone, so ist an erster Stelle der Siegeszug der Finanzmarktideologie im Gefolge des Zusammenbruches der kommunistischen Kommandowirtschaften des ehemaligen Ostblocks ab 1989 zu nennen. Die vermeintliche Systemkonkurrenz war weggefallen, jetzt galt es jenen Sektor der Volkswirtschaft zu deregulieren, der dem neoklassischen Ideal des „perfekten Marktes" am nächsten kommt. Dies würde, so hieß es, eine verbesserte Allokation der Ressourcen in allen Bereichen der Produktion ermöglichen, Effizienz und Dynamik verbessern und letztendlich Wachstum und Beschäftigung steigern. Tatsächlich hat die Unvernunft auf deregulierten Finanzmärkten zu einer völligen Entkopplung von der Realwirtschaft geführt. Die Derivatemärkte sind explodiert. Immer größere Hebelwirkungen in den Bankbilanzen haben die Eigenkapitalverzinsung und die Bankerträge (an denen sich auch die Vergütungsregeln des Managements orientierten) in ungeahnten Höhen schnellen lassen.

Weitere Krisenursachen waren rasend schnelle Handelssysteme, so genannte Finanzinnovationen und Spekulationen ohne Grundgeschäft, verknüpft mit neuen Rechnungslegungsvorschriften (IFRS), die den Shareholder-Value begünstigten. Alle diese Phänomene haben das finanzmarktbetriebene Wirtschaftssystem 2008 an die Wand gefahren. Nur der massive Einsatz des über Jahrzehnte unterschätzten Staates mit seinen SteuerzahlerInnen hat den Systemzusammenbruch verhindert und große Vermögen gerettet. Europas Bankenrettungspakete erreichten ein Volumen von 2900 Mrd. Euro, das waren zu diesem Zeitpunkt 31 % des EU-27-BIP.

Darüber hinaus war eine der Ursachen für die größte Weltwirtschaftskrise die über lange Zeit gewachsene Ungleichheit in der Einkommens- und Vermögensverteilung in fast allen Industriestaaten, aber z. B. auch in China. Die Löhne blieben gegenüber der Gewinnentwicklung laufend zurück. Zusätzlich verschärften die massiven Ungleichgewichte im Außenhandel zwischen den USA, Asien, der EU, den mittel- und osteuropäischen Staaten und Lateinamerika, aber auch die großen Unterschiede in der Wettbewerbsfähigkeit der Mitgliedsländer der Eurozone die Krise der Weltwirtschaft.

Während in den USA angesichts der wirtschaftlichen Realitäten der „Amerikanische Traum" brüchig wird und die Mittelschichten vom Abstieg bedroht sind, zeigen viele Phänomene auch in Europa, dass das Vertrauen in die Politik und ihre Lösungskompetenz schwindet. In diesem Zusammenhang sind die Jugendproteste in einigen EU-Mitgliedstaaten zu nennen, die aus der Furcht entstanden, zu einer verlorenen Generation zu gehören. Auch das Aufkommen rechtspopulistischer Parteien ist in diesem Kontext zu sehen sowie das Unverständnis vieler Menschen, dass diese Unterhöhlung unserer Gesellschaft von den Eliten produziert wurde und dass fast alles, was die Banken machten, im Sinne herrschender Gesetze legal war – auch wenn es fatale Folgen hatte.

Wenn dann noch von vielen Regierungen als einzige Antwort auf die Krise das kommt, was Oskar Negt (2010) in einem Spiegelinterview „die Ideologie der betriebswirtschaftlichen Rationalisierung" nennt, nämlich „Umverteilung nach oben, Sparzwang nach unten", gekoppelt mit der Botschaft „wir haben über unsere Verhältnisse gelebt", dann wachsen die Zweifel an der Legitimität der Gesellschaft bei vielen BürgerInnen. Der Rückzug ins Private ist noch die geringste Abwendung vom System. Wenn die Fairness in einer Gesellschaft verloren geht, wird das Vertrauen in unser Wirtschaftssystem und in die Demokratie brüchig, trotz formal funktionierender demokratischer Elemente wie Wahlen, Gewaltenteilung und freien Medien.

Die Arbeiterkammern haben ihre Lektion gelernt

Angesicht des Vertrauensverlustes in die Politik im Allgemeinen und in eine faire und sozial ausgewogene Lösungskompetenz der EU-Institutionen im Besonderen muss daran erinnert werden, dass die Arbeiterkammern Anfang der 1990er Jahre in einer großen Legitimationskrise steckten. Die Wahlbeteiligung war bei den Arbeiterkammerwahlen 1994 auf einen Tiefststand gesunken. Fehlverhalten von Spitzenfunktionären und leitenden Angestellten, Privilegienvorwürfe, Infragestellung der Existenz der Arbeiterkammer und der Pflichtmitgliedschaft rüttelten an den Grundfesten. Eine Organisation mit Pflichtmitgliedschaft ist besonders gefährdet durch schleichenden Vertrauensverlust, der nicht wie bei anderen Interessenverbänden durch Kündigung der Mitgliedschaft angezeigt wird. So kann es zu Entwicklungen kommen, die eruptiv die Organisation als Ganzes in Frage stellen, wenn in der täglichen Arbeit der Fokus nicht auf die zentralen Anliegen der Mitglieder gelegt wird.

In den vergangenen 15 Jahren haben die Arbeiterkammern mit einem ganzen Maßnahmenbündel konsequent daran gearbeitet, das Vertrauen der Mitglieder in ihre ArbeitnehmerInneninteressenvertretung stetig zu festigen. Besondere Bedeutung kam dabei der Mitgliederbefragung zu, die im ersten Halbjahr 1996 durchgeführt wurde. Die Befragungsteilnahme betrug über 60 %. Im Ergebnis stimmten bundesweit mehr als 90 % der Befragten dafür, dass die Arbeiterkammern auch in Zukunft als gesetzliche Interessenvertretung bestehen bleiben sollen. Hier die wichtigsten weiteren Punkte des Maßnahmenpakets:

• *Neues, „wählerInnenfreundliches" Wahlrecht:* Einführung der Briefwahl und von Betriebswahlsprengeln, Verlängerung der Wahlzeit und Abschaffung des Wahlkörpers.

• *Mehr Kontrolle und Transparenz:* gesetzliche und verbandsinterne Einkommensbegrenzungen für PräsidentInnen und DirektorInnen, Stärkung der internen Kontrollen, Transparenz der Gebarung und Kontrolle der Arbeiterkammern durch den Rechnungshof.

• *Stärkung der Kernkompetenz Arbeitsrecht:* In den Kernberatungsleistungen Arbeits- und Sozialrecht, Steuer- und KonsumentInnenrecht führten die Arbeiterkammern bundesweit im Jahr 2010 über 2 Mio. persönliche und telefonische Beratungen durch. Daher kennt niemand die österreichische Arbeitswelt so gut wie sie.

• *Stärkung der Zusammenarbeit durch das Projekt AK plus im Jahr 2000:* Die Einführung eines bundesweiten Bildungsgutscheins verfolgte das Ziel, bildungsferne Schichten an Aus- und Weiterbildungsmaßnahmen heranzuführen. Ein starker gemeinsamer Internetauftritt mit modernster Zweiwegkommunikation und bundesweiter Werbe- und Informationskampagne sowie die verstärkte Zusammenarbeit der Länderkammern im Einkauf, im Bereich IT, im KonsumentInnenschutz und in der Insolvenzbetreuung steigerten dabei die Effizienz und brachten Synergieeffekte.

• *Verbesserung der Mitgliedernähe und des Dienstleistungsangebots:* Die Arbeiterkammern erreichten durch konsequente Verbesserung des Dienstleistungsangebotes in Bezug auf Erreichbarkeit und Qualität der Beratung sehr hohe Mitgliederzufriedenheitswerte. Ab 2005 gab es in den Arbeiterkammern Wien, Oberösterreich, Kärnten, Vorarlberg sowie Tirol auch umfangreiche Bauvorhaben, in deren Mittelpunkt moderne Beratungszentren standen, um eine bessere Beratungsqualität für die Arbeiterkammer-Mitglieder zu gewährleisten.

• *Konsequenter interessenpolitischer Auftritt:* Die Arbeiterkammern haben in dieser Zeit konsequent die Interessen der ArbeitnehmerInnen im Begutachtungsverfahren gegenüber dem Staat und den Gebietskörperschaften und beim Gesetzwerdungsprozess vertreten. Sie haben unabhängig von der Regierungskonstellation auf Bundesebene ihre Stimme erhoben und ihre allzeit anerkannte Expertise eingebracht. Ich erinnere an den Abbau vieler ArbeitnehmerInnenrechte unter Schwarz-Blau oder an die Auseinandersetzung über die Pensionsreformen dieser Zeit, die durch das Aufzeigen der unsozialen und überzogenen Pensionskürzungen gemeinsam mit dem ÖGB abgemildert werden konnten. Aber auch das Eintreten für Steuerentlastungen stieß bei der nachfolgenden SPÖ-/ÖVP-Regierung nicht auf Zustimmung. Die Positionierung der Arbeiterkammern führte in den Jahren 2000–2006 mehrmals zu heftigen Auseinandersetzungen über die Absenkung der Kammerumlagen, um die Arbeiterkammern in der gesellschaftlichen Auseinandersetzung zu schwächen. Von den Mitgliedern wurde dieser engagierte Einsatz für ArbeitnehmerInnenanliegen – auch wenn er im Extremfall ohne Erfolg blieb – durchaus anerkannt.

In diesem Zusammenhang ist auch die frühe Gründung des Büros der Bundesarbeitskammer in Brüssel im Jahr 1991 zu nennen. Diese Einrichtung hat sich seither als unentbehrliches Instrument der Interessendurchsetzung erwiesen, in der der europäischen Dimension eine immer größere Bedeutung zukommt, vor allem seit dem Beitritt Österreichs zur EU. Gerade in Brüssel ist die Finanz- und Industrielobby zu einer fast erdrückenden Übermacht geworden. Rund 1600 Lobbyorganisationen der Wirtschaft stehen lediglich rund 50 Einrichtungen der Gewerkschaften und KonsumentInnen gegenüber. Nur der Europäische Wirtschafts- und Sozialausschuss erinnert an korporatistisch-sozialpartnerschaftliche Strukturen. Das angloamerikanische fragmentierte Lobbysystem überwiegt klar gegenüber sozialpartnerschaftlichen Lösungsstrukturen, wie sie in Österreich trotz spürbarer Veränderung – vor allem durch die Globalisierung – nach wie vor dominieren.

Zusammenfassend lässt sich festhalten, dass die Arbeiterkammern ihre Lektion gelernt und aus der Legitimationskrise die richtigen Schlüsse gezogen haben. Umfragen (vgl. Tabelle 1) zeigen einen stetigen Vertrauenszuwachs für die Arbeiterkammern. Dieses hohe Vertrauen ist ein solides Fundament für künftige Herausforderungen: Die Arbeiterkammern müssen in einer komplexer gewordenen Welt auch Orientierung geben.

Tabelle 1: Generelles Vertrauen in Institutionen

Frage: Wie groß ist Ihr Vertrauen in die folgenden Institutionen? Vertrauen ist (sehr) groß ... (in Prozent)

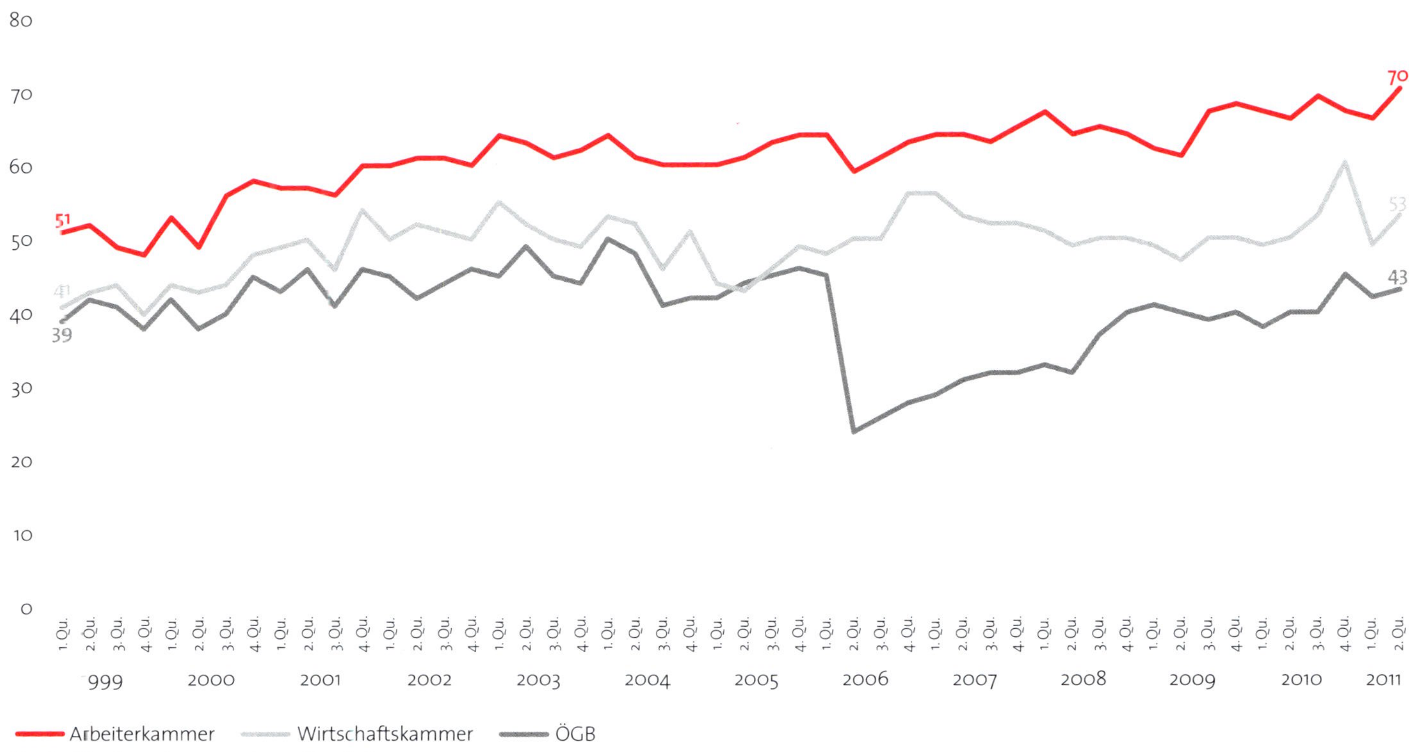

Quelle: ifes, Sample: 2000, eigene Darstellung

Die Notwendigkeit neuer Weichenstellungen und Prioritäten

Die Krise 2008/2009 könnte sich langfristig als Segen erweisen, wenn ich das pessimistische Bild – Rückkehr zur Normalität mit einer marktradikalen Politik, Ökonomisierung aller Lebensbereiche, Rückdrängung wohlfahrtsstaatlicher Errungenschaften und wachsender gesellschaftlicher Ungleichheit, also die Fortsetzung der Mainstream-Politik der letzten 20 Jahre – einmal beiseiteschiebe. Aus der Krise könnte sich auch in Europa ein Wechsel der politischen Großwetterlage ankündigen, auch wenn kein radikal anderer Gesellschaftsentwurf zu sehen ist. Der Philosoph Jürgen Habermas formulierte in einem Interview mit der „Zeit" (2008) trefflich: „Seit 89/90 gibt es kein Ausbrechen mehr aus dem Universum des Kapitalismus; es kann nur um eine Zivilisierung und Zähmung der kapitalistischen Dynamik von innen gehen."

Die To-Do-Liste auf internationaler und EU-Ebene liegt am Tisch. Der wirtschaftlichen Globalisierung müssen rechtliche Regeln und politische Koordination folgen. Eine Regulierung der Finanzmärkte mit Insolvenzrecht für Banken, höheren Eigenmittelvorschriften, Begrenzung der Ratingagenturen, der Derivat- und Spekulationsgesellschaften und der Einführung einer Finanztransaktionssteuer ist notwendig. Soziale und steuerliche Mindeststandards für den EU-Binnenmarkt zur Vermeidung des Lohnsteuer- und sozialen Wettlaufs nach unten müssen kommen.

Es bedarf einer Neukonzeption einer makroökonomisch schlüssigen, nachhaltigen Wachstumspolitik in Europa, denn das ausschließlich exportorientierte Wachstumsmodell Deutschlands ist kein nachhaltiges Konzept, wie die Turbulenzen in der Eurozone bewiesen haben. Ebenso muss die stetige Wettbewerbsschwäche wichtiger Euromitgliedsländer ein Ende finden. Das erfordert solidarische Hilfe in der Eurozone, den Abbau von Schulden und die Wiederherstellung der Wettbewerbsfähigkeit einzelner Volkswirtschaften – aber keinen Plan, der da lautet: Am deutschen Wesen (Politik) wird Europa genesen.

Europa war immer ein Projekt der gesellschaftlichen Eliten. Doch noch nie hatten vor allem die bildungsfernen Schichten so wenig Vertrauen in europäische Zusammenarbeit und Lösungskompetenz. Sie erleben Europa als ungerecht, sind von steigender Arbeitslosigkeit betroffen und als Jugendliche oft ohne Hoffnung auf Beschäftigung. Das ist vor allem auch ein schwieriges politisches Problem für die europäische Sozialdemokratie und die SPÖ, denn die marktliberale Politik und der Schwenk zur finanzmarktgetriebenen Wirtschaft sind unter anderem fest mit den Namen Blair und Schröder verknüpft.

Deshalb müssen die Schaffung von Beschäftigung, der Kampf für die Jugend, mit Chancen auf Jobs und gute Bildung, sowie der Einsatz für eine faire Gesellschaft im Mittelpunkt des politischen Handels stehen – und nicht die lange Zeit vorherrschenden Ellbogen und die Konkurrenzwirtschaft mit der „The winner takes it all"-Mentalität.

Vor uns: die Mühen der wirtschaftlichen Ebene

Die österreichische Volkswirtschaft hat die tiefe Krise 2008/2009 realwirtschaftlich weit besser bewältigt als viele vergleichbare Länder. Erreicht wurde dies durch eine konsumstärkende Steuersenkung zum richtigen Zeitpunkt, ein Konjunkturpaket, das den Anstieg der Arbeitslosigkeit begrenzte und einen Budgetkonsolidierungskurs mit Augenmaß, der die Konjunkturbelebung nicht abwürgte. Es wurden ausgewogene einnahmen- und ausgabenseitige Maßnahmen gesetzt und verteilungspolitisch richtige Akzente.

Bankenpaket, Steuerausfall und Konjunkturpaket führten auch in Österreich zu einem sprunghaften Anstieg der Staatsschulden auf über 73 %. Dieser Wert ist in der Eurozone noch relativ günstig. Die Arbeitslosigkeit bei uns ist eine der niedrigsten in der EU, und der seit Jahren konstante Leistungsbilanzüberschuss zeigte die Wettbewerbsstärke der heimischen Wirtschaft. Österreich hat freilich auch einige kostentreibende Schwachstellen wie Ineffizienzen im gut ausgebauten Gesundheitssektor, das frühe faktische Pensionsantrittsalter und ideologische Grabenkämpfe über den richtigen Weg zur Nutzung aller Talente und Fähigkeiten unserer Jugend im Bildungsbereich. Alles in allem sind wir jedoch besser gerüstet für die Mühen der wirtschaftlichen Ebene, die uns mittelfristig drohen, denn in den kommenden Jahren ist mit einer Phase schwachen Wachstums zu rechnen.

Auch in Österreich hat vor allem im letzten Jahrzehnt die marktliberale Ideologie mit Shareholder-Value-Priorität Einkehr gehalten. Auch bei uns ging die Einkommensschere bis tief in die Mittelschicht auseinander. Die Löhne hinkten der Produktivitätsentwicklung und den Gewinnexplosionen nach. Verdienten Österreichs Top-Manager (Frauen sind in diesen Positionen extrem unterrepräsentiert) noch im Jahr 2000 das 20-fache ihrer MitarbeiterInnen, so lag diese Maßzahl 2008 vor der Finanzkrise bereits beim 48-fachen. In dieser Zeit wurden die Gewinne zunehmend entsteuert; Vermögen sind in Österreich allen internationalen Statistiken zufolge sehr gering besteuert, während der Faktor Arbeit eine hohe Steuerlast stemmt.

Insgesamt konnten in Österreich viele Verschärfungen der Einkommensdisparitäten und die Schwächung der Sozialsysteme verhindert bzw. abgemildert werden. Vor allem das hohe Beschäftigungsniveau ist ein großer Erfolg. Dies gelang unter anderem, weil die österreichische ArbeitnehmerInnenbewegung auf drei Säulen steht: den Gewerkschaften, den BetriebsrätInnen, den PersonalvertreterInnen und der Arbeiterkammer. Sie sicherten die gesellschaftliche Machtbalance in Österreich noch relativ gut.

Ein Blick in die Zukunft

Auch wenn der Blick in den Rückspiegel immer klarer ist als jener in die Kristallkugel der WahrsagerInnen der Zukunft, soll im Folgenden eine Prognose gewagt werden.

- Ich gehe davon aus, dass wir auf mittlere Frist eine schwache wirtschaftliche Dynamik erwarten müssen.
- Wir bleiben auf absehbare Zeit eine Arbeitsgesellschaft, in der fast alle sozialen Sicherungssysteme an die Arbeit geknüpft sind.
- Es wird neue Regeln für die Finanzmärkte geben, aber auch für die europäische Zusammenarbeit und unser globales Handeln.

Wir brauchen eine Leistungsgesellschaft mit hoher Produktivität und Wettbewerbsfähigkeit. In unserer Gesellschaft jedoch wird zwar von vielen der Leistungsbegriff hochgehalten, belohnt wird aber selten die Leistung, sondern der Erfolg, der oft nichts mit Leistung zu tun hat. Daraus leite ich ab, dass in Zukunft die Kernaufgabe der Arbeiterkammern als Teil der österreichischen Gewerkschaftsbewegung darin liegen wird, in der gesellschaftspolitischen Auseinandersetzung klare Positionen in der sozial- und verteilungspolitischen Debatte zu beziehen.

Nicht parteipolitisches, sondern interessenpolitisches Eintreten für eine gerechte und faire Gesellschaft ist gefragt, auch wenn es natürlich hilfreich ist, wenn die Gewerkschaftsbewegung zumindest einen starken Arm in der Parteienlandschaft als Unterstützung ihrer Anliegen hat. Eine wichtige Voraussetzung für machtvolles Handeln ist der gesellschaftliche Stellenwert von GewerkschafterInnen, BetriebsrätInnen und Arbeiterkammern. Der Erhalt dieser großen Bedeutung ist jedoch nicht naturgegeben. Die österreichische Gewerkschaftsbewegung nimmt – vor allem auch im internationalen Vergleich – eine starke Position ein, doch der Bedeutungsverlust über die letzten Jahrzehnte war offensichtlich.

Interessenpolitische Kraft braucht einen starken ÖGB

Es muss daher ein wichtiges Ziel der österreichischen Gewerkschaftsbewegung sein, ihre gesellschaftliche Bedeutung zu stabilisieren und zu festigen. Für den bisherigen Bedeutungsverlust gibt es national wie international sachliche, strukturelle Gründe; aber auch eigene Versäumnisse sind festzustellen.

• Die sukzessive Globalisierung der Weltwirtschaft ohne entsprechende Regeln führte zur strukturellen Übermacht der Kapitalinteressen der weltweit agierenden Großkonzerne. Die in allen Industrieländern aufgekommene Standortdebatte wurde als wirksames Keulenargument gegen Lohn- und Sozialforderungen positioniert.
• Die steigende Arbeitslosigkeit begrenzte gleichfalls die strukturelle Macht und führte zum Verlust von Organisationsmacht und zu Mitgliederschwund.
• Die Verbetrieblichung der Tarifpolitik bewirkte in vielen Ländern die Zerstörung von Flächentarifverträgen und die Schwächung gesamtwirtschaftlicher Steuerung. Dem konnte in Österreich in einer zähen Abwehrschlacht unter Schwarz-Blau durch den ÖGB Einhalt geboten werden.
• Die Ausdifferenzierung des Gewerkschaftsklientels, in dem unbefristete Vollzeitbeschäftigung als Normalarbeitsverhältnis an Bedeutung verlor, führte zu immer differenzierteren Interessenlagen der Mitglieder. Leiharbeit, prekäre Arbeitsverhältnisse, Teilzeitarbeit, freie DienstnehmerInnen, Stammbelegschaften, der Rückgang der Industriebeschäftigten und flexible Arbeitszeitmodelle prägen den „modernen" Arbeitsmarkt. Das erschwert gewerkschaftliches Handeln als Bündelung von Interessen für bestimmte Lohn- und Arbeitsbedingungen, die mit der Sanktionsmacht der vielen verknüpft werden kann.
• Hausgemachte Versäumnisse wie rechtzeitige Weichenstellungen in der Gewerkschaftsstruktur, der desaströse Verlust fast des gesamten Vereinsvermögens und Schwächen in der Kampagnenfähigkeit der Organisation haben die vorhandenen Probleme verschärft.

All diese Gründe (ich erhebe keinen Anspruch auf Vollständigkeit) haben auch zu einer Gewichtsverschiebung in der Sozialpartnerschaft geführt. Was ist also zu tun? Für die Arbeiterkammern ist ein starker ÖGB mit seinen Gewerkschaften für die interessenpolitische Durchsetzungskraft von herausragender Bedeutung. Der ÖGB ist und bleibt *die* Kampforganisation mit einer starken Verbindung zur betrieblichen Ebene durch die BetriebsrätInnen und PersonalvertreterInnen. Nicht die Arbeiterkammern, sondern der ÖGB erhebt die Lohn- und sozialen Forderungen und hat die Macht, sie auch durchzusetzen. Diese Arbeitsteilung hat sich bewährt.

Besonders erfreulich ist, dass es in Österreich unter den ArbeitnehmerInnen keine Gewerkschaftsfeindlichkeit gibt. Bei aller Unerfreulichkeit der BAWAG-Katastrophe anerkennen die Mitglieder in der überwiegenden Zahl die Bedeutung der Gewerkschaften für ihre Stellung in Lohn- und sozialen Angelegenheiten. Viele KollegInnen des hauptamtlichen Apparates arbeiten an der Festigung des ÖGB, z.B. an der konsequenten Internationalisierung der

Gewerkschaften, und damit an der Stärkung der gesamten ArbeitnehmerInnenbewegung in Österreich. Der ÖGB hat beispielsweise mit den Aktivitäten im Bereich Pensionsreform gegen Schwarz-Blau bewiesen, wie stark er sein kann, wenn er unterschiedlichste Formen der Mitgliederpartizipation für klare ArbeiternehmerInnenanliegen nutzt. Auch die differenzierte, mitgliedernahe Betreuung ist in vielen Gewerkschaften auf gutem Weg. Und was die Organisationsfrage betrifft, so bin ich überzeugt, dass in manchen Branchen noch nicht das letzte Wort gesprochen ist.

BetriebsrätInnen: ein unverzichtbarer Teil der ArbeitnehmerInnenbewegung

Bei der zweiten tragenden Säule der österreichischen Gewerkschaftsbewegung, den BetriebsrätInnen und PersonalvertreterInnen, bemühen sich die zuständigen Gewerkschaften, neue Betriebsratskörperschaften zu errichten. Es ist nicht einfacher geworden, Menschen zu finden, die sich für ihre KollegInnen einsetzen. Oft wissen die MitarbeiterInnen im Betrieb nicht, welche großen Vorteile sie arbeitsrechtlich haben, wenn es in ihrem Unternehmen einen Betriebsrat oder eine Personalvertretungskörperschaft gibt. In diesem Bereich mehr Aufklärungsarbeit zu leisten, ist ein Gebot der Stunde. Die Arbeiterkammern werden dabei die Gewerkschaften unterstützen.

Der entscheidende Beitrag der Arbeiterkammern zur Stärkung der BetriebsrätInnen liegt jedoch in der Bildungsarbeit. Hier gilt es vor allem den § 6 des Arbeiterkammergesetzes, die Unterstützung der Gewerkschaften, zu leben. Die Spitzenausbildung für BetriebsrätInnen und GewerkschaftsfunktionärInnen ist mit dem 60. Lehrgang der Sozialakademie auf neue Beine gestellt worden. Neben den bewährten fachspezifischen Schwerpunkten gilt das besondere Augenmerk der Argumentations- und Kommunikationsfähigkeit, und ein Auslandsmonat stärkt den notwendigen internationalen Bezug. Neben dieser zehnmonatigen Ausbildung bieten einige Länderkammern dreimonatige so genannte Betriebsräteakademien an, die BetriebsrätInnen ebenfalls einen guten Rückhalt für ihre tägliche Arbeit geben. Wachsende Bedeutung kommt den Arbeiterkammern auch in der betriebswirtschaftlichen Beratung der Betriebsräte zu, vor allem durch Bilanz- und Branchenanalysen für Wirtschaftsgespräche im Betrieb und als Vorbereitung für Kollektivvertragsverhandlungen.

Sozialpartnerschaft als Standortvorteil im gemeinsamen Europa

Geldverteilende LobbyistInnen, korrupte ehemalige PolitikerInnen, partikularinteressenvertretende AgentInnen füllten im Jahr unseres 90-jährigen

Bestehens über Wochen die Schlagzeilen österreichischer und internationaler Medien. Umso erstaunlicher ist es, dass Teile der bürgerlichen Presse, aber auch namhafte Repräsentanten der ÖVP versuchen, die Sozialpartnerorganisationen – mit untauglichen – Mitteln in diesen Sumpf zu ziehen oder uns mit diesen Einzelinteressen-VertreterInnen des „Wer das Gold = Geld hat, macht die Regeln" gleichzustellen.

Zu Recht hat der Gesetzgeber 2008 die Bedeutung der Sozialpartnerschaft und der Kammern für den sozialen Ausgleich und die Stabilität der Volkswirtschaft gewürdigt, indem er sie in ihrer verfassungsrechtlichen Stellung gefestigt und die Pflichtmitgliedschaft als Systembestandteil bestätigt hat. Der Vorwurf der Verkrustung wirtschaftlicher und sozialer Zustände ist angesichts der jahrzehntelangen österreichischen Erfolgsstory gemessen an Wachstum, Beschäftigung und Stabilität nicht aufrechtzuerhalten – außer man wagt die These, dass dies alles *trotz* der Sozialpartnerschaft möglich war.

In Erinnerung gerufen seien die klare und frühe Zustimmung der Sozialpartner zum EU-Beitritt Österreichs oder auch die aktuellen Turbulenzen in der Eurozone. Gerade die gesamtwirtschaftliche Orientierung der österreichischen Einkommenspolitik, die sich um die Balance zwischen Kaufkraftstärkung und Sicherung der Wettbewerbsfähigkeit bemüht, ist ein gewaltiger Standortvorteil in der Eurozone. Sie ist auch das Herzstück sozialpartnerschaftlicher freiwilliger Zusammenarbeit. Wer dies mutwillig oder aus ideologischen Gründen zerschlägt, gefährdet viel. Ja, die ArbeitnehmerInnenbewegung muss wieder stärker werden – aber auch sie ist vom Kooperationsmodell überzeugt.

Die Beteiligung umfassender Verbände am sozial-, wirtschafts- und bildungspolitischen Entscheidungsprozess setzt Verbändestrukturen voraus, die fähig sind, einen Beitrag zur Reduzierung sozialer Polarisierung und zum Funktionieren der politischen Systeme zu leisten und gesamtwirtschaftlich positive Effekte zu erzielen. Demokratische Legitimation, Transparenz und Kontrolle, interner Interessenausgleich, langfristige gesamtwirtschaftliche Orientierung, Repräsentativität und Kraft als ausgleichende Gegenmacht sind dafür die Voraussetzungen.

Die Arbeiterkammern: wirtschaftlich leistungsfähig, interessenpolitisch durchschlagkräftig

Die Arbeiterkammern als dritte Säule der Gewerkschaftsbewegung sind gut positioniert für einen wirkungsvollen Beitrag zur Durchsetzung von ArbeitnehmerInnenanliegen. Ohne überheblich zu sein: Neben den hohen Vertrauenswerten haben die Arbeiterkammern in ihren zentralen Arbeitsfeldern einen hohen Bekanntheitsgrad (vgl. Tabelle 2). Auch ihr Ansehen und Ruf sind bei ihren Mitgliedern sehr gut.

Es klingt banal, aber um auch künftig erfolgreich für die ArbeitnehmerInnen wirken zu können, müssen die Arbeiterkammern auch wirtschaftlich auf gesunden Beinen stehen. Nur eine Arbeiterkammer, die wirtschaftlich nicht mit dem Rücken zur Wand steht, ist auch interessenpolitisch leistungsfähig. Die Doppelfunktion der Arbeiterkammer Wien, die auch die Aufgaben der Bundesarbeitskammer wahrnimmt, ist effizient und kostengünstig. Die Finanzierung des Büros der Bundesarbeitskammer durch eine Umlage der Länderkammern erspart den Arbeiterkammern eine zehnte Kammer als Dachorganisation. Daher ist diese arbeitsteilige Organisation der Grundlagenarbeit und kollektiven Interessenvertretung auch für die Zukunft ein taugliches Geschäftsmodell.

Die Gemeinsamkeiten zur Nutzung von Synergieeffekten wurden bereits beträchtlich vorangetrieben. In den nächsten Jahren stehen eine weitere Vertiefung der Zusammenarbeit in der Informationstechnologie, der Wahlabwicklung und der Harmonisierung von Geschäftsprozessen an, in denen bisher eher der Grundsatz galt „wir machen alle das Gleiche, aber jeder und jede ein wenig anders“. Eine intensivere Kooperation in der Kommunikation und im Marketing, bei den neuen Medien, in der 2010 neu geschaffenen digitalen Bibliothek und besonders in der Ausbildung unserer MitarbeiterInnen steht auf dieser Agenda. Ziel all dieser Vorhaben ist es, die Arbeiterkammern als mitgliedernahe, kundenorientierte, effiziente Beratungsorganisationen zu festigen. Im ausgezeichneten Beratungsangebot muss sich klar der individuelle Nutzen (Vorteil) für das einzelne Mitglied zeigen. Eine effektive Interessenpolitik der Arbeiterkammern in Österreich und gegenüber den EU-Institutionen erfordert nicht nur eine „kritische Masse“ an qualifizierten MitarbeiterInnen aus unterschiedlichsten Fachgebieten, sondern auch Ressourcen für Studien etc. In der Vergangenheit haben die Arbeiterkammern oftmals bewiesen, dass sie zu den wenigen Organisationen zählen, die durch ihre interessengeleitete Expertise und argumentative Substanz fundiert zu Kernthemen der Arbeitswelt und unseres Wirtschafts- und Sozialsystems Stellung nehmen können.

Auch auf EU-Ebene gibt es im Bereich der ArbeitnehmerInnen- und KonsumentInnenorganisation wenige Einrichtungen, die mit vergleichbarer Expertise Stellungnahmen zu Grün- und Weißbüchern, Richtlinien und Verordnungen erarbeiten können. Besonderes Augenmerk muss hier künftig neben dem Erhalt des guten Rufes als ExpertInnenorganisation auch auf die effek-

Tabelle 2: Bekanntheit der AK | Überblick nach allen abgefragten Bereichen

Die Tabe le kombiniert die Antworten auf folgende zwei Fragen: Bitte zählen Sie alle Organisationen auf, die Leistungen für Menschen in Österreich erbringen! Welche Interessenvertretungen kennen Sie, die in Österreich im Bereich ... Leistungen für Menschen anbieten?

Bekanntheit der AK in Kategorien	Prozent der Auskunftspersonen || Mehrfachnennungen: exklusive Bekanntheit	Top of Mind	weitere ungestützte Bekanntheit	Rang innerhalb Kategorie	AK	Wichtigste Benchmark inkl. Bekanntheit in %	
Gemeinnütz. Org. insges.	9,3		38,0	2.	47,3 %	Caritas	63 %
Arbeit und Recht	18,8	43,0	23,8	1.	85,5 %	Gewerkschaften bzw. ÖGB	44,8 %
Beruf und Familie	5,5	11,3	20,5	1.	37,3 %	AMS	31,5 %
KonsumentInnen-Rechte	3,0	8,5	23,5	2.	35 %	VKI	55,3 %
Gesundheit und Arbeit	3,3	8,5	19,8	2.	31,5 %	Sozialvers.-Anstalten	59,8 %
Steuern und Geld		10,0	14,5	2.	26 %	Finanzamt	57 %
Jugend und Ausbildung		4,8	10,3	5.	15,3 %	AMS	46 %
Politische Themen		3,5	8,0	4.	13 %	Gewerkschaften bzw. ÖGB	16,8 %
Bildung und Weiterbildung		3,5	8,8	7.	12,3 %	WIFI	57,8 %

exklusive Bekanntheit · Top of Mind · weitere ungestützte Bekanntheit

Quelle: marketmind, Sample: 400, eigene Darstellung

tive Interessendurchsetzung im gesellschaftspolitischen Entscheidungsprozess gelegt werden, da dieser immer komplexer wird.

Die Kernkompetenz der Arbeiterkammern: Arbeit und Recht

Die Arbeiterkammern werden sich auch weiter konsequent in der Beratung auf ihre Kernkompetenzen fokussieren und keinen Bauchladen an Leistungen vor sich hertragen. Die überragende Stellung im Politikfeld Arbeit und Recht ist die tragende Säule unserer Organisation und muss dies in Abstimmung mit den Gewerkschaften auch bleiben. Sehr gute Erreichbarkeit und hohe Servicequalität verbunden mit einem effektiven Rechtsschutz mit hohem Marktanteil festigen unsere Zustimmungsraten.

Neue Herausforderungen für dieses Arbeitsfeld ergeben sich aus wachsenden Anforderungen im Bereich öffentlicher Dienst, aus den erfolgten Privatisierungen und den zunehmenden Ausgliederungen. Auch die Öffnung der Arbeitsmärkte wird zu neuen Beratungsnotwendigkeiten führen. Die große Gruppe der Gesundheitsberufe mit teilweise selbständigen Tätigkeiten, die Betreuung der freien DienstnehmerInnen und die Grenzfälle zwischen Selbständigen und Unselbständigen werden unsere Beratungstätigkeit im Arbeitsrecht weiter auffächern. Die Festigung dieser Kernkompetenz setzt bestens ausgebildete und beratungsgeschulte MitarbeiterInnen voraus, die auch mit schwierigen Beratungssituationen zurechtkommen. Stets auf dem letzten Stand der wissenschaftlichen Diskussion im Arbeitsrecht und in der Judikatur zu sein, erfordert nicht zuletzt eine verbesserte Vernetzung mit universitären Arbeitsrechtsinstituten und kontinuierlichen Kontakt zu den Höchstgerichten.

Zukunftsaufgaben der Arbeiterkammern: Festigen der Bereiche Steuern und KonsumentInnen, Verbessern der Kampagnenfähigkeit und Internationalisierung

In den Politikfeldern KonsumentInnenschutz, Steuerpolitik für ArbeitnehmerInnen, Beruf und Familie sowie Gesundheit und Arbeit ist das Ziel der Arbeiterkammern, ihre starke Position sowohl in der Beratung als auch in der kollektiven Interessenvertretung zu festigen. Die Arbeiterkammern sollen auch auf diesen Gebieten als „die“ ExpertInnen- und Beratungsorganisationen gelten – als „centers of exellence“. Gefordert ist daher eine sinnvolle kundenorientierte Arbeitsaufteilung mit dem von der Arbeiterkammer stark mitfinanzierten Verein für Konsumenteninformation. Auch im Bereich Wohnen muss mittelfristig das Beratungsangebot neu konzipiert werden. Dies sind

Arbeitsfelder, die für unsere Mitglieder große Bedeutung haben, und in denen man uns Kompetenz zuspricht.

Die Arbeiterkammern sind in der Arbeitsteilung mit den Gewerkschaften aber auch jene Organisationen, die durch ihre interessengeleitete Expertise in Form von Studien und Analysen und im Zusammenspiel mit den Erfahrungen aus den Beratungen der Mitglieder die Felder für interessenpolitisches Handeln aufzeigen. Gemeinsam mit den Gewerkschaften werden interessenpolitische Forderungen gegenüber Staat und Sozialpartnern erhoben oder Initiativen anderer beurteilt. Um in diesem Kontext, vor allem beim Kampf um eine faire Gesellschaft durchsetzungsfähig zu sein, benötigen die Arbeiterkammern große Kampagnenfähigkeit. Neben einer Konsolidierung der finanziellen Mittel muss in diesem Kontext vor allem stärker und strukturiert mit Verbündeten in den einzelnen Themenfeldern kooperiert werden. Die Arbeiterkammern müssen ihr Augenmerk verstärkt auf vernetztes Handeln richten. Zielgruppenadäquate Kommunikation, vor allem gegenüber der Jugend, ist ein entscheidender Erfolgsfaktor. Die Arbeiterkammern möchten sich mittelfristig als jene Organisationen positionieren, die für eine faire Gesellschaft und Gerechtigkeit eintreten. Wirkung erzielt man aber nur zusammen mit Gleichgesinnten wie dem ÖGB, aber auch in der Zusammenarbeit mit anderen. Dabei sind die eigenen Medien von großer Bedeutung und die Positionierung der Marke Arbeiterkammer in der Öffentlichkeit hat nur dann Erfolg, wenn sie mittelfristig konzipiert ist. Die Nutzung eines auf der Höhe der Zeit befindlichen Internetauftritts, das Engagement in den sozialen Medien und die Verwendung von Apps für Handys müssen ausgebaut werden. Diese Strategie wird die Arbeiterkammern auch für ihre Mitglieder verstärkt als unabhängige Interessenvertretung auf der politischen Bühne erkennbar machen.

Die Mitglieder haben ihrerseits bisher alle fünf Jahre zur Unterstützung der Arbeiterkammern durch Stimmabgabe bei den Arbeiterkammer-Wahlen beitragen können und so auch die interessenpolitische Orientierung bestimmt. Eine verbesserte Kampagnenfähigkeit der Arbeiterkammern könnte auch durch eine verstärkte Einbindung und neuen Formen der Partizipation der einzelnen Mitglieder auch in der Zeit zwischen den Wahlen erzielt werden. So könnten bestimmte interessenpolitische Forderungen der Arbeiterkammern mit Rückenstärkung durch die Mitglieder mehr Gewicht im politischen Diskurs bekommen.

International haben die Arbeiterkammern nur in Bremen, dem Saarland und Luxemburg Schwesterorganisationen. Sie sollen auch nicht in Konkurrenz zu den Gewerkschaften mit ihren internationalen und europäischen Dachorganisationen positioniert werden. Das oben angesprochene Büro der Bundesarbeitskammer Brüssel (in Bürogemeinschaft mit dem ÖGB) hat den ExpertInnenruf der Arbeiterkammern auch nach Brüssel getragen und ein eigenständiges Profil entwickelt. Unsere regelmäßigen Diskussionsveranstaltungen sind zur Marke geworden. Unser Brüsseler Büro setzt den Mitgestaltungsprozess in Form von Begutachtungen, Stellungnahmen und Positionspapieren auf europäischer Ebene fort. Eine wichtige Rolle dabei hat die Abstimmung mit dem wissenschaftlichen Institut des EGB. Viele Gewerkschaften – auch internationale – übernehmen zunehmend unsere Positionspapiere und Analysen.

Die Arbeiterkammern verstärken ihr Netzwerk durch Kooperationen mit Vereinen und Vertretungen der Zivilgesellschaft. Den Kampf um die Einführung der Finanztransaktionssteuer in Europa hat die Bundesarbeiterkammer nicht nur durch eine von ihr finanzierte umfassende Studie unterstützt, die in Europa für Anerkennung sorgte, sondern auch durch den Beitritt zur Organisation Finance Watch, die als kleines Gegengewicht zur Lobbymacht der Finanzwirtschaft konzipiert ist. Weitere Bausteine für die Vernetzung auf europäischer Ebene sind unsere Mitgliedschaft in der internationalen Konsumentenschutzorganisation (BEUC), unsere Mitarbeit im Wirtschafts- und Sozialausschuss der EU und seit neuestem die Vertretung in EU-Stakeholder-Innen-Gremien (Wertpapieraufsicht, Pensionskassen, KonsumentInnen von Finanzdienstleistungen). Seit Juni 2009 ist die Bundesarbeitskammer auch unter der Registrierungsnummer 23869471911-54 im Europäischen Transparenzregister registriert.

Insgesamt lässt sich feststellen, dass die Arbeiterkammern im Lauf der Zeit an Präsenz und Mitbestimmungsmöglichkeiten gewonnen und ihre Informationstätigkeit und internationale Expertise verstärkt haben. Diese Strategie wollen wir fortsetzen.

Die Arbeiterkammern: eine starke Stimme für die Anliegen der ArbeitnehmerInnen

Wenn die Strategie der Arbeiterkammern, hervorragende Beratungsleistungen für ihre Mitglieder anzubieten und hochwertige interessengeleitete Expertise in den zentralen Themen für die ArbeitnehmerInnen zu erbringen, effizient und effektiv umgesetzt wird, dann stärken die Arbeiterkammern insgesamt die österreichische ArbeitnehmerInnenbewegung. Das ist ein Beitrag zur Sicherung der gesellschaftlichen Machtbalance. Diese Balance ist international angesichts der Lobbyübermacht der Wirtschaft in Brüssel aus

Sicht der Gewerkschaftsbewegung völlig aus dem Lot. Aber auch in Österreich steht dem ÖGB mit seinen Gewerkschaften und den Arbeiterkammern nicht nur die Wirtschaftskammer mit ihren Landesorganisationen gegenüber. Zusätzlich vertreten eine Vielzahl von Verbänden und Vereinen die Interessen der Unternehmen. Ohne Anspruch auf Vollständigkeit seien hier die Industriellenvereinigung, die Banken-, Sparkassen-, Versicherungs- und Raiffeisenverbände, der Handels- und Gewerbeverein, der Verband der E-Wirtschaft und die Hoteliersvereinigung erwähnt.

Umso wichtiger ist eine gefestigte Gegenmacht der ArbeitnehmerInnen in Österreich, die mit ihrer Macht aber verantwortungsvoll umgeht. Als unabhängig, aber nicht unpolitisch müssen die Arbeiterkammern verstärkt in der gesellschaftlichen Auseinandersetzung um eine faire Gesellschaft in Österreich und Europa wahrgenommen werden: als starke Stimme für die Anliegen der ArbeitnehmerInnen!

Literatur

Negt, Oskar (2010). In dieser Gesellschaft brodelt es, in: Der Spiegel, 32/2010, 98.

Habermas, Jürgen (2008). Nach dem Bankrott, in: Die Zeit, 46/2008, 53.

Markus Oberrauter und Christina Wieser Der Löwe, der Esel und der Fuchs schlossen einen Bund und gingen zusammen auf die Jagd. Als sie große Beute gemacht hatten, befahl der Löwe dem Esel, er solle diese teilen. Der Esel machte drei gleiche Teile und sagte dem Löwen, er möge sich seinen Teil selbst wählen. Der Löwe geriet darüber in Zorn und zerriss den Esel. Sodann verlangte er vom Fuchs, nun solle er teilen. Da schob der Fuchs fast die ganze Beute auf einen Haufen zusammen und ließ für sich selbst nur ein paar Stücke übrig. Der Löwe lächelte zufrieden und fragte den Fuchs: „Nun sage, was hat dich gelehrt, so richtig zu teilen?" Der Fuchs antwortete: „Das Schicksal des Esels!" (Fabel von Aesop)

Gejagt wird heute auf den globalen Finanz- und Kapitalmärkten, erlegt wird die fette Beute in den internationalen Konzernzentralen, doch geteilt wird nach wie vor nach dem simplen Gesetz der Tierwelt: Welchen Prinzipien und Machtstrukturen folgt betriebliche Verteilungspolitik? Wer bekommt warum den Löwenanteil? Womit darf der Staat rechnen, wenn er die eine oder andere Großbank rettet und die Infrastruktur für die Unternehmen zur Verfügung stellt? Die Fragen nach einer gerechten Verteilung brennen in einem fragilen Konjunkturumfeld mehr denn je: Gewerkschaften und Arbeiterkammern müssen weiterhin mit vollem Einsatz darauf achten, dass jene den gerechten Anteil erhalten, die maßgeblich zur Vermögensbildung der Unternehmen beigetragen haben: die ArbeitnehmerInnen.

Bewegte Betriebsrealitäten

Der Druck auf die Beschäftigten wächst massiv: Scharfe Einsparungsmaßnahmen und prekäre Arbeitsverhältnisse führen zu einer Polarisierung der Belegschaft. Die Betriebswelten ändern sich rapide, dahinter steckt Strategie, und zwar jene der internationalen Konzernunternehmen. Ihre Organisationsformen sind vielfältig, sie agieren erstaunlich flexibel und sind vor allem dann perfekt beraten, wenn es um den letzten Schrei der Managementtheorie geht: „Im *Zentrum der Wirtschaft* wird Rationalität durch Mode ersetzt. Heute gilt: Big is beautiful, morgen das Gegenteil: Firmenzusammenschlüsse sind des Teufels, small is beautiful." (Beck 2000, 236)

Derzeit ist wieder angesagt, alle Macht in der Zentrale zu bündeln: In den letzten drei Jahren haben 90 % der deutschen Konzerne ihre Entscheidungsstrukturen zentralisiert (vgl. Balkenhol 2010, 45). In der Konzernzentrale laufen alle Fäden zusammen, sie erhöht quartalsweise Ziel- und Renditevorgaben und hält sich eine eigene „Bank". Beim konzerninternen Finanzierungsmanagement kommt dem *cash pooling* (Liquiditätsbündelung) mittlerweile eine

Schlüsselfunktion zu: Die Liquidität mehrerer Konzerngesellschaften wird zusammengefasst, zentral veranlagt und dann je nach Bedarf verteilt. Basierend auf dem *arm's length principle* (Fremdvergleichsprinzip) sollen für konzerninterne Veranlagungs- und Kreditgeschäfte geldmarktähnliche Zinsen berechnet werden. Doch die Höhe der Zinsen ist extern nicht überprüfbar und wird damit zu einem wichtigen Instrument der Ergebnissteuerung: Bereits eine kleine Änderung beim Zinssatz hat Auswirkungen auf den Gewinn.

Der größte Trumpf bei der Jagd nach dem nächsten Rekordgewinn ist jedoch die *Kreativität bei der Rechnungslegung*: Gekonnt wird mit Gewinnen und Verlusten jongliert, um Steuerzahlungen zu minimieren. Eine bedeutende Rolle spielt dabei vor allem die phantasievolle Gestaltung von Verrechnungspreisen: Beispielsweise sind heimische Unternehmen – eingebettet in einen internationalen Konzernverbund – häufig damit konfrontiert, dass sowohl Beschaffungskosten als auch Absatzpreise von der Konzernspitze vorgegeben werden. Und das geht so: Eine Schwestergesellschaft liefert Vorprodukte zu überzogenen Kosten vor die Tore eines österreichischen Produktionsstandorts. Das Endprodukt wird anschließend an ein Vertriebsunternehmen im Konzernverbund vergleichsweise günstig verkauft. Das Produkt ist somit bei den KundInnen angekommen, doch das Kostenkarussell im Unternehmen dreht sich weiter: Fallen doch zusätzlich *management fees* (Verwaltungsgebühren) an, die die Konzernspitze durchwegs großzügig kalkuliert. Außerdem zu berücksichtigen sind die Aufwendungen für das *shared service center*, dort werden üblicherweise alle zuvor ausgelagerten internen Dienstleistungen (z.B. IT, Rechnungslegung) zusammengefasst, die nunmehr überteuert zurückgekauft werden müssen.

Es bleibt oftmals undefinierbar, wie produktiv das Unternehmen tatsächlich ist, da die Wertschöpfungskette durch fiktiv hohe Kosten verzerrt ist. Zentrierte Konzernmacht wird für die Beschäftigten immer mehr zur Belastung, gerade wenn es um die Sicherung des Standortes geht. Außerdem erschwert der eingeschränkte Spielraum für die Geschäftsführung vor Ort die Durchsetzungsfähigkeit von ArbeitnehmerInneninteressen. Trotz KonzernbetriebsrätInnen und Europäischen Betriebsratskörperschaften ist es schwierig, auf die höchsten Entscheidungsinstanzen in den Konzernzentralen Einfluss zu nehmen. Die Unterstützung durch Gewerkschaften und Arbeiterkammern ist in Zukunft wohl ganz besonders gefragt, denn national, aber besonders auf europäischer Ebene, sind geschlossene Reihen und funktionierende Kooperationen notwendig, um gegen die Macht und das Lobbying internationaler Konzerne bestehen zu können.

Rücksichtslose Rendite

AktionärInnen und EigentümerInnen profitieren überdurchschnittlich von den erwirtschafteten Konzerngewinnen, sie erhalten den Löwenanteil. Die Eigenkapitalrentabilitäten der großen österreichischen Kapitalgesellschaften reichen in Hochkonjunkturphasen bis zu 15 %. Sogar in Krisenzeiten dürfen sich die KapitaleignerInnen über eine hervorragende Rentabilität von im Schnitt 10 % freuen. Der Abstand zur risikolosen Verzinsung (Sekundärmarktrendite) ist beträchtlich, das vielzitierte *Risiko des Unternehmertums* wird damit mehr als großzügig abgegolten (vgl. AK-Unternehmensmonitor 2010, 7).

Wie zahlreiche Studien belegen, entwickelt sich nicht nur die Rentabilität auf das eingesetzte Kapital hervorragend, sondern es klettern auch die tatsächlichen Dividendenzahlungen in Rekordhöhen. Doch am fröhlichen Dividendenreigen nimmt nur ein elitärer Kreis teil: *Nicht einmal 4 %* der heimischen Haushalte besitzen Aktien und davon entfallen alleine auf das oberste Einkommenszehntel rund 80 % (vgl. Andreasch 2011, 42).

Bei der kurzfristigen Jagd nach satten Profiten und hohen Dividenden bleibt die Investitionstätigkeit auf der Strecke: Die österreichischen Investitionswachstumsraten haben sich im Zeitraum 2001 bis 2008 gegenüber den 1990er Jahren halbiert. Im internationalen Vergleich liegt Österreich damit hinter Italien im untersten Drittel der OECD-Länder (vgl. Priewe/Reitzler 2010, 7). Hier gilt es möglichst rasch mit zukunftsweisender Unternehmenspolitik gegenzusteuern. Dafür ist eine zurückhaltende Dividendenpolitik wichtige Voraussetzung. Denn das Einbehalten von Gewinnen bietet den notwendigen Spielraum für Investitionen, die wiederum Arbeitsplätze schaffen und nachhaltig den Unternehmenswert steigern. Unter diesen wünschenswerten Rahmenbedingungen dürfen ArbeitnehmerInnen mit besseren Jobperspektiven und mehr Arbeitsplatzsicherheit rechnen. Nachhaltiges Wirtschaften in gesellschaftlichem Gesamtkontext ist ganz im Sinne des Gesetzgebers. In § 70 Aktiengesetzt heißt es: „Der Vorstand hat unter eigener Verantwortung die Geschäfte so zu leiten, wie es das Wohl des Unternehmens unter Berücksichtigung der Interessen der AktionärInnen, der ArbeitnehmerInnen sowie des öffentlichen Interesse erfordert."

Mächtige Managergehälter[1]

Nach dem herrschenden Shareholdervalue-Prinzip steuert der Vorstand das Unternehmen allerdings ausschließlich aus EigentümerInnensicht, die Interessen der StakeholderInnen werden dabei vernachlässigt: „Vorstände starren wie die Kaninchen auf die Schlange der Aktienkurse" (Beck 2000, 235) und setzen alles daran, die definierten Erfolgskriterien zu erreichen. Der Wirtschaftsethiker Ulrich Thielemann spricht in diesem Zusammenhang zu Recht von einer „neuen ökonomische Radikalität des Managements“ (Thielemann 2009, 84).

Die Arbeiterkammern haben dieser Unternehmenspolitik schon lange eine Absage erteilt und die drastische Entkopplung der Vorstandsvergütung von der herkömmlichen Lohn- und Gehaltsstruktur in jährlichen Analysen aufgezeigt: Ein Top-Managementbezug im ATX liegt im Jahr 2010 mit 1,15 Mio. Euro im Schnitt beim 41-Fachen eines Beschäftigten. Überzogene Managergehälter tragen dazu bei, dass sich die Ungleichheit der Einkommensverteilung verschärft: „Wenn eine kleine Zahl von Leuten im Jahr so viel verdient wie andere in ihrem ganzen Berufsleben, hat das Auswirkungen auf die Natur einer Gesellschaft“, analysiert der britische Soziologe Antony Atkinson (Gersemann 2007).

Wie Horn (2011) feststellt, hat die *Ungleichheit der Einkommen* maßgeblich zur Finanz- und Wirtschaftskrise 2008/2009 beigetragen, mit deren Folgen die Staaten noch lange zu kämpfen haben werden. Die fragwürdigen Anreizsysteme der Vorstandsvergütung müssen endlich einer neuen Vergütungsstruktur weichen. Dafür sind dringend entsprechende Gesetze notwendig, die Angemessenheit und Transparenz für Vorstandsgehälter verbindlich festmachen.

Sonderbare soziale Verantwortung

In Legitimationsnotstand kommen Unternehmen aber nicht nur dann, wenn es um überzogene Managergehälter geht. Dubiose Finanzskandale und negative Publicity in Sozial- und Umweltfragen haben zahlreiche kapitalmarktorientierte Unternehmen bereits Ende der 1990er Jahre unter Druck gebracht: Die Verantwortungslosigkeit der Konzerne verunsicherte ShareholderInnen und StakeholderInnen gleichermaßen. Ein Konzept zur Imageaufbesserung musste her: Die Idee von eigens entwickelten freiwilligen Leitlinien für *soziale Unternehmensverantwortung* (Corporate Social Responsibility, CSR) passte perfekt in die Rechtfertigungsstrategie.

Auf europäischer Ebene etablierte sich CSR mit der Lissabon-Strategie im Jahr 2000. Die Europäische Kommission eröffnete den Diskurs dazu in einem Grünbuch, das CSR wie folgt definiert: „Die CSR ist ein Konzept, das den Unternehmen als Grundlage dient, auf *freiwilliger Basis* soziale Belange und Umweltbelange in ihre Unternehmenstätigkeit und in die Wechselbeziehungen mit den Stakeholdern zu integrieren.“ (Grünbuch 2001, 7)

Die Betonung von Freiwilligkeit führt dazu, dass Unternehmen ausschließlich darüber berichten, was sich gut verkaufen lässt: Willkürlich ausgewählte und schön bebilderte Prestigeprojekte schmücken die so genannten Nachhaltigkeitsberichte. Der ehemalige Vorstandsdirektor der OMV, Wolfgang Ruttenstorfer, bringt es auf den Punkt: „Das ist keine Philanthropie. Sondern die Lizenz, unser Geschäft betreiben zu können" (Schellhorn 2010). Das Prinzip Freiwilligkeit ist damit gescheitert und das Konzept der reinen Selbstverpflichtung der Unternehmen bleibt Illusion. Gewerkschaften und Arbeiterkammern müssen dem europäischen Trend zur Etablierung von freiwilligen Leitlinien und Kodizes entgegenwirken und stattdessen auf eine Weiterentwicklung des Gesellschaftsrechts mit klaren Normen und Sanktionen pochen.

Unanständige Unternehmenssteuern

Echte gesellschaftliche Verantwortung beginnt erst dann, wenn Unternehmen substanziell zum Steueraufkommen beitragen. Davon ist die heimische Wirtschaft allerdings weit entfernt, gilt Österreich doch dank Gruppenbesteuerung und anderen steuerschonenden Konstruktionen international als Steuerparadies: Alleine durch die Einführung der Gruppenbesteuerung im Jahr 2005 – die im Vorfeld als „Aphrodisiakum" (Weiss/Schmiederer 2004, 271) gelobt wurde – entgehen dem Staat bis heute jährlich rund 500 Mio. Euro an Steuereinnahmen (vgl. Bundesministerium für Finanzen 2010, 2).

Die Kluft zwischen dem theoretisch gesetzlichen Körperschaftsteuersatz von 25 % und den tatsächlich geleisteten Steuern wächst. Nach einer Untersuchung von PricewaterhouseCoopers (2011, 98) liegt Österreich beim effektiven Satz der Unternehmensbesteuerung mit gerade einmal 15,7 % bei einer vergleichsweise geringen tatsächlichen Steuerleistung und damit international abgeschlagen. „Für alle gelten dieselben Gesetze und Tarife. Aber unsere Studien zeigen: Effektiv zahlen die Banken weniger Steuern als andere Branchen" erklärt der Leiter der Steuerabteilung der OECD, Jeffrey Owens (Sievers 2010). Der Steuerbeitrag des heimischen Kreditsektors ist bescheiden und erreichte im Jahr 2008 mit lediglich 7,7 % einen absoluten Tiefpunkt. Im Jahr 2011 würde die Steuerquote bei 9,3 % liegen, käme nicht erstmalig die neue Bankenabgabe zum Tragen. Die Einführung der neuen Steuer führt immerhin zu einer Verdoppelung des Steueraufkommens im Kreditsektor auf rund 500 Mio. Euro und einer Gesamtquote von 18,1 %.

Neben der Bankensteuer sind im Zuge der Budgetkonsolidierung 2010 weitere Schritte für mehr Steuergerechtigkeit gelungen: Auf Druck der ArbeitnehmerInnenvertretung wurden Korrekturen im Stiftungsbereich durchgeführt und der Zinsenabzug beim Beteiligungserwerb im Konzern eingeschränkt. Doch das Steuerroulette im internationalen Finanzkasino dreht sich weiter. Im Spiel gegen die Steuervermeidungsstrategien der Konzerne brauchen Arbeiterkammern, Gewerkschaften und NGOs einen langen Atem: Der Erfolg führt einzig über verbindliche Gesetze, die die EU in Form von Richtlinien vorgeben muss.

Gerechtigkeit muss sein!

Das Leitmotiv der Arbeiterkammern „Gerechtigkeit muss sein" stellt klar, dass die Interessenvertretung der ArbeiterInnen und Angestellten untrennbar mit dem Einsatz für Verteilungsgerechtigkeit verbunden ist. Auf der Mikroebene der Unternehmenslandschaft gibt es drei Antworten darauf, wie gerechte *Verteilung* aus Perspektive der ArbeitnehmerInnenvertretung erreicht werden kann: *Verbindlichkeit*, *Verantwortung* und *Vehemenz*.

Auf europäischer Ebene wird überlegt, künftig noch stärker als bisher auf die reine Selbstverpflichtung der Unternehmen zu setzen, statt eine dringend notwendige Neuausrichtung des Gesellschaftsrechts vorzunehmen. Doch die Praxis zeigt, dass freiwillige Regelungen absolut wirkungslos bleiben. Es braucht unbedingt *Verbindlichkeit* und stringente Sanktionen, um intransparenten Bilanzierungsmanövern und steuerschonenden Konstruktionen internationaler Konzerne Einhalt zu gebieten. Unternehmen müssen in Zukunft verstärkt in die *Verantwortung* genommen werden und ihren gerechten Beitrag in Form von zurückhaltender Ausschüttungspolitik, fairen Steuern und langfristigen Investitionen leisten. Ein zentrales Instrument für verantwortungsvolle, nachhaltige Unternehmenspolitik ist die Mitbestimmung: Für die ArbeitnehmerInnenvertretung ist künftig noch mehr *Vehemenz* und internationale Kooperationsbereitschaft notwendig, um den gerechten Anteil an der Wertschöpfung für die MitarbeiterInnen zu gewährleisten.

Literatur

Gersemann, Olaf (2007). Das britische Beispiel nützt Deutschland – der streitbare Soziologe Anthony Atkinson über Mindestlöhne, Managergehälter und Steuern, in: Die Welt, 4.12.2007, 12.

Schellhorn, Franz (2010). ÖMV-Chef: „Es geht nicht nur um Gewinne", in: Die Presse, 18.4.2010, 20.

AK-Unternehmensmonitor (2010). Krisenjahr 2009 – österreichische Unternehmen unter der Lupe, Wien.

Andreasch, Michael (2011). Finanzverhalten der privaten Haushalte im Jahr 2010, in: Statistiken – Daten und Analysen der Österreichischen Nationalbank im 2. Quartal 2011, Wien.

Balkenhol, Christof (2010). Zurück zur Zentrale, in: Mitbestimmung – Das Magazin der Hans-Böckler-Stiftung (10/2010), Düsseldorf.

Beck, Ulrich (2010). Freiheit oder Kapitalismus – Gesellschaft neu denken. Im Gespräch mit Johannes Wilms, Frankfurt am Main.

Bundesministerium für Finanzen (2010). GP – Anfragebeantwortung vom 21.5.2010 (4905/AB XXIV), Wien.

Grünbuch (2001). Europäische Rahmenbedingungen für die soziale Verantwortung der Unternehmen KOM(2001) 366 endgültig, Brüssel.

Horn, Gustav A. (2011). Des Reichtums fette Beute: Wie die Ungleichheit unser Land ruiniert, Frankfurt am Main.

Priewe, Jan/Katja Rietzler (2010). Deutschlands nachlassende Investitionsdynamik (1991–2010) Ansatzpunkte für ein neues Wachstumsmodell, Bonn

PricewaterhouseCoopers (2011). Paying Taxes 2011 – The global picture, UK. Internet: http://www.pwc.com/gx/en/paying-taxes/download-order.jhtml (Zugriff: 16.8.2011).

Sievers, Markus (2010). Die Banken zahlen weniger Steuern als andere Branchen. Der OECD-Steuerexperte Jeffrey Owens über Wettbewerbsverzerrung und notwendige Investitionen in den Fiskus, in: Berliner Zeitung, 12.7.2010. Internet: http://www.berlinonline.de/berliner-zeitung/archiv/.bin/dump.fcgi/2010/0712/wirtschaft/0014/index.html) (Zugriff: 7.7.2011)

Thielemann, Ulrich (2000). System Error: Warum der freie Markt zu Unfreiheit führt, Frankfurt am Main.

Weiss, Hans/Ernst Schmiederer (2004). Asoziale Marktwirtschaft – Insider aus Politik und Wirtschaft enthüllen, wie die Konzerne den Staat ausplündern, Köln.

1 In allen Unternehmen an der Wiener Börse sind lediglich zwei Frauen im Vorstand vertreten. Angesichts dieser Unterrepräsentanz wäre es falsch, in diesem Kontext geschlechtergerecht zu formulieren – es muss bewusst die männliche Form gewählt werden.

Johannes Peyrl „Die sollen sich zuerst einmal integrieren." Oder: „Es sind schon zu viele Ausländer in Österreich." Das sind Sätze, die fallen, wenn sich, in ganz unterschiedlichen Zusammenhängen, Diskussionen um die Themen Zuwanderung, Migration, Asyl oder Integration drehen. Ist es wirklich so einfach? Gibt es *die* Lösung im Umgang mit Personen mit Migrationshintergrund? Sind wir auf gutem Weg oder stehen wir ganz am Anfang? Wie in jedem gesellschaftspolitisch relevanten Handlungsfeld tun sich in diesem Zusammenhang viele Fragen auf, und jede beantwortete Frage wirft wiederum neue Fragen bzw Sichtweisen auf.

Das Wichtigste vorweg: Migration findet statt. Im Jahr 2010 kamen insgesamt 114.938 Personen nach Österreich, 86.703 haben Österreich verlassen (vgl. Statistik Austria 2011, 33). Durchaus bekannt ist mittlerweile, dass die größte ZuwanderInnengruppe jene der deutschen StaatsbürgerInnen ist. Weniger bekannt ist, dass es sich bei der zweitgrößten Gruppe um zurückwandernde ÖsterreicherInnen handelt. Österreich ist ein Einwanderungsland. Das ist aufgrund der Zahlen ein Faktum und daher für sich genommen wertfrei. Eine „Null-Zuwanderung", wie verschiedentlich gefordert, ist schon aus rechtlichen Gründen (Familienzusammenführung, Freizügigkeit von EWR-BürgerInnen und deren Familienangehörigen etc.) unmöglich.

Migration ist ein wichtiges Thema für die Arbeiterkammern, weil es unmittelbar einige unserer Kernthemen berührt: Arbeitsmarkt- und Bildungspolitik, Qualität der Arbeitsplätze, Schutz vor Lohn- und Sozialdumping – somit vieles, was unter soziale Gerechtigkeit zu subsumieren ist. Dabei können arbeitsmarktpolitische und sozialpolitische Erwägungen durchaus in einem Spannungsverhältnis stehen, siehe z. B. Familienzusammenführung oder Zugang zum Arbeitsmarkt für AsylwerberInnen. Somit erweist sich Migrations- und Integrationspolitik als Querschnittsmaterie, der die Quadratur des Kreises gelingen muss, in einem von äußerst heterogenen Interessenlagen geprägten Umfeld sozialpolitisch gerecht und arbeitsmarktpolitisch sinnvoll zu agieren.

Migrationspolitik

Ein gutes und gerechtes Migrationssystem zu schaffen, das den Anforderungen der Zuwandernden gerecht wird, aber die gesamte Bevölkerung „mitnimmt" und auch Ängste ernstnimmt (sonst scheitern wir in jedem Fall), ist eine große Herausforderung.

Schon die Abgrenzung der Begrifflichkeiten ist schwierig: Müssen wir Asyl und Zuwanderung zu Erwerbszwecken oder aus Gründen der Familiengemeinschaft strikt trennen, wie das die Linie des Innenministeriums ist? Oder haben diese beiden Schienen der Wanderungsbewegung Verbindungen, die eine gemeinsame Betrachtung sinnvoll machen? Wie immer gibt es nicht *die* eine Wahrheit. Natürlich macht es einen Unterschied, ob eine Person vor asylrelevanter Verfolgung nach Österreich flüchtet oder als ForscherIn zuwandert. Es gibt aber bereits im Migrationsrecht Querverbindungen: Sobald z. B. eine Asylwerberin einen Österreicher heiratet, können die klaren Trennlinien nicht mehr aufrechterhalten werden.

Zuwanderung nach Österreich muss sozial- und arbeitsmarktpolitisch verträglich ausgestaltet sein. Wie das aber bewerkstelligt werden kann, ist eine schwierige Frage. Im Oktober 2010 haben sich die Sozialpartner auf ein neues Modell der Arbeitsmigration zu Erwerbszwecken verständigt (Sozialpartner 2010, 5 ff.), das im Juli 2011 in Kraft getreten ist. Anstelle des bisherigen Schlüsselkraftmodells, das von Ersatzkraftstellung und Quoten geprägt war, kommt nun ein so genanntes „kriteriengeleitetes Punktesystem" zur Anwendung. Die Arbeitskräftemigration wird dadurch breiter aufgefächert, da es nun drei Säulen des Zuzuges für qualifizierte Erwerbstätige nach Österreich gibt, zusätzlich gibt es Erleichterungen für StudienabsolventInnen. Die augenfälligsten Neuerungen sind der Verzicht auf individuelle Arbeitsmarktprüfung in einigen Bereichen und die Möglichkeit für besonders Hochqualifizierte, zur Arbeitsplatzsuche nach Österreich einzureisen. Ein Erfolg dieses Modells quasi schon vor Inkrafttreten war, dass Zuwanderung einmal in einem positiven Zusammenhang diskutiert wurde.

Arbeitsmigration nach Österreich wurde damit unter Mitwirkung der Arbeiterkammern auf ein gutes Fundament gestellt. Der überwiegende Teil der Zuwanderung von Nicht-EWR-BürgerInnen nach Österreich erfolgt jedoch zum Zweck der Familienzusammenführung: Im Jahr 2010 wurden von etwa 23.000 Erstaufenthaltstiteln über 14.000 für Angehörige erteilt (vgl. Bundesministerium für Inneres 2010, 21 ff.). Seit Jahren wird versucht, durch höhere Formalanforderungen Familienmigration zurückzudrängen. Als Beispiele können Verschlechterungen für Angehörige von ÖsterreicherInnen sowie das Erfordernis von Deutschkenntnissen bereits vor Zuzug genannt werden. Kenntnisse der deutschen Sprache sind äußerst wichtig für das Zusammenleben aller Menschen in Österreich. Diese Maßnahme dient aber weitgehend dazu, Zuwanderung von Familienangehörigen faktisch zu reduzieren. Sinnvoller wäre es, den zuwandernden Menschen sofort nach Erteilung eines Aufenthaltsrechtes für Österreich umfassende Integrationsangebote zu machen, die als wesentlichen Baustein Spracherwerb beinhalten müssten.

Familienmigration folgt natürlich keinen arbeitsmarktpolitischen Überlegungen. Trotzdem ist es meines Erachtens neben rechtlichen Erfordernissen auch aus sozialen Überlegungen klar, dass Familiennachzug ermöglicht werden muss: Davon ausgehend sollte aber auch diese Form der Migration positiv besetzt werden. Denn wenn Österreich daran festhält, Familienzusammenführung nur deshalb zuzulassen, weil sie ohnehin nicht verhinderbar ist, so ist das kein Klima, in dem Integration gelingen kann.

Migrationspolitik kann auch nicht losgelöst von der europäischen Ebene betrachtet werden, ist es doch nunmehr Aufgabe der EU, eine gemeinsame Einwanderungspolitik zu entwickeln, die eine „in allen Phasen wirksame Steuerung der Einwanderungsströme" gewährleisten soll. Zugleich bleibt aber die Zahl der zuzulassenden Personen in der Kompetenz der Mitgliedstaaten. Waren die ersten migrationsrechtlichen Rechtsakte (Familienzusammenführung, Rechtsstellung der langfristig Aufenthaltsberechtigten) noch, wenn auch mit Einschränkungen, Ausdruck einer auf Nachhaltigkeit gerichteten Migrationspolitik, wandte sich die EU-Kommission mit dem „Strategischen Plan zur legalen Zuwanderung" davon ab: Weitgehend sollen nun Menschen zum Zweck der kurzfristigen Arbeitsaufnahme geholt werden. Nach getaner Arbeit sollen diese Menschen die EU wieder verlassen.

Das neue „Zauberwort" heißt *zirkuläre Migration*: Dahinter verbirgt sich nichts anderes als ein neues „GastarbeiterInnen-Programm". Menschen, die zum Zweck der Saisonarbeit in die EU kommen, sollen die Garantie erhalten, in den darauffolgenden Jahren als Saisonarbeitskraft wiederkehren zu können. Dieses Modell, insbesondere die Rückkehrmigration, wird nicht funktionieren, dafür gibt es in der jüngeren Migrationsgeschichte genügend Beispiele (siehe die GastarbeiterInnenmodelle in Österreich und der Schweiz).

Gleichzeitig werden aber aufgrund des angeblich temporären Charakters Integrationsmaßnahmen unterlassen. Der Vorschlag für eine Konzernentsendungsrichtlinie entpuppt sich geradezu als Einladung zum Lohndumping: Konzerne, die sowohl innerhalb als auch außerhalb der EU Niederlassungen haben, sollen ihre ArbeitnehmerInnen in die Zweigniederlassungen in einem EU-Mitgliedstaat entsenden können. Zwar muss theoretisch der Mindestlohn des Zielstaates bezahlt werden, eine Kontrolle ist jedoch kaum möglich.

Migrationspolitik besteht aus vielen Teilen, bleibt aber bislang meist Stückwerk. Einige der Herausforderungen sind zwar in letzter Zeit gut gelöst worden. Insbesondere die Neuordnung der Arbeitsmigration und die Schaffung des sofortigen Zugangs zum Arbeitsmarkt von Familienangehörigen sind positiv zu sehen. Demgegenüber stehen aber hohe Verwaltungsanforderungen bei Familienmigration, teils schikanöse Bestimmungen bei Verlängerung des Aufenthaltsrechts (bereits eine um einen Tag verspätete Antragstellung kann den

Verlust desselben zur Folge haben) und große „Baustellen" bei der Sicherung des weiteren Aufenthaltsrechts nach einer Ehescheidung. Damit sind nur einige der Kritikpunkte genannt; zudem ist das Fremdenrecht zu einer Spezialwissenschaft für wenige Eingeweihte geworden. Es ist also noch ein weiter Weg zu einer nachhaltigen, sozial gerechten Migrationspolitik.

Integrationspolitik

Migration muss von gezielten Integrationsmaßnahmen begleitet werden, um den sozialen Zusammenhalt der Gesellschaft zu gewährleisten und die wirtschaftlichen Chancen von Migration nutzen zu können. Integration muss dabei generell die umfassende Teilhabe an allen gesellschaftlichen Bereichen anstreben. Ein zentraler Punkt ist die nachhaltige und dem Qualifikationspotential entsprechende Eingliederung in den Arbeitsmarkt. Integration ist daher viel mehr als eine bloße Begleitung der Zuwanderung. Die Notwendigkeit einer Integrationspolitik stellt sich auch für Personen, die bereits lange in Österreich leben.

Was aber bedeutet Integration? Der Begriff wird in vielen unterschiedlichen Bedeutungen und Zusammenhängen verwendet. Von vielen wissenschaftlichen Ansätzen bietet sich jener von Güngor an, der strukturelle, soziale, kulturelle und identifikative Integration unterscheidet (vgl. Güngor u.a. 2008, 10; weiterführend Burtscher 2009, 13 ff.). Mittlerweile ist auch der Begriff der „Inklusion" ins Zentrum gerückt (vgl. Kleve 2005, 19), trotzdem soll in diesem Beitrag der Begriff Integration als der verbreitetere verwendet werden. So notwendig die begleitende wissenschaftliche Forschung ist, es soll nicht übersehen werden, dass die Grundfrage eine recht einfache ist: Es geht um das Zusammenleben der in unserem Umfeld lebenden Menschen.

Gelungene Integration bedeutet, dass „die ZuwanderInnen in der ‚Mitte der Gesellschaft' angekommen sind. […] Voraussetzung dafür ist wohl, dass auch das kulturelle und das politisch-rechtliche Umfeld das erlaubt und dass sie selbst sich in diesem Umfeld als respektierter und respektvoller Teil bewegen (können)." (Beirat für Wirtschafts- und Sozialfragen, Migration und Integration 2011, 32) Daraus ergibt sich, dass Integration immer als zweiseitiger Prozess begriffen werden und auch hier die Mehrheitsgesellschaft einbezogen und auch emotional „mitgenommen werden" muss. Mehr noch, ohne Beitrag und Good-Will der Mehrheitsgesellschaft kann Integration nicht stattfinden.

Von erfolgreicher Integration kann daher nur gesprochen werden, wenn für Personen mit Migrationshintergrund gleiche Chancen auf Teilhabe an der Gesellschaft, insbesondere aber bei Arbeit und Bildung, vorhanden sind. ZuwanderInnen müssen wirksame Integrationsangebote erhalten, insbesondere in kultureller, sprachlicher, kommunaler, schulischer und in arbeitsmarktlicher Hinsicht. Damit wird auch deutlich, warum immer von „Querschnittsmaterie" gesprochen wird, wenn von Integrationspolitik die Rede ist: Es gibt kaum ein gesellschaftliches Umfeld, das nicht von Herausforderungen in diesem Gebiet betroffen ist.

Aus Sicht der Arbeiterkammern ist klar, dass unser Fokus stark (aber nicht ausschließlich) auf Integration in der Arbeitswelt liegt. Dabei wäre es jedoch zu kurz gegriffen, darunter lediglich Arbeitsmarktpolitik zu verstehen. Um Integration auf sozialer und wirtschaftlicher Ebene zu erreichen, muss das Augenmerk insbesondere auf folgende Ebenen gelegt werden: Zugang zu und die Realisierung von Bildungschancen, verbesserte Eingliederung in den Arbeitsmarkt und das Schaffen eines fördernden Umfeldes im Bereich Wohnen, Stadtteilarbeit und Gesundheit. Gelungene Integration in diesen Bereichen muss bedeuten, dass nicht nur der Zugang zu Bildung und Arbeitsmarkt, sondern auch die Qualität der Ausbildung, der Arbeitsplätze und die beruflichen und sozialen Aufstiegsmöglichkeiten unter ZuwanderInnen nicht ungünstiger verteilt sind als in der Mehrheitsgesellschaft (vgl. Beirat für Wirtschafts- und Sozialfragen, Migration und Integration 2011, 34).

Das Risiko, arbeitslos zu werden, ist für Personen mit Migrationshintergrund signifikant höher als bei Angehörigen der Mehrheitsgesellschaft. In dieser Hinsicht ist Integration erst geglückt, wenn dieses Risiko auf das Niveau der „ÖsterreicherInnen" abgesenkt werden kann. Das erfordert neben Anstrengungen des Arbeitsmarktservice auch Maßnahmen zur Angleichung der Berufs- und Ausbildungsstruktur (womit wieder deutlich wird, dass wir es mit einer Querschnittsmaterie zu tun haben).

Aber nicht nur der öffentliche Sektor ist gefordert, auch in den Unternehmen gibt es viel zu tun: gerechte Entlohnung auf Basis faktischer Qualifikationen, Schaffung von besseren innerbetrieblichen Aufstiegsmöglichkeiten (noch immer gibt es eine „gläserne Decke"), Abschluss antidiskriminatorischer Betriebsvereinbarungen, Förderung der interkulturellen Kompetenz der MitarbeiterInnen und vieles mehr.

MigrantInnen sind sowohl innerhalb wie auch außerhalb der Arbeitswelt von Diskriminierung betroffen, wobei die Bandbreite vom Übergehen von Bewerbungen bis zum Nichteinlass in Clubs und Diskotheken reicht. Dringend notwendig ist eine Verbesserung der Möglichkeiten der Rechtsdurchsetzung. Gerade hier zeigt sich aber, dass Recht an Grenzen stößt: Wir alle sind gefordert, denn nur durch Meinungs- und Bewusstseinsbildung kann Diskriminierung langfristig hintangehalten werden.

Die Herausforderungen im Bereich Bildung sind ebenfalls vielfältig: So sind Kinder mit Migrationshintergrund in der Sonderschule über- und in höheren Schulen signifikant unterrepräsentiert, der Anteil der frühen SchulabbrecherInnen ist ebenfalls um vieles höher als bei ÖsterreicherInnen ohne Migrationshintergrund. Oft werden Qualifikationen von ZuwanderInnen, egal ob mit oder ohne formellen Abschluss, zu wenig genutzt bzw. ArbeitnehmerInnen nicht entsprechend entlohnt. Dementsprechend reicht der Handlungsbedarf von der Schaffung eines Sprachförderkonzeptes in Kindergarten und Schule bis hin zur Nutzbarmachung von mitgebrachten Qualifikationen (vgl. Beirat für Wirtschafts- und Sozialfragen, Migration und Integration 2011, 10). Besonderes Augenmerk ist auch auf das Zusammenleben der Menschen in deren unmittelbarem Lebensbereich zu legen. Wesentlich sind dabei das Erarbeiten von regionalen Integrationskonzepten und gezielte Stadtteilarbeit.

Der Integrationsbericht 2011, der im Wesentlichen aus 20 Vorschlägen des „Expertenrates für Integration" besteht und an den „Nationalen Aktionsplan für Integration" anknüpft, greift viele der oben kurz angeführten Themenbereiche auf. Einige wesentliche Punkte wie Gleichbehandlung oder Migrationsrecht fehlen jedoch völlig, andere Vorschläge wiederum steuern hart an der Grenze des Zynismus: So soll „das Interesse am Erwerb der Staatsbürgerschaft" gesteigert werden. Die Erlangung der österreichischen Staatsbürgerschaft wurde jedoch, gerade in letzter Zeit, durch übersteigerte Erfordernisse der nötigen Unterhaltsmittel und Niederlassungszeiten, Fehlen jeden Ius-soli-Ansatzes und Verwaltungskosten im vierstelligen Eurobereich stark erschwert. Trotzdem, durch den „Nationalen Aktionsplan für Integration" und den Integrationsbericht ist eine Basis geschaffen worden, Integration systematisch voranzutreiben. Die Arbeiterkammern werden sich auf jeden Fall weiter einbringen.

Staatssekretariat für Integration

Integration steht ständig im Mittelpunkt der politischen Debatten. Nahezu jeder Mensch hat eine konkrete Meinung zu diesem sensiblen Thema. Völlig zu Recht, schließlich werden wir alle in unserer unmittelbaren Umwelt mit Integration und den Auswirkungen der Integrationspolitik konfrontiert.

Es braucht daher eine klare politische und bereichsübergreifende Verantwortung und Steuerung. Im Frühjahr 2011 wurde im Innenministerium ein Staatssekretariat für Integration geschaffen. Die Einrichtung eines solches Staatssekretariats (bereits lange Zeit eine Forderung der Arbeiterkammern) war überfällig und daher jedenfalls eine sehr positive Entwicklung. Die Einordnung von Integration als Querschnittsmaterie sollte aber auch in der politischen Wirklichkeit berücksichtigt werden. Sinnvoll wäre es daher, das Staatssekretariat nicht im Innenministerium anzusiedeln, weil dieses letzten Endes doch auf Sicherheitsagenden, Fremdenpolizei und Aufenthaltswesen fokussiert ist. Auf längere Sicht betrachtet ist es deshalb unbedingt nötig, das Staatssekretariat von einem konkreten Ressort loszulösen und damit die Eigenständigkeit zu gewährleisten, die zur Erfüllung der Aufgaben notwendig ist.

Fazit

Integrations- wie auch Migrationspolitik wird immer *work in progress* bleiben. So wenig wie mit der Rot-Weiß-Rot-Card alle Herausforderungen im Bereich der Zuwanderung restlos bewältigt werden können, so wenig wird das Kapitel Integration je abgeschlossen sein. Es geht immer darum, dass wir für alle Menschen, die in unserem Umfeld leben, die Voraussetzungen schaffen, damit alle die gleichen Chancen erhalten. Eine schwierige Herausforderung, viel zu tun, aber machbar.

Literatur

Beirat für Wirtschafts- und Sozialfragen, Migration und Integration (2011, im Druck), Wien.

Bundesministerium für Inneres, Fremdenstatistik 2010. Internet: http://www.bmi.gv.at/cms/BMI_Niederlassung/statistiken/files/Fremdenstatistik_Jahr_2010.pdf (Zugriff: 11.8.2011).

Burtscher, Simon (2009). Zuwandern_aufsteigen_dazugehören, Innsbruck u.a.

Güngör, Kenan u.a. (2008). Einbeziehen statt einordnen, Integrationsleitbild des Landes OÖ. Internet: http://www1.land-oberoesterreich.gv.at/ltgbeilagen/blgtexte/20091796a.pdf (Zugriff: 11.8.2011).

Kleve, Heiko (2005). Soziale Partizipation zwischen Integration und Inklusion, Potsdam, Sozialpädagogische Impulse, 1 2005, 19–21.

Sozialpartner (2010). Einigung der Österreichischen Sozialpartner zur Bekämpfung von Lohn- und Sozialdumping und zur Schaffung eines kriteriengeleiteten Zuwanderungsmodells (Rot-Weiß-Rot-Card). Internet: http://www.sozialpartner.at/sozialpartner/badischl_2010/Sozialpartnerpraesident eneinigunglschl-I%20-zusammengefuehrt%20%285%29.pdf (Zugriff: 11.8.2011).

Statistik Austria (2011). Migration & Integration, zahlen.daten.indikatoren. Wien.

Alexander Schneider

Wenn in diesem Beitrag auf den Kontext von Bildung und Demokratie eingegangen werden soll, so ist vorerst zu bemerken, dass es sich um soziale Beziehungsformen handelt, die hochkomplex und vielfältig sind und unterschiedlichste Erscheinungsformen annehmen. Dieser Umstand ist im Falle der Demokratie evident (vgl. Bobbio 1988). Im Falle der Bildung sieht das anders aus: Zum einen wird Bildung oft als persönlicher Besitz angesehen, in der Art einer Auflistung der Bücher, die man gelesen haben muss – oder in naturalistischer Interpretation, als wäre Bildung etwas, das ohne die Absichten von AkteurInnen geschieht, nach dem Motto „man kann nicht nicht lernen". Das mag, speziell im deutschen Sprachraum, an der sehr innerlichen Tradition des Begriffs liegen. Nicht zufällig bezeichnet Reinhart Koselleck in seiner grundlegenden Arbeit über den Bildungsbegriff diesen als religiös begründet (vgl. Koselleck 2006, 113). In Absetzung von diesen beiden Interpretationen – einerseits der naturalistischen, anderseits der innerlich subjektiven – wird Bildung in diesem Beitrag vor allem als soziale Praxis betrachtet werden und daher wie die Demokratie als Form kollektiver Intentionalität (zu diesem Begriff vgl. Schmid/Schweikard 2009).

Als solche Form ist Bildung nicht nur etwas, das sich zwischen Personen ereignet, sondern auch in mannigfaltigen institutionellen Formen. Dennoch soll hier in einem ersten Schritt auf das interpersonelle Ereignis eingegangen werden. Bildung ist demnach eine Handlung, die zwischen Personen stattfindet – und als Person wird hier stets eine psycho-physische Einheit verstanden, nicht nur ein denkendes Gehirn. Diese Personen unterscheiden sich hinsichtlich ihrer Rollen als Lehrende und Lernende. Dazu kommen im Allgemeinen noch Artefakte, Gegenstände diverser Art. Es gibt demnach einerseits eine gemeinsame Absicht, Bildung herzustellen (im Falle der Lernenden ist diese Absicht ebenfalls vielfach erst herzustellen, das gehört zur pädagogischen Kunstfertigkeit), anderseits unterschiedliche Absichten. Denn die lernende Person lernt, die lehrende Person lernt nicht, sie unterrichtet und geht damit einer, zumeist bezahlten, Arbeit nach. Wenn sie ihrerseits dabei auch lernt, ist das nur ein Nebeneffekt, nicht die Absicht ihrer Handlung.

Die Besonderheit dieser Konstellation liegt nun weiter darin, dass Bildung, das Ergebnis der Lernhandlung, von der lernenden Person selbst mit erzeugt wird, unter Anleitung durch die lehrende Person. Bildung kann nicht im Sinne des Kaufs einer Dienstleistung oder eines Gegenstandes erworben werden.[1] Das unterscheidet sie von allen anderen Formen des Erwerbens. Man muss diese Konstellation durch alle Bildungsdiskussionen hindurch gewissermaßen an der Leine mitführen: Lernende sind KäuferInnen der Arbeitskraft der Lehrenden. Aber das Produkt, welches geschuldet wird, müssen sie selbst unter der Anleitung der VerkäuferInnen erzeugen. Daraus resultiert eine unauflösbare gegenseitige Verzahnung, personale Verbindung und Ortsabhängigkeit. Bildung kann nicht auf Distanz und nicht ohne personale Verbindung stattfinden. Man mag einwenden, dass es durchaus individuelles Lernen gibt und der Bildungsmarkt voll von Angeboten dieser Art ist. Doch alle diese Angebote setzen eine bereits erlernte und vollzogene soziale Bildungspraxis voraus, informierte und entsprechend performende Körper, wie man das in einem biopolitischen, historisch von den Arbeiten Michel Foucaults ausgehenden Verständnis nennen könnte.

In dieser Konstellation gründet die gesellschaftliche Macht der „lehrenden Klasse“. Beverly Silver (2005) hat darauf hingewiesen, dass LehrerInnen der Teil der internationalen „Workforce“ sind, der die höchsten Streikaktivitäten entfaltet und der auf Grund des personalen und örtlich gebundenen Charakters des Lernens sehr gut gegen alle die Arbeitskraft bedrängenden Formen der Globalisierung gewappnet ist.

Die spezifischen Formen der Asymmetrie der am Bildungsprozess Beteiligten können sich unterschiedlich auswirken. Hier begegnet uns ein seltsamer Widerspruch. Denn man wird Bildung durchaus, wenn auch ein wenig altmodisch, als eine Selbstermächtigung verstehen können: das Verstehen und die Umwandlung von Welt durch ein Subjekt in der ständigen Abfolge von Wiederholungen und Verschiebungen. Das Resultat des Bildungsprozesses sehen wir dann als soziales, der gesellschaftlichen Teilhabe fähiges Subjekt – „Aufklärung ist der Ausgang des Menschen aus seiner selbst verschuldeten Unmündigkeit“, lautet die berühmte Kant'sche Definition („selbst verschuldet“ meint hier, dass es an den Menschen liegt und nicht an „höheren Wesen“).

In diesem Sinne wäre der Bildungsprozess selbst bereits demokratiefördernd und -freundlich. Auf der anderen Seite zeigt ein historischer Blick auf den Bildungsprozess, dass er sich durchaus auch mit z.B. theokratischen sozialen Organisationsformen verbindet. Von der Bildungshandlung selbst geht daher, wie es scheint, noch keine normative demokratische Kraft aus. Daraus folgt, dass in demokratischen Systemen die dem Bildungsprozess innewohnenden Asymmetrien der demokratischen Bearbeitung bedürfen. Das bedeutet nun nicht, dass Asymmetrien aufgelöst werden, denn sie konstituieren den Bildungsprozess, sondern dass sie zwischen grundsätzlich Gleichen vereinbart werden.

Damit sind wir bei einem Wesenszug der Demokratie. Demokratie ist die einzige staatlich verfasste Gesellschaftsform, die durch ständige Kraftanstrengung gelernt werden muss, so der Sozialphilosoph Oskar Negt (vgl. Negt 2010, 495).

Man hat soziale Systeme, in denen die Macht nicht vom Volk ausgeht, sondern vorausgesetzt und durch Erbe und/oder Vorsehung oder was immer begründet ist, zuweilen mit Gärten verglichen, die vom Gärtner – stets wird in diesem Zusammenhang nur das männliche Geschlecht genannt – angelegt und gepflegt werden, in denen Pflanzen mal hier, mal dort eingesetzt, schief Wachsendes oder Unkraut entfernt wird, immer aus dem im guten Fall wohlwollenden, im schlechten Fall böswilligen übergeordneten Blick.

In der Demokratie haben alle Pflanzen, ob schief oder gerade, ihre Daseinsberechtigung; dennoch wird der Garten gepflegt. Doch wer ihn pflegt und wie sie ihn pflegen, bestimmen die Pflanzen von Zeit zu Zeit selbst. Sie geben sich dazu Regeln, teilen Rollen auf und bestimmen auch, was nicht verfügbar ist. Demokratie ist daher nicht frei von Asymmetrien und Machtformen. Sie enthält auch Subsysteme, in denen es durchaus nicht oder nur marginal demokratisch zugeht, etwa die hierarchische Untergeordnetheit im unselbständigen Arbeitsverhältnis. Dieses Neben- und Ineinander von Symmetrie und Asymmetrie, von Gleichheit und Macht muss stets erlernt, erstritten werden. Das gilt auch und besonders für den Lernprozess, das Subsystem Bildung selbst. Die Schule, um nur diesen einen Ort zu nennen, muss auch eine Schule der Demokratie sein.

Was folgt daraus, konkret und über das bisher gesagte Wohltönende hinaus? Zwei Grundsätze – wir bleiben noch auf einer abstrakteren Ebene – sind zu nennen: Erstens muss das Bildungssystem allen im gleichen Ausmaß zur Verfügung stehen. Die frühe Einteilung und Selektion ist ein vordemokratisches Relikt. Zweitens, und in diesem Kontext ist nochmals daran zu erinnern, dass Personen hier als psychophysische Einheiten verstanden werden, ist der demokratische Bildungsprozess keinem anderen Zweck unterzuordnen. Er muss ergebnisoffen sein. Diese beiden Grundsätze sollten, wenngleich recht abstrakt, ebenso wie die schon erwähnte Besonderheit der Bildungshandlung, durch alle Detailfragen der Bildung hindurch an der Leine mitgenommen werden.

Wir kommen nun zu einem Punkt, an dem wir uns ein wenig mit der Zukunft befassen sollten. Da diese Festschrift zum 90. Jahrestag der Gründung der Arbeiterkammern erscheint und mit Sicherheit anzunehmen ist, dass ihr in zehn Jahren, zum „100er", eine neue Festschrift folgen wird, an Hand derer die Aussagen und Prognosen der vorliegenden zu bewerten sein werden, können wir uns mit einem Zeitraum von zehn Jahren begnügen. Bedenkt man, dass die enorme Aufmerksamkeit, welche der Zustand des Bildungssystems erlangt hat, vor allem aus dem Anlass (nicht der Ursache) der Publizität der PISA-Studie etwa um das Jahr 2003 herum erwachsen ist – wozu die Arbeiterkammern einen bedeutenden Beitrag geleistet haben, indem sie dem Koordinator der Studie, Stephan Schleicher, erstmals in Österreich Gelegenheit zu einem öffentlichen Auftritt verschafften, der über den engsten Fachkreis hinausreichte – so erscheint dieser Zeitraum durchaus angemessen.

Nun also zur Zukunft. Was wir gegenwärtig sehen, scheint ein langer Abschied von etwas zu sein, das man vielleicht am besten als fordistisch geprägtes Bildungsverständnis bezeichnen könnte. Damit ist die großflächige serielle Produktion einheitlicher Bildungsabschlüsse nach unverrückbar vorgegebenen Mustern gemeint. Der Begriff „fordistisch" wird hier auch deshalb gewählt, weil er generell zur Beschreibung kultureller Verfahrensweisen dient und so anzeigt, dass das Bildungssystem in dieser kulturellen Hinsicht keine Sonderrolle einnimmt. Dieser Abschied und Übergang zeigt sich an neu aufgekommenen Schlagwörtern wie Outputorientierung, Kompetenzentwicklung, Durchlässigkeit etc. Er beschreibt eine Hinwendung zur Personalität. Das Individuum, die Einzelperson wird kostbar. Die lehrende Person wird zunehmend als BegleiterIn der lernenden Person auf deren Bildungsweg verstanden und damit nähern wir uns interessanterweise der klassischen Definition des pädagogischen Berufs wieder an.

Der Bezug zum Individuellen wird schon in der PISA-Studie sichtbar, in deren Aufgabenstellungen es nicht darum geht, bereits vorexerzierte Lösungen nachzuvollziehen, sondern der Anspruch gestellt und die Möglichkeit gegeben wird, eigene, alternative Lösungswege für Aufgabenstellungen zu gehen und zu finden. Dies setzt sich fort in den acht Schlüsselkompetenzen, die von der EU in ihrem Programm für 2020 formuliert sind, womit der traditionelle Fächerkanon neu gebündelt wird. Neben diese Hinwendung zum Individuellen tritt die Anwendungsorientierung. Kompetenzen sollen nicht nur erlernt, sondern auch entsprechend angewendet werden können. Darin tritt uns die gegenwärtige generelle kulturelle Tendenz zu einer Aufmerksamkeitsökonomie, zur Entwicklung individueller Verwertungsstrategien, zum Performativen entgegen. Das Zeugnis wird durch das Portfolio ersetzt. „Esse est percipi" – sein ist wahrgenommen werden, hat Berkeley das einst genannt. Mit der Durchlässigkeit sollen die Hindernisse zur Entfaltung der Person und entsprechenden Möglichkeit der Etablierung auf der gesellschaftlichen Bühne beiseite geräumt werden. Der Vollzug wird der österreichischen institutionellen Pfadabhängigkeit entsprechend verschlungen stattfinden, ist aber unaufhaltsam.

Im Jahr 2013 wird der erste Durchgang der PIAAC-Erhebung (Programme for the International Assessment of Adult Competencies – das ist PISA für Erwachsene) publiziert werden, und damit wird sich die Diskussion, die wir ausgehend von PISA verfolgen konnten, endgültig auf die gesamte österreichische Gesellschaft ausweiten. Es ist umstritten, ob zunehmender Wohlstand und Demokratie zu mehr Bildungsaspiration führen oder ob es sich umgekehrt verhält. Unbestritten ist, dass dieser Konnex besteht. In diesem Sinne wird PIAAC das Thema Bildung nochmals befeuern, vor allem im Sinne des lebensbegleitenden Lernens.

Wenn nun also der Bildungsprozess so stark durch Ziele und Methoden der Individualisierung, Wahrnehmungsorientierung etc. aufgeladen wird, stellt sich die Frage, wie dies auf weitere gesellschaftliche Subsysteme zurückwirkt. Wie werden sich junge Menschen, die in der Ausbildung zunehmend durch partnerschaftliche und gleichheits-, zugleich aber auch wettbewerbsorientierte, Anforderungen stellende und erwartende Verfahren geprägt sind, in und gegenüber einer nach wie vor durch Unterordnung charakterisierten Arbeitswelt verhalten? Werden diese Dispositionen die Arbeitswelt nachhaltig verändern? Wie wird sich die auf die PIAAC-Erhebung folgende Diskussion über die Aus- und Weiterbildung von im Erwerbsleben stehenden Personen auf die Arbeitswelt auswirken? All dies findet vor dem Hintergrund einer demografischen Entwicklung statt, nach der laut (nicht unumstrittenen) Berechnungen für die EU-Kommission im Zeitraum 2010 bis 2020 in Österreich 1,25 Mio. Personen aus dem Erwerbsleben ausscheiden und 225.000 Beschäftigungsverhältnisse zusätzlich geschaffen werden. Das ergibt eine Summe von etwa 1,5 Mio., denen Jahrgangsstärken von 80.000 gegenüberstehen (vgl. CEDEFOP 2010). Auch die Zuwanderung wird dieses Bild nicht entscheidend verändern.

Vermehrte Bildungsanstrengungen sind eine globale Erscheinung. Nie zuvor hat es auf der Erde so viele gut ausgebildete Menschen gegeben wie gegenwärtig. Schwellenländer unternehmen enorme Anstrengungen zur Hebung der Bildungsstandards. In China etwa befinden sich derzeit mehr Menschen in tertiärer Ausbildung als in den USA und der EU zusammengenommen, Staaten aus dem arabischen und asiatischen Raum werben bedeutende Universitäten an, in ihren Ländern Filialen zu gründen (vgl. Brown u.a. 2008). Viele dieser Gesellschaften wird man durchaus nicht als demokratisch verfasst im Sinne der erwähnten Beschreibung von Norberto Bobbio bezeichnen können, doch es besteht im Allgemeinen die Ansicht oder Hoffnung oder Vermutung, dass ein höheres Maß an Bildung zu einer Zunahme an demokratischen Bestrebungen führen wird. Eine normative Begründung dafür gibt es allerdings, wie schon gezeigt wurde, nicht. Nach welchen Kriterien wird sich also ein Systemwettbewerb hinsichtlich der Bildung darstellen lassen?

Das führt uns zum Ausgangspunkt zurück. Die Tendenzen unserer demokratischen Gesellschaften sind widersprüchlich. Dem erhöhten Wert der Einzelperson, dem allgemeinen Frieden nach einem Jahrhundert voller Menschenopfer, in dem die Einzelperson nichts galt, stehen vielfach vermehrte Unsicherheit, Risikolagen, Konkurrenz und Kampf um Aufmerksamkeit gegenüber. Neue Ungleichheitslagen entstehen, die Anforderungen steigen so, dass sie womöglich einer zunehmenden Zahl von Personen zu komplex werden.

Es mag mühsamer geworden sein, den gemeinsamen Garten zu pflegen, eine Vorahnung von „Postdemokratie" steht im Raum.[2] Nehmen wir daher für die Bildung unsere Erkenntnisse nochmals an die Leine: Demokratie muss im Bildungsprozess selbst verankert und verhandelt werden. Bildung muss unterschiedslos allen zugänglich sein und sie darf keinen anderen Zwecken als den demokratisch begründeten dienen.

Literatur

Bobbio, Norberto (1988). Die Zukunft der Demokratie, Berlin.

Brown, Phillip u.a. (2008). Towards a High-Skilled, Low-Waged Workforce? A Review of Global Trends in Education, Employment and the Labour Market, SKOPE Monograph No. 10. Internet: http://www.skope.ox.ac.uk/publications/towards-high-skilled-low-waged-workforce (Zugriff: 19.7.2011).

CEDEFOP (2010). Skills Supply And Demand in Europe. Internet: http://www.cedefop.europa.eu/en/Files/3052_en.pdf (Zugriff: 19.7.2011).

Crouch, Colin (2008). Postdemokratie, Frankfurt am Main.

Hénaff, Marcel (2009). Der Preis der Wahrheit, Frankfurt am Main.

Koselleck, Reinhart (2006). Zur anthropologischen und semantischen Struktur der Bildung, in: Begriffsgeschichten, Frankfurt am Main.

Negt, Oskar (2010). Der politische Mensch. Demokratie als Lebensform. Schriften Bd. 4, Göttingen.

Schmid, Hans Bernhard/David P. Schweikard (Hg.) (2009). Kollektive Intentionalität. Eine Debatte über die Grundlagen des Sozialen, Frankfurt am Main.

Silver, Beverly J. (2005). Forces of Labor. Arbeiterbewegungen und Globalisierung seit 1870, Berlin.

1 Überlegungen dazu finden sich zuletzt vor allem bei Marcel Hénaff (2009). Eine ausgearbeitete Theorie des Lernakts, die in ihrer konzeptuellen Schärfe etwa mit der Sprechakttheorie vergleichbar wäre, ist bisher nicht erkennbar.

2 Colin Crouch (2008) weist in seinem Buch „Postdemokratie" vor allem auf die Gefahr hin, die den demokratischen Gemeinwesen von der betriebswirtschaftlichen Durchdringung droht. Margaret Thatchers einstiger Schlachtruf „TINA" – there is no alternative" steht sinnbildlich für die neoliberale Wende. In diesem Sinne ist das erwähnte Nebeneinander von demokratisch verfassten öffentlichen Institutionen und auf der Freiheit des Eigentums gründenden Unternehmen eine ständige Herausforderung für demokratische Gesellschaften. Die gegenwärtige Finanzkrise, an der im Übrigen glänzend ausgebildete Personengruppen maßgeblich beteiligt waren, ist ein Ausdruck dessen.

Adrian Schnitzler Nicht zuletzt aufgrund des entschiedenen Auftretens von Arbeiterkammern, ÖGB und Gewerkschaften wurden die Übergangsfristen für Arbeitskräfte aus den Mitgliedstaaten der EU-8 (Estland, Lettland, Litauen, Polen, Slowakei, Slowenien, Tschechien und Ungarn) voll ausgeschöpft. Seit dem 1. Mai 2011 genießen diese Staaten nunmehr uneingeschränkt Zugang zum österreichischen Arbeitsmarkt.

Arbeiterkammern, ÖGB und Gewerkschaften waren es auch, die seit jeher Maßnahmen zum Schutz und zur Vorbereitung des heimischen Arbeitsmarkts forderten. Insbesondere galt es, bei aller Unklarheit, wie groß der Ansturm ausländischer Arbeitskräfte tatsächlich sein werde, Lösungen zu finden, damit die großen Lohn- und Kaufkraftunterschiede nicht dazu führen, dass der heimische Arbeitsmarkt von ausländischen Arbeitskräften, die mitunter bereit sind, auch unter österreichischem Lohnniveau zu arbeiten, belastet wird.

Bedingt durch Österreichs geografische Lage ist zu erwarten, dass besonders viele PendlerInnen Zugang zum heimischen Arbeitsmarkt suchen werden. Geht man davon aus, dass in vielen Branchen die Löhne der betreffenden Nachbarstaaten zumindest etwa 30–50 % unter dem österreichischen Lohnniveau liegen, scheint es naheliegend, dass GrenzgängerInnen, die weiterhin vom Preisniveau in ihren Heimatländern profitieren können, immer noch beträchtliche finanzielle Anreize in einer Beschäftigung in Österreich sehen werden, auch wenn diese nur mit dem kollektivvertraglichen Mindestlohn oder auch darunter entlohnt wird.

Infolge europarechtlicher Vorgaben galt in Österreich schon bisher für ausländische ArbeitgeberInnen die Verpflichtung, österreichische Löhne zu zahlen. Durch das Prinzip „gleicher Lohn am gleichen Ort“ sollte bereits vor den neuen Regelungen ein Wettbewerb auf Kosten der Löhne verhindert werden. Es stellt sich daher die Frage, warum überhaupt weitergehende öffentlich-rechtliche Regelungen nötig sind, wenn doch in Österreich ohnehin für alle ArbeitnehmerInnen, unabhängig vom Sitz ihrer ArbeitgeberInnen, gleiche, gerichtlich durchsetzbare Löhne vorgeschrieben sind.

Um der Beantwortung dieser Frage nachzugehen, empfiehlt sich ein Blick in die – insbesondere jüngere – Geschichte des österreichischen Arbeits- und Sozialrechts. Besonderes Augenmerk ist dabei auf Regelungstatbestände zu legen, in denen der Gesetzgeber zivilrechtliche Sanktionen offenbar nicht für ausreichend hielt, um ein Gleichgewicht zwischen den Interessen der ArbeitnehmerInnen, der Wirtschaft und der öffentlichen Hand herzustellen und den sozialen Zusammenhalt und Frieden zu wahren. Gleichzeitig sollen jedoch die Defizite derartiger Regelungen aufgezeigt werden, um Problemen in der Zukunft vorzubeugen.

Die bisherige Praxis hat gezeigt, dass nach Österreich entsandte oder überlassene ArbeitnehmerInnen ihren Anspruch auf den österreichischen Mindestlohn nur selten einklagen. Die Gründe dafür sind vielfältig. Der Anreiz, Lohndifferenzen einzuklagen, ist aufgrund der Tatsache, dass die Entlohnung in Österreich immer noch bedeutend besser ist als im Herkunftsland, oftmals nicht ausreichend gegeben (vgl. Gagawczuk 2011, 87; Windisch-Graetz 2008, 235). Darüber hinaus wissen viele ArbeitnehmerInnen mangels Information und Kenntnis der deutschen Sprache nur wenig über ihre Rechte. Auch der zumeist nur kurze Aufenthalt in Österreich ist einer Rechtsverfolgung in der Regel abträglich.

Zu bedenken ist außerdem, dass Lohn- und Sozialdumping nicht nur vom Ausland aus, sondern auch von inländischen Firmen betrieben wird. Gerade in Zeiten der Krise kämpfen viele Unternehmen mit wirtschaftlichen Problemen. Gleichzeitig steigt der Druck am Arbeitsmarkt und viele ArbeitnehmerInnen klagen ihre korrekten Löhne aus Angst um ihren Job nicht ein. Aus diesen Gründen scheinen Sanktionen angebracht, die unabhängig von der Rechtsverfolgung Einzelner und vom Unternehmenssitz gelten.

Ein Rechtsbereich, der bereits im 19. Jahrhundert eine korrekte Gewerbeausübung sicherstellen sollte, bei der die ArbeitnehmerInnen nicht unter die Räder kommen sollten, ist das Gewerberecht. Die Unternehmen bedienen sich zur Gewerbeausübung „Gewerberechtlicher Geschäftsführer", die ihre Gewerbeberechtigung gegen eine Anmeldung zur Sozialversicherung und ein gewisses Entgelt verleihen. Diese kümmern sich allzu oft nur um die Durchführung einiger Formalitäten; ist das Unternehmen aber einmal gegründet, sind sie zumeist nur mehr selten dort anzutreffen. Die öffentlich- und zivilrechtlichen Vorschriften bezüglich ihrer Verantwortlichkeit sind teils unzureichend, teils werden sie nicht effizient genug administriert. In zahlreichen Unternehmen sind daher keine ArbeitnehmerInnen mehr beschäftigt, die entsprechend ausgebildet sind, um für die Einhaltung gewerbe- und arbeitsrechtlicher Bestimmungen, etwa für die korrekte Entlohnung, zu sorgen.

Ein weiterer Bereich, der mittels Normierung von Unterlassungs- und Schadenersatzansprüchen sowie Verwaltungsstrafen einen fairen Wettbewerb zwischen Unternehmen am Markt gewährleisten soll, ist das Wettbewerbsrecht. Ein Mittel unlauteren Wettbewerbs ist auch das Verschaffen von Marktvorteilen mittels Lohndumping.

Ein Beispiel für eine erfolgreiche Initiative der Arbeiterkammern war ein von der Arbeiterkammer Oberösterreich eingeleitetes Verfahren gegen einen Transportunternehmer, der seine ArbeitnehmerInnen angesichts des zunehmenden Preisdrucks aus dem Osten unter dem österreichischen Kollektivvertrag entlohnte. Aufgrund eines daraus resultierenden Vergleichs wurde es dem Unternehmen im Jahr 2010 verboten, mittels undurchsichtiger Lohnschemata Lohndumping zu betreiben. Leider konnten die Arbeiterkammern durch Zuhilfenahme des Wettbewerbsrechts bislang nur vereinzelt derartige Erfolge verbuchen. Der Hauptgrund dafür lag zumeist in der Schwierigkeit, den vom Gesetz geforderten Beweis zu erbringen, dass sich ein Unternehmen durch die Verletzung arbeitsrechtlicher Vorschriften einen wesentlichen Wettbewerbsvorteil verschafft hat.

Ein besonderes Interesse von Arbeiterkammern, ÖGB und Gewerkschaften lag in den letzten Jahren in der Bekämpfung des überbordenden Sozialbetrugs, insbesondere am Bau. Den Anfang machte der Gesetzgeber mit dem Sozialbetrugsgesetz 2004, mit dem diverse neue strafrechtliche Sanktionen, etwa bei betrügerischem Vorenthalten von Sozialversicherungsbeiträgen, geschaffen wurden. Mit der Aufnahme derartiger Sachverhalte in das Kriminalstrafrecht erhoffte man sich insbesondere eine höhere präventive Wirkung. Auch wenn derartige Regelungen als Erfolg auch der Arbeiterkammern zu werten sind, sind die Ergebnisse unzähliger Strafanzeigen, die leider nur in den seltensten Fällen zu Anklageschriften oder gar Verurteilungen führen, bislang wenig zufriedenstellend. Insbesondere bei „Strohmann-Konstruktionen“ und bei der Tätigkeit ausländischer Gesellschaftsformen im Inland bleiben zu viele Möglichkeiten für Kriminelle offen, den Kontrollorganen immer den entscheidenden Schritt voraus zu sein (vgl. Gagawczuk 2005, 198; Reindl-Krauskopf 2008, 389).

Als weiterer Schritt wurde im Jahr 2008 mit dem AuftraggeberInnen-Haftungsgesetz eine zivilrechtliche Haftung von GeneralunternehmerInnen für Sozialversicherungsbeiträge eingeführt. Trotz anfänglicher Skepsis, ob die neu geschaffene, komplexe und mit erheblichem Verwaltungsaufwand verbundene AuftraggeberInnenhaftung letztlich zu einer Eindämmung des Sozialbetruges in der Bauwirtschaft führen könne (vgl. Bartos 2008, 426), zeigen die ersten praktischen Erfahrungen bereits, dass es sich um einen Schritt in die richtige Richtung zur Bekämpfung des Sozialbetrugs handelt, der durchaus auch präventive Wirkung entfaltet (vgl. Bartos 2010, 28). Zusätzlich wurde mit dem Betrugsbekämpfungsgesetz 2010 eine AuftraggeberInnenhaftung für vom Finanzamt einzuhebende lohnabhängige Abgaben eingeführt.

Insgesamt zeigt sich besonders in diesem Zusammenhang, dass es in vielen Bereichen des Arbeits- und Sozialrechts neben den allgemeinen zivilrechtlichen Vorschriften weiterer spezieller zivil- und öffentlich-rechtlicher Regelungen bedarf, um zu verhindern, dass einzelne TeilnehmerInnen am Wirtschaftsleben nicht durch kriminelle Praktiken unter die Räder kommen. Umso mehr soll an dieser Stelle nicht unerwähnt bleiben, dass in Zukunft insbesondere in der Frage der GeneralunternehmerInnenhaftung nicht auf die von Lohndumping betroffenen ArbeitnehmerInnen vergessen werden darf. De lege ferenda wären daher wirksame Haftungsbestimmungen nicht nur für Steuern und Abgaben angebracht, sondern auch für Löhne.

Ein Beispiel dafür, dass mit verwaltungsstrafrechtlichen Sanktionen alleine noch nichts gewonnen ist, zeigt die Tatsache, dass Missachtungen des Arbeitszeitrechts aufgrund der Komplexität des Regelwerks und des Fehlens von Personal, das für eine effiziente Vollziehung nötig wäre, leider oft nur „Kavaliersdelikte" darstellen.

Auch die Praxis in Fällen von gerichtlich strafbarem „Lohnwucher" ist ernüchternd. Der Tatbestand ist so ausgestaltet, dass ArbeitgeberInnen kaum jemals verurteilt werden können.

Anhand dieser Problemkreise zeigt sich deutlich, dass es notwendig ist, Lohn- und Sozialdumping mit klaren und verständlichen Regelungen zu begegnen und mit ausreichend Personal für deren Administration. So verlangten die Arbeiterkammern bereits im Juli 2008 in ihrem Forderungskatalog an die neue Bundesregierung im Lichte der Ostöffnung der EU wirksame Maßnahmen gegen Lohn- und Sozialdumping. Ab Februar 2009 wurden Verhandlungen zwischen den zuständigen Ministerien, Sozialpartnern und dem Hauptverband der österreichischen Sozialversicherungsträger geführt. Die Verhandlungen waren insbesondere vom Spannungsfeld zwischen den Interessen der Wirtschaft, die den aufgrund europarechtlicher Vorgaben (vgl. Windisch-Graetz 2008, 237) unvermeidbaren Strafandrohungen auch für inländische Unternehmen sehr zurückhaltend begegnete, und dem allgemeinen Interesse an der Verhinderung von Lohndumping durch Unternehmen aus dem EU-Ausland getragen.

Auch wenn im Begutachtungsverfahren im Sommer 2010 vorerst keine Einigung erzielt werden konnte, kam es im Rahmen des Bad Ischler Dialogs 2010 unter maßgeblicher Beteiligung der Arbeiterkammern zu einer Einigung der Sozialpartner, die letztlich im Lohn- und Sozialdumping-Bekämpfungsgesetz (LSDB-G) mündete, das mit 1. Mai 2011 in Kraft trat.

Das LSDB-G sieht erstmals in der Geschichte des österreichischen Arbeitsrechts eine behördliche Kontrolle der vorgeschriebenen Löhne und Gehälter vor. Bei Lohn- und Sozialdumping drohen Geldstrafen oder sogar die Untersagung der Dienstleistung in Österreich (vgl. Ercher/Rath 2011, 125 ff.; Gagawczuk 2011, 87 ff.; Kapek 2011, 440 ff.; Windisch-Graetz 2011, 443 ff.).

Probleme in der Praxis

Zunächst erscheint es unbefriedigend, dass durch das LSDB-G nur der kollektivvertragliche Grundlohn geschützt wird. Sonstige Entgelte wie Zulagen, Sonderzahlungen und Überstundenzuschläge sind vom Wortlaut des Gesetzes nicht umfasst. Es ist daher zu befürchten, dass einige ArbeitgeberInnen durch ein ausgefeiltes Entlohnungsschema einer möglichen Bestrafung entgehen werden.

Darüber hinaus wird abzuwarten sein, ob sich die Normierung von – mit dem neu geschaffenem Kompetenzzentrum, der Finanzpolizei, der Bauarbeiter-Urlaubs- und Abfertigungskasse (BUAK) und den jeweiligen Gebietskrankenkassen insgesamt – vier unterschiedlichen Kontrollinstanzen nicht als zu schwerfällig und als klar genug erweist und ob diese Kontrollinstanzen mit ausreichend geschultem Personal ausgestattet werden können. Eine Mehrfachzuständigkeit birgt immer auch die Gefahr einer „Abwälzung" der Verantwortung auf die jeweils andere Kontrollinstanz mit sich, nicht zuletzt unter Berufung auf die teilweise tatsächlich zu dünne Personaldecke.

Besonders viele Schwierigkeiten werden sich in der Abwicklung des Verwaltungsverfahrens ergeben. Bereits die Zustellung einer Ladung eines Vertreters eines ausländischen Unternehmens, dem, gegebenenfalls unter Beiziehung von DolmetscherInnen, Gelegenheit zur Stellungnahme zu geben ist, kann sich in der Praxis als äußerst schwierig erweisen.

Im Jahr 2005 wurde zwar mittels eines EU-Rahmenbeschlusses der Grundstein für eine unionsweite Vollstreckung von Geldstrafen gelegt. Im Einzelfall wird aber abzuwarten sein, wie die Vollstreckung in den einzelnen EU-Staaten in der Praxis funktioniert, in denen jeweils unterschiedliche Regelungen zur Vollstreckung ausländischer Verwaltungsstrafbescheide bestehen. Insbesondere erscheint das grundsätzliche Erfordernis der Gegenseitigkeit (vgl. Larcher 2009, 349; Windisch-Graetz 2008, 236) für eine Vollstreckung im Ausland besonders problematisch, zumal die meisten europäischen Rechtsordnungen keine der österreichischen Regelung vergleichbare Strafbarkeit von Lohn- und Sozialdumping kennen. Aus diesen Gründen wäre eine europaweit einheitliche Regelung zur grenzüberschreitenden Zustellung und Vollstreckung von Verwaltungsentscheidungen wünschenswert.

Ein weiteres Problem liegt darin, dass immer dann, wenn ArbeitnehmerInnen eines Unternehmens bei verschiedenen Arbeitsstellen tätig sind, je nach Arbeitsort unterschiedliche Bezirksverwaltungsbehörden für die Durchführung der Verwaltungsstrafverfahren örtlich zuständig sind. Es wäre daher wünschenswert, dass mehrere Verfahren gegen ein Unternehmen auch bei nur einer Bezirksverwaltungsbehörde konzentriert durchgeführt würden.

Im ursprünglichen Gesetzesentwurf war noch die Möglichkeit vorgesehen, dass die gesetzlichen Interessenvertretungen mittels Verbandsklage auf Unterlassung der Unterentlohnung klagen könnten. Diese geplante Regelung wurde insbesondere von Seiten der Wirtschaft vehement abgelehnt und fiel letztendlich einem tragfähigen Kompromiss der Sozialpartner zum Opfer. Sollte sich jedoch in Zukunft zeigen, dass die vorhandenen Instrumentarien nicht zu fairen Lohnbedingungen führen, sollte man die Möglichkeit von Verbandsklagen erneut diskutieren.

Vom Schutz des LSDB-G ist, wie bereits erwähnt, nur der kollektivvertragliche Grundlohn erfasst. Noch immer gibt es zahlreiche Branchen, für die keine Kollektivverträge abgeschlossen wurden, etwa im Bereich der Abfallwirtschaft oder für ArbeitnehmerInnen in Freizeitbetrieben. Hier laufen die neuen Regelungen gänzlich ins Leere. Nicht zuletzt dieser Umstand sollte einen Ansporn für die Kollektivvertragsparteien darstellen, diese Lücken in Zukunft zu schließen und flächendeckend Kollektivverträge abzuschließen.

Nach wie vor ungelöst ist die Problematik der Flucht aus dem Arbeitsrecht. Auch wenn anzunehmen ist, dass die Fälle der Scheinselbständigkeit zum Zwecke der Umgehung der Ausländerbeschäftigungsbestimmungen durch die Liberalisierung des Arbeitsmarkts abnehmen werden, besteht weiterhin die Gefahr, dass arbeitsrechtliche Standards, unter ihnen das inländische Lohnniveau, untergraben werden.

Auch wenn derartige Fälle in den Regelungsbereich des LSDB-G fallen (vgl. Kapek 2011, 442), werden sich die Betroffenen aus den genannten Gründen wie bereits bisher in den meisten Fällen nicht an die Kontrollinstanzen wenden. In diesem Bereich wird es vor allem am Verantwortungsbewusstsein der Wirtschaft liegen, durch die Vermeidung der Beschäftigung von Scheinselbständigen Wettbewerbsverzerrungen hintanzuhalten. Darüber hinaus sind auch die Gebietskrankenkassen gefordert, durch vermehrte Kontrollen eine Unterminierung des LSDB-G zu verhindern

Die Kontrollinstanzen sind auf Hinweise Betroffener angewiesen. Aufgrund der vorhandenen Sprach- und Informationsdefizite sollte die Erweiterung des Informationsangebots für ausländische ArbeitnehmerInnen, sei es auf mehrsprachigen Seiten im Internet oder durch einzelne geförderte Projekte, gezielt vorangetrieben werden, um die Durchsetzung ihrer persönlichen Ansprüche zu erleichtern und gleichzeitig die Zahl derjenigen, die den Kontrollinstanzen Lohndumping melden, zu erhöhen. Als richtungsweisend zu nennen sind in diesem Zusammenhang insbesondere die von EU und dem Bundesministerium für Arbeit, Soziales und Konsumentenschutz finanzierten Projekte des ÖGB und der jeweiligen nationalen Gewerkschaften, im Zuge derer für tschechische, slowakische und ungarische GrenzgängerInnen kostenlose Arbeits- und Sozialrechtsberatung in ihrer Muttersprache angeboten wird.

Schlusswort und Ausblick

Seit dem Inkrafttreten des LSDB-G wurden seitens der BUAK, der Gewerkschaften – die Produktionsgewerkschaft meldet einige Fälle von Lohndumping bei ungarischen ErntehelferInnen – und der Arbeiterkammern – etwa im Fall slowakischer Reinigungskräfte, die in Wiener Hotels ca. 70 % unter dem heimischen Kollektivvertragsniveau beschäftigt wurden – bereits zahlreiche Fälle von Lohn- und Sozialdumping bekannt. Ob die bereits erfolgten Meldungen an die Kontrollinstanzen letztendlich auch zu Strafen führen werden, bleibt abzuwarten. Als positives Zeichen für die Beachtung der neuen Regelungen ist ein Wiener Gemeinderatsbeschluss zu werten, wonach künftig bei allen Vertragsabschlüssen und in Vergabeverfahren Konventionalstrafen für den Fall von Lohn- und Sozialdumping durch die VertragspartnerInnen vorzusehen sind. Erste Erfahrungen in der Praxis haben jedenfalls gezeigt, dass es notwendig sein wird, zusätzliche finanzielle Mittel und mehr Personal bereitzustellen, um ein effizientes Kontrollnetz aufzubauen.

Darüber hinaus gilt es, die ständig im Wandel befindliche Arbeitswelt weiterhin sorgfältig zu beobachten und auf Ungleichgewichte zu Ungunsten der ArbeitnehmerInnen zu überprüfen. Sollte sich daraus ergeben, dass die vorhandenen zivilrechtlichen Normen nicht ausreichen, um eine faire Arbeitswelt zu gewährleisten, sollten aus präventiven Gründen zusätzliche Strafnormen oder etwa ein pönales Element bei qualifizierten Verstößen gegen arbeitsrechtliche Vorschriften angedacht werden, beispielsweise der Erhalt des „Duplum“ bei bestimmten Schadenersatzansprüchen (vgl. Dreier 2002, 573).

Die neuen Regeln gegen Lohn- und Sozialdumping können vorerst als Erfolg von Arbeiterkammern, ÖGB und Gewerkschaften und als Schritt in die richtige Richtung gewertet werden. Um letztlich den gewünschten Effekt zu erzielen, wird es jedoch notwendig sein, nicht auf halbem Weg stehen zu bleiben und Mängel des LSDB-G, die sich in der Vollzugspraxis zeigen, zu evaluieren und zu beheben.

Literatur

Bartos, Beatrix (2008). Die neue AuftraggeberInnenhaftung im Kampf gegen den Sozialbetrug, in: Soziale Sicherheit 2008, 426.

Bartos, Beatrix (2010). Die neue AuftraggeberInnenhaftung, in: Soziale Sicherheit 2010, 28.

Dreier, Thomas (2002). Kompensation und Prävention. Rechtsfolgen der unerlaubten Handlung im

Bürgerlichen, Immaterial-, Güter und Wettbewerbsrecht, Tübingen.
Ercher, Gerda/Erwin Rath (2011). Lohn- und Sozialdumping-Bekämpfungsgesetz, in: Arbeits- und SozialrechtsKartei 2011, 125.
Gagawczuk, Walter (2011). Das Lohn- und Sozialdumping-Bekämpfungsgesetz, in: Informationen aus dem Arbeits- und Sozialrecht, 87.
Gagawczuk, Walter (2005). Sozialbetrugsgesetz, in: Das Recht der Arbeit, 198.
Kapek, Wolfgang (2011). Neues Lohn- und Sozialdumping-Bekämpfungsgesetz – LSDB-G, ecolex 2011, 440.
Larcher, Albin (2009). Vollstreckung im Verwaltungsrecht, Wien.
Reindl-Krauskopf, Susanne (2008). Sozialbetrug aus strafrechtlicher Sicht, in: Das Recht der Arbeit, 389.
Windisch-Graetz, Michaela (2008). Lohn- und Sozialdumping bei grenzüberschreitenden Entsendungen, in: Das Recht der Arbeit, 228.
Windisch-Graetz, Michaela (2011). Fairer Wettbewerb durch das LSDB-G, ecolex 2011, 443.

Ulrich Schönbauer Um die Jahrtausendwende definierte der Gesellschaftstheoretiker Manuel Castells die Zukunft der Weltgesellschaft als Netzwerkgesellschaft. Sollte diese Einschätzung zutreffen, so hat das selbstredend auch Auswirkungen auf ArbeitnehmerInneninteressenvertretungen. Mittels der Plattform „gesellschaftspolitisches diskussionsforum" haben die Arbeiterkammer Wien und der Verband Österreichischer Gewerkschaftlicher Bildung (VÖGB) vor etwa zehn Jahren dazu ein kleines Experiment gestartet.

Rahmenbedingungen

Die Wurzeln des „gesellschaftspolitischen diskussionsforums" (GEDIFO) reichen bis in die späten 90er Jahre des vorigen Jahrhunderts zurück. Gesellschaftspolitisch geprägt war diese Zeit vom Zusammenbruch des so genannten „Ostblocks" und vom unumschränkten Herrschaftsanspruch der kapitalistischen Marktwirtschaft, beginnend mit der neokonservativen Revolution Margaret Thatchers und Ronald Reagans bis hin zum „3. Weg" Tony Blairs. In Erinnerung ist heute noch das damals von Margaret Thatcher proklamierte „There is no alternative" sowie die ideologische Unterfütterung durch Francis Fukuyamas Hauptwerk „Ende der Geschichte", in dem die westlich-liberale Demokratie als Endpunkt sozio-kultureller Evolution postuliert wird. „Reagonomics" und „Thatcherism" waren mehr als ein bloßer Regierungswechsel, es war ein neues politisches Projekt, mit dem Ziel der Zerschlagung des Wohlfahrtsstaates (Stichwort: Eigeninitiative) und der Marginalisierung der Gewerkschaften.

Der Boden für die neokonservative Revolution war sorgfältig vorbereitet worden. Bereits in den 70er und ganz besonders in den 80er Jahren begannen die Wendeakteure mit der Bildung einer konservativen Gegenintelligenz zur von ihnen empfundenen linksliberalen „Hegemonie". Hochrangige Wirtschaftsleute waren aufgefordert, in konservativ orientierte Forschungs- und Bildungsprojekte zu investieren.

In der Folge entstand ein Multimillionen-Dollar-Netzwerk aus konservativen Think Tanks, Forschungszentren, Bildungsprogrammen und Lehrstühlen an den großen Universitäten. Über den regelmäßigen Austausch zwischen VertreterInnen von Wirtschaft, Politik und Wissenschaft sollte die Agenda der konservativen Politik bestimmt werden. Nicht nur die Inhalte der „großen" Politik, die Demontage des sozialdemokratischen Wohlfahrtsstaates, wurden damit anvisiert. Wettbewerb und Eigeninitiative sollten geradezu als menschliche Natur erscheinen und zum Commonsense werden. Die neue Hegemonie musste auch die Massenmedien und die Popularkultur, Erziehung und Alltagssprache umfassen, um langfristig und nachhaltig Herrschaft zu sichern (vgl. Fischer 1996).

There is no alternative? – Alternativen

There is no alternative? Selbstredend gab es Alternativen. Oder, um mit Michel Foucault zu sprechen: „Wo es Macht gibt, gibt es auch Widerstand." Symbolisch am einprägsamsten manifestierte sich dies in den Protesten anlässlich der WTO Conference 1999 in Seattle und in den seit 2001 jährlich stattfindenden Weltsozialforen unter dem fast trotzigen Titel „Eine andere Welt ist möglich."

Auch das Internet eröffnete neue Widerstandsmöglichkeiten. 1999 veröffentlichten die US-Amerikaner Rick Levine, Christopher Locke, Doc Searls und David Weinberger das so genannte Cluetrain-Manifest, in dem die Unterwanderung der Unternehmensmacht durch die Internetkommunikation in Form von 95 Thesen postuliert wird. Hatten knapp 500 Jahre früher die 95 Thesen Martin Luthers die Reformation eingeläutet, so sollte nun das Cluetrain-Manifest das Verhältnis zwischen Unternehmen und ihren KundInnen auf eine neue Basis stellen. Quintessenz: Durch die Vernetzungsmöglichkeiten der KundInnen sei das Kommunikationsmonopol des Unternehmens aufgehoben, verbunden mit einem Schwinden der Einflussmöglichkeiten über konventionelles Marketing. Was nun anstehe, sei eine Auseinandersetzung mit den KundInnen auf gleicher Augenhöhe. Die wichtigsten Thesen dazu, die auch die Grundlage eines neuen Verständnisses für Politikmarketing und politische Kommunikation abgeben können:

- „Diese vernetzten Gespräche gebären neue und machtvolle Gestalten gesellschaftlicher Beziehung und des Austauschs von Wissen." (These 9)
- „Es ist die Sucht der Unternehmen zum Downsizing, welche die Menschen provoziert: Treue, wovon redet ihr eigentlich?" (These 31)
- „Gemeinschaften gründen sich auf den Diskurs – auf einem Gespräch über Besorgnisse von Menschen." (These 38)
- „Einige Leute aus eurem Laden kennen wir. Online verstehen wir uns ganz gut. Habt ihr noch mehr von der Sorte? Dürfen sie rauskommen und spielen?" (These 84)
- „Wir bewegen uns innerhalb und außerhalb der Unternehmen. Was die draußen von denen drinnen trennt, sieht aus wie ein tiefer Graben, ist aber nur lästig. Den schaufeln wir von beiden Seiten zu." (These 93)
- „Wir sind aufgewacht und verbinden uns miteinander. Wir beobachten. Wir warten nicht." (These 95)

Das Internet ermöglicht und fördert also eine nicht-hierarchische, dezentrale und selbstgesteuerte Kommunikation. Damit wird die offizielle Unternehmens-PR unterwandert und im Extremfall sogar als zynisch entlarvt. Auch verschwimmen die Grenzen zwischen innen und außen, es bilden sich neue Kommunikations-Allianzen mit den Außenstehenden, weil sich die InsiderInnen nicht mehr so an ihr Unternehmen gebunden fühlen.

Fast zeitgleich definierte, wie eingangs erwähnt, der große spanisch-amerikanische Gesellschaftstheoretiker Manuel Castells (2002) die Zukunft der Weltgesellschaft als Netzwerkgesellschaft. War die Industriegesellschaft die adäquate Antwort auf die Erste Industrielle Revolution, so müssen sich die entsprechenden Gesellschaftsformen für die Informationsgesellschaft noch ausdifferenzieren. Dabei würden, so Castells, Netzwerke zum grundlegenden Orientierungspunkt für politische AkteurInnen. Da sozialer Wandel in der Netzwerkgesellschaft nur außerhalb der herrschenden Netzwerke stattfinden kann, müssen jene, die für einen Wandel eintreten, alternative Netzwerke und alternative kommunikative Codes aufbauen und etablieren.

Die Wurzeln des „gesellschaftspolitischen diskussionsforums"

„Soziale Netzwerke" und „netzwerken" gehören wohl zu den Modebegriffen des letzten Jahrzehnts. Wer auch immer etwas auf sich hält, fühlt sich bestimmten Netzwerken zugehörig. Sie sind für das berufliche Fortkommen maßgeblich – und für den sozialen Status. Bis an den Rand der Speicherkapazität gefüllte Smartphones zeugen davon, dass man im Zeitalter der Individualisierung nie genug „netzwerken" kann.

Netzwerke haben aber auch etwas Widerborstiges an sich: Sie entstehen, wenn es den AkteurInnen nützlich erscheint; es kann aber auch schnell wieder vorbei sein mit ihnen, wenn sie keinen Nutzen mehr stiften. Die Teilnahme ist unentgeltlich, die Motivation wird über den Tausch, insbesondere den Informations*austausch*, hergestellt. So ist auch das „gesellschaftspolitische diskussionsforum" in seinem Netzwerkcharakter ein Zufallsprodukt, zu einem Gutteil resultierend aus Diskussionsräumen, die von der Arbeiterkammer Wien – später gemeinsam mit dem Verband Österreichischer Gewerkschaftlicher Bildung (VÖGB) – eröffnet wurden.

In den späten 90er Jahren hatte sich eine kleine informelle Gruppe von ArbeiterkammerexpertInnen quer über die verschiedenen Arbeitsbereiche gebildet, mit dem Ziel, sich in mehr oder weniger regelmäßigen Abständen zu aktuellen gesellschaftspolitischen Themen auszutauschen. Es dominierte eine Kultur des Spielerischen, Ungreifbaren und Absichtslosen, was zwar den Vorteil eines hohen „Spaßfaktors“ hatte, zunehmend aber auch zum Problem wurde: Es gab keinen ersichtlichen Nutzen. Und es bestand die Gefahr „im eigenen Saft“ zu braten. Es brauchte mehr Öffnung, mehr Struktur und mehr Format.

Im Frühjahr 2000 war es dann soweit. Die kleine Gruppe von ArbeiterkammerexpertInnen fand sich mit FreundInnen und Bekannten aus den unterschiedlichsten gesellschaftlichen Bereichen zu einem Lesezirkel im Proberaum des Akzent-Theaters zusammen. Niemand konnte damals ahnen, dass es diese Plattform als „gesellschaftspolitisches diskussionsforum“ elf Jahre später noch immer geben sollte: als ein Netzwerk mit einer recht wechselvollen Geschichte.

Die GEDIFO-Philosophie

Das „gesellschaftspolitische diskussionsforum“ verstand sich zunächst nicht als „soziales Netzwerk“ in dem schon damals inflationär gebrauchten Sinn, sondern als Diskussionsplattform mit einer besonderen Akzentuierung neuer, auch unorthodoxer, Sichtweisen. Um dafür maximale Chancen zu eröffnen, wurde auf zwei Postulate der Systemtheorie und der Netzwerktheorie zurückgegriffen:

1. Soziale Systeme wie Organisationen entstehen durch Kommunikation, wobei Kommunikation nur dann gelingen kann, wenn die kommunikativen Akte (Wortmeldungen …) auch anschlussfähig sind. Anschlussfähigkeit bedeutet nichts weiter, als dass auf das eine das andere folgt, sei es in Form von Pro und Kontra, sei es, indem der Gesprächsfaden aufgegriffen und weitergesponnen wird. Kurzum: Anschlussfähigkeit bedeutet „Ins-Gespräch-Kommen“, in welcher Form auch immer.

Netzwerke sind allerdings keine Organisationen, sondern amorphe soziale Beziehungen, die sich nach bestimmten Regeln bilden und sehr leicht auch wieder auflösen. Insbesondere verfolgen Netzwerke keinen längerfristigen Zweck, wie dies bei Organisationen der Fall ist. Sie bilden sich anlassbezogen, um wieder zu zerfallen, sobald es keinen äußeren oder inneren Attraktor mehr gibt.

Netzwerke haben keine klare Grenze zu ihrem Außen, sondern sind äußerst durchlässig. Einmal sind jene dabei, dann wieder diese, wobei eine „kritische Masse“ an NetzwerkerInnen nie unterschritten werden darf. Netzwerke haben auch intern keine klaren Grenzen, wie dies Organisationen mit ihren hoch spezialisierten und „funktional differenzierten“ Geschäftsbereichen und Business Units auszeichnet. Dennoch müssen die NetzwerkteilnehmerInnen etwas Gemeinsames, ein gemeinsames Interesse haben, sonst werden sie keine Gesprächs- und Handlungsbasis finden.

2. Wenn soziale Netze nicht über äußere Anreize, wie zum Beispiel Geld, zusammen gehalten werden, welche Kohäsionskräfte wirken dann? Es ist der Austausch! Soziale Netzwerke entstehen dort, wo die TeilnehmerInnen wechselweise von dem Tausch von Information, Wissen oder welcher Ressource auch immer profitieren. Damit dies gelingt, müssen
• kompetente und/oder mit entsprechenden Ressourcen ausgestattete PartnerInnen
• zu einem spannenden Thema (bzw. aus wichtigem Anlass)
• in einen möglichst symmetrischen Austausch treten.

Da Netzwerke dem Prinzip der Selbststeuerung folgen, kann es auch keinen Masterplan für die Entwicklung von Netzwerken geben. „Trial and error" und Erfahrungslernen stellten sich schlussendlich als die eigentlichen Treiber für die spezifischen Netzwerkausformungen heraus, umrahmt von der ewig virulenten Frage „Wie viel Organisation und Struktur braucht ein Netz?"

Das Dilemma

Dem Anspruch, nicht weiter im eigenen Saft zu braten, wurde dabei insofern Folge geleistet, als ProtagonistInnen aus den unterschiedlichsten gesellschaftspolitischen Bereichen zur Mitwirkung an der Plattform eingeladen wurden. GewerkschafterInnen, BetriebsrätInnen, VertreterInnen von NGOs, WissenschaftlerInnen, BeraterInnen, VertreterInnen öffentlicher Körperschaften, KünstlerInnen und last but not least ArbeiterkammerexpertInnen fanden sich bei der Start-up-Veranstaltung zum Buch „Der flexible Mensch" von Richard Sennett (1998) ein. Die vielfältige Zusammensetzung der TeilnehmerInnen sollte neue Diskussionsmuster hervorbringen und die Betriebsblindheit der SpezialistInnen überwinden helfen. Das Thema war bewusst so gewählt, dass aus jeder Perspektive ein Zugang möglich war, was trotz aller Unterschiedlichkeit „Anschlussfähigeit" gewährleisten sollte. Ziel war es, durch die Vielfalt und das „Gegen-den-Strich-Bürsten" neue Sichtweisen zu entwickeln.

Um den Kommunikationsprozess möglichst wirkungsvoll zu unterstützen, wurde von Beginn an mit neuen Kommunikationstools gearbeitet, z.B. Kleingruppenarbeiten, Open Spaces, Fishbowl-Diskussionsmethoden, systemische Strukturaufstellung und was sonst an (systemischen) Interventionsmethoden zur Verfügung stand (vgl. Schönbauer 2009).

Bereits nach wenigen GEDIFO-Treffen zeigte sich folgendes Dilemma: Dreh- und Angelpunkt der Netzwerkentwicklung ist der produktive Umgang mit der Vielfalt der TeilnehmerInnen einerseits und dem Trend zur Spezialisierung andererseits. Bei immer knapperen Zeitressourcen können sich hoch qualifizierte

ExpertInnen den Luxus eines nicht am (kurzfristigen) Nutzen optimierten Ressourceneinsatzes – und eines frei flottierenden Denkens – immer weniger leisten. Um den gestellten Anforderungen gerecht zu werden, wird nur mehr in hochspezialisierten Projektgruppen gearbeitet und gedacht. Demgegenüber verfolgt das GEDIFO ein „transdisziplinäres" Über-den-eigenen-Tellerrand-Hinaussehen, was aus der Sicht der SpezialistInnen manchmal als mangelnder Tiefgang empfunden wurde. Wie konnte man diesem Dilemma entkommen?

Go with the flow – wenn die NetzwerkaktivistInnen mehr Struktur einforderten, so war dem nachzukommen. Das GEDIFO hatte damit genau jenen Pfad eingeschlagen, den Baumfeld (2000) als typisch für die Ausdifferenzierung von Netzwerken sinngemäß wie folgt beschreibt: In der *ersten Phase* ist der erwartbare Tausch zwischen den TeilnehmerInnen wenig konkret. Das Beziehungsgeflecht zwischen den Personen ist lose, es gibt allerdings eine vage Vermutung, dass diese Beziehungen Potenzial haben könnten. Dennoch wird der Zusammenhalt primär über eine attraktive Inneninszenierung hergestellt. In der *zweiten Phase* gibt es schon konkretere Tausch-Erwartungen, auch aufgrund positiver Erfahrungen. In dem einen oder anderen Fall hatten sich die Netzwerk-Beziehungen bereits als hilfreich erwiesen. Es werden erste Überlegungen hinsichtlich einer nachhaltigeren Vertiefung angestellt. In der *dritten Phase* schließlich mutiert das Netz zu einer Gruppe, nämlich zu einem Projektteam. Es gibt ein klares Ziel als Außenreiz und die Aufgabenverteilung – und damit die Beziehung zwischen den Teammitgliedern – ist klar geregelt.

Auch das GEDIFO war aus dem ursprünglich losen Beziehungsgeflecht ein Projektnetzwerk geworden, wobei sich einige Projekte verselbständigten, um eine eigenständige Organisationsstruktur anzunehmen. So wurde aus dem ursprünglichen GEDIFO-Projekt „Allianzen zwischen BetriebsrätInnen und NGOs" der Verein „Netzwerk Soziale Verantwortung" (NESOVE) mit ArbeitnehmerInnenvertretungen und NGOs als Kernmitgliedern. Die meisten anderen Projekte fokussierten auf die Betriebsratsarbeit, wobei neue Zugänge und Methoden entwickelt und ausprobiert wurden (vgl. Schönbauer/Vlastos 2009). Der netzwerkartige Austausch war damit aber noch nicht völlig ad acta gelegt. Auf der elektronischen Plattform www.gedifo.at und den mehrmals jährlich stattfindenden GEDIFO-Plenarveranstaltungen bestand die Chance, fruchtbringende neue Netze entstehen zu lassen.

Die Perspektive

Der bislang letzte strukturelle Entwicklungsschritt wurde 2010 mit der Schwerpunktverlagerung von Projekten zu „Communities of Practice" (CoP) gesetzt. Diese Methode geht auf Jean Lave und Etienne Wenger (1991) zurück, die damit dem Lernen in sozialen Beziehungen eine spezifische Form geben. Anders als bei Projekten, in denen alle Projektmitglieder an einem gemeinsamen Projektziel arbeiten, geht es bei CoP um die gegenseitige Hilfestellung bei der Erreichung *individueller Ziele*, was gemeinsame Ziele aber nicht ausschließt. Damit rückt die intrinsische Motivation in den Vordergrund: Jedes Individuum arbeitet an seinem „Ding"!

In einer CoP wird die Verfolgung individueller Ziele nach folgenden drei Grundprinzipien unterstützt:

• Entdecken der gemeinsamen *Domain*: Was treibt die einzelnen Mitglieder an? Wo gibt es Gemeinsamkeiten? Wer hat ähnliche „Missionen"?

• Bilden einer *Community*: Wie können Menschen mit einer ähnlichen Mission zu einer Gemeinschaft zusammengeführt werden? Welche Organisation braucht es dafür? Wer übernimmt welche Funktionen?

• Kommunikation über *Practice*: Wie erhalten die Mitglieder einer CoP wechselweise Einblick in die jeweilige „Praxis" vor Ort? Wie können sie durch diese Einsichten voneinander profitieren? Wie kann der Nutzen des Erfahrungsaustausches in die unmittelbare Praxis der Mitglieder einfließen? Wie kann so eine Kontinuität des sozialen Lernens gewährleistet werden?

Nach einer Kick-off-Veranstaltung gemeinsam mit Etienne Wenger konnten sich folgende Themen nachhaltig als *CoP-Domains* durchsetzen:

• Trendumkehr: Bedingungen im Gesundheits- und Sozialbereich

• MitarbeiterInnenorientierte innerbetriebliche Weiterbildung

• ZeitarbeitnehmerInnen: gleiche Bedingungen für gleiche Arbeit

• Corporate Social Responsibility: soziale Verantwortung als Management-Doktrin

Gemeinsam mit den Projektteams der beiden GEDIFO-Projekte „Öffentlichkeitsarbeit" und „Trendanalyse" bilden die Mitglieder der CoP die Core-Group des GEDIFO. Ihre Mission lautet: „Wir gestalten Zukunft! Wir wollen unsere Kräfte bündeln, Visionen entwickeln und etwas bewegen im Sinne einer Humanisierung der Gesellschaft."

„Mit uns zieht die neue Zeit" hatte die österreichische Historikerin Helene Maimann ihre Ausstellung zur ArbeiterInnenkultur in Österreich 1918–1934 genannt. Ab wann ist wieder Zeit für eine „neue Zeit"?

Literatur

Baumfeld, Leo (2000). Merkmale von Netzwerken und deren Entwicklungsdynamiken, unveröffentlichtes Manuskript.

Castells, Manuel (2002). Das Informationszeitalter (3 Bd.), Opladen.

Fischer, Frank (1996). Die Agenda der Elite – Amerikanische Think Tanks und die Strategien der Politikberatung, in: PROKLA Zeitschrift für kritische Sozialwissenschaft 104/26/1996, 463–481.
Lave Jean/Etienne Wenger (1991). Situated learning – Legitimate peripheral participation, Cambridge.
Levine Rick u.a. Das Cluetrain Manifest. Internet: http://www.baer-coach.de/deutsch/99/clue train_04.htm (Zugriff: 15.7.2011).
Schönbauer, Ulrich/Michael Vlastos (Hg.) (2009). Soziale Netzwerke und Kommunikationsprozesse im Unternehmen, Wien.
Schönbauer, Ulrich (2009). Das „gesellschaftspolitische diskussionsforum" – Die Geschichte eines sozialen Netzwerks, in: ders./Michael Vlastos (Hg.): Soziale Netzwerke und Kommunikationsprozesse im Unternehmen, Wien, 17–62.

Georg Sever

„Habe Mut, dich deines eigenen Verstandes zu bedienen!" (Kant 1999, 20) Diese vom Philosophen Immanuel Kant formulierte zeitlose Maxime der Aufklärung hat bis heute nichts an Aktualität verloren und ist auch für die gewerkschaftliche Bildung von herausragender Bedeutung. Die Gewerkschaftsbewegung braucht selbstbestimmte, frei und eigenständig denkende Mitglieder und BetriebsrätInnen, damit sie ihre Interessen bestmöglich durchsetzen und die Herausforderungen des 21. Jahrhunderts nicht nur bewältigen, sondern aktiv mitgestalten kann. Gewerkschaftliche Bildung hat nicht nur die Aufgabe, Fachwissen zu vermitteln, sondern auch zu selbständigem Denken und Handeln anzuregen, denn, um wieder auf Kant zu verweisen, Wissen ist nur *eine* Komponente von Bildung und bedarf der Ergänzung durch Reflexionskompetenz und Verantwortungsbewusstsein. „Das reine Abrufen von Daten und Fakten führt nicht zur Mündigkeit im Sinne einer auf Bildung beruhenden Handlungskompetenz, sondern wie Adorno [...] formulierte, allenfalls zu einer Halbbildung." (Schmidt 2005, 9)

Auch der Sozialphilosoph Oskar Negt spricht in seinem Werk „Der politische Mensch" davon, dass die Mündigkeit eines Menschen die Herstellung von Zusammenhängen voraussetzt. Gerade in Zeiten, in denen jederzeit enorme Informationsmengen abgerufen werden können, ist das Erfassen von Zusammenhängen die wichtigste gesellschaftliche Schlüsselkompetenz. Allerdings verweist Negt auch darauf, dass der Zusammenhang, den der Mensch herstellt/bzw. herstellen kann, desto wahrheitshaltiger ist, je größer das Wissen ist (vgl. Negt 2010, 207–211).

In diesem Kontext bewegt sich auch die gewerkschaftliche Bildungsarbeit. Einerseits müssen den VertreterInnen der ArbeitnehmerInnen die grundlegenden Kenntnisse vermittelt werden, die ihre betriebsrätliche und gewerkschaftliche Tätigkeit tagtäglich erfordert; andererseits ist es aber von enormer Wichtigkeit, ihnen die Zusammenhänge der unterschiedlichen fachlichen Inputs begreiflich zu machen und zu vermitteln. Zusätzlich zu diesen beiden Faktoren tritt noch die wichtige Aufgabe, den TeilnehmerInnen an gewerkschaftlichen Bildungsseminaren oder Lehrgängen betriebsrätliche und gewerkschaftliche Handlungskompetenz näherzubringen, damit sie das fachliche Wissen und die hergestellten Zusammenhänge im Interesse ihrer KollegInnen bzw. Mitglieder vor Ort anwenden können.

Gewerkschaftlicher Bildungsarbeit ist „politisch, handlungsorientiert und interessengeleitet. Alle Inhalte [...] beziehen sich auf ein von widersprüchlichen Interessen geprägtes gesellschaftliches Umfeld und sie sind immer umstritten." (Allespach u.a. 2009, 21) Gewerkschaftliche Bildungsarbeit darf deshalb niemals Routine sein. Vielmehr besteht die Notwendigkeit der permanenten Veränderung und Anpassung an die gesellschaftlichen und betrieblichen Gegebenheiten.

Eine gewerkschaftliche Weiterbildung, die jahrelang ohne Adaptierung die immer gleichen Inhalte vermittelt, wird an den sich ständig verändernden Lebens- und Arbeitsbedingungen der KollegInnen in den Betrieben vorbeiarbeiten und sich so selbst mit der Zeit zur historischen Veranstaltung ohne Realitätsbezug degradieren und zum Scheitern verurteilt sein. Mut zur Veränderung ist in diesem Bereich eine der wesentlichen Tugenden. Um aber die „richtigen" Veränderungen vornehmen zu können, besteht eine zentrale Aufgaben von gewerkschaftlicher Bildung darin, die Arbeitswelt der BetriebsrätInnen und GewerkschafterInnen zu beobachten, Veränderungen wahrzunehmen sowie Hilfsmittel zu entwickeln und anzubieten, damit die ArbeitnehmerInnenvertretungen vor Ort zukünftige Herausforderungen im Sinne ihrer KollegInnen bewältigen können. Außer Streit stehen natürlich gewisse gesellschaftspolitische Grundsätze wie Menschenwürde, Demokratie, betriebliche und gesellschaftliche Mitbestimmung oder ökonomische und soziale Besserstellung der ArbeitnehmerInnen, denn diese leitenden Prinzipien sind für die gesamte gewerkschaftliche Bildungsarbeit sinnstiftend.

Eine der neuen Herausforderungen, denen sich ArbeitnehmerInnen immer öfter stellen müssen, ist die Europäisierung und Internationalisierung der Arbeitsbeziehungen in einer globalisierten Welt. Wollen ihre VertreterInnen nicht bloße BeobachterInnen der bereits weltweit agierenden und gut vernetzten KapitalvertreterInnen werden, sondern aktiv an der zukünftigen Gestaltung der globalen Arbeits- und Lebenswelt mitwirken, dann kommen sie an einer intensiveren Internationalisierung ihrer Arbeit nicht umhin. Dieser internationale Austausch darf sich aber, gepaart mit grenzüberschreitenden Aktivitäten, nicht auf die Führungsebene beschränken, sondern muss – um wirklich nachhaltig erfolgreich zu sein – auf allen Ebenen der ArbeitnehmerInnenvertretung Platz greifen und gelebt werden. Die betriebsrätliche und gewerkschaftliche Arbeit wird in Zukunft noch stärker von der Notwendigkeit grenzüberschreitender Arbeit geprägt sein müssen. Darauf hat auch die gewerkschaftliche Bildungsarbeit einzugehen, denn ihre Aufgabe besteht darin, die KursteilnehmerInnen so auszubilden, dass sie in der Lage sind, wirtschaftliche, rechtliche, soziale und kulturelle Interessen von ArbeitnehmerInnen auch auf europäischer und internationaler Ebene durchzusetzen.

Die gewerkschaftliche Bildung muss in Zukunft noch viel mehr als bisher die Stärkung der internationalen Handlungskompetenz von BetriebsrätInnen und GewerkschaftssekretärInnen in den Mittelpunkt ihrer Tätigkeit stellen. Die Sozialakademie der Arbeiterkammern (SOZAK) hat diesbezüglich in den letzten Jahren wichtige Schritte gesetzt und wird die Europäisierung der gewerkschaftlichen Bildung in Zukunft noch weiter vorantreiben.

So werden in der Sozialakademie verstärkt europäische und internationale Sichtweisen und Fragestellungen behandelt und anhand konkreter Beispiele die Bedeutung grenzüberschreitender Sichtweisen dargestellt. Außerdem ist ein Europaschwerpunkt fester Bestandteil in der SOZAK, in dessen Rahmen eine umfassende und methodisch vielfältige Form (inhaltliche Inputs, EU-Planspiele, Gastvorträge, Abendveranstaltungen etc.) der Auseinandersetzung mit dem Thema stattfindet, die in Zukunft noch intensiviert wird.

Ergänzend dazu ermöglicht eine Studienfahrt der SOZAK-TeilnehmerInnen nach Brüssel das Kennenlernen der Arbeit gewerkschaftlicher Interessenvertretungen sowie der wichtigsten EU-Institutionen in der europäischen Hauptstadt. In diesem Rahmen können die Teilnehmenden hautnah miterleben und begreifen, was es heißt, auf europäischer Ebene (gewerkschafts-)politisch tätig zu sein. Außerdem bietet ein Zusammentreffen mit den KollegInnen der Europäischen Akademie der Arbeit in Brüssel Gelegenheit für Austausch und Vernetzung von deutschen und österreichischen LehrgangsteilnehmerInnen. Die gemeinsamen politischen Diskussionen zeigen die unterschiedlichen länderspezifischen Herangehensweisen und Lösungsansätze von Problemstellungen auf und machen deutlich, wie befruchtend ein gegenseitiger grenzüberschreitender inhaltlicher Austausch sein kann und was man voneinander lernen kann. Diese Form der Begegnung verschiedener europäischer Akademien im Zuge der Studienfahrt nach Brüssel soll in Zukunft fester Bestandteil des SOZAK-Lehrgangs sein; Ziel ist, mehrere verschiedene europäische Akademien einzubeziehen, um den europäischen Dialog auszuweiten.

Die Vernetzung mit den europäischen gewerkschaftspolitischen Bildungseinrichtungen, vor allem mit den gewerkschaftlichen Akademien wie etwa der Europäischen Akademie der Arbeit in Frankfurt oder der Työväen Akatemia (Arbeiterakademie) in Helsinki, wird in den nächsten Jahren auch unter Beteiligung der SOZAK massiv vorangetrieben werden. Erste Schritte in diese Richtung wurden von der SOZAK bereits gesetzt. Für die kommenden Jahre ist neben einem intensiven Austausch über europäische Trends in der gewerkschaftlichen Bildungsarbeit und die unterschiedlichen methodischen Herangehensweisen in der Stoffvermittlung vor allem die gemeinsame Auseinandersetzung mit europäischen gewerkschaftlichen Themen im Rahmen der Weiterbildung hervorzuheben. So wird etwa bereits daran gearbeitet, ein für alle an dieser Zusammenarbeit beteiligten Länder relevantes gewerkschaftliches Thema vorzulegen, das dann in unterschiedlicher Form in den jeweiligen Akademien in verschiedenen Methoden (Inputs in diversen Fächern, Abendveranstaltungen, Projektarbeitsthema etc.) behandelt wird.

Die Vorteile einer solchen Koordinierung liegen auf der Hand: Dadurch wird das gleiche Thema aus jeweils länderspezifischer, aber gemeinsamer europäischer Sichtweise behandelt und die TeilnehmerInnen europäischer gewerkschaftlicher Akademien befinden sich in dieser spezifischen Fragestellung auf einem Wissensstand von annähernd ähnlichem Niveau. Außerdem kommt es – wenn etwa in verschiedenen Ländern zu dieser gemeinsamen Themenstellung Projektarbeiten verfasst werden – zu einem Austausch der unterschiedlichen Ergebnisse. Dabei werden unter anderem länderspezifische Besonderheiten einer Thematik sichtbar. Bei guter Abstimmung ist es somit möglich, durch Koordinierung, Austausch und Zusammenfassung der Ergebnisse eine *europäische* Projektarbeit zu diesem Themenkomplex für die GewerkschafterInnen und BetriebsrätInnen in den verschiedenen Staaten zur Verfügung zur stellen. In dieser Form kann ohne grundsätzliche Veränderung des Lehrplans und nur durch verschiedene Abstimmungen des thematischen Schwerpunkts eine qualitative Verbesserung der Ausbildung erreicht werden.

Das Herzstück der Internationalisierung in der Sozialakademie ist unbestritten das im Jahr 2011 erstmals durchgeführte Auslandspraktikum als integraler Bestandteil des SOZAK-Lehrgangs. Im letzten Monat des Lehrgangs verbringen die SOZAK-TeilnehmerInnen – ausgestattet mit konkreten Aufträgen ihrer jeweiligen Gewerkschaft und der SOZAK-Lehrgangsleitung – vier Wochen bei Gewerkschaften, Betriebsratskörperschaften, Arbeiterkammern oder anderen befreundeten Organisationen in verschiedenen europäischen Ländern, in denen sie von KollegInnen der jeweiligen Organisation intensiv betreut werden. Während dieses Auslandspraktikums dürfen die TeilnehmerInnen des SOZAK-Lehrgangs zum Beispiel Kollektivvertragsverhandlungen beiwohnen, lernen neue Formen der Mitgliederwerbung und -betreuung kennen, beschäftigen sich mit der Gründung und Betreuung von Euro-Betriebsratskörperschaften, mit der Durchführung von Kampagnen in anderen Organisationen und Ländern und lernen verschiedene Methoden der Betriebsratsarbeit in unterschiedlichen Systemen und vieles mehr kennen. Während dieser Zeit bietet sich den TeilnehmerInnen der Sozialakademie außerdem die Möglichkeit, ein Netzwerk von Kontakten in ausländischen Gewerkschaften und Betriebsratskörperschaften aufzubauen, das sie im Zuge ihrer zukünftigen Tätigkeiten als BetriebsrätInnen oder GewerkschaftssekretärInnen im Interesse der MitarbeiterInnen nutzen können.

Das Praktikum hilft, Vorurteile und Ressentiments abzubauen, denn man lernt andere Lebens- und Arbeitsweisen kennen und versteht aufgrund eines persönlichen Gedankenaustauschs und durch das hautnahe Erleben der jeweiligen Strukturen und Bedingungen eines Landes auch die Zugangsweise der jeweiligen ArbeitnehmervertreterInnen zu Problemstellungen. Dies und der Aufbau von Netzwerken sind für die in Zukunft immer wichtiger werdende grenzüberschreitende gewerkschaftliche und betriebsrätliche Zusammenarbeit auf europäischer und internationaler Ebene von außerordentlich großer Bedeutung. Das SOZAK-Auslandspraktikum ermöglicht eine sowohl inhaltliche als aus persönliche Vernetzung der BetriebsrätInnen und GewerkschafterInnen auf europäischer Ebene. Es wird ihre Identifikation als EuropäerInnen verstärken; so wird auch das Verantwortungsbewusstsein über die jeweiligen Landesgrenzen hinausgehen und als „europäischer" empfunden werden.

Dass die TeilnehmerInnen des 60. SOZAK-Lehrgangs ihr Auslandspraktikum in zehn verschiedenen Staaten (Belgien, Deutschland, Finnland, Großbritannien, Irland, Niederlande, Polen, Schweden, Schweiz, Türkei) und bei zahlreichen verschiedenen Organisationen absolvieren konnten, zeigt, dass es möglich war, eine Fülle internationaler Kontakte zu knüpfen. Auf diese Weise leistet die Sozialakademie ihren Beitrag zu einer stärkeren internationalen Vernetzung der österreichischen ArbeitnehmerInnenorganisationen. Die Tatsache, dass die SOZAK-Lehrgangsleitung wie auch die SOZAK-TeilnehmerInnen bei diesem Projekt von den Gewerkschaften massiv unterstützt werden, macht deutlich, dass diese Art eines Auslandspraktikums als Teil der gewerkschaftlichen Bildungsarbeit auf breite Akzeptanz in den ArbeitnehmerInneninteressenorganisationen stößt.

Die erstmalige Durchführung des Auslandspraktikums als Pilotprojekt hat ausgesprochen positive Ergebnisse hervorgebracht und ist als großer Erfolg zu werten. Das Auslandspraktikum wird deshalb in Zukunft als fixer Bestandteil des Lehrgangs in den Regelbetrieb der SOZAK übernommen werden.

Gewerkschaftliche Bildung muss immer an den Bedürfnissen der BetriebsrätInnen und ihrer Beschäftigten orientiert sein. Die Europäisierung der Arbeitsbeziehungen schließt auch eine intensive Behandlung dieses Themenbereichs in der gewerkschaftlichen Bildung mit ein. Dieser Herausforderung hat sich die SOZAK bereits erfolgreich gestellt. In Zukunft wird sie sich noch intensiver damit auseinandersetzen, um unsere KollegInnen in den Betrieben und Gewerkschaften vermehrt mit der internationalen Dimension der Gewerkschaftsarbeit vertraut zu machen und ihre internationale gewerkschaftliche Handlungskompetenz zu stärken.

Literatur

Allespach, Martin u.a. (2009). Politische Erwachsenenbildung. Ein subjektwissenschaftlicher Zugang am Beispiel der Gewerkschaften, Marburg.

Kant, Immanuel (1999). Beantwortung der Frage: Was ist Aufklärung? In: Horst D. Brand (Hg.): Immanuel Kant. Was ist Aufklärung? Ausgewählte kleine Schriften, Hamburg, 20–26.

Negt, Oskar (2010). Der Politische Mensch. Demokratie als Lebensform, Göttingen.

Schmidt, Michael (2005). Was ist Bildung wirklich? Ein Begriff zwischen Vision und Wirklichkeit. Internet: http://www.dghk.de/laby85/85_schmidt_bildung.pdf (Zugriff: 24.6.2011).

Julia Vazny-König

„Novartis: $ 250 Millionen Schadenersatz wegen Diskriminierung von 12 Frauen am Arbeitsplatz." „Hotel wegen sexueller Belästigung zu Schadenersatz von $ 625.000 verurteilt". Solche Schadenersatzhöhen, das ist allen LeserInnen nicht nur wegen des Dollarzeichens sofort klar, können nur von einem amerikanischen Gericht zugesprochen worden sein. Betrachtet man die entsprechende Judikatur in Österreich, so ergibt sich folgendes Bild: 1.800 Euro erhielt eine Klägerin, die aufgefordert wurde, mit dem Beklagten sexuell zu verkehren und dessen Geschlechtsteile zu betasten. Einer Klägerin, die sowohl körperlichen als auch verbalen Attacken ausgesetzt war, wurden 3.633 Euro zugesprochen. Ein unerwünschter Kuss war 2.000 Euro wert.

Kann man bei solchen Schadenersatzhöhen tatsächlich von einer Amerikanisierung sprechen? Meines Erachtens kann man unter diesem Schlagwort zweierlei verstehen. Auf der einen Seite gibt es zwei unterschiedliche Rechtssysteme. Das angloamerikanische *case law* und das durch Rechtsetzung entstandene, positive Recht des deutschsprachigen Raumes. Andererseits sind zwei völlig unterschiedliche Gesellschaftssysteme zu beobachten: Amerika wird durch die zentrale Idee der absoluten Freiheit für alle beherrscht, den Liberalismus. Es gibt wenige Regeln, diese werden jedoch mit unnachgiebiger Härte durchgesetzt.

Die Länder Europas können hingegen derzeit noch als „soziale Rechtsstaaten" bezeichnet werden. In Österreich enthielt erstmals die Gewebeordnung 1859 einige spezielle arbeitsrechtliche Vorschriften, die in erster Linie Schutzvorschriften darstellten. Dennoch wurde beharrlich am liberalen Dogma festgehalten. Letztendlich hat sich der Gesetzgeber in Österreich und in den meisten anderen europäischen Ländern jedoch zu einer staatlichen Intervention zum Schutz der sozial schwächeren ArbeitnehmerInnen durch Beschränkung der Autonomie der ArbeitgeberInnen durch die Schaffung einer Reihe öffentlich-rechtlicher Gebote und Verbote entschlossen.

In Amerika hingegen wurde das Entwickeln eines Sozialstaates von vornherein nicht angestrebt. Schutzgesetze, wie sie in Europa entstanden sind, waren dort, wo die vermeintliche Freiheit großgeschrieben wurde, nicht erwünscht. Die Freiheit sollte auch in der Wirtschaft gelten, die nicht allzu sehr durch Regelwerke eingeschränkt werden sollte. Im Zuge der immer stärkeren Globalisierung kamen auch europäische Unternehmen mit amerikanischem Recht in Berührung. Dadurch erschloss sich auch für den deutschsprachigen Raum ein völlig anderer Zugang zur Rechtssetzung. Warum aber beeinflusste Amerika Europa und nicht umgekehrt?

Die mit dem Liberalismus einhergehende Freiheit für die Unternehmen reizte diese, sich in Amerika anzusiedeln. Es gab nur wenige Vorschriften, die es einzuhalten galt, darüber hinaus war die steuerliche Belastung niedrig. Amerika hatte dadurch in der Wirtschaft eine Vormachtstellung. So orientieren wir uns heute noch am Dollar und Englisch ist die Sprache, in der wir uns überall auf der Welt verständigen können.

Europa passte sich aber nicht nur wirtschaftlich an. Auch die gesellschaftlich-politische Haltung orientierte sich zunehmend an den Wertvorstellungen Amerikas. Der Gedanke, dass die größtmögliche Freiheit für die Einzelnen ausreiche, um den Zugang aller Menschen zum Arbeitsmarkt zu gewährleisten, da die Märkte sich dann selbst regulieren würden, hat auch in Europa viele AnhängerInnen gefunden. Erst die Finanzkrise 2008 hat gezeigt, dass diese Richtung nicht der Weisheit letzter Schluss sein kann. Doch sind wir bereits mit hoher Geschwindigkeit in die von Amerika vorgegebene Richtung unterwegs, so dass eine Kehrtwende nur sehr schwer möglich zu sein scheint.

„Unter amerikanischem Einfluss stehen schließlich auch unser Rechtsdenken und unsere Rechtskultur, was dann auch zu Änderungen im geschriebenen Recht führen kann. Verbreitung findet dabei vor allem das Denken im Sinne von law and economics, also der ökonomischen Analyse des Rechts. Ihr Kern liegt in der Überzeugung, dass das Recht faktisch Anreize zu bestimmtem Verhalten setzt und diese Anreize normativ so zu setzen sind, dass sie die Menschen zu einer effizienten Nutzung der Ressourcen anleiten. Law and economics ist damit Ausdruck eines unerschütterten Glaubens an die Fähigkeiten des Rechts, menschliches Verhalten zu steuern." (Vogt 2004)

In rechtlicher Hinsicht hat das zu einer Reihe von neuen Gesetzen wie dem Gesellschaftsrecht, dem Gleichbehandlungsrecht und dem Insolvenzrecht geführt, um nur einige zu nennen. „Gesellschaftsrecht ist längst nicht mehr eine rein nationale Angelegenheit, vielmehr spielen europarechtliche und internationale privatrechtliche Fragen eine bedeutende Rolle [...] Wegen der engen Verschränkung ausländischer Wirtschaftsordnungen spielen die Rechtsvergleichungen und die Berücksichtigung der Entwicklungen des Gesellschaftsrechts auf europäischer und internationaler Ebene eine besondere Rolle [...] Gesellschaftsrecht erfährt maßgebliche Impulse aus seiner praktischen Anwendung. Vielfältige Anregungen zur Klärung gesellschaftsrechtlicher Fragen oder überhaupt für das Erkennen derartiger Fragestellungen entstammen dem Wirtschaftsleben, sodass das Gesellschaftsrecht eine besonders gelungene Symbiose theoretisch-dogmatischer Fundierung und praktischer Anwendung bildet. Richterliche Rechtsfortbildung hat das Gesellschaftsrecht in vielfältiger Hinsicht über das Gesetzesrecht hinausgeführt." (Kalss u.a. 2008, Vorwort)

Beim Gesellschaftsrecht finden wir also einen Aspekt der Amerikanisierung unseres Rechtssystems, die Rechtsfindung, zunächst über die Judikatur, also das case law, wieder. Im Gleichbehandlungsrecht begegnet uns daneben auch der andere Aspekt wieder: der des Gedankens des freien Zuganges zum Arbeitsmarkt.

„Antidiskriminierungsrecht dient vielmehr ausschließlich dazu, allen ArbeitnehmerInnen ungeachtet bestimmter persönlicher Merkmale den freien Zugang zum Arbeitsmarkt zu ermöglichen. Was dann mit ihnen geschieht, ist dem Antidiskriminierungsrecht gleichgültig, so lange nicht diskriminiert wird." (Gerlach 2004, 226) Hier hat Europa den amerikanischen Grundgedanken der Freiheit übernommen und es entstanden daraus durch die Judikatur des Europäischen Gerichtshofes die EU-Richtlinien und das darauf basierende Gleichbehandlungsgesetz. Es handelt sich also auch in diesem Fall um case law, das in weiterer Folge Gesetz wurde.

„Da sich der Diskriminierungsschutz in Europa zunächst nicht über legislative Akte, sondern primär über die Rechtsprechung entwickelte, blieb es zunächst auch dem EuGH überlassen, Verhaltensweisen zu identifizieren, die unter den Begriff der Diskriminierung subsumiert werden können." (Ebd., 223)

Was zunächst als *case law* begonnen hatte, wurde dann positiviert und fand letztlich Eingang in zwei Richtlinien: die Richtlinie 2000/43/EG des Rates zur Anwendung des Gleichbehandlungsgrundsatzes ohne Unterschied der Rasse oder der ethnischen Herkunft und die Richtlinie 2000/78/EG des Rates zur Festlegung eines allgemeinen Rahmens für die Verwirklichung der Gleichbehandlung in Beschäftigung und Beruf.

In den USA existierte bereits mit dem *Civil Rights Act* 1964 ein anfangs gegen rassistische Diskriminierung gerichtetes Antidiskriminierungsgesetz. „Sexuelle Belästigung wurde in dieser Tradition als Geschlechtsdiskriminierung verstanden. In den 1990er Jahren erhöhten Fälle mit hohem Bekanntheitsgrad und ausführlicher Medienberichterstattung das Problembewusstsein. Durch diesen Hintergrund sind Arbeitgeber sehr empfänglich für dieses Thema und haben Vorgehensweisen und Fortbildungsprogramme entwickelt." (Zippel 2007)

Die ersten EU-Richtlinien waren die Lohngleichheitsrichtlinie von 1975 und die Gleichbehandlungsrichtlinie von 1976, die dann in weiterer Folge 1979 zum Bundes-Gleichbehandlungsgesetz (GlBG) führten. Immer wieder waren Novellen notwendig, um den sich ständig ändernden EU-Richtlinien zu entsprechen. Aber ist das GlBG auch in den Köpfen der Menschen angekommen?

Wenn der Gesetzgeber Werte in die Gesellschaft transportieren will, dann müssen diese Werte gleichermaßen in allen Bereichen des Lebens vorkommen. Dies ist jedoch nur schwer möglich, wenn die in unser Gesellschaftssystem integrierten Werte lediglich im Arbeitsrecht gelten sollen. So ist es beispielsweise verpönt und ArbeitgeberInnen verboten, einen homosexuellen Menschen allein wegen seiner geschlechtlichen Neigung anders, respektive schlechter, zu behandeln als seine ArbeitskollegInnen. Gleichzeitig ist die Gleichstellung in den übrigen Belangen des Lebens jedoch noch lange nicht vollzogen. So ist es zum Beispiel gleichgeschlechtlichen Paaren weder erlaubt zu heiraten noch Kinder zu adoptieren.

„Beim Antidiskriminierungsrecht geht es nicht darum, nachzuweisen, dass Stereotypen, wie etwa eine geringe Anpassungsfähigkeit älterer Arbeitnehmer an geänderte Arbeitsbedingungen, falsch sind, im Vordergrund steht vielmehr, dass Stereotypen, die sich in der Praxis in einer Durchschnittsbetrachtung möglicherweise durchaus als richtig erwiesen haben, ja deren durchschnittliche Richtigkeit empirisch nachweisbar ist, nicht dafür herangezogen werden dürfen, individuelle Fähigkeiten zu beurteilen." (Gerlach 2004, 225)

Gerade dieser Ansatz ist jedoch für sich gesehen nur für die Wenigsten nachvollziehbar. Es wird vom Unternehmer verlangt, dass „er die Entscheidung, mit welchem Bewerber er eine freigewordene Position besetzt, nicht an Kriterien orientiert, die sich für ihn wie für viele andere AG auch in der Vergangenheit als wirtschaftlich sinnvoll erwiesen haben, sofern diese Kriterien ausschließlich oder überwiegend auf eine Gruppe zutreffen, die unter Antidiskriminierungsschutz fallen. Ebenso wenig dürfen etwa Kundenwünsche antizipiert werden: Das amerikanische Beispiel der Luftlinie, die ihre überwiegend männlichen Geschäftsreisenden befragt hat, ob sie es bevorzugen würden, ausschließlich von jungen Frauen als Flugbegleiterinnen bedient zu werden, erklärt eindrucksvoll, worum es geht: Diskriminierendes Verhalten kann niemals damit gerechtfertigt werden, dass es wirtschaftlich sinnvoll wäre." (Ebd.)

Außerhalb des Arbeitsrechts gibt es derartige Einschränkungen kaum. Die gesellschaftspolitische Umsetzung dieser Werte ist daher nicht so einfach und schreitet nur langsam fort. Das Problem besteht darin, dass im Gegensatz zu den anderen gewachsenen Rechtsstrukturen die Akzeptanz in der Gesellschaft und damit auch der Justiz nicht gefestigt ist. Ein Gesetz aber, das nicht akzeptiert wird, ja in der Regel nicht einmal bekannt ist und daher auch nicht angewandt wird, hat keine Aussicht auf Erfolg. In Amerika hingegen hat das Gleichbehandlungsrecht eine andere Tradition. Die Werte des Gleichbehandlungsrechts wurden in die Gesellschaft integriert, indem man versucht, mit hohen

Strafen zu überzeugen, wie die eingangs zitierten Fälle zeigen. Europa, so scheint es, hat die Idee übernommen, die Methode der Durchsetzung jedoch nicht.

Die Schadenersatzhöhen, die nach dem Gleichbehandlungsgesetz zugesprochen werden, sind weder im Sinne der EU-Richtlinie abschreckend noch verhältnismäßig. Um eine abschreckende Wirkung zu erhalten, müsste der Strafcharakter als generalpräventiver Zweck Eingang in die Beurteilung finden. Dazu muss aber die „Täterseite", also die Unternehmen, stärker berücksichtigt werden. „Für Österreich neu ist auch die Tatsache, dass der Schadenersatzanspruch, der von den EU-Richtlinien vorgesehen ist, kein Verschulden des Diskriminierenden voraussetzt." (Gahleitner 2007, 154) So kommt es bei der Belästigung nicht auf die Absicht des Belästigenden an, sondern vielmehr auf die subjektive Sicht der belästigten Person. Das wiederum widerspricht eklatant den bisherigen juristischen Gepflogenheiten, wonach Schadenersatz lediglich bei Verschulden zu leisten ist. Die Überschrift des Abschnitts über den Schadenersatz im Allgemeinen Bürgerlichen Gesetzbuch (ABGB) aus dem Jahre 1811 ist dazu eindeutig. Dort heißt es: „Von der Verbindlichkeit zu Schadenersatze: 1. Von dem Schaden aus Verschulden" (§1295 ff.).

Das ABGB ist das Handwerkszeug der österreichischen JuristInnen. So sehen sich KlägerInnen, die eine diskriminierende Handlung nach dem GlBG durchsetzten wollen, meist versiert vertretenen Beklagten gegenüber, die so viele Fassetten des Sachverhaltes aufzuzeigen vermögen, dass es RichterInnen, die gewohnt sind, nur aus ihrer Überzeugung heraus Ansprüche zuzusprechen, häufig nicht gelingt, die auf der Hand liegende Sachverhaltsversion ihrem Urteil zugrunde zu legen. Konflikte, die auf dem GlBG basieren, werden meist elegant umgangen, indem festgestellt wird, dass es wenig wahrscheinlich ist, dass ein Unternehmer bei einem Bewerbungsgespräch gesagt haben könnte, dass die Klägerin zu alt sei, oder dass nur Frauen oder nur Männer aufgenommen werden sollen, obwohl alle Indizien dafür sprechen. Ähnliches widerfährt KlägerInnen, wenn sie eine sexuelle Belästigung glaubhaft machen sollen. Selbst wenn ihnen trotz aller Widrigkeiten die Glaubhaftmachung der entsprechenden Diskriminierung durch ArbeitgeberInnen oder MitarbeiterInnen gelingt, wird von den RichterInnen das Schadenersatzrecht, wie es ihnen bisher bekannt war, angewandt. Die geschädigte Person soll in die Lage vor dem schädigenden Ereignis versetzt werden.

Der EU-Richtlinie, nach der hingegen eine abschreckende Sanktion erfolgen soll, wird somit nicht Folge geleistet. Vielmehr werden Schadenersatzhöhen zugesprochen, wie sie eingangs aufgezählt wurden, die viel zu niedrig sind, um abschrecken zu können. Der Präventionsgedanke, der der EU-Richtlinie zugrunde liegt, wird nicht aufgegriffen. Damit wird einer wichtigen Forderung nicht entsprochen: „Zum anderen muss das pönalisierende Element, das von der EU-Richtlinie verlangt wird und in der Forderung nach einem verschuldensunabhängigen Schadenersatz zum Ausdruck kommt, zusätzlich in die Bewertung einfließen." (Gahleitner 2007, 155)

Wir befinden uns also in der grotesken Situation, amerikanische Werte in unser Rechtsystem zu integrieren, deren Nichteinhaltung nahezu ohne Konsequenzen bleibt. In Amerika ist die Wertehaltung ein fixer Bestandteil der Gesellschaft; in diesem Bereich gibt es drakonische Strafen. Dabei orientiert sich der Schadenersatz eindeutig auch am Präventionsgedanken.

Ganz anders stellt sich die Lage allerdings im Insolvenzrecht dar. Hier ist offenbar die Intention der Erhalt der Unternehmen am Markt, egal zu welchem Preis. Hohe Strafen, die die Einhaltung der Gesetze gewährleisten sollen, sind in diesem Bereich nicht angedacht. Dennoch werden auch diese Werte nach Europa importiert. So war ursprünglich der Leitgedanke zur Novellierung der Insolvenzordnung 2010 in Österreich das so genannte chapter 11 des amerikanischen Insolvenzrechts. Einen Insolvenzantrag nach chapter 11 zu stellen, bedeutet, dass es dem antragstellenden Unternehmen trotz Zahlungsunfähigkeit erlaubt ist, seine Geschäfte weiterzuführen. Das Insolvenzgericht gewährt der Firma zeitlich begrenzten Schutz vor den Gläubigern, damit es sich reorganisieren kann. Das Management darf sogar weitere Kredite beantragen. Die neuen Gläubiger haben Vorrang vor allen anderen Kreditgebern.

In Österreich wurde die Idee, dass Unternehmen, die am Markt teilhaben, unter allen Umständen zu schützen sind, letztlich nur insofern umgesetzt, als eine Vertragsauflösung nur aus wichtigem Grund möglich ist. Für Arbeitsverträge gelten Sonderregeln. Der dazu 2009 vorgelegte Gesetzesvorschlag sah noch eine wesentlich radikalere Umsetzung vor. Er hätte dazu geführt, dass keine Verträge, also auch keine Arbeitsverträge, aufgelöst werden hätten können. So hätten die ArbeitnehmerInnen eines zahlungsunfähigen Unternehmens vor der Situation gestanden, zwar ihre Arbeitsleistung erbringen zu müssen, aber dafür vorerst keinen Lohn zu erhalten.

Zusammenfassend kann man also durchaus die Behauptung aufstellen, dass eine Tendenz zur Amerikanisierung besteht, wie beispielsweise auch der neueste Vorstoß zur Aufhebung der Sonntagsruhe oder auch die derzeit diskutierte Besteuerung des 13. und 14. Monatsgehalts zeigten, die letztlich in der Forderung der Unternehmen nach einem Jahresgehalt münden wird. Auch die vermehrt auftretenden All-in-Verträge deuten eine Amerikanisierung in der Zukunft an.

Offenbar findet die Idee der liberalen Rechtsordnung zugunsten der Unternehmen nach dem Vorbild Amerikas viele AnhängerInnen. Durchgesetzt wird diese Idee jedoch nur teilweise. Dass hinter dieser Gesellschaftsordnung ein rigoroses Strafsystem steht, wird vielfach übersehen, wenn nicht gar ignoriert.

Ein System jedoch nur teilweise zu übernehmen, ist meines Erachtens die schlechteste Variante. Eine Gesellschaft und mit ihr ein Rechtssystem kann nur funktionieren, wenn die Werte, die darin enthalten sind, von den Menschen akzeptiert und respektiert werden. Andernfalls ist die Rechtsordnung zum Scheitern verurteilt. Ob diese Entwicklung gutzuheißen ist, möchte ich nicht beurteilen; dies war auch nicht die Intention dieses Artikels. Eine kritische Betrachtungsweise der politischen Entwicklung scheint aber durchaus angebracht zu sein.

Literatur

Gahleitner, Sieglinde (2007). Der Schutz vor Belästigung im Arbeitsverhältnis, in: Zeitschrift für Arbeits- und Sozialrecht, 24.

Gerlach, Roland (2004). Gleichbehandlung und Umverteilung, in: Das Recht der Arbeit, 221.

Kalss, Susanne u.a. (2008). Vorwort, in: dies. u.a.: Österreichisches Gesellschaftsrecht, Wien.

Vogt, Hans-Ueli (2004). Amerikanisierung des Rechts, Antrittsvorlesung an der Rechtswissenschaftlichen Fakultät der Universität Zürich, 28.6.2004.

Zippel, Kathrin (2007). Politiken sexueller Belästigung: Eine vergleichende Studie der Vereinigten Staaten, der Europäischen Union und Deutschland. Internet: http://www.genderkompetenz.info/veranstaltungen/genderlectures/070416glhu (Zugriff: 5.8.2011).

Petra Völkerer

"Education stimulates economic growth and improves people's lives through many channels: by increasing the efficiency of the work force, by fostering democracy and thus creating better conditions for good governance, by improving health, and so on. The question that we address here is this: Does education encourage growth also by enhancing economic and social equality?" (Gylfason/Zoeg 2001)

Eine kurze Geschichte der Bildungsökonomie

Dass Bildung Gegenstand ökonomischer Betrachtungen ist, ist nicht neu: Schon bei den klassischen ÖkonomInnen wie Adam Smith, John Stuart und Harriet Taylor Mill oder Alfred Marshall finden sich Abhandlungen zur Bedeutung von Bildung. Jedoch wurde Bildung bis zur Mitte des 20. Jahrhunderts primär als Konsumgut betrachtet. Der Vorgang des „Sich-Bildens“ galt demzufolge als unproduktiver Akt, bei dem Ressourcen verbraucht wurden. Als eigenständige Forschungsrichtung innerhalb der Volkswirtschaftslehre konnte sich die Bildungsökonomie erst nach dem Zweiten Weltkrieg etablieren. Der anhaltende Boom des so genannten „goldenen Zeitalters“ und des damit einhergehenden Keynesianismus, der mittels raschen technologischen Fortschritts einen wachsenden Bedarf an qualifizierten Arbeitskräften hervorrief, führte dazu, Bildung neu zu betrachten: Fortan geriet das produktive Moment der Bildung verstärkt in den Vordergrund.

Um 1960 war die „Neue Wachstumstheorie“ geboren. Wie jede Wachstumstheorie basiert auch sie auf der Annahme, man könne einzelne Wachstumsfaktoren isoliert voneinander betrachten und analysieren, um so ihren Beitrag zum Wirtschaftswachstum zu identifizieren. Die (neo-)klassische Wachstumstheorie kannte die Produktionsfaktoren Arbeit und Kapital. Ihre Schwäche lag darin, dass immer größere Teile des Wachstums sich nicht mit der Unterteilung in jene Faktoren erklären ließen. Das „unerklärte Restwachstum“ (Mullan 2004, 23) inspirierte einen Großteil von neuen Wirtschaftstheorien: „Mit Konzeptualisierungen, die den technologischen Fortschritt, die wachsende Rolle „immaterieller Werte“ [...] als eigenständige Faktoren etablierten, versuchte man diese Erklärungslücke zu schließen.“ (Ebd.) Für den immateriellen Wert Bildung schaffte die Humankapitaltheorie die theoretische Grundlage: Bildung wird nun als Produktionsfaktor begriffen, Investitionen in Bildung schaffen Humankapital und dieses erhöht die Produktionsmöglichkeiten einer Volkswirtschaft (vgl. Wolter 2002, 150).

Als erste wichtige Proponenten der Humankapitaltheorie lassen sich Becker (1964) und vor allem Mincer (1974) nennen. Mincers nach ihm benannte Gleichungen bedeuteten einen wichtigen Schritt hin zur empirischen Fundierung der theoretischen Ansätze. Vor allem in Europa hat und hatte die Bildungsökonomie mit schweren Vorbehalten gegen eine ökonomische Betrachtungsweise von Bildung zu kämpfen. Erst Probleme der Finanzierung des Bildungswesens durch die öffentlichen Haushalte seit den 1990er Jahren und aufkeimende Diskussionen über die (mangelnde) Qualität des Schulwesens auf der einen Seite sowie Fortschritte in der Mikroökonomie und der Ausbau von Bildungsstatistiken auf der anderen Seite führten zu einem Erstarken dieser ökonomischen Forschungsrichtung.

Bildungsökonomie heute

BildungsökonomInnen befassen sich mit den unterschiedlichsten Aspekten von Bildung und Qualifikation: Ein Teil der mit Bildungsfragen beschäftigten ÖkonomInnen ist an der Bedeutung der Bildung für den Arbeitsmarkt interessiert, andere wiederum beschäftigen sich mit dem Produktionsapparat der Bildung, dem Schulwesen, seiner Effizienz etc., wiederum andere mit der gesamtgesellschaftlichen und -wirtschaftlichen Bedeutung von Bildung und ihrem Einfluss auf sozialen Zusammenhalt und Wirtschaftswachstum.

Humankapitaltheoretischer Ansatz: private Bildungsrenditen

Wenn Bildung als Investition angesehen wird, verursacht diese zunächst einmal Kosten und erwirtschaftet in weiterer Folge (hoffentlich) Erträge. Für die BildungsnachfragerInnen, die Lernenden, fallen zum einen direkte Kosten an, etwa Studiengebühren bzw. Kurskosten und Lehrmaterialien. Zum anderen entstehen indirekte Kosten, die häufig auch als Opportunitätskosten bezeichnet und als die entgangenen Erträge (durch entgangene Arbeit) während der Ausbildungszeit definiert werden. Als private Bildungsrendite wird der relative Einkommensvorteil verstanden, der durch die höhere (Aus-)Bildung (nach Abzug der Steuern) erzielt wird (vgl. Weber/Wolter 2005, 37). Positiv ist eine Rendite gemäß der Mincer-Lohnfunktion erst, wenn sie die Kosten der Bildungsinvestition übersteigt und mindestens so hoch ist wie auf alternative Investitionsmöglichkeiten (vgl. ebd., 39). Der Ökonom Joop Hartog berechnete darüber hinaus, dass die Investition in eine College-Ausbildung ein persönliches Einkommensrisiko aufweist, das mit einer Investition in ein Portfolio von 30 Titeln an der New York Stock Exchange vergleichbar ist (vgl. Hartog u.a. 2004). Wer sich die Drop-out-Quoten von bis zu 40 % an österreichischen Universitäten vor Augen führt, kann nachvollziehen, von welchem Risiko des Ertragsentgangs auch hierzulande ausgegangen werden muss ...

Nichtsdestotrotz weist das österreichische Bildungssystem für die, die den Abschluss schaffen, ausgesprochen hohe private Bildungsrenditen auf. Wie die OECD in ihrer jährlich erscheinenden Publikation „Education at a Glance“ bemerkt, ist das Einkommensgefälle zwischen Hoch- und Geringqualifizierten hierzulande im Vergleich zu anderen Industriestaaten extrem hoch. Die OECD führt das auf eine vergleichsweise niedrige AkademikerInnenquote zurück und auch darauf, dass „der Zugang zur Hochschulausbildung stark von der sozialen Herkunft abhängig ist" (orf.news.at). In Österreich erzielen Berufstätige mit einem Hochschul- oder Fachhochschulabschluss im Schnitt ein um 74 % höheres Einkommen als Berufstätige, die nur über Matura oder eine abgeschlossene Berufsausbildung verfügten (vgl. OECD 2011).

Ein weiterer Gesichtspunkt humankapitaltheoretischer Analysen ist das so genannte „Matching" zwischen angebotenen und nachgefragten (Aus-)Bildungen am Arbeitsmarkt: Wie effizient ein Bildungssystem arbeitet, zeigt sich auch daran, ob viele Menschen Jobs unter ihren Qualifikationen annehmen müssen und demzufolge auf Teile der ihnen zustehenden Rendite verzichten müssen.

Kosten-Nutzen-Analysen – der gesamtgesellschaftliche Blick

Wichtiger als die Analyse individueller Vorteile ist für Institutionen wie die Arbeiterkammern vor allem die gesamtgesellschaftliche und -wirtschaftliche Wirkung von Bildung. Hierbei sind insbesondere Fragen der Verteilung von Kosten und Nutzen von Bildungsmaßnahmen, beispielsweise die der Chancengerechtigkeit, von besonderer Bedeutung. Auch zu diesen Fragestellungen arbeitet die Bildungsökonomie.

Neben den von Mincer beeinflussten Analysen von privaten Bildungsrenditen haben sich zeitgleich an der Betriebswirtschaft angelehnte Ansätze entwickelt, die sich stärker an der makroökonomischen Betrachtung der Wirkung des Steuersystems, der (öffentlichen) Kosten der Ausbildung und anderen fiskalpolitischen Parametern orientieren. Im Rahmen von Kosten-Nutzen-Analysen werden die so genannten „fiskalischen" und „sozialen Renditen" von Bildung berechnet. Die fiskalischen Renditen umfassen nicht nur die erhöhten Steuer- und Sozialversicherungseinnahmen des Staates durch höher gebildete BesserverdienerInnen, sondern auch die geringeren Ausgaben aus der Arbeitslosenversicherung und der Sozialhilfe für diese Personengruppe. Steiner u.a. (2007) haben im Auftrag des Bundesministeriums für Unterricht, Kunst und Kultur für Österreich berechnet, dass der Unterschied zwischen fiskalischen und privaten Erträgen der Schulbildung rund 1,5–2,0 % beträgt.

Die soziale Bildungsrendite enthält darüber hinaus auch nicht-monetäre Effekte, die hauptsächlich das soziale Verhalten von Personen betreffen. So liegt die Wahlbeteiligung von besser Gebildeten höher, deren Kriminalitätsrate hingegen niedriger (vgl. Ammermüller/Dohmen 2004). Sauer und Völkerer (2009) konnten in ihrer internationalen Vergleichsstudie zeigen, dass auch fundamentale Werte eines Staates wie Demokratie, sozialer Zusammenhalt und politische Stabilität, unabhängig vom Einkommen, positiv von der Bildung der Bevölkerung abhängen. Diese vielfältigen, nicht in Geld messbaren positiven Effekte von Bildung für die Gesellschaft führen gemeinhin zu einer Unterschätzung der sozialen Bildungsrenditen.[1]

Fiskalische und soziale Bildungsrenditen werden als ein Maßstab der Lastenverteilung der Bildungsfinanzierung zwischen Individuum und Gesellschaft herangezogen. Auch wenn sich daraus kein exakter Schlüssel für eine Aufteilung der Kosten ergibt, zeigt sich doch, dass es sehr wohl eine ökonomisch Begründung für eine öffentliche (Teil-)Finanzierung von Bildung gibt.

Analysen des Bildungssystems

Ein weiteres, wichtiges Betätigungsfeld der Bildungsökonomie ist die Analyse der Prozesse in den unterschiedlichen Bildungssystemen, allen voran deren Effizienz und Chancengerechtigkeit, die der Münchner Bildungsökonom Ludger Wößmann untersucht. Er hat unter anderem herausgefunden, dass kleinere Klassengrößen sowie der Einsatz von Computern keinen signifikant positiven Einfluss auf die SchülerInnenleistungen haben (vgl. Wößmann 2006). Demgegenüber ist er ein strikter Gegner der Mehrgliedrigkeit im Schulsystem: „Die Ergebnisse der Analysen verschiedener internationaler Schülerleistungstests belegen einheitlich: Je früher Kinder aufgeteilt werden, desto stärker hängt der spätere Bildungserfolg vom jeweiligen familiären Hintergrund ab. [...] Gleichzeitig geht spätere Selektion nicht mit einem geringeren Leistungsniveau einher, so dass sich kein Hinweis auf einen Zielkonflikt zwischen Gleichheit und Effizienz in der Organisation des Schulsystems ergibt." (Wößmann 2008, 516) Wößmann plädiert demzufolge nicht für mehr Geld – „more of the same" mache keinen Unterschied (vgl. Wößmann 2005), sondern für institutionelle Reformen, die sehr viel mehr Leistungsanreize vorsehen als das bisherige System, wie etwa Belohnungen für LehrerInnen, die ihre SchülerInnen zu herausragenden Leistungen führen. Darüber hinaus sieht er in der Stärkung der Schulautonomie, besonders in der Verwaltung, einen Ansatzpunkt für sinnvolle Reformen.

Die Arbeiterkammern und die Bildungsökonomie – evidenzbasierte Bildungspolitik im Interesse der ArbeitnehmerInnen

Die Arbeiterkammern sind als bildungspolitische Akteurinnen sehr an fundierten bildungsökonomischen Analysen interessiert. Nur so lässt sich eine sinnvolle, evidenzbasierte Bildungspolitik im Interesse der ArbeitnehmerInnen und ihrer Familien gestalten. So sind beispielsweise Bildungsrenditen für die Arbeiterkammern eine relevante Größe für die Formulierung ihrer bildungspolitischen Forderungen: Die Tatsache, dass Österreich mit 74 % Bildungsrendite von AkademikerInnen gegenüber Personen, die „nur" Matura haben, eine der größten Klüfte OECD-weit aufweist – gemeinsam mit dem Fakt, dass Bildung in Österreich bedeutend stärker vererbt wird als in anderen Ländern[2] – zeigt die Notwendigkeit für eine Reform des Schulwesens, die Kinder nicht nach ihrem sozio-ökonomisch bzw. kulturellen Hintergrund in unterschiedliche Schultypen sortiert, sondern unterschiedliche Begabungen in einer gemeinsamen Schule fördert.

Wo die wissenschaftlichen Grundlagen fehlen, beauftragen die Arbeiterkammern ökonomische Untersuchungen. Exemplarisch sei hier auf die Studie „Renditen betrieblicher Weiterbildung" (Böheim/Schneeweis 2008) verwiesen, in der die positiven Erträge betrieblicher Weiterbildung für die Unternehmen eindeutig belegt werden. Das überaus erstaunliche Ergebnis lautete: Jeder Euro, der von Unternehmen in die betriebliche Weiterbildung investiert wird, drückt sich in elf Euro zusätzlichen Umsätzen für das Unternehmen aus. Mit dieser Untersuchung wurde den Arbeiterkammern das Argumentarium geliefert, Unternehmen nachdrücklich auf ihre Pflicht hinzuweisen, ArbeitnehmerInnen im Betrieb fortzubilden, und ein Programm zur Förderung betrieblicher Weiterbildung zu entwickeln (Schneider/Völkerer 2009, 211). Ein weiteres Ergebnis der Studie war, dass die Renditen bei Geringqualifizierten für Unternehmen am höchsten ausfallen, also bei genau jener Gruppe, die in Österreich am wenigsten an betrieblicher Weiterbildung teilnehmen darf.

Ein anderer bedeutender Bereich bildungsökonomisch fundierter bildungspolitischer Arbeit der Arbeiterkammern ist die von der EU initiierte und sich in Österreich in der Pilotphase befindende Initiative „Neue Kompetenzen für Neue Beschäftigungen". Diese hat die Finanz- und Wirtschaftskrise des Jahres 2009 zum Anlass genommen, sich ändernde Qualifikationsanforderungen in den europäischen Ländern zu erheben und Schulungen und Trainings an diese neuen Erfordernisse anzupassen. Bisher haben dazu in Österreich so genannte Clustergruppentreffen der Sozialpartner mit führenden Industriebetrieben der jeweiligen Branchen stattgefunden. Aufgrund der intensiven Bemühungen der Arbeiterkammern wird nun auch die Expertise der ArbeitnehmerInnen in diesen Prozess einfließen sowie eine detaillierte Analyse des den europäischen Prognosen zugrunde liegenden Datenmaterials für Österreich stattfinden. Denn die bisherigen Daten lassen bedauerlicherweise den Rückschluss zu, dass seit der Krise eine bessere Qualifikation von ArbeitnehmerInnen oft nicht mit einer höheren Entlohnung einhergeht.

Ausblick: Es gibt noch viel zu tun im Interesse der ArbeitnehmerInnen

Eine konstruktive, offene Bildungsdebatte kann durch bildungsökonomische Modellrechnungen nicht ersetzt, aber durchaus um wichtige, entscheidende Aspekte erweitert werden. Die Kluft zwischen den Anforderungen an die Bildungsökonomie und dem, was sie leisten kann, ist in Österreich allerdings nach wie vor sehr groß. Vor allem die Datenlage und ihre Verfügbarkeit müssen sich massiv verbessern, wenn Bildungspolitik auf soliden statistischen und ökonomischen Beinen stehen soll.

Besonders evident ist dies etwa beim brandheißen Eisen „Hochschulfinanzierung": Hier wünschen sich alle bildungspolitisch Verantwortlichen Hinweise auf zu hebende Effizienzpotenziale und Ansätze für eine realistische Kalkulation einer Studienplatzfinanzierung. Realität ist jedoch, dass sehr wenige valide Daten über die Mittelverwendung der Hochschulen verfügbar sind. Auf dieser Basis sind sinnvolle und ausgewogene Finanzierungsmodelle kaum zu erarbeiten. Allein an diesem Beispiel zeigt sich, dass sachorientierte Politik nicht auf solide analytische Grundlagen verzichten kann, wie sie die Bildungsökonomie liefern würde. Die Voraussetzungen dafür zu schaffen, ist daher unverzichtbarer Teil von Bildungspolitik. Schlussendlich bleibt die Erkenntnis: Es gibt noch viel zu tun! Für die Bildungsökonomie, die Bildungspolitik und die Arbeiterkammern.

Literatur

Ammermüller, Andreas/Dieter Dohmen (2004). Individuelle und soziale Erträge von Bildungsinvestitionen, Köln.

Barro, Robert J. (1991). Economic Growth in a Cross Section of Countries, Quarterly Journal of Economics, Volume 106, Oxford, 407–443.

Böheim, René/Nicole Schneeweis (2008). Renditen betrieblicher Weiterbildung in Österreich, Wien.

Gylfason, Thorvaldur/Gylfi Zoeg (2001). Education, Social Equality and Economic Growth: A View of the Landscape, Stockholm.

Hartog, Joop u.a. (2004). How risky is investment in human capital? In: CESifo Working Paper, No. 1261, München. Internet: http://newsv1.orf.at/?href=http%3A%2F%2Fnewsv1.orf.at%2Fticker%2F265540.html (Zugriff: 16.7.2001).

Lenz, Wolfgang u.a. (2008). The Demography of Educational Attainment and Economic Growth, in: Science Volume 319 No 5866, 1047–1048.

Mullan, Phil (2004). Wachsende Bildung bildet kein Wachstum, Novo-Magazin, Heft 72, 09/10 2004, Frankfurt am Main, 20–25.

OECD (2011). Education at a Glance 2010 – OECD Indicators. Internet: http://www.oecd.org/document/52/0,3746,en_2649_39263238_45897844_1_1_1_1,00.html (Zugriff: 16.8.2011).

OECD (2008): Education at a Glance 2008, Paris.

Sauer, Petra/Petra Völkerer (2010): Schafft Bildung sozialen Zusammenhalt? In: Barbara Blaha/Josef Weidenholzer (Hg.): Freiheit – Beiträge für eine demokratische Gesellschaft, Wien, 219–236.

Schneider, Alexander/Petra Völkerer (2009). Die Bedeutung des CVTS für den sozialen Dialog in Österreich, in: Friederike Behringer u.a. (Hg.): Betriebliche Weiterbildung – der Continuing Vocational Training Survey (CVTS) im Spiegel nationaler und europäischer Perspektiven, Stuttgart.
Steiner, Peter M. u.a. (2007). Bildungserträge in Österreich von 1999 bis 2005, Kurzfassung, Wien.
Weber, Bernhard/Stefan Wolter (2005). Bildungsrendite – ein zentraler ökonomischer Indikator des Bildungswesens, in: Die Volkswirtschaft. Das Magazin für Wirtschaftspolitik, 10/2005, Bern, 38–42.
Wößmann, Ludger (2005). Leistungsfördernde Anreize für das Schulsystem, in: ifo Schnelldienst, 19/2005, München, 18–27.
Wößmann, Ludger (2006). Efficiency and Equity of European Education and Training Policies, CESifo Working Paper No. 1779, München.
Wößmann, Ludger (2008). Mehrgliedrigkeit des Schulsystems und Chancengleichheit im internationalen Vergleich, in: Erziehung und Unterricht, 09/10 2008, Wien, 509–517.
Wolter, Stefan (2002) Bildungsökonomie – Eine Standortbestimmung, in: Schweizerische Zeitschrift für Bildungswissenschaften 24 (1), 149–169.

1 Der direkte, messbare Einfluss von Bildungsinvestitionen auf das Wachstum einer Volkswirtschaft hingegen wird von unterschiedlichen AutorInnen sehr unterschiedlich bewertet (vgl. Barro, 1991; Gylfason/Zoeg 2001; Mullan 2004; Lenz u.a. 2008). Einer detaillierten Darstellung der unterschiedlichen Ergebnisse kann im Rahmen dieses Essays leider nicht der Platz eingeräumt werden.
2 Kinder aus AkademikerInnenfamilien sind auf den Hochschulen 2,5-fach überrepräsentiert (vgl. OECD 2008, 148 f.).

Valentin Wedl Die EU ist immer noch mit den Folgen der schlimmsten Krise seit den 30er Jahren des letzten Jahrhunderts konfrontiert. Welche Krise? Die Finanz-, die Wirtschafts-, die Währungs-, die Staats-, die Gesellschaftskrise, nicht auch die der politischen Repräsentation oder der Kultur? Die Gegenwart steht für eine Reihe düsterer Gleichzeitigkeiten, die das nur mäßig erfolgreiche Abarbeiten an den Krisenfolgen begleiten. Wie findet Europa da heraus?

Antworten darauf müssen aus einer Beschreibung der Ursachen gewonnen werden. Letztere liegen jedenfalls nicht – wie einige vermuten – im komplexen Geflecht der vielen unterschiedlichen Entscheidungsabläufe des politischen Mehrebenensystems begründet (denn darin tritt die Fehlerhaftigkeit allenfalls unübersichtlich in Erscheinung) und auch nicht in der gerne behaupteten Auseinandersetzung darüber, ob es grundlegend *mehr* oder *weniger* Europa bei den Zuständigkeiten geben soll.

Selbst die mangelnde Entschlossenheit des Handels der tonangebenden KommissarInnen und der Staats- und Regierungschefs kann bestenfalls vordergründig als Ursache herhalten. Hintergründig wird die Krise von einem tiefliegenden und vielleicht noch viel schwerwiegenderen Problem begleitet.

Aus immer noch gegebenem Anlass sei die Frage erlaubt: Wie in aller Welt konnte es zur Krise kommen? Doch mitnichten wegen der hohen Staatsschuldenquoten der Mitgliedstaaten, nicht aufgrund deren mangelnder Wettbewerbsfähigkeit, geschweige denn zu hoher Löhne in manchen Staaten – wie es das symptombekämpfende Six-Pack zur wirtschaftspolitischen Steuerung suggeriert. Neben *ungeregelten Finanzmärkten* und *Ungleichgewichten im Außenhandel* darf hier vor allem ein drittes „U" nicht vergessen werden: die zunehmende *Ungleichheit in der Einkommensverteilung*. Sie führt zum Kreditbedarf der Einkommensschwächeren und zum exorbitanten spekulationsbefeuernden Anlagebedarf bei den Einkommensstarken (vgl. zuletzt Stockhammer 2011).

Wer dem dennoch keinen Glauben schenken möchte, möge zumindest eine zweite Frage über sich ergehen lassen: Angenommen, es wäre tatsächlich zutreffend, dass auch die Ungleichheit in der Einkommensverteilung die Krise mitverursacht hätte, würden die Organe der EU (Kommission, Rat, Europäisches Parlament) dieses Phänomen dann unter gegenwärtigen Macht- und Einkommensverhältnissen „mehrheitlich" als Krisenursache zulassen?

Ich behaupte hiermit „wohl nein" bzw. optimistisch „vorerst nein". Allein der Gedanke, dass auch die letztlich soziale Ungleichheit in Europa zum Problem für das gesamte Gefüge geworden ist, erzeugt bei den ApologetInnen

Abwehrreflexe. Ein Eingeständnis darüber würde jenes Weltbild zum Einsturz bringen, dem sich die EU in ihrer (wirtschafts-)politischen Ausrichtung seit längerem teils explizit, teils implizit verschrieben hat. Die solcherart marktradikale *neoliberale Grundausrichtung* vermochte sich auch im institutionellen Gefüge der Union ebenso zu verstetigen wie im gegenwärtigen Denken der AkteurInnen.

Neben den vielen Aspekten, die in diesem Zusammenhang genannt werden können, sei gerade vor dem Hintergrund der Bekämpfung ungleicher Einkommensverteilung einer speziell herausgegriffen: Seit Jahren betreiben die Organe der EU eine *Schwächung der europäischen ArbeiterInnenbewegung*, allen voran der *Gewerkschaften*. Letztere waren den marktradikalen TechnokratInnen immer schon ein besonderer Dorn im Auge, behinderten sie doch das freie Zustandekommen der Löhne am Arbeitsmarkt durch Kartellierung in einem zentralen unternehmerischen Kostenfaktor.

Nicht immer kam diese Abneigung freilich so unverhohlen zum Ausdruck wie zuletzt im Euro Plus Pakt oder dem legislativen Six-Pack zur wirtschaftspolitischen Steuerung mit der generellen Einmischung in gewerkschaftliche Domänen: etwa durch die Infragestellung von Lohnfindungsprozessen, durch die Beendigung von so genannten Lohnindexierungsklauseln oder die im Grunde skurrile Präferenz für fragmentierte und vor allem nicht flächendeckende Kollektivvertragssysteme (nicht alle angedachten Maßnahmen fanden Eingang in die endgültig beschlossenen Fassungen).

Unbeschadet diverser Lippenbekenntnisse zur sozialstaatlichen Programmatik Europas leisteten praktisch alle entscheidungserheblichen Organe der EU einer konträren Entwicklung zunehmend Vorschub. Einen besonderen Tiefpunkt setzte sicherlich der Europäische Gerichtshof in den berüchtigten Rechtssachen Laval, Viking und Rüffert, in denen er den Binnenmarktfreiheiten stärkeres Gewicht verliehen hat als den Gewerkschaftsfreiheiten, bestimmte Streiks und Solidaritätsmaßnahmen mit teilweise windigen Argumenten verboten hat und in der Folge von der Internationalen Arbeitsorganisation (ILO) wegen Verstoßes gegen eine ILO-Kernarbeitsnorm gescholten wurde (deren Verletzung grundsätzlich in schlecht entwickelten Rechtsstaaten außerhalb Europas gemutmaßt wird).

Mit der Schwächung der Gewerkschaften hat sich die Union auch jener institutioneller Möglichkeiten und jenes Vertrauens begeben, das sie zur Umsetzung ihrer derzeitigen und vor allem ihrer zukünftigen Politik benötigen wird. Deutlich sichtbar ist dies insbesondere an den skandinavischen Gewerkschaften, die seit den erwähnten Urteilen jedwede europäische Weiterentwicklung auch im progressiven Sinne als potentielle Bedrohung ihrer (Rest-)Eigenständigkeit boykottieren.

Die Union steht heute vor keiner geringeren Aufgabe als jene tiefliegenden Blockaden im kollektiven Denken ihres institutionellen Gefüges abzustoßen, die sie daran hindern, den Primat des neoliberalen Entwicklungsmodells als wesentliche Ursache ihrer und damit auch unserer Krise zu identifizieren. Und damit nicht genug: Basierend auf diesem Befund wird sie zudem aus den Systemkonstanten des derzeitigen Modells herausfinden müssen und sich an einem neuen Modell auszurichten haben. Diesbezüglich befinden wir uns derzeit im Stadium eines Suchprozesses.

Interessante Suchansätze kreisen insbesondere um den Begriff *New Deal*. Er könnte es möglich machen, im Kontrast zur austeritätsfixierten Economic-Governance-Architektur das Wachstum wieder in den Mittelpunkt zu stellen, zu Gunsten der ArbeitnehmerInnen und angereichert um weitere qualitative Aspekte (insbesondere Abkehr vom Liberalisierungskanon und Investitionen in umweltgerechte Technologien). Darüber hinaus würde er die Macht des Finanzsektors brechen, indem dessen dienende Rolle für die Realwirtschaft wieder hergestellt würde.

Diese Neuerfindung der Union wird ohne Zweifel einen Zeithorizont von vielen Jahren, vielleicht eine ganze Generation von PolitikerInnen beanspruchen. Wie eine derartige Neuausrichtung praktisch aussehen kann und wer intellektuell und politisch als treibende Reformkraft dabei in Erscheinung treten wird, ist gegenwärtig noch völlig offen. Allerdings ist unbeschadet gewisser nationalstaatlicher Regressionstendenzen (z.B. der Wiedereinführung von Grenzkontrollen zwischen einigen Mitgliedstaaten) eines doch wahrscheinlich: Die Frage wird im Wesentlichen in bzw. über die EU selbst entschieden werden müssen. Denn wie skizziert hat sich in deren institutionellen Strukturen der neoliberale Entwicklungspfad mittlerweile am massivsten verfestigt. Für die europäischen ArbeitnehmerInnen und ihre Vertretungen bietet dies aber auch eine Chance, wieder zurück an Bord der wirtschaftspolitischen Grundausrichtung zu gelangen.

Die Rolle der Arbeiterkammern als europäische Reformkraft unter anderen

In dieser Ausgangslage können die Arbeiterkammern eine wichtige Rolle übernehmen. Gewiss vermögen sie das notwendige Wendemanöver naturgemäß nicht allein zu bewältigen – selbst diese Negation klingt schon vermessen. Gleichwohl können sie es begleitend unterstützen, möglicherweise sogar – im

Bündnis mit anderen Reformkräften – entscheidend dazu beitragen, dass es stattfindet.

Was zeichnet uns dazu aus? Die Arbeiterkammern bestehen nicht nur – dem Anlass der Festschrift entsprechend – seit 90 Jahren in Österreich, sondern auch seit immerhin bereits 20 Jahren in der EU. In dieser Zeit hat die Arbeiterkammer in Brüssel als Kompetenzzentrum (*Advocacy Think Tank*) für österreichische, damit in gleicher Weise aber auch europäische ArbeitnehmerInneninteressen hohes Ansehen erworben.

Dies zeigt sich unter anderem im Hinblick auf die Folgen und Lehren aus der Finanz- und Wirtschaftskrise – einer Themenstellung, die in gleicher Weise quantitativ umfänglich wie qualitativ komplex und herausfordernd ist. Hier zeichnete sich die Arbeiterkammer durch eine Vielzahl an bedeutenden Interventionen aus. Im Hinblick auf die europaweite Einführung einer Finanztransaktionssteuer wurde zuletzt unsere europaweite Kampagnenfähigkeit vorexerziert. Als treibende Kraft einer dreistufigen Online-Kampagne vermochte die „kleine Arbeiterkammer" einen überaus spektakulären Erfolg in Form eines richtungsweisenden Votums im Europäischen Parlament und eines Meinungsumschwungs in der Kommission einzufahren.

Auch wenn es bis zur endgültigen Einführung dieser Steuer noch ein sehr weiter Weg sein mag und die vermutlichen tieferen Beweggründe der Kommission für ihr überraschendes Plädoyer für die Steuer an dieser Stelle außer Acht gelassen bleiben, machte uns die Kampagne eines sichtbar: Die Arbeiterkammer ist zu Großem imstande, wann immer es ihr gelingt, *Formate zu kreieren, die ihre herausragende fachliche Expertise mit interessenpolitischer Aktion zusammen führen*.

Zu beachten sind dabei jedoch stets bestimmte Handlungsmaximen, die nach den bisherigen Erfahrungen als Elemente einer spezifischen *Arbeiterkammer-Methodik* zusammengefasst werden können. Ich möchte auf Folgende hinweisen:

We will never walk alone: Große Veränderungen sind nur gemeinsam bewältigbar. Im Grunde ist es selbstverständlich, dass wir mit dem ÖGB am internationalen Parkett stets Hand in Hand gehen. Wir werden aber darüber hinaus in der weiten Welt nur dann reüssieren, wenn wir uns zunehmend an ausgesuchten *internationalen Allianzen* beteiligen. Dies betrifft Europeans For Financial Reform (eine Koalition, die echte Reformen im Bank- und Finanzwesen in Gang bringen will) in gleicher Weise wie ALTER EU (eine lobbyismuskritische Vereinigung, der die Arbeiterkammer im Jahre 2010 beigetreten ist). Und es betrifft vor allem die noch nicht gegründete generelle Reformallianz. In diesem

Zusammenhang könnte sich etwa in Sachen Finanzmarktregulierung eine strategische Partnerschaft auch mit Teilen der Wirtschaft (abseits der FinanzspekulantInnen) ergeben.

Wir verfolgen in diesem Sinne auch einen primär *projektkonzentrierten Ansatz*, der weniger von gegebenenfalls gleichgelagerten Ideologien getragen wird (derartige Gebilde verharren nur zu gern in transnationaler Lagerfeuerromantik im Anschluss an überkomplexe Selbstfindungsprozesse), sondern von konkreter zielgerichteter Praxis. In solcherart aus *Koalitionen der Willigen* gebündelten Projektpartnerschaften sind nach Möglichkeit auch die maßgeblichen politischen Kräfte miteinzubeziehen, selbstverständlich unter strengster Wahrung unseres stets *überparteilichen Selbstverständnisses*. Bei derartigen Bündnissen tun sich NGOs erfahrungsgemäß oftmals schwerer und erweisen sich als erstaunlich inflexibel, zum Teil aus grundsätzlich ideologischem Dünkel, zum Teil unter Berufung auf die Scheindichotomie Staat versus (Zivil-)Gesellschaft. In diesem Spannungsverhältnis mag es für die Arbeiterkammer auch eine delikate Herausforderung sein, kulturelle Gräben zwischen unterschiedlichen institutionellen Grundmustern zu überbrücken, in jedem Fall aber sowohl unterschiedliche Parteien als auch die Zivilgesellschaft als potentielle Allianzpartner in gleicher Weise zu achten und akteursbewusst zu vernetzen.

Politisierung: Es ist wichtig, die genuin (interessen-)politischen Aspekte aus den technokratisch anmutenden EU-Themenstellungen herauszudestillieren. EU-Themen leiden vielfach darunter, dass sie als Ausflüsse eines überstaatlichen Diktats („die EU sagt") und nicht als Substrat interessenpolitischer Entscheidungen in den entsprechenden Beschlussorganen vermittelt werden. Dazu tragen leider auch die tonangebenden EU-PolitikerInnen häufig selbst bei: etwa auf Ratsebene, wenn sie unangenehme Entscheidungen, an denen sie vielleicht sogar selbst mitgewirkt haben, auf „Brüssel" oder „die EU" schieben. Oder auch im EU-Parlament, wenn offenkundige politische Interessengegensätze durch eigentümliche Koalitionsbildungen oder Solidarisierungen von Abgeordneten unterschiedlicher Couleurs verwischt werden.

Vor diesem Hintergrund ist es nicht immer einfach, aber umso wichtiger, die *Interessen sichtbar* zu machen und mit den jeweils entscheidungsbefugten Organen bzw. in diesen mit den entscheidungszuständigen PolitikerInnen zu verknüpfen. Dies bringt ferner eine erkennbare Zuschreibung politischer Verantwortung mit sich bzw. bis zu einem gewissen Grad eine Personalisierung von politischen Inhalten (im Gegensatz zur Anonymisierung durch Anbellen des EU-Mondes). Schon die letztlich erfolgreichen Widerstände gegen die EU-Dienstleistungsrichtlinie in den Jahren 2003–2005 rieben sich vornehmlich an der Person des zuständigen Kommissars Bolkestein. In diesem Sinne musste sich die Kampagne zur EU-weiten Einführung der Finanztransaktionssteuer in ihrer zweiten Stufe nicht nur an die Kommission, sondern insbesondere und explizit an den für Steuerfragen zuständigen Kommissar Semeta richten. Dass er tatsächlich so rasch einlenken würde, war indessen auch für uns überraschend (und mag den Verdacht eines schlauen Ablenkungsmanövers schüren).

Die *Teamfähigkeit* betrifft einen weiteren Punkt: Sie setzt das richtige Selbstverständnis der eigenen überparteilichen Rolle in internationalen Bündnissen ebenso voraus wie die professionelle Teambereitschaft aller handelnden Personen. Die Arbeiterkammer genießt auch in diesem Punkt durch ihren soliden organisatorischen Aufbau Vorzüge gegenüber spontanen Ad-hoc-Gebilden.

Entscheidend und vermutlich das allergrößte Asset der Arbeiterkammer ist aber die Rückbindung der Interessenpolitik an eine enorm hohe *Fachexpertise in Österreich*. Wir sind diesbezüglich ziemlich einzigartig in Europa und stellen Institutionen mit gleichgelagerter Zielrichtung in den Schatten. Unser Potential lässt sich durch entsprechende Vernetzung mit anschlussfähigen Strukturen (Institutionen, Kampagnen und andere Projekte) noch weiter steigern. Die Expertise ist letztlich unsere Visitenkarte nach außen. Andere dürsten nach unserem Wissensschatz. Im Rahmen der Kampagne zur Finanztransaktionssteuer war die begleitende fachliche Betreuung in Wien bzw. das Nachschießen einer Machbarkeitsstudie mitausschlaggebend dafür, dass sich die EU-Kommission zumindest für einen Moment der Geschichte *gezwungen* sah, sich sehr ernsthaft mit uns auseinanderzusetzen.

Die eigentlichen Früchte dieser Aktion werden vermutlich in diversen zukünftigen Konzepten und Programmen, sei es von Parteien oder anderen (europa-)politischen Playern, sichtbar werden. Es darf uns dann nicht weiter kränken, wenn sie möglicherweise auch von anderen geerntet, mit Sicherheit aber beansprucht werden. Das zählt ein Stück weit zum Wesen einer Organisation, deren Tätigkeit auf die Unterstützung anderer gerichtet ist.

Lassen wir also unsere positiven Erfahrungen wirken. Sie sind keineswegs auf die genannte Kampagne begrenzt, daran jedoch stellvertretend für weitere Auseinandersetzungen – *pars pro toto* – illustrierbar. Noch halten die tonangebenden Kräfte der Union an einem Kurs fest, der die Lehren aus der Krise missen lässt. Die Diskussionen um eine Kurskorrektur werden sich aber möglicherweise schon bald verdichten. Richten wir uns noch stärker dorthin aus, wo die Entscheidungen getroffen werden. Wir werden dringend gebraucht und wir verfügen mittlerweile einfach über zu viele Möglichkeiten, als dass wir ernsthaft meinen dürften, wir könnten als essentieller Teil einer europäischen Reformkraft nichts bewegen. Europa? Wir sind da!

Literatur

Stockhammer (2011). Von der Verteilungs- zur Wirtschaftskrise, Die Rolle der zunehmenden Polarisierung als strukturelle Ursache der Finanz- und Wirtschaftskrise, Studie im Auftrag der Kammer für Arbeiter und Angestellte Wien. Internet: http://wien.arbeiterkammer.at/bilder/d153/Studie_Stockhammer.pdf (Zugriff: 14.8.2011).

Josef Wöss Die Alterung der Bevölkerung ist eine der großen Herausforderungen unserer Zeit – für die Sozialsysteme, für den Arbeitsmarkt, für die Wirtschaft, für die Gesellschaft als Ganzes. Nicht nur auf den Stammtischen machen düstere Prophezeiungen die Runde, vor allem was die Zukunft der Pensionen betrifft. Wie zu zeigen sein wird, werden dabei jedoch häufig Äpfel mit Birnen vermischt und unhaltbare Schlussfolgerungen aus dem demografischen Wandel gezogen.

Nach einer einleitenden Skizzierung des demografischen Wandels wird dem oft sehr fahrlässigen Umgang mit Daten und Dateninterpretationen nachgegangen. Aufgezeigt werden auch die sehr problematischen Wirkungen, die sich daraus ergeben. Die Arbeiterkammer Wien hat zur Gegensteuerung einen Abhängigkeitsquoten-Rechner erstellt. Der Rechner bietet unter anderem die Möglichkeit, den sehr wichtigen Unterschied zwischen demografischen und ökonomischen Abhängigkeitsquoten zu illustrieren und die Bedeutung der künftigen Arbeitsmarktentwicklung ins rechte Licht zu rücken.

Es zeigt sich, dass dem Arbeitsmarkt und der Steigerung der Beschäftigung bei der Bewältigung des demografischen Wandels eine ganz zentrale Rolle zukommt. Die Anhebung der Beschäftigungsquoten ist wohl die „effektivste Strategie, mit der sich Länder auf die Alterung der Bevölkerung vorbereiten können“ (EU-Kommission 2008, 144, Übers. d. Verf.). Mehr und bessere Arbeitsplätze auch für Ältere sind dafür eine Grundvoraussetzung.

Wir werden älter

Wenngleich auch Bevölkerungsprojektionen mit etlichen Unsicherheitsfaktoren behaftet sind,[1] steht außer Zweifel, dass der Anteil der Älteren an der Gesamtbevölkerung in den kommenden Jahren und Jahrzehnten massiv in die Höhe gehen wird. Das ergibt sich nicht nur aus der steigenden Lebenserwartung, sondern allein schon aus der aktuellen Altersstruktur der Bevölkerung, in der die „Baby-Boom“-Geburtsjahrgänge aus den 1960er Jahren bei weitem stärker besetzt sind als die nachfolgenden Alterskohorten.

Nach den aktuellen Projektionen von Statistik Austria (vgl. Tabelle 1) wird die Gesamtbevölkerung in Österreich in den kommenden Jahrzehnten beträchtlich wachsen: von derzeit 8,39 Mio. auf 9,02 Mio. im Jahr 2030 und 9,45 Mio. im Jahr 2050. Mehr Menschen werden allerdings nur in der Altersgruppe ab 65 erwartet. Dort soll die Zahl von derzeit 1,48 Mio. auf 2,14 Mio. im Jahr 2030 und auf 2,64 Mio. im Jahr 2050 steigen. Der stärkste relative Zuwachs dürfte bei den über 80-Jährigen eintreten. Dort wird in der Bevölkerungsvorausschätzung ein Anstieg von derzeit 0,4 Mio. auf 0,63 Mio. im Jahr 2030 und auf 1,08 Mio. im Jahr 2050 in Aussicht gestellt.

Tabelle 1: Bevölkerung in Österreich 2010–2050 (in Mio.)

	2010	2020	2030	2040	2050
Gesamtbevölkerung	8,39	8,73	9,02	9,26	9,45
Altersgruppe 0–14	1,24	1,24	1,28	1,27	1,27
Altersgruppe 15–64	5,67	5,78	5,60	5,50	5,54
davon: Altersgruppe 55–64	0,96	1,24	1,24	1,13	1,19
Altersgruppe 65plus	1,48	1,70	2,14	2,49	2,64
davon: Altersgruppe 80plus	0,40	0,48	0,63	0,80	1,08

Quelle: Statistik Austria (2011), Tabelle 2.09; eigene Berechnungen.

Weitgehend konstante Zahlen zeigen die Vorausschätzungen bei den Kindern und Jugendlichen im Alter bis 14 und im Erwerbsalter (15 bis 64). Bei den Menschen im Erwerbsalter wird sich allerdings die Alterszusammensetzung ganz erheblich ändern. Durch das Aufrücken der „Baby-Boomer" in das höhere Erwerbsalter wird zwischen 2010 und 2020 die Zahl der Menschen in der Altersgruppe 55 bis 64 um fast 300.000 ansteigen. In den nächsten Jahren ist das die bei weitem massivste demografische Verschiebung, die es zu bewältigen gilt.

Die Gegenüberstellung der Zahl der Menschen im Alter ab 65 mit der Zahl der Menschen im Alter von 15 bis 64 Jahren ergibt eine „Altenquote" von 26 %. Bis 2050 wird ein Anstieg dieser Quote auf 48 % in Aussicht gestellt. Oder anders ausgedrückt: Die Relation zwischen den Altersgruppen 15 bis 64 und 65plus wird sich nach den demografischen Vorausschätzungen zwischen 2010 und 2050 von 4:1 auf 2:1 verschieben.

Abhängigkeitsquote ist nicht gleich Abhängigkeitsquote

Es ist evident, dass derart gravierende Änderungen in der Altersstruktur der Bevölkerung[2] massive Auswirkungen in vielen Bereichen haben. Das Finden richtiger Antworten auf den demografischen Wandel muss vor diesem Hintergrund in der Prioritätenliste ganz oben gereiht werden. Umso bedauerlicher ist es, dass der Blick auf zentrale Handlungsoptionen häufig durch falsche Analysen und durch Fehler in der Berichterstattung verstellt wird.

Bezeichnend ist dabei der oft sehr fahrlässige Umgang mit den Unterschieden zwischen demografischen und ökonomischen „Abhängigkeitsquoten" und zwischen „Erwerbstätigen" und „Menschen im Erwerbsalter". Irreführende Begrifflichkeiten, irreführende Darstellungen, irreführende Argumente – all das findet sich selbst in zentralen Dokumenten von renommierten Institutionen.

Dazu zwei Beispiele:

• Auf der Homepage der EU-Kommission (Generaldirektion für Beschäftigung, soziale Angelegenheiten und Inklusion 2010) zur Vorstellung des Grünbuchs zu den Renten heißt es: „Laut Prognosen wird sich bis zum Jahr 2060 in Europa die Zahl der Personen im Ruhestand gegenüber jenen, die die Pensionen und Renten finanzieren, verdoppeln – diese Situation ist auf Dauer einfach nicht tragbar."

Es gibt jedoch keine einzige Prognose, die eine derartige Verschiebung zwischen PensionistInnen und Erwerbstätigen erwarten lässt. Die angesprochene Verdoppelung ist aus rein demografischen Vorausschätzungen entnommen, in denen verschiedene Altersgruppen, nicht aber PensionistInnen und Beitragszahlende gegenübergestellt werden. Wie abwegig die Gleichsetzung z.B. der Zahl der Menschen im Erwerbsalter mit der Zahl der Erwerbstätigen ist, zeigt allein schon die Tatsache, dass derzeit im EU-Raum ca. 120 Mio. Menschen im Erwerbsalter nicht erwerbstätig sind – und in diese Berechnung sind die vielen Millionen in Mini-Jobs noch gar nicht miteinbezogen!

• Die OECD schreibt in ihrer zentralen Publikation zu den Pensionen, dass im Jahr 1950 auf mehr als sieben Personen im Erwerbsalter eine Person im Pensionsalter gekommen sei und dass es im Jahr 2047 nur mehr zwei Erwerbstätige pro PensionistIn geben werde (vgl. OECD 2011, 40). Auch hier liegt ein ähnliches Argumentationsmuster vor: Die demografische Einschätzung, dass Mitte dieses Jahrhunderts zwei Personen im Erwerbsalter auf eine Person im Alter ab 65 entfallen werden, wird uminterpretiert in eine Projektion der Relation zwischen Erwerbstätigen und PensionistInnen.

Um das Bild abzurunden, seien noch zwei Beispiele aus den Medien angeführt:

• Das weltweit renommierte britische Wirtschaftsmagazin The Economist publizierte Anfang April 2011 eine Titelstory zur Zukunft der Renten unter dem reißerischen Titel „70 or bust! Why the retirement age must go up" („[Pensions-]Alter 70 oder Zusammenbruch [der Pensionssysteme]! Warum das Pensionsalter steigen muss"). Als zentrale Begründung für die behauptete Notwendigkeit, das Rentenalter auf 70 anzuheben, wird auf die „dramatische Verschlechterung" der Relation zwischen Erwerbstätigen und PensionistInnen („ratio of workers to pensioners") hingewiesen. Illustriert wird der Beitrag mit etlichen Grafiken. In diesen findet sich allerdings etwas anderes, als im Text behauptet wird. In den Grafiken ist nicht das Verhältnis von Erwerbstätigen und PensionistInnen, sondern das Verhältnis zwischen Menschen im Erwerbsalter und Menschen im Pensionsalter abgebildet. Ohne den Unterschied auch nur anzudeuten, wird in beiden Fällen der Begriff „Abhängigkeitsquote" („support ratio") verwendet.

• Im Kurier vom 8. Juli 2010 findet sich im Beitrag „Streit um Pensionsantrittsalter" folgende Textstelle: „Ab 2012, rechnen die Ökonomen, sinkt [in der EU] die Zahl der Erwerbstätigen von derzeit etwa 330 Millionen Menschen bis 2030 auf 317 Millionen und bis 2060 auf weniger als 290 Millionen Erwerbstätige." In der EU gibt es jedoch nicht 330, sondern nur 210 Mio. Erwerbstätige im Erwerbsalter. Bei den erwähnten 330 Mio. handelt es sich um die Gesamtzahl der Menschen im Erwerbsalter.

Falsche Analysen – falsche Schlussfolgerungen

In einer im Juli 2011 verfassten Stellungnahme des Europäischen Wirtschafts- und Sozialausschusses zur demografischen Entwicklung wurde das Problem derartiger Fehldarstellungen aufgegriffen und auf die sehr problematischen Konsequenzen hingewiesen: „Die irreführende Verwendung der demografischen Abhängigkeitsquote und die oftmalige Gleichsetzung der Zahl der Menschen im Erwerbsalter mit jener der Erwerbstätigen geht an der Realität vorbei und verstellt den Blick auf problemadäquate Lösungsansätze." (Europäischer Wirtschafts- und Sozialausschuss 2011, 5)

Wie richtig diese Einschätzung ist, zeigt sich an den angeführten Beispielen. Zum einen werden dort die Probleme viel größer gemacht, als sie sind. Zum Ausdruck kommt das in Formulierungen wie in der erwähnten Schlagzeile „70 or bust!" im Economist.

Aber nicht nur das: Die immer wieder auftauchende Gleichsetzung der Zahl der Menschen im Erwerbsalter mit der Zahl der Erwerbstätigen führt bei der Suche nach Antworten auf die Alterung zur Ausblendung des enormen Potentials, das in einer besseren Arbeitsmarktintegration der Menschen im Erwerbsalter liegt. Zentrale Stellschrauben zur Verbesserung der Relation zwischen LeistungsbezieherInnen und Erwerbstätigen wie

- Abbau der Arbeitslosigkeit,
- bessere Arbeitsmarktintegration der Jugendlichen,
- bessere Vereinbarkeit von Beruf und Familie,
- bessere Invaliditätsprävention,
- Schaffung alternsgerechter Arbeitsplätze etc.

geraten nicht einmal ins Blickfeld, wenn nur die zahlenmäßige Besetzung verschiedener Alterskohorten im Fokus der Aufmerksamkeit steht. Ein erster – ganz wesentlicher – Schritt zur Findung angemessener Antworten auf den demografischen Wandel muss vor diesem Hintergrund darin bestehen, klare begriffliche Abgrenzungen zu etablieren, insbesondere zwischen demografischen und ökonomischen Abhängigkeitsquoten.

• Rein demografische Abhängigkeitsquoten wie die Altenquote beschreiben lediglich die zahlenmäßige Relation zwischen verschiedenen Altersgruppen.
• Ökonomische Abhängigkeitsquoten stellen auf den ökonomischen Status von Menschen ab und beschreiben z.B. die zahlenmäßige Relation zwischen PensionistInnen und Erwerbstätigen.

Für die nachhaltige Finanzierbarkeit der Pensionen bzw. der sozialen Sicherungssysteme insgesamt sind letztlich nur ökonomische Abhängigkeitsquoten bestimmend. Wie sich diese in Zukunft entwickeln werden, hängt keineswegs nur von der demografischen Entwicklung, sondern in hohem Maß auch von anderen Faktoren ab, insbesondere von der Entwicklung des Arbeitsmarktes.

Evident ist im Sinne der Generationengerechtigkeit, dass angesichts des massiv steigenden Anteils Älterer an der Gesamtbevölkerung künftig auch ein größerer Anteil des erwirtschafteten Wohlstands für Zwecke der Absicherung der älteren Bevölkerung Verwendung finden muss. Die zentrale Aufgabe besteht darin, diesen Kostenanstieg durch sozial vertretbare und ökonomisch sinnvolle Maßnahmen einzudämmen. Der Arbeitsmarkt bietet dazu ein erhebliches Potential.

Arbeiterkammer-Rechner zeigt: Auf den Arbeitsmarkt kommt es an

In der Arbeiterkammer Wien wurde ein „Abhängigkeitsquoten-Rechner" entwickelt, der die Unterschiede zwischen demografischen und ökonomischen Abhängigkeitsquoten und die zentrale Bedeutung des Arbeitsmarktes in diesem Zusammenhang anschaulich macht. Der Rechner bietet die Möglichkeit, auf Basis der gegebenen (bzw. projektierten) Altersstruktur der Bevölkerung diese nach dem ökonomischen Status in drei Gruppen aufzuteilen: Erwerbstätige, LeistungsbezieherInnen (PensionistInnen, Arbeitslose) und Neutrale (Jugendliche in Ausbildung, Hausfrauen/-männer etc.).

Die Gegenüberstellung der LeistungsbezieherInnen auf der einen und der Erwerbstätigen auf der anderen Seite ergibt für Österreich aktuell auf Basis der Daten des Wifo für 2008 eine ökonomische Abhängigkeitsquote von 61 %, d.h. auf 100 Erwerbstätige entfallen 61 Personen, die entweder eine Pension oder eine Geldleistung aus dem Titel Arbeitslosigkeit beziehen. Ausgangsbasis dafür ist eine Beschäftigungs- bzw. Erwerbstätigenquote von 66 %.

Im vorliegenden Zusammenhang ist vor allem der enorme Unterschied zwischen demografischer und ökonomischer Abhängigkeit von Interesse. Die demografische „Abhängigkeit" liegt bei 26 %, die ökonomische hingegen bei 61 %. Wie wird sich das in der Zukunft darstellen? Die demografischen Projektionen wurden oben bereits mehrfach angesprochen. Viel wichtiger ist jedoch letztlich, wie sich die ökonomische Abhängigkeitsquote entwickeln wird. Der Arbeiterkammer-Rechner zeigt auf, dass dabei – je nach Entwicklung des Arbeitsmarktes – eine erhebliche Bandbreite besteht. In einfachen Worten: Je höher die Zahl der Erwerbstätigen, desto weniger stark der Anstieg der ökonomischen Abhängigkeitsquote.

Die massiven Auswirkungen der Arbeitsmarktentwicklung lassen sich z. B. durch Gegenüberstellung des „Standard-Szenarios“[3] und des „High-Employment-Szenarios“ für das Jahr 2050 demonstrieren. Im erstgenannten Szenario wird für das Zieljahr eine Beschäftigungsquote von 69 % und im „High-Employment-Szenario“ eine Beschäftigungsquote von 76 % angenommen,[4] was in etwa dem Beschäftigungsniveau im Durchschnitt der drei besten EU-Staaten (Dänemark, Schweden, Niederlande) im Jahr 2008 entspricht.

Bei Realisierung des „Standard-Szenarios“ ergibt sich ein Anstieg der ökonomischen Abhängigkeitsquote von 61 % auf 90 %. Gelingt es, das „High-Employment-Szenario“ zu realisieren, so fällt der Anstieg mit 61 % auf 78 % viel geringer aus und würde damit sogar niedriger liegen als der Anstieg, der in den letzten Jahrzehnten bei der ökonomischen Abhängigkeitsquote zu verkraften war. Bedenkt man, dass die Annahmen im „Standard-Szenario“ im Wesentlichen den Annahmen der Pensionskommission bei ihren Langzeitabschätzungen der Kosten des öffentlichen Pensionssystems entsprechen, dann lässt sich mit dem „High-Employment-Szenario“ sehr gut zeigen, welch großes Potential zur Dämpfung künftiger Ausgaben eine erfolgreiche Beschäftigungspolitik und eine fairere Verteilung der Arbeit bergen.

Gelingt es dieses Potential verstärkt ins öffentliche Bewusstsein zu bringen, so ist damit schon ein erster wesentlicher Schritt getan und das vermeintliche Schreckgespenst „demografischer Wandel“ wird zu einer durchaus bewältigbaren Aufgabe. Ob es in diese Richtung geht, wird nicht zuletzt von den InterpretInnen des demografischen Wandels bestimmt werden.

Literatur

EU-Kommission (2008). Demography Report 2008, Brüssel.

EU-Kommission (2009). Ageing Report 2009, Brüssel.

Europäischer Wirtschafts- und Sozialausschuss (2011). Stellungnahme: Die Zukunft des europäischen Arbeitsmarkts – auf der Suche nach einer wirksamen Reaktion auf die demographische Entwicklung (SOC/400 – CESE1171/2011(DE)hd), Brüssel.

Generaldirektion für Beschäftigung, soziale Angelegenheiten und Inklusion (2010). Internet: http://ec.europa.eu/social/main.jsp?catId=752&langId=de&newsId=839&furtherNews=yes&langId=de (Zugriff: 14.8.2011).

OECD (2011). Pensions at a Glance, Paris.

Statistik Austria (2011). Statistisches Jahrbuch Österreichs, Wien.

1 So wird z.B. im zentralen EU-Dokument zum demografischen Wandel darauf hingewiesen, dass demografische Prognosen auf relativ kurze Zeiträume bezogen verlässlicher sind als ökonomische, dass dies für etwas längere Perspektiven von z.B. 25 Jahren jedoch nicht mehr zutrifft (EU-Kommission 2009, 35).
2 Die Alterung wird, mit unterschiedlicher Intensität und unterschiedlichem Tempo, nicht nur in den EU-Ländern, sondern auch in anderen Teilen der Welt stattfinden.
3 Die Bezeichnung „Standard-Szenario" wurde gewählt, weil dieses Szenario im Wesentlichen den Arbeitsmarktannahmen der Pensionskommission folgt.
4 In Anbetracht der erwarteten Stagnation bzw. des leichten Rückgangs der Zahl der Menschen im Erwerbsalter wird – bei weiterem Wirtschaftswachstum – von fast allen WirtschaftsforscherInnen ein Anstieg der Beschäftigungsquoten erwartet. Wie hoch dieser Anstieg ausfallen wird, ist nicht zuletzt davon abhängig, welche Weichenstellungen heute in der Arbeitsmarkt- und Beschäftigungspolitik gesetzt werden.

Gabriele Zgubic-Engleder

„Wie zahlreich sind doch die Dinge, derer ich nicht bedarf." Sokrates

KonsumentInnenpolitik ist die Gesamtheit jener Maßnahmen, die Menschen in ihrer Rolle als KonsumentInnen von Gütern oder Dienstleistungen schützen sollen. KonsumentInnen sind gegenüber ProduzentInnen, HändlerInnen und DienstleistungsanbieterInnen aufgrund mangelnder Fachkenntnis und Information, aber auch mangels Marktmacht strukturell unterlegen. Daher ist es eine wesentliche Aufgabe der KonsumentInnenpolitik der Arbeiterkammern, ein wirksames Gegengewicht zur Marktmacht der Unternehmen zu bilden und das Ungleichgewicht auszugleichen.

KonsumentInnenpolitik kann grob in drei Tätigkeitsfelder eingeteilt werden: KonsumentInnenrecht zur rechtlichen Verbesserung der Position der KonsumentInnen, Beratung und Information sowie VerbraucherInnenforschung und -bildung. Wesentlich sind weiters die Einbindung von KonsumentInnenschutzorganisationen z. B. bei Normungen und Gesetzen, die ausreichende finanzielle Ausstattung sowie eine effektive Vollziehung. KonsumentInnenpolitik wirkt interdisziplinär und berührt unter anderem Fragen der Wirtschafts-, Sozial- und Rechtswissenschaften, Wettbewerbspolitik und Psychologie. Die Arbeiterkammern sind auch in der KonsumentInnenpolitik bedeutende Akteure und stehen dabei durchaus in einem Spannungsverhältnis zwischen KonsumentInnen- und ArbeitnehmerInneninteressen.

Eine kurze Geschichte des KonsumentInnenschutzes

KonsumentInnenschutz ist keine Erfindung der Neuzeit: Der Kodex Hammurapi (1700 v. C.) legte beispielsweise fest, dass eine Wirtin, die sich ihr Bier nicht in Getreide, sondern in Silber bezahlen ließ oder minderwertiges Bier ausschenkte, ertränkt werden sollte. Im Mittelalter sorgten die Verwaltungen der Städte mit zahlreichen Vorschriften bei Lebensmitteln für einen gesundheitlichen VerbraucherInnenschutz. Die „Bayrische Reinheitsgebot" für Bier, das noch heute gilt, wurde 1516 erlassen und regulierte einerseits die Preise, andererseits die Inhaltsstoffe des Bieres, d. h. dass „allein Gersten, Hopfen und Wasser verwendet und gebraucht werden sollen." (Wikipedia)

Im Zuge der Industrialisierung wurden im 19. Jahrhundert überall in Europa von der ArbeiterInnenschaft Konsumgenossenschaften gegründet, um sich von der drückenden Abhängigkeit von den HändlerInnen, bei denen sie mangels Zahlungsmitteln oft anschreiben ließen, zu befreien. Oft gehörten diese Geschäfte den Arbeitgebern. Die HändlerInnen waren bekannt dafür, dass sie nicht richtig abwogen und dass die von ihnen verkauften Lebensmittel oft verfälscht oder verdorben waren. Dem Mehl wurde Gips beigefügt, gemahlener Kaffee wurde mit Sand gestreckt (vgl. Korf 2008, 12). Und so gründeten schon früh ArbeiterInnen und Handwerksleute Vereine und Genossenschaften, um ihre Versorgungslage zu verbessern. Der erste österreichische Konsumverein wurde 1856 von den TextilarbeiterInnen in Teesdorf gegründet. 1901 bestanden in Österreich 163 Konsumvereine (vgl. Czeike 1992–1997, 571).

Im Ersten Weltkrieg nahmen die Konsumgenossenschaften eine wichtige Rolle ein und konnten stark expandieren. „Die Not der Zeit, in der die Betriebsräte entstanden, stellte ihnen noch andere Aufgaben. Vor allem organisierten sie, oft in Verbindung mit den Konsumgenossenschaften der Arbeiter, die Versorgung der Arbeiter mit Nahrungsmitteln, mit Heizmaterial, mit Volksbekleidungsstoffen." (Bauer 1923, 169) Bauer schlug auch neben dem Betriebsrat institutionalisierte Mitbestimmungsrechte der KonsumentInnen in der Industrie vor. So wurde damals neben den bereits errichteten Arbeiterkammern die Schaffung von „Konsumentenkammern" ventiliert. Die neugegründete Arbeiterkammer Wien richtete bereits 1923 einen Ausschuss für Volksernährung und Konsumenteninteressen ein und arbeitete mit der Preisprüfungsstelle zusammen. Die Befassung mit der Brot-, Milch- und Fleischversorgung sowie den Preisen dieser Nahrungsmittel waren wichtige Tätigkeitsbereiche. Ebenso die statistische Erfassung: Unter Zugrundelegung der Haushaltsbücher von 60 Familien führte die Arbeiterkammer Wien ab 1926 eine Haushaltsstatistik (vgl. Gewerkschaftskommission Österreichs 1926, 180).

Auch die Wohnungsnot war drückend. Kurz vor dem Ersten Weltkrieg wurden nach ArbeiterInnenprotesten Notwohnungen gebaut, im Jahr 1917 wurden Mietzinsbegrenzung und Kündigungsschutz eingeführt. Bereits 1921 gab es Bestrebungen der Regierung zur Beseitigung des MieterInnenschutzes, wogegen sich die Arbeiterkammer Wien vehement aussprach und die Beibehaltung von Mietzinsbegrenzung und Kündigungsschutz, die Einrichtung eines Ausgleichsfonds für Erhaltungskosten und eine Wohnbausteuer zur Beseitigung der Wohnungsnot forderte (vgl. ebd., 151). Das sozialdemokratisch regierte Wien betrat im sprichwörtlichen Sinne Neuland und finanzierte als Bauherr den Wohnungsneubau durch eine Wohnbausteuer. In 15 Jahren errichtete die Stadt Wien fast 65.000 Wohnungen. Als einen Effekt hatte Wien die geringste Arbeitslosenquote in Österreich (vgl. Weblexikon der Wiener Sozialdemokratie; Bauer 1928).

Im Nationalsozialismus wurden die Konsumgenossenschaften als Teil der Sozialdemokratie bekämpft und letztlich in das Gemeinschaftswerk der Deutschen Arbeitsfront überführt (vgl. Korf 2008). In der Nachkriegszeit schließlich standen in Österreich vor allem die gesamtwirtschaftliche Entwicklung des

Landes und insbesondere die Lohn- und Preisstabilität im Vordergrund. Dies führte 1957 zur Gründung der zentralen Institution der Sozialpartnerschaft, der Paritätischen Kommission, in der die Arbeiterkammern eine maßgebliche Rolle einnahmen. In einem Unterausschuss wurden Preiserhöhungen einem sozialpartnerschaftlichen Verfahren unterzogen. Zusätzlich gab es amtliche Preisfestsetzungen.

Die rasche wirtschaftliche Entwicklung und Produktionssteigerung führte ab Mitte der 1950er Jahre zu einer grundlegenden Änderung der Lebenssituation – Massenkonsum, Wohlstandsgesellschaft und eine neue über die Kaufkraft definierte Mittelschicht entwickelten sich mit einer starken Orientierung am amerikanischen Modell. Am 15. März 1962 deklarierte US-Präsident Kennedy in einer Rede vier grundlegende VerbraucherInnenrechte: Sicherheit, Information, Wahlfreiheit und Gehör. In Anlehnung an diese Rede ist seit 1983 der 15. März als „Welt-Verbrauchertag" festgelegt, um jährlich an die Rechte der KonsumentInnen zu erinnern.

Im Zuge der StudentInnenbewegung 1968 wuchs die Kritik an der Konsumgesellschaft als fundamentale Herrschafts- und Gesellschaftskritik, an der Manipulation des Individuums und seiner Instrumentalisierung durch die suggestive Kraft der Konsumwerbung. Prominentester Vertreter war Herbert Marcuse mit seinem Werk „Der eindimensionale Mensch". In Österreich wurde 1961 von den Sozialpartnern der Verein für Konsumenteninformation (VKI) mit einem Beratungszentrum und dem Testmagazin Konsument gegründet. Maßgeblich beteiligt am Aufbau des VKI war als Geschäftsführer Fritz Koppe, der später bis 1995 die KonsumentInnenpolitik der Arbeiterkammer Wien ausbaute und stark prägte. Handelsminister Josef Staribacher (Kammeramtsdirektor von 1968–1970) legte dann in den 1970er Jahren den Grundstein für eine moderne KonsumentInnenpolitik, die in der Einführung des konsumentenpolitischen Beirats und des Konsumentenschutzgesetzes 1979 gipfelte, das eine wesentliche zivilrechtliche Besserstellung der KonsumentInnen brachte. Neben dem Konsumentenschutzgesetz entwickelten sich spezielle konsumentInnenenschutzrelevante Gesetze.

Abschließend sei bei diesem Überblick über die Entwicklung der KonsumentInnenpolitik Österreichs der Einfluss der EU erwähnt: Wenngleich die EU stark vom neoliberalen Politikkonzept geprägt ist und vom Bild des „mündigen Konsumenten" ausgeht, der vorrangig mit den nötigen Informationen auszustatten sei, sonst jedoch wenig Schutzes bedarf, hat die EU in einigen Bereichen den KonsumentInnenschutz in Österreich vorangetrieben, beispielsweise bei Rücktrittsrechten und bei der Beschränkung der Roamingtarife.

„Sagt den Leuten nicht, wie gut ihr die Güter macht, sagt ihnen, wie gut eure Güter sie machen." Leo Burnett, amerikanischer Werbeleiter

Ich konsumiere, also bin ich

Neoliberale Konzepte und Ideen basieren vor allem auf zwei Fiktionen. Zum einen, dass der Mensch ein „rationales Individuum" sei, frei von Emotionen und Traditionen und vor allem frei von sozialen Bindungen und Verpflichtungen. Zum anderen wird von „vollständigen Märkten" ausgegangen – alle haben alle Informationen und können ohne zeitliche Verzögerung agieren und der Wettbewerb sorgt für niedrige Preise. Das Konstrukt des Homo oeconomicus ist auf Maximierung des persönlichen Nutzens auf der Basis rationaler Überlegungen ausgerichtet.

Hingegen zeichnet das tatsächliche Konsumverhalten ein anderes Bild. Legt man diesbezügliche Studien zugrunde, so wird deutlich, dass KonsumentInnen einerseits nur eine bestimmte Menge an Informationen verarbeiten können und andererseits nicht immer rational handeln. Nach Veblen etwa ist die primäre Funktion des Konsums die soziale Distinktion und dient dazu, sich einer sozialen Gruppe zuzuordnen bzw. abzugrenzen (vgl. Veblen 1899; Gasteiger 2010, 26).

Die AnbieterInnenseite ist daher bestrebt, in ihrer Werbung nicht umfassend und objektiv über ihre Produkte zu informieren, sondern unterschwellig sachlich nicht begründete Kaufanreize zu transportieren. Der Werbung geht es somit darum, herauszufinden, warum Menschen welche Güter und Dienstleistungen konsumieren und wie dieses Wissen ökonomisch genutzt werden kann, um Kaufentscheidungen zu beeinflussen und Bedürfnisse zu erzeugen (vgl. Gasteiger 2010). Diese können beeinflusst werden durch kulturelle und soziale Determinanten wie Werte, Subkulturen, soziale Zugehörigkeit, aber auch durch externe Einflüsse wie Werbung und nicht zuletzt Einkommen. Immer wesentlicher wird es daher, Produkte oder Dienstleistungen mit symbolischer Bedeutung aufzuladen, und so die Bedürfnisse von KonsumentInnen zu stimulieren und zu lenken. Konsum prägt Selbstbild, Lebensgefühl und Zugehörigkeit. Statussymbole kennzeichnen die überlegene Position in der sozialen Hierarchie, die Orientierung erfolgt an Bezugsgruppen. Besonders bei Jugendlichen ist eine ausgeprägte Konsumorientierung – unter anderem in Form des kompensatorischen Konsums, der insbesondere bei der Kaufsucht eine große Rolle spielt – festzustellen (vgl. Kollmann/Unger 2010).

Seit den 1980er Jahren trifft eine wachsende Zahl von KonsumentInnen ihre Wahl beim Einkauf nicht mehr nur nach den Kriterien Preis und Qualität: Soziale und ökologische Aspekte von Produktion und Waren und auch das gesellschaftliche Engagement der Unternehmen spielen ebenfalls eine Rolle. Der „ethische Konsum" hat sich zu einem ernst zu nehmenden Faktor entwickelt.

Mit höherem Einkommen ist nicht unbedingt auch eine Steigerung der Lebenszufriedenheit verbunden; zum einen gewöhnen sich die Menschen an den Lebensstandard, zum anderen steigen die Ansprüche.

Die Angst vor sozialem Abstieg und Ausgrenzung ist meist hoch. Wenn ein bestimmtes Konsumniveau nicht mehr finanzierbar ist, bedeutet das oft den Verlust von sozialen Netzwerken und gesellschaftlicher Teilhabe, verbunden mit Stigmatisierungserfahrungen und sinkendem Selbstwertgefühl. Armut ist relativ zum allgemeinen Lebensstandard zu sehen; es geht dabei nicht nur um die Abdeckung unmittelbarer Bedürfnisse, sondern auch um die Teilhabe an bestimmten sozialen Aktivitäten wie Theaterbesuche oder Schulausflüge. Sind diese nicht mehr leistbar, wird oft das Fernsehen zum zentralen Unterhaltungselement. Ein geändertes Konsumverhalten ist bei deutlichem und länger andauerndem Einkommensverlust unausweichlich. Die diesbezüglichen Strategien sind unter anderem von Werten, Sozialisation, Heterogenität des sozialen Umfeldes und Stellenwert des Konsums abhängig (vgl. Wendt 2010).

„Einst pflegte man zu sagen, dass die Sonne über dem Britischen Empire niemals untergehe. Heute geht sie zwar über dem Britischen Empire unter, aber nicht über den Weltreichen großer globaler Konzerne wie IBM, Unilever, Volkswagen und Hitachi." Lester Brown, amerikanischer Wirtschaftswissenschafter

Herausforderungen an die KonsumentInnenpolitik

Das Aufgabenfeld der VerbraucherInnenpolitik gewinnt immer größeres Gewicht: Märkte werden komplexer, Herstellung und Vertriebswege vieler Konsumgüter nehmen globale Ausmaße an. Zugleich wächst der gesellschaftliche Anspruch, bei Konsumentscheidungen auch ökologische, soziale und ethische Aspekte zu berücksichtigen. Zentrale Elemente des Neoliberalismus sind Freihandel und Privatisierung, denn diese, so heißt es, brächten mehr Wohlstand für alle; private Unternehmen seien effizienter als der Staat. „Mehr privat, weniger Staat" bezieht sich bei diesem politischen Konzept auch auf öffentliche Leistungen und bedeutet letztlich einen Angriff auf den Wohlfahrtsstaat.

Wie sich neoliberale Maßnahmen auf den Konsum auswirken können, zeigt das Beispiel der Diskussion über das staatliche Pensionssystem. Zu Beginn des Jahrtausends betrieb in Österreich die damalige Regierung mit dem Schreckensszenario, das staatliche Pensionssystem sei nicht finanzierbar, massive Propaganda für private Pensionsvorsorge. Das trieb viele KonsumentInnen in die Finanzmärkte. Mit Bankgeschäften bislang nicht vertraute Menschen entwickelten sich zu InvestmentbankerInnen in eigener Sache und steckten ihr Geld in Fonds, Aktien und Lebensversicherungen. Gleichzeitig stieg die Renditeerwartung in diese Finanzprodukte, was wiederum einen Kostendruck auf Unternehmen ausübte, die unter anderem mit Personalabbau reagierten. Überspitzt formuliert rationalisiert sich so die neue InvestorInnengruppe ihre eigenen Arbeitsplätze weg. Profitiert haben aber jedenfalls jene, die diese Finanzprodukte verkauften. Fazit: Finanzmärkte und deren Produkte eignen sich nicht für eine dauerhafte und stabile Pensionssicherung. Eine neue effiziente Finanzmarktregulierung soll auch KonsumentInnen vor fatalen Folgen bei Veranlagungen schützen. Auch der ungezügelten Rohstoffspekulation an den Finanzmärkten, die Nahrungsmittel weltweit für viele Menschen unerschwinglich macht, ist Einhalt zu gebieten. Es hat sich deutlich gezeigt, dass globales Wirtschaften auch globale Spielregeln und Institutionen braucht. Wenn jedoch die Kontrollsysteme mangelhaft sind, nützen die ehrgeizigsten Gesetze nichts.

Auch die Privatisierung anderer öffentlicher Aufgaben bringt nicht automatisch Vorteile für KonsumentInnen; dies zeigt beispielsweise die Privatisierung der Eisenbahn in Großbritannien. Das Treffen bewusster Konsumentscheidungen hängt im Übrigen weitgehend davon ab, dass Informationen für KonsumentInnen verfügbar und transparent sind. In einigen Bereichen wird versucht, dies durch Gesetze zu gewährleisten, z. B. für verpackte Lebensmittel. Dennoch bieten besonders Lebensmittel viel Raum für irreführende Werbung. Eine häufige Unternehmensstrategie ist absichtliche Intransparenz. So sind insbesondere die Banken- und Telekombranchen kreativ im Erfinden möglichst unübersichtlicher Gebührenmodelle. Preisvergleiche und das Herausfinden relevanter Information sollen möglichst erschwert werden. Hier kommt den Arbeiterkammern als Preiswächtern eine wichtige Rolle zu. Auch Fragen leistbarer Lebenserhaltungskosten für Lebensmittel und Wohnen stehen im Fokus der KonsumentInnenpolitik der Arbeiterkammern. Weiters wird man in Zukunft der Leistbarkeit von Energie für den Alltagsbedarf (Heizung, Strom ...) künftig mehr Augenmerk schenken müssen.

Zusätzlich ist zu beachten, dass die rasante Entwicklung in der Informations- und Kommunikationstechnologie alle Lebensbereiche durchdringt und Konsum- und Freizeitverhalten verändert. Sie bringt neue Formen des Onlinehandels und Vertriebes, gleichzeitig aber auch Cyberkriminalität und Gefahren wie Datenmissbrauch, Cyber-Mobbing und Hacking. Diese sehr realen Bedrohungen stellen eine Herausforderung (nicht nur) für den Datenschutz dar.

Recht haben bedeutet nicht gleichzeitig, Recht zu bekommen. Deshalb ist die Qualität der Rechtsdurchsetzung auch in der KonsumentInnenpolitik von hoher Bedeutung. Muster- und Verbandsklagen sind daher essentielle Instrumente, die den Arbeiterkammern zur Rechtsdurchsetzung und Rechtsfortbildung zur Verfügung stehen. Handlungsbedarf besteht bei der prozessrechtlichen Abwicklung von Massenverfahren. Durch die Einführung von Gruppenklagen könnten die Ansprüche vieler Geschädigter gebündelt und erheblich leichter abgewickelt werden.

Die schwierige Situation des Staatsaushaltes wird auch für die KonsumentInnenpolitik eine Herausforderung; zum einen können etwaige Sparmaßnahmen des Staates die wirtschaftliche Lage der KonsumentInnen verschlechtern, zum anderen könnte bei KonsumentInnenschutzorganisationen und in der Forschung gespart werden – eine mögliche Entwicklung, der die Arbeiterkammern entgegenwirken müssen. In einer beständig komplexer werdenden Welt wird VerbraucherInnenbildung immer wichtiger und sollte daher als Unterrichtsfach verankert werden. VerbraucherInnenforschung darf nicht nur Marketingabteilungen überlassen werden, sondern muss auch durch von der Wirtschaft unabhängige Institutionen gewährleistet werden.

Die Finanzkrise sollte uns lehren, dass ein Paradigmenwechsel weg von Profitmaximierung einiger weniger auf Kosten der Allgemeinheit hin zu einer Kultur der gesellschaftlichen Verantwortung und der Solidarität notwendig ist. Es ist hoch an der Zeit, dass das Leitbild des Homo oeconomicus von jenem des Homo cooperativus abgelöst wird.

Literatur

Bauer, Otto (1923). Die österreichische Revolution, Wien.
Bauer, Otto (1928). Wie können wir den Mieterschutz erhalten, Wien.
Czeike, Felix (1992–1997). Historisches Lexikon Wien, Wien.
Gasteiger, Nepomuk (2010). Der Konsument. Verbraucherbilder in Werbung, Konsumentenkritik und Verbraucherschutz 1945–1989, Frankfurt am Main/New York.
Gewerkschaftskommission Österreichs (1926). Die Arbeiterkammern in Österreich 1921/1926, Wien.
Kollmann, Karl/Alexander Unger (2010). Kaufsucht in Österreich – 2010, Wien.
Korf, Jan-Felix (2008). Von der Konsumgenossenschaftsbewegung zum Gemeinschaftswerk der Deutschen Arbeitsfront, Norderstedt.
Marcuse, Herbert (1964). The One-Dimensional Man, Boston.
Weblexikon der Wiener Sozialdemokratie. Internet: www.dasrotewien.at (Zugriff. 14.8.2011).
Wendt, Eva Diana (2010). Sozialer Abstieg und Konsum. Auswirkungen finanzieller Verknappung auf das Konsumentenverhalten, Wiesbaden.
Veblen, Thorstein Bunde (1899). The Theory of the Leisure Class, Chicago.
Wikipedia. Internet: http://de.wikipedia.org/wiki/Reinheitsgebot (Zugriff: 16.8.2011).

Sepp Zuckerstätter Bereits bei der Gründung der Arbeiterkammern ging es um eine Verteilungsfrage, namentlich um die Frage, welche gesellschaftlichen Gruppen – die Gründer der Arbeiterkammern hätten wohl eher den Begriff „Klassen“ verwendet – Verfügungsmacht über bürokratische Apparate haben sollten, die sie bei der Durchsetzung ihrer Interesse unterstützen. In § 1 des Arbeiterkammergesetzes ist von den Interessen der ArbeitnehmerInnen in allen Lebensbereichen die Rede. Verteilungspolitisch ist dies eine deutliche Aufforderung, sich nicht auf die Verteilung von materiellen Gütern zu beschränken.

Es ist zu klären, wer die Subjekte sind, zwischen denen verteilt und was die Objekte sind, um deren Verteilung es geht. Sind die Subjekte die großen antagonistischen Klassen der Kapitalisten einerseits und der Arbeiter andererseits (als diese Diktion verwendet wurde, gestand man Frauen nur ein Mitgemeintsein zu)? Oder die Geschlechter, wie zu Recht angemerkt wird? Oder doch die einzelnen Haushalte oder individuelle Personen, wie einige heute behaupten würden?

„Natürlich die Individuen!“, würde mein imaginierter neoliberaler Gegner rufen, „Klassen gibt‘s ja gar nicht mehr. Hat nicht jeder kleine Mann auch sein Sparbuch und seine Zinserträge und ist damit auch ein kleiner Kapitalist!“ (Frauen werden in diesem Kontext oft vergessen.) Darauf kann man nur mit „nein“ antworten. So wenig wie ein Bankdirektor zum Bettler wird, weil er sich eine Zigarette schnorrt (vorausgesetzt, er ist nicht in Haft), genauso wenig werden Lohnabhängige zu KapitalistInnen, weil sie einen kleinen Teil ihres Einkommens in Form von Kapitaleinkünften generieren. Das durchschnittliche Nettogeldvermögen eines ArbeiterInnenhaushaltes beträgt knapp 7.000 Euro. Bei Angestellten sind es knapp 21.000 Euro. Auch die angeblich häufiger werdenden Wechsel zwischen selbständiger und unselbständiger Tätigkeit lassen kein relevantes Ausmaß erkennen. In einer Auswertung für das Jahr 2006 zeigte sich, dass von 6,8 Mio. Menschen über 15 nur knapp 0,5 % einen Wechsel von unselbständiger zu selbständiger Tätigkeit vollzogen. Ein Anteil, der nicht ausreicht, um ein Auflösen der Gruppengrenzen zu argumentieren.

Empirisch stellt man fest, dass sich die Bevölkerung sehr klar in zwei Gruppen teilen lässt: jene große Gruppe, die ihre Zeit mit Lohnarbeit verbringt und fast ausschließlich Lohneinkommen bezieht, und die andere Gruppe, die Unternehmen und Vermögen besitzt und daher auch den Großteil ihres Einkommens aus Besitz und Unternehmungen erhält. Jene, die überwiegend oder ausschließlich unselbständig beschäftigt sind, beziehen 98 % ihres

Einkommens aus Löhnen und Gehältern. Jene, die ausschließlich oder überwiegend selbständig beschäftigt sind, beziehen 90 % ihres Einkommens aus Besitz und Unternehmen. In Summe sind die Kapitaleinkommen, die in ArbeitnehmerInnenhaushalte fließen, sogar etwas geringer als die Lohneinkommen, die an UnternehmerInnenhaushalte gehen.

Eine Politik, die sich an der funktionalen Einkommensverteilung orientiert, also der Verteilung zwischen Kapitaleinkommen und Arbeitseinkommen, bestimmt somit zugleich auch die Verteilung zwischen zwei Gruppen von Menschen. Die beiden Gruppen lassen sich sehr eindeutig und scharf voneinander unterscheiden, auch wenn es kleine Überschneidungen dazwischen gibt.

Die Verteilung zwischen Lohn und Gewinneinkommen wird zunächst durch die Lohnpolitik der Sozialpartner bestimmt. Hier unterstützen die Arbeiterkammern die Gewerkschaften in der Vorbereitung, nehmen aber aus guten Gründen nicht selbst an den Verhandlungen teil; es fehlt ihnen die Basis, um auch Kampfmaßnahmen durchführen zu können. Allerdings tragen sie durch den allgemeinen Rechtsschutz zur Einhaltung dieser Vereinbarungen gerade in schwer zu organisierenden Branchen bei. Umgekehrt können die Arbeiterkammern bei ihrer Arbeit nur auf jene Rechte aufbauen, die von den Gewerkschaften erreicht wurden. Damit ist eine enge Zusammenarbeit mit der Gewerkschaft für die Arbeiterkammern keineswegs nur aufgrund des gesetzlichen Auftrags notwendig, sondern praktisch unumgänglich.

Die Verteilung zwischen Kapital und Arbeit ist allerdings mit der Lohnfestlegung noch nicht beendet. Bei der so genannten Sekundärverteilung, also der Verteilung nach Steuern und Transfers, stellt sich ebenso die Frage, wer von welchen Steuern betroffen ist. Aufgrund der relativ scharfen Trennung zwischen Lohnabhängigen und KapitaleinkommensbezieherInnen ist jedoch sichergestellt, dass Steuern auf Arbeitseinkommen primär zulasten der unselbständig Beschäftigten, Steuern auf Zinsen und Profite primär zulasten der KapitalbesitzerInnen gehen. Die Tatsache, dass Arbeitseinkommen und das Einkommen von ArbeitnehmerInnen praktisch dasselbe sind, gibt der Verteilungspolitik der Arbeiterkammern eine sichere Basis. Allerdings ist allein mit der Konzentration auf die funktionale Verteilung noch keine umfassende Verteilungspolitik möglich.

„Also sind doch die Individuen der einzige Ansatzpunkt!", ruft mein imaginierter neoliberaler Gegner schon wieder. Und abermals muss er enttäuscht werden. Eine Verteilungspolitik kann nur in wenigen Bereichen bei konkreten Individuen ansetzen. Denn während letztendlich jede Maßnahme individuelle Personen betrifft, kann kaum eine Maßnahme auf gesetzlicher, steuerlicher oder Transferebene für jedes Individuum angepasst werden. Einzelne Menschen ändern ihre Lebensumstände laufend. So kann aus dem armen Lehrmädchen eine erfolgreiche Verkäuferin, eine teilzeitbeschäftigte Alleinerzieherin und wieder eine gut bezahlte Filialleiterin werden. Ob die Verteilungspolitik insgesamt sinnvoll ist, könnte bei der Konzentration auf Individuen oft erst am Ende ihres Lebens beurteilt werden – ein Zeitpunkt, zu dem es zu spät für sinnvolle Maßnahmen ist.

Vielmehr geht es bei der Verteilungspolitik darum, die Lebensumstände, in denen sich unsere Mitglieder befinden, zu betrachten und die Rahmenbedingungen so zu gestalten, dass sie den verteilungspolitischen Vorstellungen der Arbeiterkammern entsprechen. Wann immer in der öffentlichen Debatte von „der Alleinerzieherin", „dem Pendler", „der Arbeitslosen" usw. die Rede ist, spricht man nicht von einzelnen Personen, sondern von bestimmten Lebensumständen. Zu behaupten, dies sei ein individueller Ansatzpunkt, hieße den Individuen genau das zu nehmen, was sie definiert: ihre unverwechselbare Einzigartigkeit. Illustrieren lässt sich diese Problematik am Beispiel der Arbeitslosenversicherung. Diese wird fast ausschließlich aus Beiträgen für die Versicherten gespeist, ökonomisch gesehen also zur Gänze aus Beiträgen von Arbeitseinkommen. Beschränkt man sich auf die Verteilung zwischen Kapital und Arbeit, so wäre die Höhe der Arbeitslosenbeiträge sowie der Arbeitslosengelder für die Arbeiterkammern irrelevant. Schließlich sind die Zahlungen der versicherten Mitglieder gleich hoch wie die Bezüge der gerade Leistungsbeziehenden – die Arbeitslosenversicherung also in Summe ein Nullsummenspiel.

Aus individueller Sicht wäre die Frage der Verteilungswirkung ebenso offen. Wer würde schon argumentieren wollen, dass es verteilungspolitisch sinnvoll ist, einem gerade arbeitslos gewordenen Abteilungsleiter 45 Euro netto am Tag zu zahlen, wenn eine alleinerziehende Verkäuferin bei Vollzeitarbeit nur 40 Euro netto am Tag bekommt und durch ihre Beiträge das Arbeitslosengeld mitfinanzieren muss. Umgekehrt könnte man einwenden, dass besagter Abteilungsleiter, der ja zuvor 58 Euro am Tag an Steuern und Abgaben gezahlt hat, auch mit Arbeitslosengeld von einem massiven Verlust an Einkommen betroffen ist. Das Problem mit den „praktischen" Beispielen ist nicht, dass sie unrealistisch sind, sondern, dass man aufgrund der Vielfältigkeit der realen Lebensumstände beliebig viele Beispiele finden kann, die jeweils eine andere Ausgestaltung des Systems verteilungspolitisch sinnvoll erscheinen lassen.

Eine verteilungspolitische Position für Institutionen wie die Arbeiterkammern kann weder allein auf Grundlage einer individualisierten Sicht einzelner Fallbeispiele noch auf Basis einer Klassenbetrachtung definiert werden. Eine verteilungspolitische Position lässt sich nur durch eine Kombination aus drei Größen definieren: der Berücksichtigung von Lebensumständen, in denen sich Arbeiterkammermitglieder befinden, der Häufigkeit und der Ursachen, durch die sie in diese Lebensumstände kommen, und der Zeitdauer, die Menschen in solchen Umständen verharren. Wenn diese relevanten Lebensumstände definiert werden, ist es weiters unabdingbar, die Perspektive sowohl weiblicher als auch männlicher Lebensentwürfe zu berücksichtigen. Denn die Wurzel vieler Benachteiligungen von Frauen liegt darin, dass für sie typische Lebensumstände nicht beachtet werden. Nur wenn Verteilungsfragen unter dem Aspekt unterschiedlicher Lebensumstände, in die Menschen kommen und zwischen denen sie wechseln, gesehen werden, können auch die Aspekte der Risikoverteilung unter den Arbeiterkammermitgliedern adäquat beurteilt werden.

Eine Debatte über „NettoempfängerInnen" und „NettozahlerInnen" offenbart dann rasch ihren Zynismus. Der oder die ultimative NettoempfängerIn lebt ohne Familienbeziehungen und Freunde, ohne Arbeit und Einkommen mit einer schweren, teuer zu behandelnden chronischen Krankheit. Der oder die ultimative NettozahlerIn hat ein hohes, stabiles Einkommen, gute Gesundheit und intakte soziale Beziehungen zu Kindern und Freunden, die ebenfalls alle gesund sind. Die reine Betrachtung von individuellen Ein- und Auszahlungen führt in diesem Zusammenhang zu keinem vernünftigen Ergebnis.

Ein wesentlicher Vorteil einer Umverteilung von guten Lebenslagen zu schlechten Lebenslagen besteht darin, dass negative Ereignisse auch für all jene, die noch gesund, glücklich und beschäftigt sind, zumindest einen Teil ihrer Bedrohlichkeit verlieren; und sollten sie nie eintreten, ist die Nettozahlung wohl zu verkraften.

In einem Punkt muss ich meinem imaginierten neoliberalen Gegner nun doch noch zustimmen: Jede verteilungspolitische Maßnahme muss letztendlich für einzelne Individuen eine Verbesserung bringen. Insofern müssen Maßnahmen auf ihren Sinn und ihre Angemessenheit überprüft werden. Diese Prüfung kann durch direkten Kontakt mit den Mitgliedern etwa in der Beratung durch die politischen FunktionärInnen im Rahmen der Selbstverwaltung und auch durch die Anwendung von statistischen und sozialwissenschaftlichen Methoden erfolgen. In der Planung der Maßnahmen steht aber stets der konkrete Lebensumstand im Mittelpunkt. Umverteilung findet idealerweise nicht zwischen Personen statt, sondern erfolgt von den guten Phasen des Lebens hin zu den schlechten. Wer nie zu den EmpfängerInnen in einem solchen System gehört, hatte großes Glück im Leben. Wer nicht so viel Glück hatte, verdient eine Unterstützung durch die Anderen. Nach der Frage, an wen verteilt wird, stellt sich zwangsläufig die Frage, was verteilt wird. Neben der Verteilung von Einkommen und Vermögen ist auch die Verteilung von Chancen auf Bildung, auf persönliche Freiheit oder auf politische Mitsprache – kurz: von Verwirklichungschancen – Gegenstand einer umfassenden Verteilungspolitik. Im Bereich der Bildung heißt gleiche Verteilung, allen die Möglichkeit zu bieten, eine ihren Fähigkeiten und Wünschen entsprechende Bildung zu erhalten. Dabei steht nicht nur die spätere Nutzung des Erlernten im Berufsleben im Vordergrund, sondern die Gelegenheit, alle individuellen Fähigkeiten zu entfalten.

Ähnliches gilt für das Recht auf persönliche Freiheit. Auch diese stellt einen Wert an sich dar. Diese Freiheit kann nicht nur darin bestehen, sich aussuchen zu können, für wen man arbeitet. Die Forderung nach persönlicher Freiheit impliziert auch, dass ArbeitnehmerInnen nicht ungebührlich lange an ein Unternehmen gebunden sein dürfen, etwa durch Ausbildungskostenrückerstattungen. Ebenso wenig darf die Einteilung der Freizeit übermäßig eingeschränkt werden, etwa durch ständige Arbeitsbereitschaft. Zudem muss durch die Absicherung im Fall von Arbeitslosigkeit der Druck, eine Arbeit anzunehmen, in einem Ausmaß gehalten werden, das nicht die grundlegenden Freiheiten der Lebensgestaltung beeinträchtigt. Diese Punkte sind nicht Unterpunkte der Einkommensverteilung, die sich im Zweifel durch Zuschläge abgelten lassen, sondern eigenständige Ziele.

Die allgemeine Rechtsberatung der Arbeiterkammern erfüllt, unabhängig von den erzielten Zahlungen, einen weiteren Teil der Verteilungspolitik. Sie ermöglicht es vielen KollegInnen, Zugang zu den Gerichten in für sie zentralen Fragen zu erhalten. Formal sind die Gerichte natürlich auch ohne Arbeiterkammern für alle zugänglich. Faktisch sind jedoch die Hemmungen, ArbeitgeberInnen zu klagen und die Risiken der Prozesskosten auf sich zu nehmen, vor allem bei gering Verdienenden und weniger Gebildeten (wenn auch nicht nur bei diesen) sehr hoch.

Unter diesem Aspekt können auch die Aktivitäten im KonsumentInnenschutz gesehen werden. Auch dort geht es nicht nur um billigere Güter, sondern auch um die Verteilung von Durchsetzungsmöglichkeiten. Beim KonsumentInnenschutz kommt hinzu, dass die Interessen der KonsumentInnen stärker gestreut sind als jene der AnbieterInnen. So ist eine missratene Reise für die Betroffenen zwar sehr unangenehm, betrifft sie aber nur für die Zeit des Urlaubs, während die anbietende Firma ihr gesamtes Geschäft darauf ausgerichtet hat. Ohne eine kollektive Vertretung der Interessen wären die KonsumentInnen in diesem Bereich stets unterlegen. Ähnliche Argumente gelten für alle Beratungsbereiche: vom Steuer- übers Sozialrecht bis hin zur Weiterbildung.

Zuletzt muss natürlich auch die eingangs erwähnte Frage der Verteilung von Ressourcen für die kollektive Durchsetzung von Interessen angesprochen werden. Angesichts der komplexer werdenden rechtlichen und politischen Rahmenbedingungen stellt die Verfügbarkeit einer spezialisierten Bürokratie eine Grundvoraussetzung für eine aktive Politikgestaltung dar. Als Beispiel sei die Situation in der EU angeführt, wo einer Unzahl von LobbyistInnen für unterschiedliche Industrien nur eine Handvoll von VertreterInnen der ArbeitnehmerInneninteressen gegenübersteht. Das Öffnen politischer Gestaltungsspielraume für ArbeitnehmerInnen ist die zentrale verteilungspolitische Aufgabe überhaupt. Denn nur mit der Fähigkeit, auf geänderte Rahmenbedingungen auch mit geänderten politischen Regeln zu reagieren, kann langfristig eine faire Verteilung all der anderen angeführten Faktoren selbstbestimmter Lebensführung erreicht werden. Die Herausforderung in der Zukunft der verteilungspolitischen Grundrichtung besteht also in der Erfüllung von drei miteinander verbundenen Aufgaben.

Erstens sind die Lebenssituationen zu identifizieren, in denen Menschen zusätzliche Ressourcen zur Verfügung gestellt werden müssen. Dabei muss die konkrete Form überlegt werden – etwa die Bereitstellung einer Sachleistung oder die Zuerkennung von Geldtransfers oder das Anpassen anderer Regelungen wie der Entgeltfortzahlung.

Zweitens ist laufend zu prüfen, ob die gesetzten oder geforderten Maßnahmen auch nachvollziehbar jenen Personen zugutekommen, für die sie gedacht und geplant waren. Dabei darf allerdings nicht der ursprüngliche Ansatz des Verteilens zwischen Lebenslagen vergessen werden. Es wäre unsinnig, beispielsweise eine Hilfe zur Weiterqualifizierung, die zu einer erfolgreichen Arbeitsaufnahme führt, im Nachhinein als verteilungspolitisch falsch zu brandmarken, weil am Jahreseinkommen gemessen die Falschen gefördert wurden, da die Geförderten dann wieder gut verdienen. Bei Bewertung und Prüfung der Wirksamkeit von Verteilungspolitik gilt es, alle Kanäle zu nutzen: beginnend bei der Erfahrung im Kontakt mit Mitgliedern und BetriebsrätInnen über die Erfahrungen der Mitglieder der Selbstverwaltung bis zu empirischen sozialwissenschaftliche und statistischen Evaluierungen.

Und drittens liegt eine grundlegende Aufgabe darin, Umsetzungschancen für die Interessenpolitik für und durch ArbeitnehmerInnen zu eröffnen. Von allen Verteilungsfragen, die angesprochen wurden, ist die Verteilung der politischen Gestaltungsmacht die zentralste. Denn nur, wenn es gelingt, die politischen Rahmenbedingungen mitzugestalten, kann auch die Verteilung der Lebens- und Verwirklichungschancen gestaltet werden.

Bernhard Achitz
Leitender Sekretär des Österreichischen Gewerkschaftsbundes für den Bereich Grundsatz

Silvia Angelo
Leiterin der Abteilung Wirtschaftspolitik der Arbeiterkammer Wien

Heinz Faßmann
Professor für Angewandte Geographie, Raumforschung und Raumordnung an der Universität Wien

Christian Felber
Universitätslektor, freier Publizist und Referent zu Wirtschafts- und Gesellschaftsfragen

Peter Filzmaier
Professor für Politikwissenschaften an der Donau-Universität Krems und an der Universität Graz

Jörg Flecker
Universitätsdozent und wissenschaftlicher Leiter der Forschungs- und Beratungsstelle Arbeitswelt (FORBA) in Wien

Sibylle Hamann
Freie Journalistin in Wien

Peter Heintel
Emeritierter Professor für Philosophie und Gruppendynamik an der Alpen-Adria-Universität Klagenfurt

Bernhard Hofer
Geschäftsführer der Public Opinion Marketing- und Kommunikationsberatungs-GmbH/Institut für qualitative Sozialforschung in Linz

Peter Hoffmann
Mitarbeiter der Abteilung Sozialpolitik der Arbeiterkammer Wien

Ines Hofmann
Mitarbeiterin der Abteilung Betriebswirtschaft der Arbeiterkammer Wien

Irene Holzbauer
Leiterin der Abteilung Arbeitsrecht der Arbeiterkammer Wien

Ferdinand Karlhofer
Außerordentlicher Professor am Institut für Politwissenschaft der Universität Innsbruck

Eva Kreisky
Professorin am Institut für Politwissenschaft der Universität Wien

Heinz Leitsmüller
Leiter der Abteilung Betriebswirtschaft der Arbeiterkammer Wien

Sylvia Leodolter
Leiterin der Abteilung Umwelt und Verkehr der Arbeiterkammer Wien
Markus Marterbauer
Leiter der Abteilung Wirtschaftswissenschaft und Statistik der Arbeiterkammer Wien
Corinna Milborn
Journalistin und Autorin in Wien
Ingrid Moritz
Leiterin der Abteilung Frauen und Familie der Arbeiterkammer Wien
Werner Muhm
Direktor der Arbeiterkammer Wien sowie der Bundesarbeitskammer
Wolfgang Müller-Funk
Dozent am Institut für Germanistik der Universität Wien
Heinrich Neisser
Emeritierter Jean-Monnet-Professor am Institut für Politikwissenschaften an der Universität Innsbruck
Markus Oberrauter
Mitarbeiter der Abteilung Betriebswirtschaft der Arbeiterkammer Wien
Günther Ogris
Geschäftsführer und wissenschaftlicher Leiter des Institute for Social Research and Consulting (SORA)
Anton Pelinka
Professor für Politikwissenschaft und Nationalismusstudien an der Central European University in Budapest
Johannes Peyrl
Mitarbeiter der Abteilung Arbeitsmarkt und Integration der Arbeiterkammer Wien
Robert Pfaller
Professor für Philosophie an der Universität für angewandte Kunst Wien
Manfred Prisching
Außerordentlicher Professor am Institut für Soziologie der Karl-Franzens-Universität Graz
Oliver Rathkolb
Professor am Institut für Zeitgeschichte der Universität Wien
Peter Rosner
Außerordentlicher Professor am Institut für Volkswirtschaftslehre der Universität Wien
Birgit Sauer
Professorin am Institut für Politikwissenschaft der Universität Wien

Alexander Schneider
Mitarbeiter der Abteilung Bildungspolitik der Arbeiterkammer Wien
Adrian Schnitzler
Bis 09/2011 Mitarbeiter der Abteilung Arbeitsrecht der Arbeiterkammer Wien
Ulrich Schönbauer
Mitarbeiter der Abteilung Betriebswirtschaft der Arbeiterkammer Wien
Stephan Schulmeister
Wissenschaftlicher Mitarbeiter des Österreichischen Instituts für Wirtschaftsforschung (WIFO)
Martin Schürz
Gruppenleiter für monetäre Angelegenheiten der Österreichischen Nationalbank
Georg Sever
Mitarbeiter der Abteilung Weiterbildung für ArbeitnehmervertreterInnen der Arbeiterkammer Wien
Agnes Streissler
Leiterin der Agentur agnes streissler – wirtschaftspolitische projektberatung in Wien
Emmerich Tálos
Emeritierter Professor am Institut für Politikwissenschaft der Universität Wien
Herbert Tumpel
Präsident der Arbeiterkammer Wien sowie der Bundesarbeitskammer
Julia Vazny-König
Mitarbeiterin der Abteilung Rechtsschutz der Arbeiterkammer Wien
Petra Völkerer
Mitarbeiterin der Abteilung Bildungspolitik der Arbeiterkammer Wien
Valentin Wedl
Leiter der Abteilung EU und Internationales der Arbeiterkammer Wien
Peter Weinberger
Bis 2008 Professor für Quantenchemie am Institut für Technische Elektrochemie und Festkörperchemie der TU Wien, seit 2009 an der New York University
Christina Wieser
Mitarbeiterin der Abteilung Betriebswirtschaft der Arbeiterkammer Wien
Josef Wöss
Leiter der Abteilung Sozialpolitik der Arbeiterkammer Wien
Gabriele Zgubic-Engleder
Leiterin der Abteilung Konsumentenpolitik der Arbeiterkammer Wien

Sepp Zuckerstätter
Mitarbeiter der Abteilung Wirtschaftswissenschaft und Statistik der Arbeiterkammer Wien

Redaktion
Günther Chaloupek
Leiter des Bereichs Wirtschaft der Arbeiterkammer Wien
Karin Fendrich
Mitarbeiterin der Bereichsleitung Soziales der Arbeiterkammer Wien
Klaus-Dieter Mulley
Leiter des Instituts für Geschichte der Gewerkschaften und Arbeiterkammern der Arbeiterkammer Wien

„Zukunft gestalten – Visionen denken" ist anlässlich des Jahrestages „90 Jahre Konstituierung der Arbeiterkammern" erschienen.

Redaktion: Günther Chaloupek, Karin Fendrich, Klaus-Dieter Mulley
Lektorat: Else Rieger
Gestaltung: Ingeborg Kumpfmüller www.ingeborgkumpfmueller.at

Herausgeber: Bundesarbeitskammer, 1041 Wien, Prinz Eugen-Straße 20–22

Hersteller: Verlag des ÖGB GmbH Wien
Verlags- und Herstellungsort: Wien
Printed in Austria
ISBN 978-3-7035-1508-8